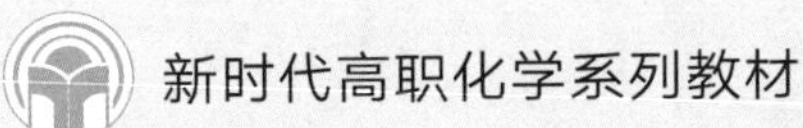
新时代高职化学系列教材

高职化学 基础模块

□ 总主编 刘正平

□ 主　编 孙豪岭 莫尊理 薛叙明

中国教育出版传媒集团
高等教育出版社·北京

内容提要

本教材是新时代高职化学系列教材之一，是新形态一体化教材。教材按照《高等职业教育专科化学课程标准》（征求意见稿）编写而成，以适应新时代我国高等职业教育人才培养目标。本册为基础模块，是相关专业大类学生必修的基础性内容。

本教材主要包括化学反应原理及其应用、化学基本计算、无机化合物及其应用、有机化合物及其应用和化学实验技能训练。教材内容既呈现出化学学科知识的基础性、系统性，又彰显出高等职业教育人才培养的特点；既注重化学学科知识的基础理论，又重视以实验为基础的化学学科实验知识与技能训练。本教材的编排体系与传统同类教材不同，先介绍基础化学原理，后介绍各类化合物及其应用，最后集中介绍化学实验相关知识。同时，本教材内容反映了化学学科的最新发展。

本教材配套建设有一体化的教学资源，可通过移动终端扫描二维码进行在线学习。教师如需获取本书授课用PPT、习题答案等配套资源，请登录“高等教育出版社产品信息检索系统”（http://xuanshu.hep.com.cn/）免费下载。

本教材既可作为高等职业院校农林牧渔、资源环境与安全、能源动力与材料、土木建筑、水利、装备制造、生物与化工、轻工纺织、食品药品与粮食、电子与信息、医药卫生等专业大类的教材，也可作为一线企业人员的参考用书。

图书在版编目（CIP）数据

高职化学：基础模块 / 孙豪岭，莫尊理，薛叙明主编. -- 北京：高等教育出版社，2025. 2. -- ISBN 978-7-04-062403-8

Ⅰ. O6

中国国家版本馆 CIP 数据核字第 2024YD2568 号

Gaozhi Huaxue Jichu Mokuai

策划编辑 苗叶凡　　责任编辑 苗叶凡　　封面设计 赵 阳　　版式设计 杜微言
责任绘图 邓 超　　责任校对 马鑫蕊　　责任印制 刘思涵

出版发行 高等教育出版社
社 址 北京市西城区德外大街4号
邮政编码 100120
印 刷 高教社（天津）印务有限公司
开 本 850mm×1168mm 1/16
印 张 14.75
字 数 470千字
插 页 2
购书热线 010-58581118
咨询电话 400-810-0598

网 址 http://www.hep.edu.cn
http://www.hep.com.cn
网上订购 http://www.hepmall.com.cn
http://www.hepmall.com
http://www.hepmall.cn

版 次 2025年2月第1版
印 次 2025年2月第1次印刷
定 价 49.00元

物 料 号 62403-00

新时代高职化学系列教材
编审委员会

《高职化学 基础模块》编写人员

总主编

刘正平　　北京师范大学

主　编

孙豪岭　　北京师范大学
莫尊理　　西北师范大学
薛叙明　　常州工程职业技术学院

副主编

王　闯　　陕西铁路工程职业技术学院
姚鹏军　　宁波职业技术学院
张韶虹　　襄阳职业技术学院

参　编（按姓氏笔画排序）

马　芳　　宁波职业技术学院
白　斌　　襄阳职业技术学院
孙　幸　　河北化工医药职业技术学院
何思敏　　西北师范大学
欧阳美璇　西北师范大学
姚　炜　　北京农业职业学院
彭　磊　　陕西铁路工程职业技术学院

前　言

为了落实《教育部办公厅关于加快推进现代职业教育体系建设改革重点任务的通知》，满足当前高等职业教育教学改革需求，北京师范大学、西北师范大学和常州工程职业技术学院牵头组织编写了本教材。本教材主要具有以下几方面的特色。

1. 注重价值塑造，落实立德树人根本任务。本教材以习近平新时代中国特色社会主义思想为指导，以党的二十大精神为引领，在教材中的“拓展应用”“行业视角”等栏目，充分展示了化学在人类社会发展和科技进步中的重要作用，能够激发和增强学生的专业自豪感；结合教学内容，适时引入化学史的相关内容，充分彰显了我国科技工作者在时代发展中所做出的巨大贡献和重大进步，增强学生的民族自豪感，引导学生了解并初步建立科学思维。此外，学生通过观察反应现象和学习分子结构，可以领略化学之美、结构之美、变化之美。

2. 突出化学核心素养，体现学科的基础性、科学性和实用性。本教材紧密围绕化学核心素养（宏观辨识与微观分析、现象观察与原理解析、实验研究与物质创制、科学态度与社会责任），内容安排由浅入深、循序渐进，用科学规范的化学语言准确呈现基础知识、描述实验现象，用典型的化学实验加深学生对化学知识的理解，鼓励学生理论结合实际，培养创新意识，以及发现问题和解决问题的能力，将核心素养的培养贯穿学习的全过程。另外，在内容的安排上注重高职学生的特色，重点引入与实际应用相关的知识，突出了教材的实用性。

3. 创新教材编排模式，体现职教特色。本教材在编写过程中根据高等职业院校学生的学习特点，对知识的编排模式进行了创新。例如，元素及化合物性质在常规的教材中是以族为轴线来介绍的，本教材在保留原有知识系统性和规律性的同时，根据职业教育的特点，将原有元素化学的知识分为金属和非金属两大类，并对于每类元素按类别进行介绍，从而有利于教师根据具体情况选取合适的教学内容。

4. 配套丰富的教学资源。教材含有二维码链接的微课、视频、动画等数字化教学资源，能有效帮助学生理解内容抽象的结构知识及反应机理等。

本教材由刘正平担任总主编，孙豪岭、莫尊理、薛叙明担任主编，王闯、姚鹏军、张韶虹担任副主编。主题一由莫尊理统稿，莫尊理、姚炜、白斌、欧阳美璇编写；主题二由薛叙明统稿，薛叙明、彭磊编写；主题三由孙豪岭统稿，孙豪岭、王闯、姚鹏军、马芳编写；主题四由薛叙明统稿，薛叙明、张韶虹、姚鹏军编写；主题五由莫尊理统稿，莫尊理、孙幸、何思敏编写。全书由孙豪岭统稿。在编写过程中，还邀请了相关行业企业的工程技术人员参与研讨和审读工作，并提供最新行业技术案例，旨在确保教材内容紧密贴合生产一线实际，精准反映职业岗位的技能要求，满足教学需求。

限于编者水平，本书不妥之处在所难免，请广大读者批评指正。

编者

2024年10月

目　录

主题一

化学反应原理及其应用

学习目标

知识目标：

1. 正确描述化学反应速率的表示方法，准确说出影响化学反应速率的因素及影响结果；

2. 准确说出化学平衡的5个特点，说出引起平衡发生移动的因素及平衡移动后的改变结果；

3. 掌握氧化数、氧化还原反应、氧化剂与还原剂、氧化还原电对、标准电极电势等基本概念；熟悉原电池的组成及表示方法、电极反应、电池反应；了解原电池的工作原理和电极电势产生的原因。

能力目标：

1. 培养观察能力及综合运用知识分析解决问题、设计实验的能力，培养思维能力，阅读与表达能力；

2. 能通过改变化学平衡条件，使化学反应向着需要的方向移动；

3. 能进行氧化还原反应方程式的配平和氧化数的计算，应用能斯特方程式进行电极电势的计算；

4. 能应用电极电势比较氧化剂、还原剂的相对强弱，判断原电池的正、负极，判断氧化还原反应进行的方向。

素养目标：

1. 具有安全、节约、环保意识和规范操作意识；

2. 通过从宏观到微观、从现象到本质的分析，培养科学研究能力；具有理论联系实际、实事求是、一丝不苟的科学态度；

3. 通过小组间互动培养沟通合作能力、思维能力、创新意识，以及解决实际问题的能力。

思维导图

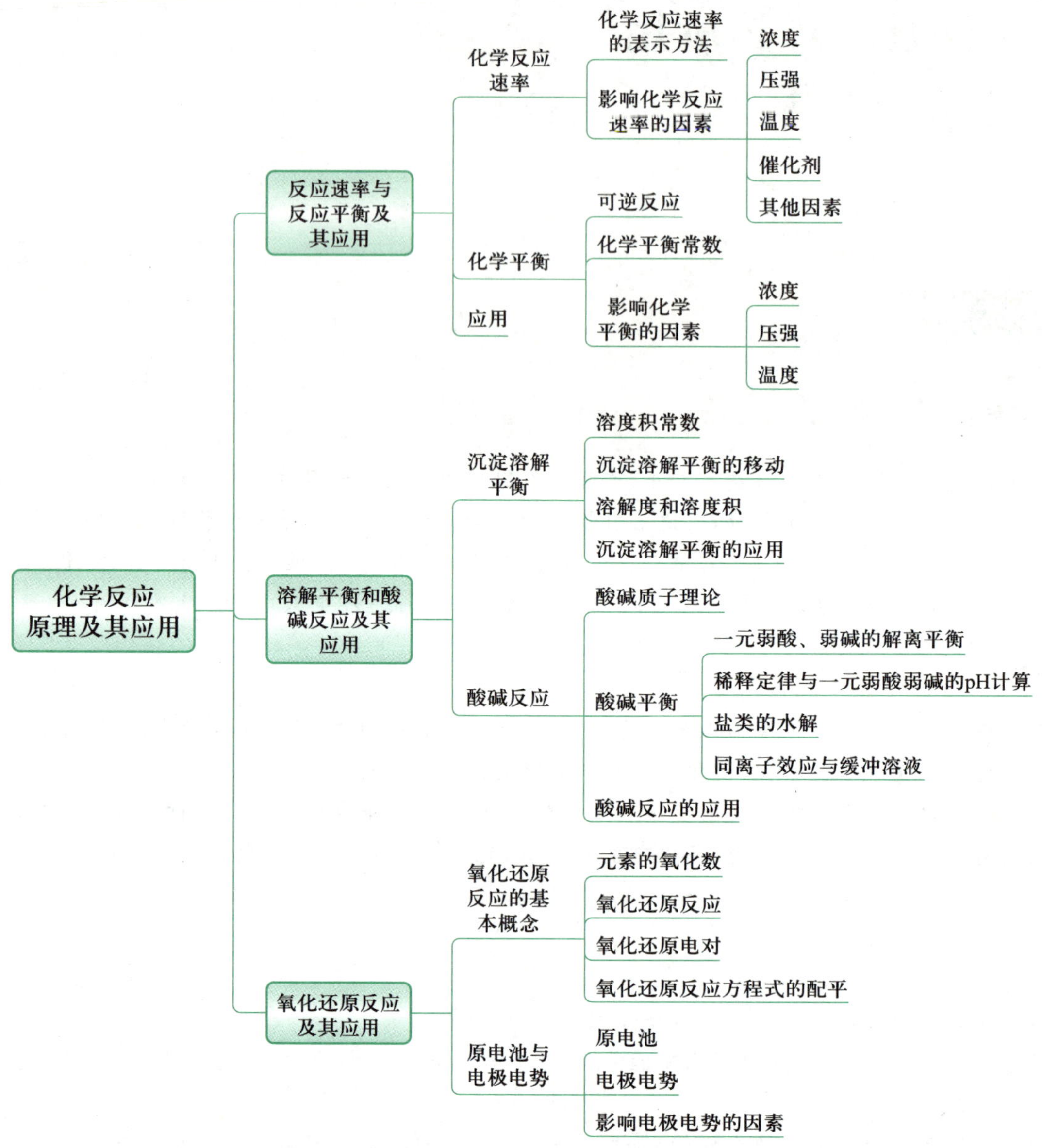
化学反应原理及其应用
反应速率与反应平衡及其应用
化学反应速率
化学反应速率的表示方法
影响化学反应速率的因素
浓度
压强
温度
催化剂
其他因素
化学平衡
可逆反应
化学平衡常数
影响化学平衡的因素
浓度
压强
温度
应用
溶解平衡和酸碱反应及其应用
沉淀溶解平衡
溶度积常数
沉淀溶解平衡的移动
溶解度和溶度积
沉淀溶解平衡的应用
酸碱反应
酸碱质子理论
酸碱平衡
一元弱酸、弱碱的解离平衡
稀释定律与一元弱酸弱碱的pH计算
盐类的水解
同离子效应与缓冲溶液
酸碱反应的应用
氧化还原反应及其应用
氧化还原反应的基本概念
元素的氧化数
氧化还原反应
氧化还原电对
氧化还原反应方程式的配平
原电池与电极电势
原电池
电极电势
影响电极电势的因素

第一节　反应速率与反应平衡及其应用

青铜器(Bronze Ware)是由青铜合金(铜与锡的合金)制成的器具。最早的青铜器出现于6 000年前的古巴比伦两河流域。2 000多年前,青铜器逐渐被铁器取代。中国古代青铜器制作精美,在世界上享有极高的声誉。

青铜器刚刚铸造完毕时,所呈现的颜色是金色的,那么后来为什么会变成绿色?青铜器的绿色,实际上是铜锈,其主要成分为碱式碳酸铜[$Cu_2(OH)_2CO_3$],它是由铜(Cu)与空气中的氧气、二氧化碳和水蒸气反应而产生的。因此,如果要保持铜器不变绿,至少要保证铜器表面的干燥。除了绿色的青铜器之外,在博物馆内也能发现蓝色的青铜器,后世的文物收藏者给它起了一个美丽的名字"孔雀蓝"。这种蓝色铜锈物质的主要成分除了碱式碳酸铜外,还可能有五水硫酸铜、碳酸铜等物质。土壤中如果含有较多的酸性物质,或者是该地区经常有酸雨等现象出现,青铜器比较容易形成蓝色的铜锈。黑色的青铜器也是非常常见的,这是由于青铜器中的另外一种金属——锡的作用,如果青铜器中的锡含量较高,就容易变黑,这是因为锡与空气中的物质会发生化学反应,产生黑色的氧化亚锡。铜也会形成黑色的氧化铜。不论是氧化锡还是氧化铜,保存环境相对来讲都需要干燥。

当然,青铜器还有其他的颜色,如灰白色、红色等,原因都是类似的。青铜器本身金属比例不同,埋藏环境不同,这就形成了五彩缤纷的铜锈(彩图1-1-1)。为什么有的青铜器保存得完整,而有些长满了铜锈呢?接下来我们通过本节课的学习来讨论。

如果想要化学反应像人们期望的那样发生,主要和以下两个方面有关。

第一,在一定条件下,反应能否会发生?反应最终产物是什么?概括起来是反应方向和限度问题。第二,反应过程中的速度,即反应速率问题。

本节主要介绍化学动力学和化学热力学的基础知识,主要包括以下三个方面的内容。

(1) 化学反应进行的快慢,即化学反应速率,它研究的是单位时间内有多少反应物可以转化为生成物。

(2) 化学反应进行的限度,即化学平衡,它研究的是可逆反应在一定条件下所能达到或完成的最大程度。

(3) 化学反应速率和化学平衡的移动在实际生产中的应用。

一、化学反应速率

不同化学反应的速率大不相同,有些反应进行得很快,例如,酸碱中和反应瞬间即可完成,血红蛋白同氧结合的反应可在10~15 s内达到平衡。有些反应则进行得很慢,例如,常温下氢气和氧气混合,几十年都不会生成一滴水。为了比较化学反应的快慢,必须明确化学反应速率的概念。

化学反应速率是化学反应中某一物理量随时间的变化率。在一定条件下,化学反应开始后,随着时间的变化,各反应物的量不断减少,各产物的量不断增加,直至达到化学平衡。因此,可以把反应速率表示为单位时间内反应物或产物的物理量的变化。

(一) 化学反应速率的表示方法

化学反应速率是通过测量在一定时间间隔内某反应物或产物的某一物理量的变化来确定的。对于液相反应,通常采用浓度的变化来确定。随着反应时间的推移,参与反应的各物质中反应物浓度逐渐减小,生成物浓度逐渐增大。我们用单位时间内反应物浓度的减少或生成物浓度的增大来表示化学反应速率,通常用符号"v"表示。

$$v=\frac{\Delta c}{\Delta t}$$

式中，v——化学反应速率，$mol\cdot(L\cdot s)^{-1}$；

Δc——浓度的变化值（取正值），$mol\cdot L^{-1}$；

Δt——反应所用的时间，s。

例如，在一定条件下，下列合成氨的反应中，N_2 和 H_2 的起始浓度分别为 1.0 $mol\cdot L^{-1}$ 和 3.0 $mol\cdot L^{-1}$，2 s 后测得 H_2 的浓度为 2.4 $mol\cdot L^{-1}$，则：

	N_2	+	$3H_2$	$\rightleftharpoons$	$2NH_3$
起始浓度/($mol\cdot L^{-1}$)	1.0		3.0		0
2 s 后浓度/($mol\cdot L^{-1}$)	0.8		2.4		0.4
浓度变化值/($mol\cdot L^{-1}$)	0.2		0.6		0.4

$$v(N_2)=\frac{\Delta c(N_2)}{\Delta t}=\frac{0.2\ mol\cdot L^{-1}}{2\ s}=0.1\ mol\cdot(L\cdot s)^{-1}$$

$$v(H_2)=\frac{\Delta c(H_2)}{\Delta t}=\frac{0.6\ mol\cdot L^{-1}}{2\ s}=0.3\ mol\cdot(L\cdot s)^{-1}$$

$$v(NH_3)=\frac{\Delta c(NH_3)}{\Delta t}=\frac{0.4\ mol\cdot L^{-1}}{2\ s}=0.2\ mol\cdot(L\cdot s)^{-1}$$

从上述反应速率的计算结果可以看出：同一反应中，用不同的反应物和生成物表示的反应速率不相等，但它们的数值之比恰好等于反应方程式中各物质的化学计量数之比。因此，反应速率可以用任一反应物或生成物来表示。

（二）影响化学反应速率的因素

在生产和生活中，我们需要根据实际情况，使一些进行得比较慢的反应变快，使一些进行得比较快的反应变慢，为此，我们必须了解化学反应速率的影响因素。

化学反应速率的快慢，首先取决于反应物的结构及性质。例如，铁制品在潮湿的空气中容易生锈腐蚀，而虽然铝是活泼金属，铝制品在空气中却不易被腐蚀。其次，浓度、压强、温度、催化剂等外界因素对反应速率也有较大影响，另外，影响化学反应速率的其他因素还有光照、超声波、搅拌等。

1. 浓度对化学反应速率的影响

反应物浓度增加，单位体积内活化分子数增加，同时，分子间碰撞频率增大，从而使得反应速率增大。

【观察体验】探究 $Na_2S_2O_3$ 溶液的浓度对化学反应速率的影响。

实验原理：$Na_2S_2O_3+H_2SO_4 \rightleftharpoons Na_2SO_4+SO_2\uparrow+S\downarrow+H_2O$

实验步骤：向空试管中加入 3 个不同浓度 $Na_2S_2O_3$ 溶液，接着加入相同浓度的 H_2SO_4 溶液，实验过程中，试管中出现乳白色浑浊，比较浑浊现象出现的时间，判断反应进行的快慢。

各组不同浓度 $Na_2S_2O_3$ 溶液与 H_2SO_4 溶液反应实验数据见表 1-1-1。

表 1-1-1 $Na_2S_2O_3$ 溶液的浓度影响化学反应速率实验数据

序号	加入 5 mL $Na_2S_2O_3$ 溶液的浓度/($mol\cdot L^{-1}$)	加入 5 mL H_2SO_4 溶液的浓度/($mol\cdot L^{-1}$)	溶液出现浑浊的时间/s
1	0.1	0.1	t_1
2	0.2	0.1	t_2
3	0.3	0.1	t_3

实验现象：溶液出现浑浊的时间为 $t_1>t_2>t_3$。

实验结论：增大反应物的浓度，化学反应速率变快。

2. 压强对化学反应速率的影响

压强是指单位面积上的力，它对于化学反应速率有着重要的影响。在化学反应中，压强的变化会导致反应物分子之间的碰撞频率和能量的变化，从而影响反应速率。对于气体来说，在一定温度下，一定质量的气体所占的体积与压强成反比，压强越大，气体的体积就越小，单位体积内气体的分子数越多，即气体的浓度就越大。当反应物是固体或纯液体时，其浓度一般被认为是常数，不受压强的影响，因此压强的改变不影响其反应速率。

对于恒容的气体反应体系，若充入“无关气体”（如惰性气体等），会使总压强增大，但各反应物分压不变，各物质的浓度不变，因而化学反应速率不变。因为对气体来说，若其他条件不变，充入惰性气体，虽然增加了单位体积的气体分子数，但是单位体积反应物的物质的量不变，即反应物的浓度不变，因而化学反应速率不变。对于恒压的气体反应体系，若充入“无关气体”（如惰性气体等），会导致气体的总体积增大，单位体积内反应物的物质的量减小，即反应物的浓度减小，因而化学反应速率减小。

压强只有在引起反应物浓度变化时，才能改变反应速率。

3. 温度对化学反应速率的影响

温度是化学反应速率的重要影响因素之一。一般来说，温度越高，反应速率就越快。这是由于温度升高能够使反应物分子的能量增加，从而更容易克服活化能，使反应更容易进行。

【观察体验】探究温度对 $Na_2S_2O_3$ 溶液反应速率的影响。

实验原理：$Na_2S_2O_3+H_2SO_4 \longrightarrow Na_2SO_4+SO_2\uparrow+S\downarrow+H_2O$

实验步骤：如图 1-1-1 所示。反应过程中溶液出现气泡和乳白色浑浊，比较气泡和浑浊现象出现的时间长短，判断反应进行的快慢。

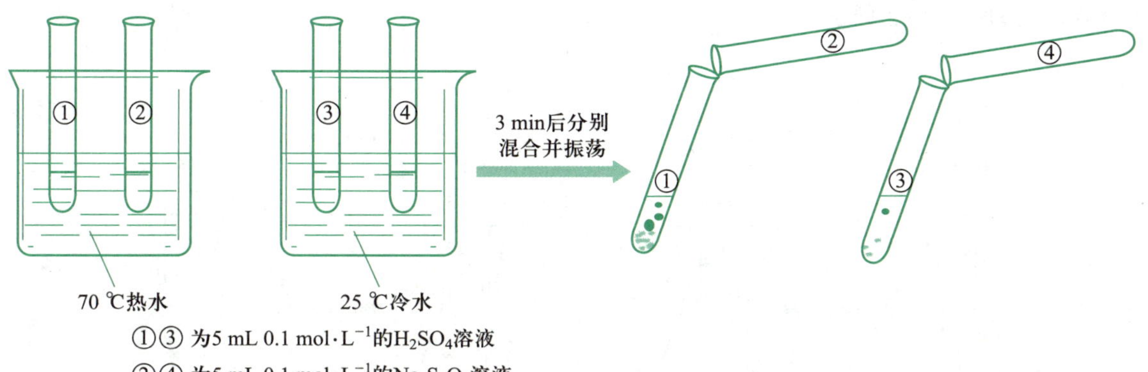

图 1-1-1　不同温度下的化学反应装置图

实验现象如表 1-1-2 所示。

表 1-1-2　不同温度下 $Na_2S_2O_3$ 溶液反应现象

实验温度/℃	25	70
出现气泡和浑浊的先后顺序	后出现	先出现

【课堂讨论】根据实验现象讨论温度对化学反应速率的影响，从分子角度进行解释。

在其他条件相同的情况下，升高温度，反应速率加快，降低温度，反应速率减慢。这是因为温度升高，活化分子的百分含量提高，活化分子浓度增大，有效碰撞概率增加，从而导致反应速率加快。

实验结论：对于任何化学反应来说，温度升高，反应速率均加快。对于放热反应来说，温度升高，正反应速率的增量比逆反应速率增量小；对于吸热反应来说，温度升高，正反应速率的增量比逆反应速率增量大。

4. 催化剂对化学反应速率的影响

催化剂是影响化学反应速率的另一重要因素。在现代化工生产中80%～90%的反应过程都使用催化剂，例如，合成氨、石油裂解、油脂加氢、药物合成等。催化剂的组成大都是金属、金属氧化物、多酸化合物和配合物等。

国际纯粹与应用化学联合会（International Union of Pure and Applied Chemistry，IUPAC）对催化剂的定义是少量存在就能显著改变反应速率而本身最后并无损耗的物质。催化剂改变反应速率的作用称为催化作用。能够提高化学反应速率的催化剂称为正催化剂①，能够降低化学反应速率的催化剂称为负催化剂。虽然催化剂本身并不消耗，但是实际上它参与了化学反应，并改变了反应机理。催化反应都是复合反应，催化剂在其中的一步元反应中被消耗，在后面的元反应中又再生。其主要特征如下：

（1）催化剂只能对热力学上可能发生的反应起作用，不能催化热力学上不可能发生的反应。

（2）催化剂只能改变反应途径（又称机理），不能改变反应的始态和终态。它同时改变正、逆反应速率，改变达到平衡的时间，但不能改变平衡状态。

（3）催化剂有选择性，不同反应采用的催化剂也不同，即每个反应采用特有的催化剂。同种反应物能生成多种不同的产物时，选用不同的催化剂会有利于不同产物的生成。例如，乙醇催化反应中，在不同的催化条件下将得到不同的产物。化工生产中常利用催化剂的选择性，使所希望的化学反应加快，同时抑制某些副反应的发生。

（4）每种催化剂只有在特定条件下才能体现出它的活性，否则将失去活性或中毒。

【观察体验】催化剂对 H_2O_2 分解速率的影响。

实验原理：$2H_2O_2 \xlongequal{MnO_2} 2H_2O+O_2\uparrow$

实验步骤：如图1-1-2所示。

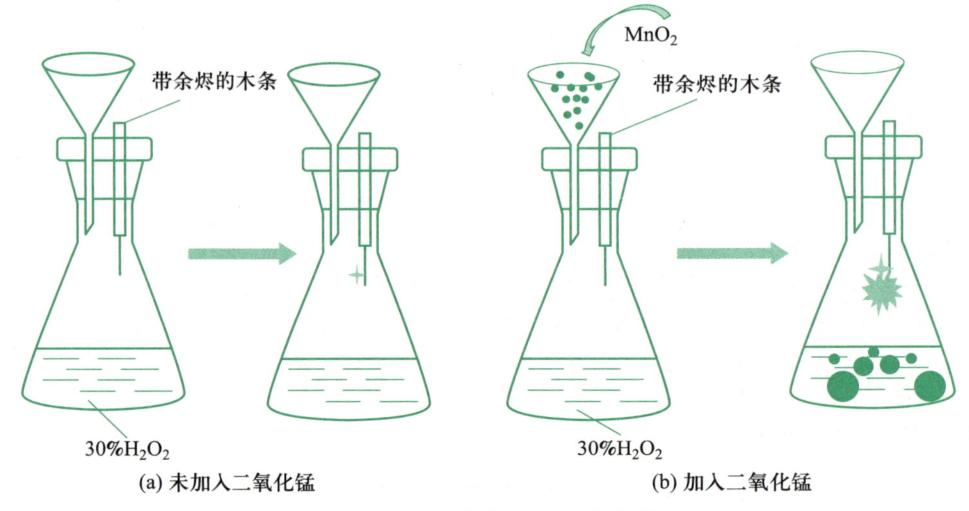

图1-1-2　过氧化氢分解反应装置图

实验现象：未加入二氧化锰时，带余烬的木条没有明显变化，如图1-1-2(a)；加入二氧化锰后，锥形瓶内立即产生大量气泡，并且带余烬的木条复燃，如图1-1-2(b)。

实验结论：当其他条件不变时，加入催化剂可以使化学反应速率加快。

① 若未特殊说明，本教材提到的催化剂均指正催化剂。

5. 其他因素

其他影响化学反应的因素主要有以下几个方面。

固体反应物的颗粒大小：颗粒越小，反应物之间接触面积越大，反应速率越快。搅拌震荡：搅拌使反应物之间充分接触，反应速率加快。光照：光照一般也可增大某些反应的反应速率。原电池：通过形成原电池可使反应速率加快。此外，微波、超声波、放射线、电磁波等因素也能影响化学反应速率。

二、化学平衡

在化工生产和化学研究中，对于一个化学反应，我们考虑通过各种方法提高反应速率，使反应物尽快转化为生成物，增加单位时间内的产量。同时，还必须考虑到使反应物尽可能多的转化为生成物，提高原料的利用率。19 世纪后期，人们发现高炉炼铁所排出的高炉气中含有相当多的 CO。有技术人员认为，这是因为 CO 与铁矿石接触的时间不够长，于是耗费大量的资金建造了更高大的炼铁高炉，以增加 CO 与铁矿石接触的时间。结果发现，这座高炉炼铁排出的高炉气中 CO 的含量并没有减少。这是因为化学反应还存在一个反应进行限度的问题——化学平衡。

（一）化学平衡的基本特征——可逆反应

各种化学反应中，反应物转化为产物的程度并不相同，有些反应几乎能进行到底，这类反应的反应物几乎能全部转化为产物。例如，

$$Fe+CuSO_4 \xlongequal{} FeSO_4+Cu$$

上述只能向一个方向进行“到底”的反应，叫作不可逆反应。但是大多数化学反应都是可逆的。例如，在某密闭容器中，充入氯气和水，在一定温度下，两者能自动进行反应；在另一密闭容器中，充有盐酸和次氯酸，同样条件下，它们能自动反应生成氯气和水。上述两个反应同时发生并且方向相反，可以写成下列形式：

$$Cl_2+H_2O \rightleftharpoons HCl+HClO$$

习惯上，将化学反应计量式中从左向右进行的反应叫作正反应，从右向左进行的反应叫作逆反应。在同一条件下，既可以正向进行又能逆向进行的反应，被称为可逆反应。

一般来说，反应的可逆性是化学反应的普遍特征。正、逆反应共处于同一系统内，在密闭容器中可逆反应不能进行到底，即反应物不能全部转化为产物。

化学平衡的建立是以可逆反应为前提的。绝大多数化学反应都具有可逆性，可在不同程度上达到平衡。化学平衡状态则是指在宏观条件一定的可逆反应中，化学反应正、逆反应速率相等，反应物和生成物各组分浓度不再改变的状态。

现以图 1-1-3 为例讨论化学反应达到平衡时的基本特征。化学反应开始时，正反应速率最大，逆反应速率为零。随着反应的进行，正反应渐渐变慢，逆反应渐渐加快，直到正、逆反应速率相等。此时，系统中各物种浓度（或分压）不再随时间变化而改变，即系统的组成不变，这种状态称为平衡状态，达到平衡时的时间记为 t_b。化学平衡是一种动态平衡，平衡状态是可逆反应所能达到的最大限度。当反应条件改变时，正、逆反应速率随之改变，化学反应又可以达到一个新的平衡。

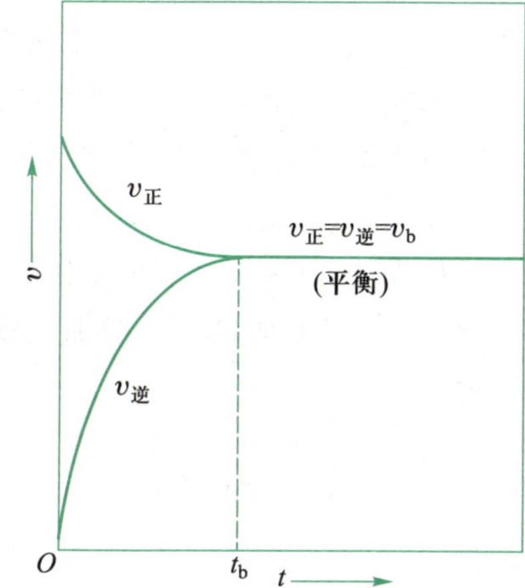

图 1-1-3　可逆反应的正逆反应速率变化示意图

（二）化学平衡常数

化学平衡常数，是指在一定温度下，可逆反应无论从正反应开始，还是从逆反应开始，也不管反应物起始浓度大小，最后都达到平衡，这时各生成物浓度的化学计量数次幂的乘积除以各反应物浓度的化学计量数次幂的乘积所得的比值，用 K 表示，这个常数叫作化学平衡常数。

对于反应：

$$aA+bB \rightleftharpoons dD+eE$$

在一定温度下，达到平衡时，系统中各物质的浓度有如下关系：

$$K=\frac{c(\mathrm{D})^{d}\cdot c(\mathrm{E})^{e}}{c(\mathrm{A})^{a}\cdot c(\mathrm{B})^{b}}$$

式中，$c(\mathrm{A})$，$c(\mathrm{B})$——反应物浓度，$\mathrm{mol\cdot L^{-1}}$；

$c(\mathrm{D})$，$c(\mathrm{E})$——生成物浓度，$\mathrm{mol\cdot L^{-1}}$。

K——平衡常数，无固定单位，具体由生成物与反应物的单位及化学反应方程式系数决定。

若为有气体参加的反应，则可用平衡时气体的分压来代替气态物质的浓度。

平衡常数量纲不为1，但在使用时通常只给出数值，不标出单位，因此为避免造成误解，有必要引入标准平衡常数 $K^{\ominus}$。其表达式中各物质均以各自的标准态为参考态，即溶液的浓度用相对浓度表示（$c/c^{\ominus}$），$c^{\ominus}=1\ \mathrm{mol\cdot L^{-1}}$；气体的分压用相对分压表示（$p/p^{\ominus}$），$p^{\ominus}=100\ \mathrm{kPa}$。若是液体或固体，其标准态为相应的纯液体或纯固体。

例如，对于下列反应：

$$a\mathrm{A(s)}+b\mathrm{B(aq)}+c\mathrm{C(g)}\rightleftharpoons d\mathrm{D(g)}+e\mathrm{E(aq)}+z\mathrm{H_2O}$$

达到平衡时，其标准平衡常数的表达式为：

$$K^{\ominus}=\frac{[p(\mathrm{D})/p^{\ominus}]^{d}[c(\mathrm{E})/c^{\ominus}]^{e}}{[c(\mathrm{B})/c^{\ominus}]^{b}[p(\mathrm{C})/p^{\ominus}]^{c}}$$

标准平衡常数表达式必须与化学反应计量式相对应。同一化学反应以不同的化学反应计量式表示时，其 $K^{\ominus}$ 的数值不同。在化学平衡常数的表达式中，纯液体（如水）的浓度被视为常数，不会随反应的进行而改变，因此，不会影响反应的平衡状态，所以在计算标准平衡常数时，通常不将该浓度包含在内。如果多个反应的化学反应计量式经过线性组合得到一个总的化学反应计量式，则总反应的平衡常数等于各反应的平衡常数之积或商。这一结论被称为多重平衡原理。$K^{\ominus}$ 只是温度的函数。

（三）影响化学平衡的因素

化学反应达到平衡时，表观上反应不再进行，但实际上正、逆反应仍在继续，只是两者的速率相等。影响反应速率的外界因素，如浓度、压强和温度等对化学平衡也同样会产生影响。当外界条件改变时，向某一方向进行的反应速率大于向相反方向进行的速率，平衡状态被破坏，直到正、逆反应速率再次相等，此时系统的组成已发生了变化，建立起与新条件相适应的新的平衡。这种因外界条件的改变使化学反应从一种平衡状态转变到另一种平衡状态的过程，叫作化学平衡的移动。如果对平衡体系施加外部影响，平衡就会向着能减弱这种影响的方向移动，这一规则被称为勒夏特列原理。

1. 浓度影响

如图1-1-4所示，在其他条件不变时，增大反应物的浓度或减小生成物的浓度，有利于正反应的进行，平衡向右移动；反之，增加生成物的浓度或减小反应物的浓度，有利于逆反应的进行，平衡向左移动。

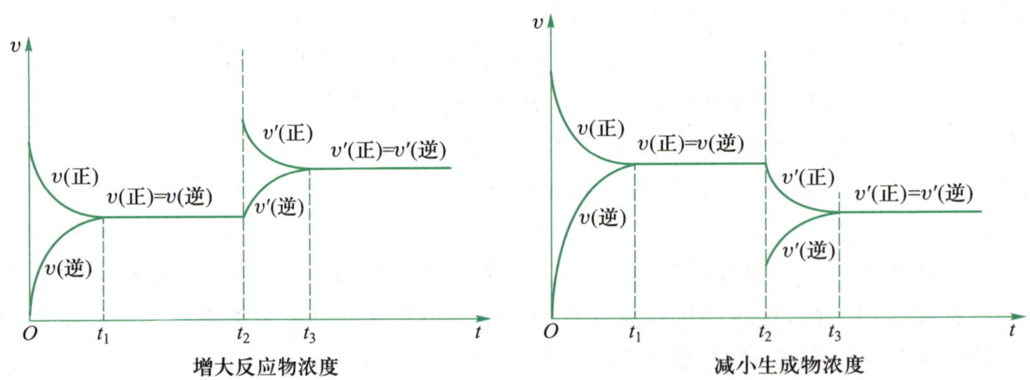

图1-1-4 浓度改变对化学平衡的影响

单一物质的浓度改变只是改变正反应或逆反应中其中一个反应的速率，导致正逆反应速率不相等，从而导致平衡被打破。

2. 压强影响

对于气体反应物和气体生成物分子数不相等的可逆反应来说，当其他条件不变时，增大总压强，平衡向气体分子数减少即气体体积缩小的方向移动；减小总压强，平衡向气体分子数增加即气体体积增大的方向移动。若反应前后气体总分子数（总体积）不变，则改变压强不会造成平衡的移动。压强改变通常会同时改变正、逆反应速率，例如，正反应参与的气体为三个单位体积，逆反应参与的气体为两个单位体积，则增大压强时，正逆反应速率同时提高，但正反应速率提高得更多，从而使 $v_{正}>v_{逆}$，即平衡向正反应方向移动；而减小压强时，正逆反应速率同时减小，但正反应速率减小得更多，平衡向逆反应方向移动。

【观察体验】探究压强对于化学平衡移动的影响。

实验原理：化学反应速率与反应物分子之间的碰撞频率和能量有关。当压强增加时，反应物分子之间的碰撞频率会增加，同时碰撞的能量也会增加。这样，反应物分子之间的碰撞就更容易发生，反应速率也会随之增加。以 NO_2 和 N_2O_4 的转化反应为例进行介绍。

$$2NO_2(g) \rightleftharpoons N_2O_4(g)$$

红棕色　　　　无色

实验步骤：如图 1-1-5 所示，在一端封口的注射器中装入 NO_2 和 N_2O_4 的混合气体，并迅速向里和向外移动活塞，观察实验现象。

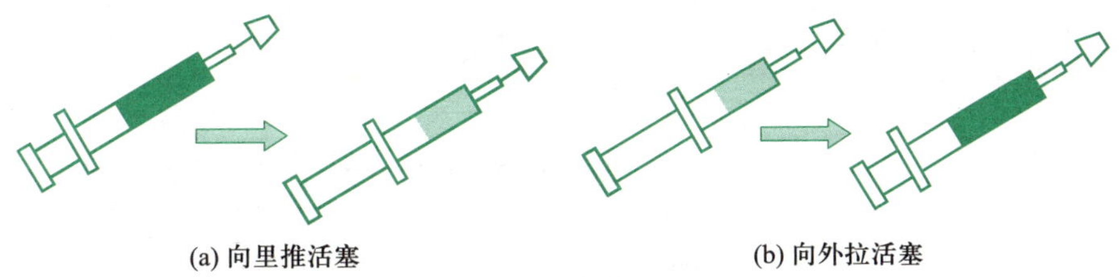

图 1-1-5　压强对于化学平衡移动的影响

实验现象：① 将活塞迅速向里推时，混合气体的颜色先变深后逐渐变浅；② 将活塞迅速向外拉时，混合气体的颜色先变浅后逐渐变深。

压缩体积，气体的压强增大，浓度也增大，颜色变深，但平衡向生成 N_2O_4 的方向（即气体分子数减小的方向）移动，因此颜色又逐渐变浅；增大体积，气体的压强减小，浓度也减小，颜色变浅，但平衡向生成 NO_2 的方向移动，因此颜色又逐渐变深。

实验结论：对于反应前后气体分子数发生变化的可逆反应，在其他条件不变的情况下，增大压强，会使化学平衡向气态物质分子数减小的方向移动；减小压强，会使化学平衡向气态物质分子数增大的方向移动。

3. 温度影响

在其他条件不变时，升高反应温度，对吸热反应有利，平衡向吸热反应方向移动；降低反应温度，对放热反应有利，平衡向放热反应方向移动。如图 1-1-6 所示，与压强类似，温度的改变也同时改变正、逆反应速率，升温使正、逆反应速率同时提高，降温使正、逆反应速率同时下降。对于吸热反应来说，升温时正反应速率提高得更多，而造成 $v_{正}>v_{逆}$ 的结果；降温时正反应速率下降得更多。对放热反应则相反。与压强改变不同的是，每个化学反应都会存在一定的热效应，所以改变温度一定会使平衡移动，不会出现不移动的情况。

4. 催化剂与化学平衡

催化剂能同等程度地改变正、逆反应速率，缩短达到平衡所用的时间，但不能改变平衡状态，对化学平衡的移动无影响。

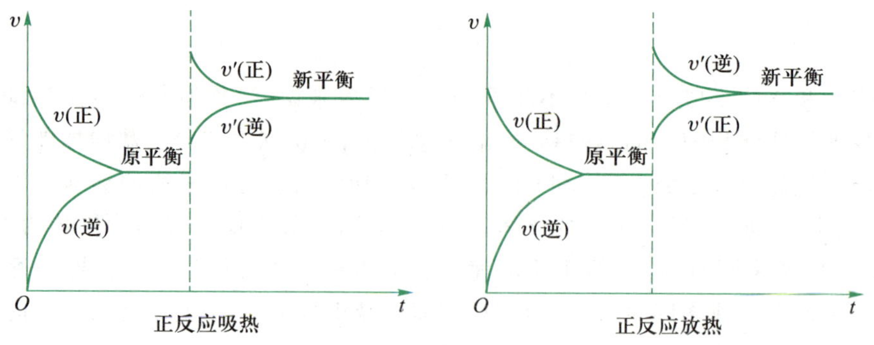

图 1-1-6 温度改变对化学平衡的影响(图为升高温度)

三、化学反应速率和化学平衡移动原理在化工生产中的应用

工业上有很多方法生产硫酸,较常见的是二氧化硫催化氧化法。该方法分为三个阶段:第一,含硫矿物燃烧产生 SO_2;第二,SO_2 催化氧化产生 SO_3;第三,SO_3 被浓硫酸吸收而转化为硫酸。生产过程如图 1-1-7 所示。

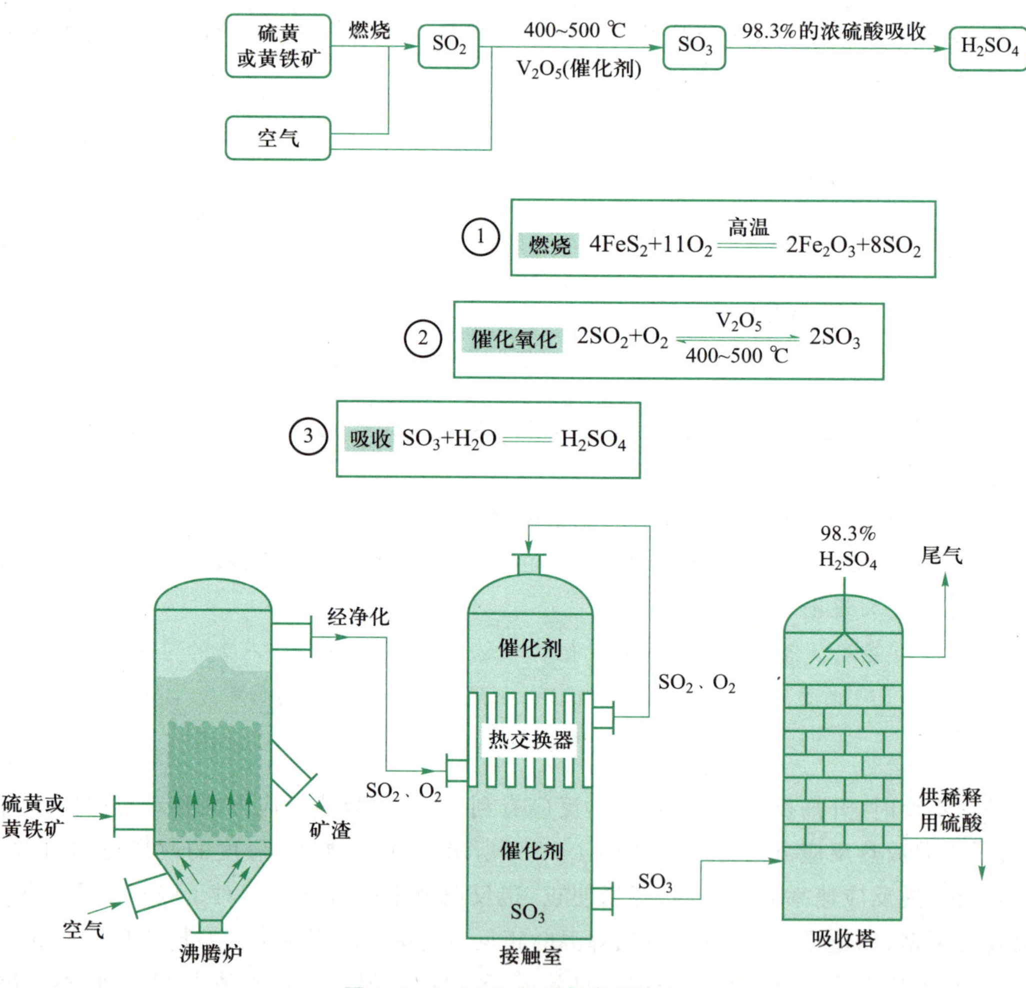

图 1-1-7 工业上生产硫酸过程

第二阶段 SO_2 催化氧化产生 SO_3 的反应为可逆放热反应,反应较慢且转化率低,可通过高温高压投入催化剂 V_2O_5 的方式来提高合成反应速率。但在实际生产综合考虑成本后,工业上一方面通过降低温度使平衡正向移动提高原料的转化率,另一方面这部分热量对通入的原料气体进行初步预热提高反应速率,通

过热交换将反应放出的热量带出，因此该设备也不需要额外提供热量。

值得注意的是，工业制硫酸的各阶段反应均为放热反应，反应一旦引发，其放出的热量可以维持反应持续进行。向设备中投入原料时气体从下口通入，另一原料从上口投入，通过对流使反应更快更充分。生产过程中会产生酸性气体 SO_2 或 SO_3，需要用碱液吸收尾气以免引起环境污染。

【拓展应用】

化学反应速率与酶的关系

酶是生物体内负责加速化学反应的生物催化剂，在许多生物化学过程中起到了关键作用。我们将讨论化学反应速率与酶的关系，并阐述酶如何在生物体内调控反应速率。

酶是蛋白质，通过特异性结构和活性位点与反应物结合，降低化学反应所需要的能量，加速反应进程。酶的作用机制可以分为两个步骤，底物结合和底物转化。在底物结合阶段，酶与底物形成复合物，然后通过底物转化，将底物转化为产物。酶具有高度的特异性，对于底物具有高度的选择性。特异性也使酶只对特定的底物具有催化效果，所以避免了不必要的反应。酶可以使化学反应速率提高数万倍。

酶在生物体内发挥着极其重要的作用，生物体内的许多生化反应都需要酶的参与，例如，消化道中消化酶可以加速食物分解和吸收，光合作用中的光合酶可以促进二氧化碳和水转化为葡萄糖和氧气，固氮酶可以提高植物的含氮量，从而提高蛋白质产量。酶作为一种高效催化剂，在许多领域都有广泛应用，在工业上酶可用于生产食品、洗涤剂等，在医学上可用于临床诊断治疗。

练习巩固

1. 设反应 $C+CO_2 \rightleftharpoons 2CO$（正反应吸热），反应速率为 v_1；$N_2+3H_2 \rightleftharpoons 2NH_3$（正反应放热），反应速率为 v_2。对于上述反应，当温度升高时，v_1、v_2 的变化情况为（　　）。

A. 同时增大　　B. 同时减小

C. v_1 增大，v_2 减小　　D. v_1 减小，v_2 增大

2. 在一密闭容器内发生氨分解反应：$2NH_3 \rightleftharpoons N_2+3H_2$。已知 NH_3 起始浓度是 2.6 mol · L^{-1}，4 s 后为 1.0 mol · L^{-1}，若用 NH_3 的浓度变化来表示此反应的速率，则 $v(NH_3)$ 应为（　　）。

A. 0.04 mol · $(L \cdot s)^{-1}$　　B. 0.4 mol · $(L \cdot s)^{-1}$

C. 1.6 mol · $(L \cdot s)^{-1}$　　D. 0.8 mol · $(L \cdot s)^{-1}$

3. 在温度不变的条件下，密闭容器中发生如下反应：$2SO_2+O_2 \rightleftharpoons 2SO_3$，下列叙述能够说明反应已经达到平衡状态的是（　　）。

A. 容器中 SO_2、O_2、SO_3 共存

B. 容器中 SO_2 与 SO_3 的浓度相等

C. 容器中 SO_2、O_2、SO_3 的物质的量之比为 2 : 1 : 2

D. 反应容器中压强不随时间变化

4. 反应 $2A(g) \rightleftharpoons 2B(g)+E(g)$（正反应吸热）达到平衡时，要使正反应速率降低且反应物 A 的浓度增大，应采取的措施是（　　）。

A. 加压　　B. 减压

C. 减少 E 的浓度　　D. 降温

5. 在密闭容器中发生下列反应：$I_2(g)+H_2(g) \rightleftharpoons 2HI(g)$（正反应吸热），起始时，$n(H_2)=a$ mol，$n(I_2)=b$ mol。只改变表 1-1-3 中列出的条件，其他条件不变，试将化学反应速率的变化情况（“增大”“减小”或“不变”）填入表内。

表 1-1-3 反应速率变化表

编号	反应条件	反应速率
(1)	升高温度	
(2)	加入催化剂	
(3)	再充入 a mol H_2	
(4)	将容器容积扩大为原来2倍	
(5)	通入 b mol Ne(g)	

第二节　溶解平衡和酸碱反应及其应用

情境呈现

水垢(Water Scale)俗称"水锈""水碱",是指硬水煮沸后所含矿质附着在容器(如锅、壶等)内逐渐形成的白色块状或粉末状的物质(图 1-2-1),主要成分有碳酸钙、碳酸镁、硫酸钙、硫酸镁、氯化钙、氯化镁等。水垢主要是由锅炉给水中所含的钙、镁等无机盐受热后析出并黏结于金属表面而形成的。水垢的导热系数很小,约为普通钢材的 2%~5%,水垢结于锅炉受热面上,会降低传热效果,影响锅炉效率;使金属材料局部过热而烧坏,甚至发生爆管事故;使电化学腐蚀加剧,引起锅炉水垢腐蚀,加速受热面的损坏。水垢形成后应及时采用机械或化学方法予以清除。在日常生活中可以通过喷洒、浸泡食醋的方法消除家庭中花洒、水龙头上的水垢。食醋的重要成分醋酸是一种弱酸,可以与水垢发生化学反应,使水垢重新变成溶于水的钙离子、镁离子。

图 1-2-1　瓶体内的水垢

查阅相关资料回答下列问题:

1. 为什么钙、镁离子的碳酸盐更容易形成?
2. 工业上有哪些快速除水垢的方法?

一、沉淀溶解平衡

难溶电解质指的是溶解度小于 0.01 g·(100 g H_2O)$^{-1}$ 的电解质。在难溶电解质的饱和溶液中仍然存在未溶解的固体和已溶解的离子之间的平衡,称为沉淀溶解平衡。沉淀溶解平衡遵循化学溶解平衡规律。

(一) 溶度积常数

以 AgCl 为例,将其投入水中后会同时存在两种状态,一方面 AgCl 沉淀溶解成 Ag^+ 和 Cl^-,另一方面水中的 Ag^+ 和 Cl^- 会沉淀成 AgCl,当溶解和沉淀的速率相等时,便建立起多相解离平衡,AgCl 溶液达到饱和。

$$AgCl(s) \underset{\text{沉淀}}{\overset{\text{溶解}}{\rightleftharpoons}} Ag^+(aq)+Cl^-(aq)$$

其平衡常数表达式为

$$K_{sp}=c(Ag^+)c(Cl^-)$$

将上式加以推广,对于难溶物 A_mB_n 来说

$$K_{sp}=[A^{n+}]^m[B^{m-}]^n$$

K_{sp} 为难溶电解质的溶度积常数,简称溶度积。溶度积常数属于平衡常数,只与温度有关,与浓度无关。K_{sp} 越大,说明溶解能力越强,反之亦然。

(二) 沉淀溶解平衡的移动

在难溶电解质溶液中,其离子浓度的乘积称为离子积(Q)。Q 与 K_{sp} 的表达式相同但是意义和数值不同。K_{sp} 表示的是溶液中固体与离子达到平衡时离子浓度的乘积,在一定温度下为常数;而 Q 表示的是任何环境下两离子浓度的乘积,可以是任何数值。

(1) 当 $Q<K_{sp}$ 时,无沉淀析出,溶液为不饱和溶液,若有沉淀存在,沉淀将溶解;

(2) 当 $Q=K_{sp}$ 时,体系达到动态平衡,溶液恰好达到饱和,此时沉淀析出的量与固体溶解的量相同;

（3）当 $Q>K_{sp}$ 时，溶液为过饱和溶液，沉淀将析出。

沉淀溶解平衡关系图如图 1-2-2 所示。

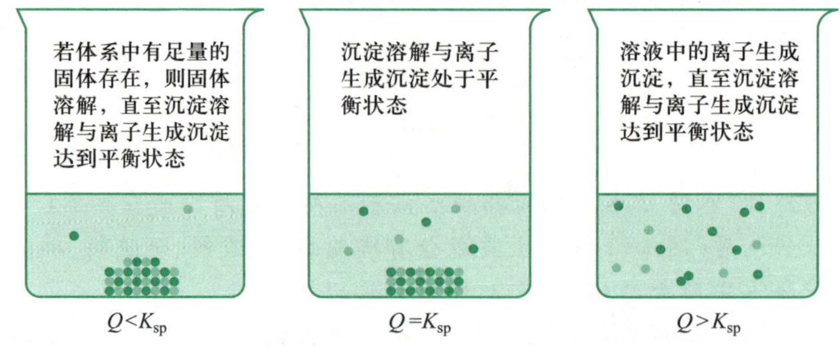

图 1-2-2 Q 和 K_{sp} 的相对大小与沉淀溶解平衡的关系

上述是难溶电解质的平衡移动规律，称为溶度积规则。根据溶度积规则可以判断沉淀的溶解和生成，也可以分步沉淀某几种离子。

（三）溶解度和溶度积

溶解度 S 和溶度积常数 K_{sp} 都能表示难溶电解质的溶解能力。因此，他们之间必然有某种联系，可以进行相互换算。换算时应注意溶度积中所采用的浓度单位为 $mol \cdot L^{-1}$，而溶解度单位常以 $g \cdot (100\ g\ H_2O)^{-1}$ 表示。由于难溶电解质饱和溶液的溶质的量很少，所以溶液的浓度很小，难溶电解质饱和溶液的密度近似等于纯水的密度（$1\ g \cdot cm^{-3}$），这样可使溶解度与浓度之间的换算简化。

根据化合物的不同类型需分别讨论溶解度（以 $mol \cdot L^{-1}$ 表示）和溶度积的关系。

AB 型

$$AB(s) \underset{沉淀}{\overset{溶解}{\rightleftharpoons}} A^+(aq) + B^-(aq)$$

平衡浓度 S S

由于

$$K_{sp} = [A^+][B^-] = S^2$$

计算可得

$$S = \sqrt{K_{sp}}$$

此类型包括 $BaSO_4$、$AgCl$、$CaCO_3$ 等化合物。

AB_2 或者 A_2B 型

$$AB_2(s) \underset{沉淀}{\overset{溶解}{\rightleftharpoons}} A^{2+}(aq) + 2B^-(aq)$$

平衡浓度 S $2S$

由于

$$K_{sp} = [A^{2+}][B^-]^2 = 4S^3$$

计算可得

$$S = \sqrt[3]{\frac{K_{sp}}{4}}$$

（四）沉淀溶解平衡的应用

1. 沉淀滴定法测定物质的含量

以沉淀反应为基础的滴定法称为沉淀滴定法。目前应用最广的沉淀滴定法为银量法，即通过生成难溶银化合物来测定离子含量的方法。银量法包括莫尔法、福尔哈德法和法扬斯法，可以测定 Cl^-、Br^-、I^-、SCN^-、Ag^+ 等的含量。

罐头食品（调味品如味精）中氯化钠的测定（莫尔法）：将样品捣碎，蒸馏水提取定容后过滤，调节 pH

为中性，以铬酸钾为指示剂、硝酸银溶液为标准溶液进行滴定，由于 AgCl 的 K_{sp} 远小于 Ag_2CrO_4 的 K_{sp}，所以 AgCl 先沉淀完全后砖红色的 Ag_2CrO_4 才开始沉淀。因此当生成砖红色沉淀且摇晃后不褪色时，即为到达滴定终点。

此外，可溶性氯化物的含量都可以用莫尔法测定，如天然水中的 Cl^-，但水中有 PO_4^{3-}、S^{2-} 和 SO_3^{2-} 时则需采用福尔哈德法。

2. 杂质的分离和去除

在无机物的制备和提纯、废水处理等领域，常利用生成沉淀来达到分离或去除某些离子的目的。例如，工业原料氯化铵的制备过程中含有杂质氯化铁。通常将所制备的氯化铵溶于水，加入氨水调节溶液 pH，可使铁离子转化成氢氧化铁沉淀而除去。另外，在处理工业废水中，常以 Na_2S 作为沉淀剂，使废水中的某些金属离子，如 Cu^{2+}、Hg^{2+} 等，转化成极难溶的沉淀而除去。

化学沉淀法处理废水的工艺流程图如图 1-2-3 所示。

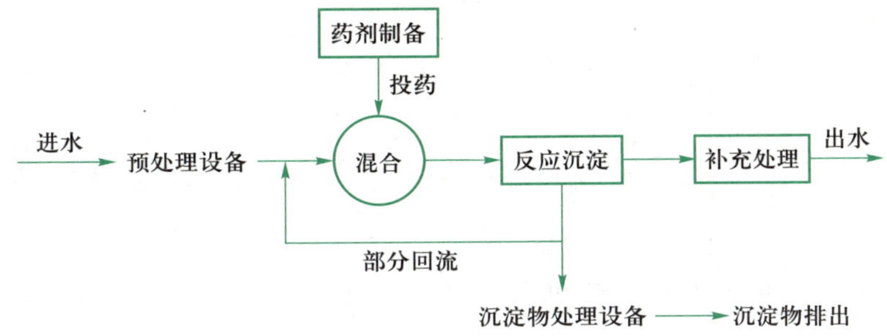

图 1-2-3 化学沉淀法废水处理工艺流程示意图

二、酸碱反应

阿伦尼乌斯(S. A. Arrhenius)提出的酸碱电离理论指出，在水溶液中解离出的阳离子全部为氢离子的化合物称为酸，解离出的阴离子全部为氢氧根离子的化合物称为碱。但这一理论将酸碱限定在水溶液中进行讨论，不能解释非水溶剂在酸碱体系中的作用。鉴于酸碱电离理论的局限性，1923 年布朗斯特(J. N. Brønsted)和劳里(T. M. Lowry)提出了酸碱质子理论。

(一) 酸碱质子理论

1. 酸碱的定义与共轭酸碱对

酸碱质子理论：凡是能够给出质子的物质都是酸，凡是能够接受质子的物质都是碱。酸给出质子后剩余的部分能够接受质子，即为碱，反之亦然，这样的一对酸碱互为共轭酸碱对。

质子酸或质子碱包括分子、阳离子、阴离子。质子理论中没有“盐”的概念，酸碱电离理论中的盐在酸碱质子理论中都变成了离子酸和离子碱。

共轭酸碱关系式可以概括为

$$\text{酸} \rightleftharpoons H^+ + \text{碱}$$

该关系式表明共轭酸碱在组成上只差了一个质子(H^+)，它们通过给出或者接受质子相互转化。酸碱的强度取决于给出或者接受质子的能力。

既能给出质子表现为酸，又能接受质子表现为碱的物质(如 HCO_3^-、$H_2PO_4^-$、HPO_4^{2-})称为两性物质。水是典型的两性物质。

2. 酸碱反应

在酸碱电离理论中，电离、中和、水解是不同类型的反应，而在酸碱质子理论中，它们都属于两个共轭酸碱对相互传递质子的反应，因此统称为酸碱反应。其通式为

$$\text{酸}_1 + \text{碱}_2 \rightleftharpoons \text{碱}_1 + \text{酸}_2$$

酸$_1$将H^+传递给了碱$_2$，自身变成碱$_1$，碱$_2$变成酸$_2$。酸碱反应总是从强酸强碱向弱酸弱碱方向进行。酸碱质子理论中的酸碱反应不仅适用于水溶液，也适用于非水溶液。水除了可以给出或接受质子外，也可以与溶液中所有的离子或分子呈水合状态。

3. 溶液的酸碱性

任何一种稀的水溶液中均存在水自身的质子酸碱作用，所以水溶液中氢离子和氢氧根离子浓度的乘积为一常数，称为水的离子积常数K_w。常温（25 ℃）下水的离子积常数为

$$K_w=[H^+][OH^-]=1.0\times10^{-14}$$

因此仅用H^+的浓度即可代表溶液的酸碱性。实际生产实践和科研工作中涉及的H^+浓度都很小，故采用H^+浓度的负对数来表示酸碱度，称为氢离子指数或者pH。

$$pH=-\lg[H^+]$$

在常温下，纯水的pH为7；酸性溶液的pH小于7；碱性溶液的pH大于7。溶液pH与H^+浓度的关系如图1-2-4所示。

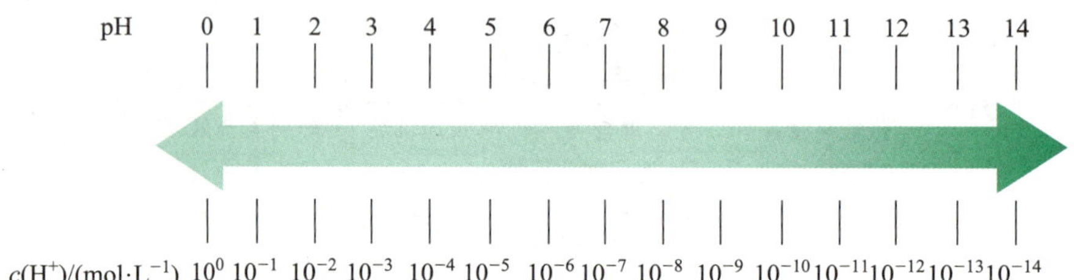

图1-2-4　溶液pH与溶液中H^+浓度的关系

同理可以定义pOH，根据水的离子积常数可知：pH+pOH=14。

水溶液的酸碱性是由水溶液中所有的质子酸、碱和水发生酸碱反应后最终生成的H^+浓度大小决定的。

溶液pH可用pH计测定，如图1-2-5所示。

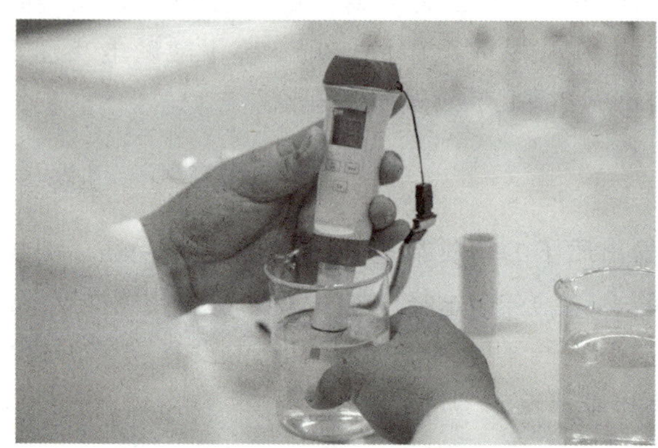

图1-2-5　用pH计测定溶液pH

（二）酸碱平衡

强酸和强碱在溶剂中发生的质子反应是完全反应的，不存在化学平衡。而弱酸、弱碱（弱电解质）在溶剂中不完全反应，因此存在化学平衡，称为酸碱平衡（解离平衡）。

1. 一元弱酸、弱碱的解离平衡

以醋酸（HAc）为例，如图1-2-6所示，其在溶液中存在下列平衡

$$HAc+H_2O \rightleftharpoons H_3O^++Ac^-$$

可简写为

$$HAc \rightleftharpoons H^++Ac^-$$

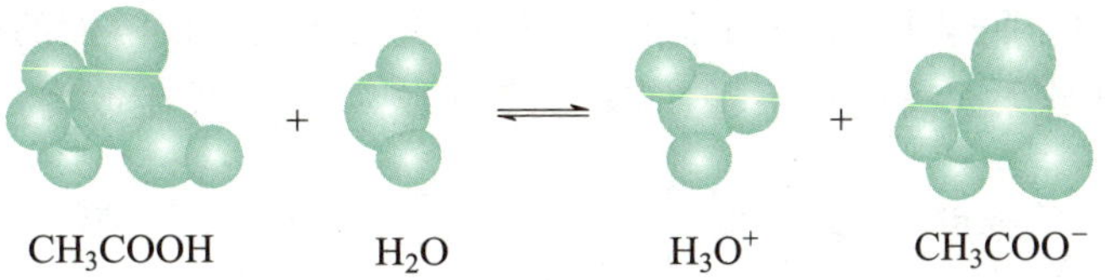

CH_3COOH + H_2O ⇌ H_3O^+ + CH_3COO^-

图 1-2-6　醋酸分子解离过程示意图

根据平衡理论，在醋酸达到平衡时，存在

$$K_a=\frac{[H^+][Ac^-]}{[HAc]}$$

式中，K_a 称为弱酸的解离平衡常数。同理，K_b 为弱碱的解离平衡常数。

根据解离平衡常数的物理意义可知，一定浓度的电解质在达到平衡状态时，K 越大，解离出离子的浓度越大。因此，K_a 和 K_b 可以作为弱酸和弱碱酸碱性相对强弱的标志，K_a 越大表明该酸的酸性越强，K_b 越大表明该碱的碱性越强。

解离平衡常数只与温度有关。温度不变时，无论电解质溶液浓度如何，达到平衡时的解离平衡常数不变。由于弱电解质解离时热效应不大，所以温度的变化对解离平衡常数的影响也不大。以醋酸为例，温度对醋酸 K_a 的影响如表 1-2-1 所示。

表 1-2-1　温度对醋酸 K_a 的影响

温度/℃	$K_a/10^{-5}$	温度/℃	$K_a/10^{-5}$	温度/℃	$K_a/10^{-5}$
10	1.729	30	1.750	50	1.633
20	1.753	40	1.703	60	1.542

多元弱酸、弱碱的解离平衡较为复杂。一般认为多元弱酸、弱碱的解离是分步进行的，溶液中同时存在多级解离平衡且各级解离平衡有各自的解离平衡常数。

2. 稀释定律与一元弱酸、弱碱的 pH 计算

为了能定量地说明弱电解质在溶液中的解离程度，奥斯特瓦尔德（Ostwald）将解离度的概念引入解离平衡关系式中。解离度的表达式为

$$解离度(\alpha)=\frac{平衡时已解离的弱电解质分子数}{溶液中原有的弱电解质分子总数}\times100\%$$

在温度、浓度相同的条件下，α 越大表示该电解质相对较强。解离度和解离平衡常数都可以用来比较弱电解质酸碱性的相对强弱，二者既有联系，也有区别。解离平衡常数是一个特性常数，不受浓度的影响。解离度是转化率的一种表示形式，随浓度的变化而变化。

以醋酸的解离平衡为例：

$$K_a=\frac{[H^+][Ac^-]}{[HAc]}$$

假设 HAc 在水溶液中的初始浓度为 c_0，解离度为 α，达到平衡后 $[H^+]=[Ac^-]=c_0\alpha$，平衡后未解离的分子浓度为 $[HAc]=c_0(1-\alpha)$，代入到平衡式中可得

$$K_a=\frac{c_0\alpha^2}{1-\alpha}$$

由于 α 很小，可以略去，上述表达式简化为

$$K_a\approx c_0\alpha^2 \text{ 或者 } \alpha\approx\sqrt{\frac{K_a}{c_0}}$$

此为稀释定律的表达式。它表明，在一定温度下，解离度与弱电解质溶液的初始浓度有关。初始浓度越小解离度越大，初始浓度越大解离度越小，但解离平衡常数 K_a 并不发生改变。

根据 $[H^+]=c_0\alpha$ 和 $\alpha\approx\sqrt{\frac{K_a}{c_0}}$ 可得

$$[H^+]\approx\sqrt{K_a\cdot c_0}$$

需要指出的是，该公式是近似公式，只有当 $c_0/K_a\geqslant400$ 时才可使用。

3. 多元弱酸、弱碱 pH 的计算

多元弱酸、弱碱在水溶液中的解离是分步进行的，每一步都对应一个解离平衡常数。以 25 ℃下 H_2CO_3 的解离为例。

第一步：$H_2CO_3 \rightleftharpoons H^+ + HCO_3^-$　　$K_{a1}=4.30\times10^{-7}$

第二步：$HCO_3^- \rightleftharpoons H^+ + CO_3^{2-}$　　$K_{a2}=5.61\times10^{-11}$

K_{a1} 与 K_{a2} 分别为碳酸的第一级、第二级解离常数，且 $K_{a1}\geqslant K_{a2}$。多元弱酸的解离常数相差 10^4 倍以上，说明下一级电离比上一级难得多。溶液中的 H^+ 主要来源于第一步解离，故多元弱酸的强弱主要取决于 K_{a1} 的大小，K_{a1} 越大，酸性越强。

同理，多元弱碱也是逐级解离的，碱性的强弱主要取决于 K_{b1} 的大小，K_{b1} 越大，碱性越强。

4. 盐类的水解

盐类大多是强电解质，在溶液中可以完全解离。有的盐类显酸性，有的显碱性，还有的显中性。

【观察体验】

将少量的 NaAc、NH_4Cl、NaCl、NH_4Ac 晶体分别放入 4 支含有少量水的试管中，振荡试管使之溶解。用 pH 计分别测定 4 支试管中溶液的酸碱性，观察实验结果。

造成盐类显酸碱性的原因是盐类的阴离子或阳离子与水解离出的 H^+ 或者 OH^- 结合，生成了弱酸或者弱碱，使水的解离平衡发生移动，导致溶液中的 H^+ 和 OH^- 浓度不相等，而表现出酸碱性，这种作用称为盐的水解作用。生成盐的酸和碱的强弱不同，盐类的水解情况也不同。

（1）强酸弱碱盐的水解。NH_4Cl 是一种强酸（HCl）和弱碱（$NH_3\cdot H_2O$）中和生成的盐，即强酸弱碱盐。NH_4Cl 解离出的 NH_4^+ 可以与 H_2O 解离出的 OH^- 结合生成弱电解质 $NH_3\cdot H_2O$，消耗了溶液中的 OH^-，破坏了水的解离平衡，导致溶液中的 H^+ 浓度增大，溶液显酸性。

故可知，强酸弱碱盐发生水解，溶液呈酸性。

（2）强碱弱酸盐的水解。NaAc 是强碱（NaOH）和弱酸（HAc）中和生成的盐，即强碱弱酸盐。NaAc 解离出的 Ac^- 与 H_2O 解离出的 H^+ 结合生成弱电解质 HAc，消耗了溶液中的 H^+，破坏了水的解离平衡，导致溶液中的 OH^- 浓度增大，溶液显碱性。

故可知，强碱弱酸盐发生水解，溶液呈碱性。

（3）弱酸弱碱盐的水解。NH_4Ac 是弱酸（HAc）和弱碱（$NH_3\cdot H_2O$）中和生成的盐，即弱酸弱碱盐。NH_4Ac 中完全解离出的 NH_4^+ 和 Ac^- 可以分别与水解离出的 OH^- 和 H^+ 结合生成 $NH_3\cdot H_2O$ 和 HAc，OH^- 和 H^+ 都减少。该情况下溶液显酸性、碱性还是中性取决于生成的弱酸和弱碱的强弱，即弱酸和弱碱的解离常数的大小。若 $K_a=K_b$，溶液显中性；$K_a>K_b$，溶液显酸性；$K_a<K_b$，溶液显碱性。

故可知，弱酸弱碱盐溶液的酸碱性取决于弱酸、弱碱的相对强弱。

（4）强酸强碱盐的水解。强酸强碱盐中的阴离子、阳离子不能与水解离出的 H^+ 和 OH^- 结合生成弱电解质，水的解离平衡没有被破坏，故溶液仍显中性。

影响水解的因素主要与盐本身的性质、温度、浓度、溶液的酸碱度有关。

5. 同离子效应与缓冲溶液

(1) 同离子效应。解离平衡是化学平衡的一种。同化学平衡一样,任何外界条件的改变都可以破坏平衡的相对稳定并使之移动,最终建立新的平衡。

以醋酸为例,醋酸存在下列平衡:

$$HAc \rightleftharpoons H^+ + Ac^-$$

在平衡后的醋酸溶液中加入固体 NaAc,NaAc 能完全解离产生大量的 Ac^-,从而使得溶液中的 Ac^-浓度增加,平衡向左移动。最终导致 HAc 的解离度降低,同时溶液中的 H^+浓度也减少。

在弱电解质溶液中,加入少量具有与弱电解质相同离子的其他强电解质,则弱电解质的解离度会降低,称为同离子效应。

【思考探索】

同离子效应降低了弱酸或者弱碱的解离度,是否也改变了弱酸或者弱碱的解离平衡常数?

(2) 缓冲溶液。生物体内的各种化学反应需要在一定的 pH 范围内才能正常进行,过酸或者过碱的环境都会影响生物的正常生命活动。实验表明,在 HAc 和 NaAc 的混合溶液中加入少量的强酸、强碱或者水,溶液的 pH 基本都保持不变,说明该混合溶液具有可以抵抗少量的外来强酸、强碱及水的稀释作用,这种作用称为缓冲作用,具有缓冲作用的溶液称为缓冲溶液。

缓冲溶液具有缓冲作用的原因是溶液中含有相当数量的抗酸及抗碱成分,这两种成分称为缓冲对或者缓冲系。以 HAc-NaAc 缓冲溶液为例,该溶液中 HAc 和 Ac^-的浓度都很大而 H^+浓度很小。当向溶液中加入少量的强酸时,强酸解离出的 H^+可以和 Ac^-结合,生成 HAc,使得溶液中的 H^+浓度不会显著增大,溶液 pH 基本不变,Ac^-起到抵抗少量强酸的作用,称为缓冲溶液的抗酸成分;当向溶液中加入少量的强碱时,强碱解离出的 OH^-可以和 H^+结合生成水,同时 HAc 平衡正向移动来弥补 H^+的消耗,溶液中的 H^+不会显著减少,溶液 pH 基本不变,HAc 起到抵抗少量强碱的作用,称为溶液的抗碱成分。

缓冲溶液的缓冲能力是有一定限度的,当抗酸、抗碱成分的浓度比为 1∶1 时,缓冲能力最强。实验表明,缓冲对的浓度越大,缓冲能力越强。当抗酸成分与抗碱成分的浓度比为 0.1~10 时,基本可以满足一般实验需求。另外,只有外加酸碱的量与缓冲对的量相比较小时,溶液才有缓冲作用。

【拓展应用】

人体内的各种体液保持稳定的 pH,组织、细胞才能进行正常的物质代谢和生理活动。人体的正常 pH 为 7.35~7.45,如果改变 0.1 单位以上就会导致酸中毒或者碱中毒而危及生命。血液是多个缓冲对组成的缓冲体系,这些缓冲体系中 H_2CO_3-HCO_3^- 缓冲体系的浓度最高,缓冲能力最强,对维持血液的正常 pH 最重要。各种因素都会导致血液中酸度的增加,例如支气管炎、糖尿病等,此时会消耗大量的抗酸成分 HCO_3^- 并产生大量的 CO_2。机体首先通过加快呼吸速率排除多余的 CO_2,其次通过肾脏调节使 HCO_3^- 浓度回升,从而使两种组分浓度都恢复正常,维持血液 pH 基本不变。

缓冲溶液在自然界中也是普遍存在的,例如土壤中含有腐殖酸-腐殖酸盐及其他有机酸与其相应的盐组成的复杂缓冲体系,可以使土壤维持一定的 pH(5~8),这就保障了土壤中多种微生物的正常活动,土壤有机质在微生物、水分、空气作用下,分解为能被植物吸收的无机态养分,提高土壤肥力。

电镀、制革、染料等工业及化学分析中,常用缓冲溶液来控制 pH。

(三) 酸碱反应的应用

以酸碱反应为基础的分析方法叫作酸碱滴定法。酸碱滴定法的应用范围很广泛,酸性物质、碱性物质及能与酸性物质或碱性物质发生反应的物质都可以通过酸碱滴定法来进行定性定量分析。

1. 肥料、土壤中氮含量的测定

各种形态的氮首先要转化为铵态氮。铵态氮的主要成分是 NH_4^+,而 NH_4^+ 的酸性太弱,不能用氢氧化钠直接标定。NH_4^+ 与甲醛反应可以定量地转换出 H^+，然后用氢氧化钠滴定转化的 H^+。滴定时，甲醛必须是中性的，铵盐中不能含有游离酸。

2. 农产品中总酸度的测定

果蔬中所含酸的种类和含量受果蔬品种、种植区域、成熟度等因素影响很大。一定的含酸量可以增加风味，但酸过量又会显示出不良品质。总酸度是指食品中所含酸的总量，包括已解离酸及未解离酸。农产品中的有机酸可用碱标准溶液进行滴定。

3. 阿司匹林中水杨酸含量的测定

水杨酸是常见的芳香酸类消毒防腐药，常用的感冒药阿司匹林就是水杨酸的衍生物乙酰水杨酸钠，而对氨基水杨酸钠则是一种常用的抗结核药物。水杨酸在皮肤科常用于治疗各种慢性皮肤病如痤疮（青春痘）、癣等。由于游离的水杨酸有毒，《中国药典》规定需要测定成品阿司匹林中水杨酸的含量。检测机构根据水杨酸含有羧基、显酸性的性质，常采用酸碱滴定法检测，根据消耗的碱的量计算出水杨酸的含量。

【拓展应用】

以氢氧化钠和盐酸反应为例，无任何宏观现象可以作为判断其是否恰好完全反应的依据，但定量分析需要明确消耗酸或碱的量，因此需要一种试剂来指示反应的终点。借助于颜色的改变来指示溶液 pH 的物质称为酸碱指示剂。酸碱指示剂多为有机弱酸或者弱碱，它们的共轭酸碱对因具有不同结构而呈现不同颜色。当溶液的 pH 改变时，指示剂得到质子，由碱式转变为共轭酸式，或失去质子，由酸式转变为共轭碱式，指示剂颜色变化表明 pH 发生了改变。

300 多年前，波义耳（Boyle）从大瓶里倾倒出盐酸时，少许酸沫飞溅到紫罗兰上，一会儿紫罗兰颜色变红了。波义耳认为，不仅盐酸，其他各种酸都能使紫罗兰变为红色。他还采集了药草、牵牛花、苔藓、月季花、树皮和各种植物的根……泡出了多种颜色的不同浸液，有些浸液遇酸变色，有些浸液遇碱变色。有趣的是，他从石蕊苔藓中提取的紫色浸液，酸能使它变红色，碱能使它变蓝色，这就是最早的石蕊试液，波义耳把它称作指示剂。为使用方便，波义耳用一些浸液把纸浸透、烘干制成纸片，使用时只要将小纸片放入被检测的溶液，纸片上就会发生颜色变化，从而显示出溶液是酸性还是碱性。今天，我们使用的石蕊试纸、酚酞试纸、pH 试纸，就是根据波义耳的发现研制而成的。

随着科学技术的进步和发展，许多其他的指示剂相继被发现。

练习巩固

1. 已知相同浓度的电解质 NaA、NaB、NaC、NaD 的水溶液，其 pH 依次增大，则下列溶液中氢离子含量最少的是（　　）。

A. HA　　B. HB　　C. HC　　D. HD

2. 下列说法正确的是（　　）。

A. 解离度越大，表示该电解质相对较强

B. 解离度和解离常数都可以用来比较弱电解质的相对强弱

C. 解离平衡常数是弱电解质的一个特性常数，是化学平衡的一种形式，不受温度的影响

D. 解离度是转化率的一种形式，不随浓度的变化而变化

3. 婴儿胃液的 pH=5，成人胃液的 pH=1，婴儿胃液的[H^+]是成人胃液[H^+]的（　　）倍。

A. 10^{-5}　　B. 5　　C. 0.001　　D. 0.000 1

4. 醋酸铵溶于水后（　　）。

A. 溶液发生了双水解反应，因为 K_a、K_b 近似相等，所以该溶液接近中性

B. 溶液发生了单水解反应，显碱性

C. 溶液发生了单水解反应，显酸性

D. 以上都不对

5. 在醋酸溶液中加入一定量的醋酸钠时，下列说法正确的是(　　)。

A. 使醋酸的解离平衡向左移动　　B. 增大了醋酸分子的解离度

C. 使溶液的碱性减弱　　D. 以上都不对

6. 水溶液的酸碱性可以用 pH 来表示，pH 是______浓度的______，数学表达式是______。

7. $[H^+]=1\times10^{-4}\ mol\cdot L^{-1}$ 的溶液，pH=______，溶液呈______性，若 pH=8，则 $[H^+]=$______$mol\cdot L^{-1}$，溶液呈______性。

第三节 氧化还原反应及其应用

情境呈现

在日常生活中，为什么香蕉、苹果等水果，放置一段时间，或去皮后暴露在空气中，其表面颜色会变深，发生“褐变”？见彩图 1-3-1。有哪些方法可以延缓“褐变”的发生呢？

硫酸亚铁缓释片常用于治疗缺铁性贫血，在该药片外表必须包裹一层特制的糖衣，在包装药盒内常放置一小袋铁粉，这是为什么？

氧化还原反应是生活中常见、与工农业生产密切相关的一类极为重要的化学反应。食物的腐败、药品的变质、金属的腐蚀、燃料的燃烧、工业电解和电镀、化学电池的制造与使用等都与氧化还原反应有关。在生命科学领域，生物体的呼吸过程、新陈代谢、神经传导、能量转换等生理过程都涉及氧化还原反应，例如，人体通常所需能量主要来自葡萄糖在体内的氧化，许多与衰老、疾病相关的自由基反应也是氧化还原反应。在医药领域，诸多药物通过氧化还原反应发挥作用。因此，掌握氧化还原反应的知识对于日常生活和工农业生产都是十分必要的。

【拓展应用】

脱氧剂又名去氧剂、吸氧剂，可吸收氧气、减缓食品氧化，是一组易与游离氧或溶解氧发生反应的化学混合物。将脱氧剂装在有一定透气度和强度的密封纸袋中，和食品一起密封包装，能除去袋中残留的氧，防止食品因氧化而变色、变质和油脂酸败。脱氧剂也对霉菌、好氧细菌和粮食害虫的生长有抑制作用。脱氧剂常用的反应原理有铁粉氧化（铁系，基于铁粉的氧化反应）、酶氧化（酶系）、抗坏血酸氧化等。

微课：氧化还原反应的基本概念

一、氧化还原反应的基本概念

（一）元素的氧化数

在中学化学中已经学过，氧化还原反应是指原子间发生电子得失（或元素化合价升降）的化学反应。为了更好地描述原子间电子的得失或偏移程度，人们在化合价和元素电负性的基础上，提出了氧化数的概念。1970 年，IUPAC 把元素的氧化数定义为某元素一个原子的表观电荷数，该电荷数通过假设把每个化学键中的成键电子都指定给电负性较大的原子而求得。根据上述定义，确定元素氧化数的规则如下：

（1）在单质中，元素的氧化数为零。如在 Na、Mg、H_2、O_2、F_2 等单质中，其元素的氧化数都等于零。

（2）在化合物中，所有元素氧化数的代数和等于零；在多原子离子中，所有元素的氧化数的代数和等于该离子所带的电荷数；单原子离子的氧化数等于其所带的电荷数，如 Na^+、Cl^-、Mg^{2+}、S^{2-} 的氧化数分别为+1、-1、+2、-2。

（3）F 是电负性最大的元素，故在氟化物中，F 的氧化数总为-1。H 的氧化数一般为+1，但在金属氢化物（如 NaH）、硼氢化物（如 B_2H_6）中，H 的氧化数为-1。O 的氧化数一般为-2，但在过氧化物（如 H_2O_2、Na_2O_2 等）中为-1，在超氧化物（如 KO_2）中为-0.5，在 OF_2 中为+2。

例题 1-3-1 试确定下列化合物或离子中划线元素的氧化数：

$$H\underline{N}O_3、\underline{Fe}_3O_4、\underline{N}H_4^+、\underline{C}O_3^{2-}、K_2\underline{Cr}_2O_7$$

解：设划线元素的氧化数为 x，由于 O 的氧化数为-2，H 的氧化数为+1，则

在 $H\underline{N}O_3$ 中：$1+x+3\times(-2)=0, x=+5$

在 $\underline{Fe}_3O_4$ 中：$3x+4\times(-2)=0, x=+8/3$

在 $\underline{N}H_4^+$ 中：$x+4\times(+1)=1, x=-3$

在 $\underline{C}O_3^{2-}$ 中：$x+3\times(-2)=-2, x=+4$

在 $K_2\underline{Cr}_2O_7$ 中：$2\times(+1)+2x+7\times(-2)=0, x=+6$

【课堂讨论】

请指出 $H_2\underline{S}$、$\underline{S}$、$\underline{S}_2O_3^{2-}$、$Na_2\underline{S}_4O_6$、$\underline{S}O_2$、$Na_2\underline{S}O_4$ 中 S 的氧化数。

（二）氧化还原反应

根据氧化数的定义，把反应物在反应前后元素的氧化数发生变化的化学反应称为氧化还原反应。元素的氧化数升高的反应称为氧化反应，元素的氧化数降低的反应称为还原反应；氧化数升高的物质是还原剂，氧化数降低的物质是氧化剂。氧化还原反应的本质是氧化剂与还原剂在反应过程中发生了电子的转移或偏移，从而导致元素的氧化数发生了变化，且元素的氧化数升高的总数与氧化数降低的总数一定相等。例如，在下列反应中：

$$\overset{0}{Zn} + \overset{+2}{Cu}SO_4 = \overset{+2}{Zn}SO_4 + \overset{0}{Cu}$$

（还原剂）（氧化剂）　（氧化产物）（还原产物）

Cu^{2+}在反应中得到 2 个电子，氧化数由+2 降低为 0，发生还原反应，变成 Cu；Zn 在反应中失去 2 个电子，氧化数由 0 升高为+2，发生氧化反应，变成 Zn^{2+}。SO_4^{2-} 中任何原子的氧化数都没有改变，故未参与氧化还原过程。

【小贴士】

在氧化还原反应中，如果氧化数升高和降低都发生在同一物质中，处于同一氧化数的同种元素上，这类反应称为歧化反应。例如：

$$\overset{0}{Cl_2}+2NaOH = Na\overset{+1}{Cl}O+Na\overset{-1}{Cl}+H_2O$$

在该反应中，氯气分子中 Cl 元素的氧化数既由 0 降低为-1，又由 0 升高为+1，Cl_2 既是氧化剂又是还原剂。

（三）氧化还原电对

任何一个氧化还原反应都包括氧化与还原两个过程，可看成由两个半反应组成。例如，上述金属锌与硫酸铜溶液的置换反应可以分拆为

$$\text{氧化半反应：}Zn(\text{还原态})-2e^- \rightleftharpoons Zn^{2+}(\text{氧化态})$$

$$\text{还原半反应：}Cu^{2+}(\text{氧化态})+2e^- \rightleftharpoons Cu(\text{还原态})$$

在半反应中，氧化数较高的物质形式称为氧化态（或氧化型），用 Ox 表示；氧化数较低的物质形式称为还原态（或还原型），用 Red 表示。它们之间的关系可以表示为

$$\text{氧化态}(Ox)+ne^- \rightleftharpoons \text{还原态}(Red)$$

氧化态和还原态彼此依存，相互转化，成对出现。通常把半反应中通过电子转移而相互转化的这一对物质形式称为氧化还原共轭电对，简称电对。每一个半反应都对应一对电对，常用符号“Ox/Red”表示。例如：Zn^{2+}/Zn、Cu^{2+}/Cu。

（四）氧化还原反应方程式的配平

氧化还原反应比较复杂，用观察法一般不易配平。常采用氧化数法、离子-电子法等进行配平。离子-电子法又称为半反应法，其配平原则为：① 在反应中氧化剂得到电子的总数必须等于还原剂失去电子的总数；② 方程式两边各元素的原子个数必须相等，各物质的电荷数的代数和必须相等。

例题 1-3-2　配平 $K_2Cr_2O_7$ 与 KI 在稀盐酸溶液中的反应方程式。

解:(1) 写出该反应的离子反应方程式。

$$Cr_2O_7^{2-}+I^-+H^+ \longrightarrow Cr^{3+}+I_2+H_2O$$

(2) 将氧化还原反应拆分成两个半反应,并将半反应分别配平。

① 氧化半反应:$2I^- - 2e^- \rightleftharpoons I_2$

② 还原半反应:$Cr_2O_7^{2-}+14H^++6e^- \rightleftharpoons 2Cr^{3+}+7H_2O$

(3) 根据氧化剂与还原剂得失电子总数相等的原则,求出得失电子的最小公倍数,将两个半反应分别乘以相应的系数,再把两式相加,即可得到一个配平好的离子反应方程式。

$$①\times3 \qquad 6I^- - 6e^- \rightleftharpoons 3I_2$$

$$+)\ ②\times1 \qquad Cr_2O_7^{2-}+14H^++6e^- \rightleftharpoons 2Cr^{3+}+7H_2O$$

$$Cr_2O_7^{2-}+6I^-+14H^+ \rightleftharpoons 2Cr^{3+}+3I_2+7H_2O$$

(4) 用观察法将没有参加反应的离子写上并配平系数,即完成氧化还原反应方程式的配平。

$$K_2Cr_2O_7^{2-}+6KI+14HCl \rightleftharpoons 2CrCl_3+3I_2+8KCl+7H_2O$$

微课:原电池

二、原电池与电极电势

(一) 原电池

氧化还原反应的重要特征是反应过程中有电子的转移或偏移,并且伴随着热效应。能否用实验证实这一过程?能否将化学能转变为电能呢?

【观察体验】

将一块锌片置于蓝色硫酸铜溶液中,仔细观察,经过一段时间后锌片与硫酸铜溶液有何变化?实验发现,锌片逐渐溶解变小,表面上不断有紫红色的铜析出;蓝色溶液逐渐变浅,温度有所升高。实验现象表明,Zn 与 $CuSO_4$ 之间发生了氧化还原反应,反应放出的化学能转变为热能。锌片与硫酸铜溶液直接接触,电子从 Zn 转移给 Cu^{2+} 是无序的,未形成定向移动,故无电流产生。

若将上述实验进行改进,采用如图 1-3-1 所示的装置,即在盛有 $ZnSO_4$ 溶液、$CuSO_4$ 溶液的两个烧杯中,分别插入 Zn 片、Cu 片,并用导线连接,中间串联一个检流计,再向两个烧杯中插入一支盐桥将溶液连接起来。盐桥由充满饱和氯化钾(或硝酸钾)溶液与琼脂凝胶的 U 形管制成,具有沟通电路、保持溶液电中性的作用。可以观察到检流计的指针发生了偏转,表明导线中有电流通过,化学能成功转变为电能。由检流计指针偏转方向可知,电子由 Zn 片流向 Cu 片,电流的运动方向与电子的正好相反。

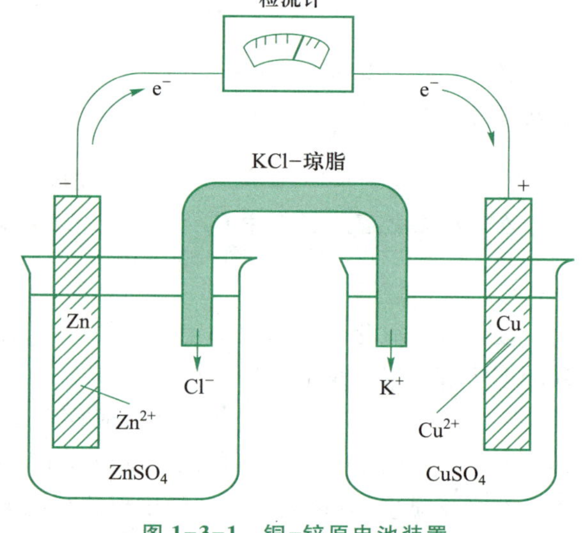

图 1-3-1　铜-锌原电池装置

将氧化还原反应的化学能转变为电能的装置称为原电池。原电池由盐桥、导线和两个电极(或半电池)组成。电子流出的电极称为负极,电子流入的电极称为正极;负极上发生的氧化反应和正极上发生的还原反应称为电极反应(或半电池反应);两个电极反应之和称为电池反应,即为原电池的总反应。如上述铜-锌原电池中:

负极(Zn 电极)的电极反应为 $Zn-2e^- \rightleftharpoons Zn^{2+}$(氧化反应)

正极(Cu 电极)的电极反应为 $Cu^{2+}+2e^- \rightleftharpoons Cu$(还原反应)

电池反应为 $Zn+Cu^{2+} \rightleftharpoons Zn^{2+}+Cu$

为了方便,通常采用电池符号表示原电池的组成,书写电池符号的规定如下。

(1) 将负极写在最左边,正极写在最右边,分别用“(-)、(+)”表示。

(2) 电极或原电池中各物质的组成均用化学式表示，在化学式后面的括号中注明物质的状态、溶液的浓度或气体的分压。

(3) 用单垂线“|”表示相与相之间的界面，用双垂线“‖”表示盐桥，同一相中不同物质之间用“，”分开。

(4) 气体或液体不能直接作为电极，必须依附惰性电极（不参与电极反应，仅起导电作用的电极，如铂电极和石墨电极）。

按以上规定，铜-锌原电池可以用电池符号表示为

$$(-)Zn(s) \mid Zn^{2+}(c_1) \parallel Cu^{2+}(c_2) \mid Cu(s)(+)$$

例题 1-3-3 试将反应：$2Fe^{2+}+Cl_2 \rightleftharpoons 2Fe^{3+}+2Cl^-$设计为原电池。

解：负极反应为 $2Fe^{2+}-2e^- \rightleftharpoons 2Fe^{3+}$

正极反应为 $Cl_2+2e^- \rightleftharpoons 2Cl^-$

电池符号为$(-)Pt \mid Fe^{2+}(c_1),Fe^{3+}(c_2) \parallel Cl^-(c_3) \mid Cl_2(p) \mid Pt(+)$

【行业视角】

纤维电池——储能和可穿戴技术领域的里程碑

出门不需要带充电器和充电宝，通过身上穿的衣服，就可以对手机进行无线充电——听起来像科幻片的场景，正在逐步成为现实。这是复旦大学彭慧胜院士的研究方向之一，他的团队已经连续构建出兼具良好安全性和综合电化学性能的新型纤维聚合物锂离子电池。该项成果被誉为“储能和可穿戴技术领域的里程碑研究”和“柔性电子领域的一个里程碑”。

纤维电池的结构与传统电池完全不同。传统电池通常包括堆叠的电极和其他组件，而纤维电池几乎是一维的，电极是缠绕在一起的电线，聚合物涂层既能提供保护，又能将电解质密封在电池内。纤维电池具有柔性、结实、安全等诸多优势，通过编织纤维还可制成电池“织物”，具有许多不同的形状和应用，见图 1-3-2。研究表明，电池“织物”柔软透气，非常适合应用于可穿戴电子产品领域。它们似乎也能承受多

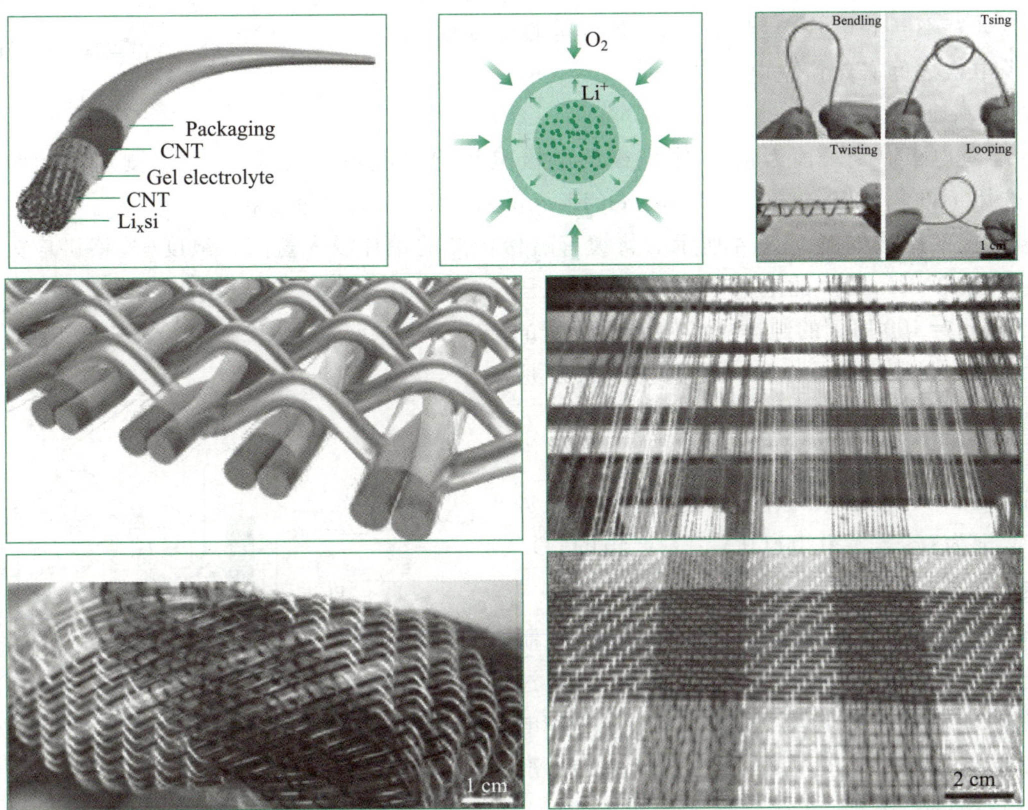

图 1-3-2 纤维电池及电池“织物”

次洗涤而不损失能量密度。最近，研究人员开发了基于锂离子技术生产高性能编织纤维电池的新方法，其能量密度是第一代纤维电池原型的 80 倍，在 500 次充电循环后仍能保持 90% 的容量，这与大多数商用电池相当。据此，纤维电池被 IUPAC 推选为 2022 年度化学领域十大新兴技术之一。

微课：电极电势

（二）电极电势

1. 电极电势的产生

将原电池的正、负极用导线连通起来，就有电流产生，表明两个电极之间存在电势差。那么，电极的电势是如何产生的？不同电极为何具有不同的电势呢？这与金属的结构与性质有关。

金属晶体是由金属原子、金属离子和自由电子所组成的。实验证明，若把金属片（M）插入含有该金属离子（M^{n+}）的盐溶液中，在它们的接触界面上就会发生溶解与沉积的可逆过程。一方面，金属表面原子受自身热运动和极性水分子的作用会失去电子发生溶解，生成水合离子进入溶液，将电子留在金属表面，金属越活泼，溶液越稀，这种倾向越大；另一方面，溶液中的金属阳离子受到自由电子的吸引会获得电子而沉积在金属表面上，金属越不活泼，溶液越浓，这种倾向越大。当金属溶解与金属离子沉积的速率相等时，达到动态平衡状态：

$$M(s) \rightleftharpoons M^{n+}(aq) + ne^-$$

此时，在两相之间的界面层就会形成一种双电层结构，如图 1-3-3 所示。

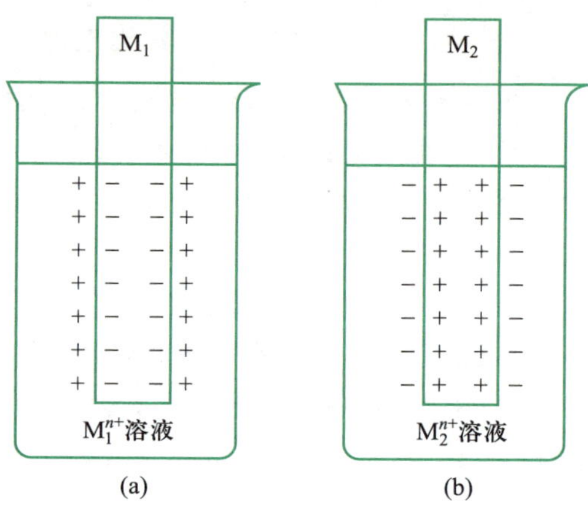

图 1-3-3 金属电极的电极电势

动画：双电层理论

这种在金属与其盐溶液之间，由于形成双电层结构而产生的电势差称为金属的电极电势，用符号 $\varphi(M^{n+}/M)$ 表示，单位为 V。金属的电极电势高低主要取决于金属的本性，反映了其电对中氧化态与还原态得失电子能力的大小。不同的电极具有不同的电极电势，若将两个不同的电极组成原电池，两个电极之间必然产生电势差。

2. 标准电极电势

（1）标准氢电极。到目前为止，单个电极的电极电势绝对值还无法测定，为了测定其相对值，IUPAC 建议，统一选用标准氢电极（Standard Hydrogen Electrode，SHE）作为基准电极。

标准氢电极的结构如图 1-3-4 所示。将镀有疏松铂黑的铂片浸入氢离子浓度（严格讲应为活度 a）为标准浓度 $c^{\ominus} = 1.0\ mol \cdot L^{-1}$ 的溶液中，并不断通入压强为标准压强 $p^{\ominus} = 100\ kPa$ 的纯净 H_2，使铂黑吸附的 H_2 达到饱和状态，即构成了标准氢电极。电极反应如下：

$$2H^+(c^{\ominus}) + 2e^- \rightleftharpoons H_2(p^{\ominus})$$

并规定，在 298.15 K 时，标准氢电极的电极电势值为零伏特，记为：$\varphi^{\ominus}_{H^+/H_2} = 0.000\ 0\ V$。右上角的“$\ominus$”表示标准态。

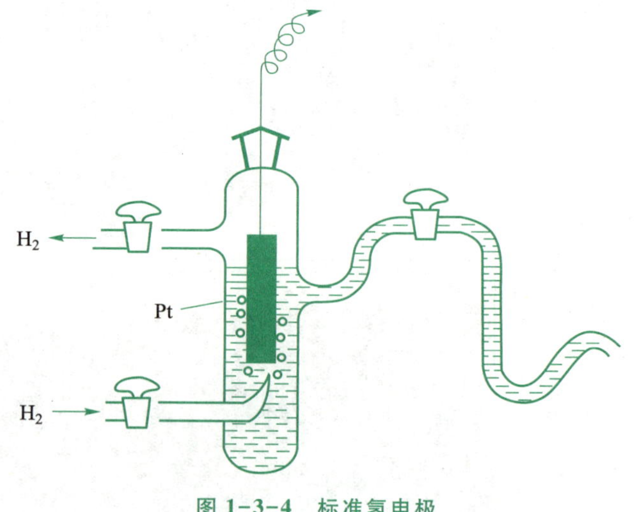

图 1-3-4 标准氢电极

（2）标准电极电势。在标准态下，将各种电极制作成标准态电极，并与标准氢电极构成原电池，通过测量原电池的电动势并确定其正、负极，而得出各电极相对于标准氢电极的电极电势，称为该电极的标准电极电势，用符号 $\varphi^{\ominus}$ 表示，单位为 V。

标准态是指参加电极反应的各种物质在指定温度(通常为298.15 K)下,溶液离子浓度为标准浓度$c^{\ominus}$,气体分压为标准压强$p^{\ominus}$,固体或液体均为纯物质时的状态。由标准态电极构成的原电池,称为标准电池,其两个电极的标准电极电势之差称为该电池的标准电动势,用$E^{\ominus}$表示。

$$E^{\ominus}=\varphi_{+}^{\ominus}-\varphi_{-}^{\ominus} \quad (1-3-1)$$

测定某电极的标准电极电势时,将待测电极与标准氢电极组成标准电池,测出该电池的标准电动势$E^{\ominus}$,即可求出该电极的标准电极电势。

例如,在298.15 K时,将标准Cu电极与标准氢电极组成原电池:

$$(-)Pt \mid H_2(p^{\ominus}) \mid H^+(c^{\ominus}) \parallel Cu^{2+}(c^{\ominus}) \mid Cu(s)(+)$$

测得该原电池的标准电动势$E^{\ominus}=\varphi_{+}^{\ominus}-\varphi_{-}^{\ominus}=\varphi_{Cu^{2+}/Cu}^{\ominus}-\varphi_{SHE}^{\ominus}=0.341\ 9\ V$,故标准Cu电极的$\varphi_{Cu^{2+}/Cu}^{\ominus}=0.341\ 9\ V$。

同样,若将标准Zn电极与标准氢电极组成原电池:

$$(-)Zn(s) \mid Zn^{2+}(c^{\ominus}) \parallel H^+(c^{\ominus}) \mid H_2(p^{\ominus}) \mid Pt(+)$$

测得该原电池的标准电动势$E^{\ominus}=\varphi_{+}^{\ominus}-\varphi_{-}^{\ominus}=\varphi_{SHE}^{\ominus}-\varphi_{Zn^{2+}/Zn}^{\ominus}=0.761\ 8\ V$,故标准Zn电极的$\varphi_{Zn^{2+}/Zn}^{\ominus}=-0.761\ 8\ V$。

用同样的方法可以测得其他各种电极的标准电极电势的值。将各种电极的$\varphi^{\ominus}$按照递增的顺序排列成表,称为标准电极电势表。$\varphi^{\ominus}$表分为酸表($\varphi_{A}^{\ominus}$)和碱表($\varphi_{B}^{\ominus}$)。若电极反应在酸性或中性溶液中进行,则在酸表中查阅其$\varphi^{\ominus}$值;若电极反应在碱性溶液中进行,则在碱表中查阅其$\varphi^{\ominus}$。见教材后附录表。

3. 标准电极电势的应用

(1) 比较氧化剂、还原剂的相对强弱。标准电极电势的高低,反映了标准态下氧化还原电对中氧化态与还原态得失电子能力的强弱。$\varphi^{\ominus}$越高,表明其氧化态得电子能力越强,是较强的氧化剂,与其对应的还原态失电子能力越弱,是较弱的还原剂。$\varphi^{\ominus}$越低,表明其还原态失电子能力越强,是较强的还原剂,与其对应的氧化态得电子能力越弱,是较弱的氧化剂。

(2) 判断原电池的正、负极,计算$E^{\ominus}$,判断氧化还原反应进行的方向。理论上任何一个氧化还原反应都可以设计为原电池,构成半电池的两个电对,$\varphi^{\ominus}$高的电对为正极,发生还原反应;$\varphi^{\ominus}$低的电对为负极,发生氧化反应。当$E^{\ominus}>0$时,反应正向自发进行;$E^{\ominus}<0$时,反应逆向自发进行;$E^{\ominus}=0$时,反应处于平衡状态。

例题 1-3-4 在标准态下,已知下列反应:$2Fe^{3+}+Cu \rightleftharpoons Cu^{2+}+2Fe^{2+}$,$\varphi_{Cu^{2+}/Cu}^{\ominus}=0.341\ 9\ V$,$\varphi_{Fe^{3+}/Fe^{2+}}^{\ominus}=0.771\ V$。① 在电对$Cu^{2+}/Cu$、$Fe^{3+}/Fe^{2+}$中,哪一个是较强的氧化剂?哪一个是较强的还原剂?② 若将该反应设计为原电池,判断原电池的正、负极,计算$E^{\ominus}$,判断该反应自发进行的方向。

解: ① 因为$\varphi_{Fe^{3+}/Fe^{2+}}^{\ominus}=0.771\ V>\varphi_{Cu^{2+}/Cu}^{\ominus}=0.341\ 9\ V$,$\varphi_{Fe^{3+}/Fe^{2+}}^{\ominus}$值高,故其氧化态$Fe^{3+}$得电子能力强,是较强的氧化剂,还原态$Fe^{2+}$失电子能力弱,是较弱的还原剂。$\varphi_{Cu^{2+}/Cu}^{\ominus}$值低,其还原态Cu失电子能力强,是较强的还原剂,氧化态Cu^{2+}得电子能力弱,是较弱的氧化剂。

② $\varphi_{Cu^{2+}/Cu}^{\ominus}$值低,故设计为电池的负极,发生氧化反应:$Cu-2e^- \rightleftharpoons Cu^{2+}$;$\varphi_{Fe^{3+}/Fe^{2+}}^{\ominus}$值高,故设计为电池的正极,发生还原反应:$Fe^{3+}+e^- \rightleftharpoons Fe^{2+}$。原电池的符号为$(-)Cu \mid Cu^{2+}(c_1) \parallel Fe^{3+}(c_2), Fe^{2+}(c_3) \mid Pt(+)$。电池的标准电动势为

$$E^{\ominus}=\varphi_{+}^{\ominus}-\varphi_{-}^{\ominus}=\varphi_{Fe^{3+}/Fe^{2+}}^{\ominus}-\varphi_{Cu^{2+}/Cu}^{\ominus}=0.771\ V-0.341\ 9\ V=0.429\ 1\ V$$

因$E^{\ominus}>0$,故反应正向自发进行。

【观察体验】

(1) 完成以下实验,观察现象。

取2支试管,分别加入$0.1\ mol \cdot L^{-1}$的KI溶液和KBr溶液各10滴,$FeCl_3$溶液各2滴,摇匀,再加入CCl_4各10滴,充分振荡,观察CCl_4层颜色的变化。

(2) 根据实验比较Br_2/Br^-、I_2/I^-、Fe^{3+}/Fe^{2+}三个电对电极电势的相对大小,指出最强的氧化剂与还原剂。

视频:Fe^{3+}的氧化性、I^-与Br^-还原性比较

微课：影响电极电势的因素

（三）影响电极电势的因素

1. 能斯特方程式

标准电极电势是在标准态下测定的，但绝大多数氧化还原反应是在非标准态下进行的。电极电势的大小不仅取决于构成电极的本性，还受诸多外界因素的影响，其关系可以用能斯特（Nernst）方程式表示。

对于任意一个氧化还原电对，其电极反应为

$$a\mathrm{Ox}(\text{氧化型})+ne^- \rightleftharpoons b\mathrm{Red}(\text{还原型})$$

其电极电势的能斯特方程式为

$$\varphi=\varphi^\ominus+\frac{RT}{nF}\ln\frac{[\mathrm{Ox}]^a}{[\mathrm{Red}]^b} \quad (1-3-2)$$

式中，φ——电对在非标准状态下的电极电势，V；

$\varphi^\ominus$——为电对的标准电极电势，V；

R——摩尔气体常数，$R=8.314\ \mathrm{J\cdot mol^{-1}\cdot K^{-1}}$；

F——法拉第常数，$F=96\,485\ \mathrm{C\cdot mol^{-1}}$；

n——电极反应的转移电子数；

T——热力学温度，$T=(t/℃+273.15)$ K；

$[\mathrm{Ox}]^a$——电极反应中氧化态一侧各物质浓度幂的乘积；

$[\mathrm{Red}]^b$——电极反应中还原态一侧各物质浓度幂的乘积。

浓度的幂指数为它们各自在电极反应中的化学计量数。

当温度为 298.15 K 时，将各常数值代入能斯特方程式，并将自然对数换算成常用对数，则式（1-3-2）可简化为

$$\varphi=\varphi^\ominus+\frac{0.059\,2}{n}\lg\frac{[\mathrm{Ox}]^a}{[\mathrm{Red}]^b} \quad (1-3-3)$$

在能斯特方程式中，固体、纯液体或稀溶液中的溶剂浓度按 1 $\mathrm{mol\cdot L^{-1}}$ 处理，可不出现在式中。气体可以气体分压与标准压强的比值（$p/p^\ominus$）代替其浓度。若 H^+ 和 OH^- 参加电极反应，则 H^+ 和 OH^- 的浓度必须列入能斯特方程式中。

【拓展应用】

如何判断氧化还原反应进行的限度

氧化还原反应属于可逆反应，其反应进行的限度可用标准平衡常数 $K^\ominus$ 来衡量。对任意一个氧化还原反应：$\mathrm{Ox_2+Red_1 \rightleftharpoons Ox_1+Red_2}$，当反应达到平衡时，两个半反应的标准电极电势相等，即 $\varphi(\mathrm{Ox_2/Red_2})=\varphi(\mathrm{Ox_1/Red_1})$，此时 $E=\varphi_+-\varphi_-=0$。根据能斯特方程式可以推出，在 298.15 K 时，该氧化还原反应的标准平衡常数 $K^\ominus$ 为

$$\lg K^\ominus=\frac{nE^\ominus}{0.059\,2}$$

式中，n 为氧化还原反应中得或失电子的总数，$E^\ominus$ 为电池标准电动势。由此可见，氧化还原反应的 $K^\ominus$ 与 $E^\ominus$ 有关，$E^\ominus$ 越大，$K^\ominus$ 也就越大，氧化还原反应进行得就越完全、越彻底。

例题 1-3-5 已知电极反应：$O_2+4H^++4e^- \rightleftharpoons 2H_2O$，求 $[H^+]=10^{-4}\ \mathrm{mol\cdot L^{-1}}$，$p(O_2)=200.0$ kPa 时，该电对的电极电势。

解： 查附录可知 $\varphi^\ominus_{O_2/H_2O}=1.229$ V，其能斯特方程式为：

$$\varphi_{O_2/H_2O}=\varphi^\ominus_{O_2/H_2O}+\frac{0.059\,2}{4}\lg\frac{[H^+]^4\cdot(p_{O_2}/p^\ominus)}{1}$$

$$\varphi_{O_2/H_2O}=1.229\ V+\frac{0.059\ 2}{4}\lg\frac{[10^{-4}]^4\cdot(200/100)}{1}\ V=1.233\ V$$

2. 影响电极电势的因素

由能斯特方程式可以看出，影响电极电势大小的外因主要有温度、各物质的浓度、溶液的 pH、气体的压强等。

例题 1-3-6　已知电极反应：$Fe^{3+}+e^- \rightleftharpoons Fe^{2+}$，当① $[Fe^{3+}]=1\ mol\cdot L^{-1}$，$[Fe^{2+}]=0.01\ mol\cdot L^{-1}$；② $[Fe^{3+}]=0.01\ mol\cdot L^{-1}$，$[Fe^{2+}]=0.1\ mol\cdot L^{-1}$；③ $[Fe^{3+}]=0.01\ mol\cdot L^{-1}$，$[Fe^{2+}]=0.01\ mol\cdot L^{-1}$ 时，求该电对在 298.15 K 时的电极电势。

解：查附录可知 $\varphi^{\ominus}_{Fe^{3+}/Fe^{2+}}=0.771\ V$，其能斯特方程式为：

$$\varphi_{Fe^{3+}/Fe^{2+}}=\varphi^{\ominus}_{Fe^{3+}/Fe^{2+}}+\frac{0.059\ 2}{1}\lg\frac{[Fe^{3+}]}{[Fe^{2+}]}$$

① $$\varphi_{Fe^{3+}/Fe^{2+}}=0.771\ V+\frac{0.059\ 2}{1}\lg\frac{1}{0.01}\ V=0.889\ V$$

② $$\varphi_{Fe^{3+}/Fe^{2+}}=0.771\ V+\frac{0.059\ 2}{1}\lg\frac{0.01}{0.1}\ V=0.712\ V$$

③ $$\varphi_{Fe^{3+}/Fe^{2+}}=0.771\ V+\frac{0.059\ 2}{1}\lg\frac{0.01}{0.01}\ V=0.771\ V$$

结果表明，在其他条件不变时，增大氧化态 Fe^{3+} 的浓度，则 φ 增大，Fe^{3+} 的氧化能力增强；增大还原态 Fe^{2+} 的浓度，则 φ 减小，Fe^{2+} 的还原能力增强。

例题 1-3-7　已知电极反应：$MnO_2(s)+4H^++2e^- \rightleftharpoons Mn^{2+}+2H_2O$，试分别计算 pH=1 和 pH=7 时，该电对的电极电势（假设其他离子浓度均为 $1.0\ mol\cdot L^{-1}$）。

解：查附录可知 $\varphi^{\ominus}_{MnO_2/Mn^{2+}}=1.224\ V$，其能斯特方程式为：

$$\varphi_{MnO_2/Mn^{2+}}=\varphi^{\ominus}_{MnO_2/Mn^{2+}}+\frac{0.059\ 2}{2}\lg\frac{[H^+]^4}{[Mn^{2+}]}$$

pH=1 时，$\varphi_{MnO_2/Mn^{2+}}=1.224\ V+\frac{0.059\ 2}{2}\lg\frac{[10^{-1}]^4}{1}\ V=1.106\ V$

pH=7 时，$\varphi_{MnO_2/Mn^{2+}}=1.224\ V+\frac{0.059\ 2}{2}\lg\frac{[10^{-7}]^4}{1}\ V=0.395\ V$

结果表明，在其他条件不变时，溶液的酸性越强，φ 越大，MnO_2 的氧化性越强，Mn^{2+} 的还原能力越弱，反之亦然。含氧酸盐和一些高价含氧化合物参与的电极反应，其电极电势大多受溶液 pH 的影响。

【观察体验】

（1）完成以下实验，观察现象。

取 3 支试管，各加入 $0.02\ mol\cdot L^{-1}\ KMnO_4$ 溶液 0.5 mL，分别加入 $3\ mol\cdot L^{-1}\ H_2SO_4$ 溶液、蒸馏水、$6\ mol\cdot L^{-1}$ NaOH 溶液各 0.5 mL，摇匀，各加入 $0.1\ mol\cdot L^{-1}\ Na_2SO_3$ 溶液 0.5 mL，充分振荡，观察溶液颜色的变化。

视频：高锰酸钾在不同介质中的氧化性

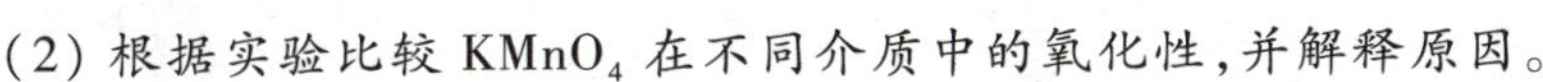

（2）根据实验比较 $KMnO_4$ 在不同介质中的氧化性，并解释原因。

【观察体验】

（1）完成以下实验，观察现象。

取 2 支试管，各放入一粒锌粒，分别加入浓硝酸和 $0.5\ mol\cdot L^{-1}$ 稀硝酸溶液 3 mL。观察它们的反应速率、产物有何不同，观察气体产物的颜色。

视频：硝酸的氧化性

（2）根据实验比较浓硝酸与稀硝酸的氧化性，并解释原因。

3. 电极电势的应用

在非标准态下，电极电势会受浓度、酸度等因素的影响，故不能直接应用 $\varphi^{\ominus}$ 判断氧化剂和还原剂的相对强弱、氧化还原反应的自发方向等，必须先用能斯特方程式计算出非标准态下的 φ，然后再进行判断。

微课：电极电势的应用

例题 1-3-8 试判断下列原电池的正、负极，并计算其电动势。

$$Cu(s)\mid Cu^{2+}(0.01\ mol\cdot L^{-1})\parallel Cu^{2+}(1\ mol\cdot L^{-1})\mid Cu(s)$$

解：依题意可知，盐桥右边为标准铜电极，查 $\varphi^{\ominus}$ 表得 $\varphi^{\ominus}_{Cu^{2+}/Cu}=0.341\,9\ V$，盐桥左边为非标准态铜电极，根据能斯特方程式可得：

$$\varphi_{Cu^{2+}/Cu}=\varphi^{\ominus}_{Cu^{2+}/Cu}+\frac{0.059\,2}{2}\lg[Cu^{2+}]$$

$$\varphi_{Cu^{2+}/Cu}=0.341\,9\ V+\frac{0.059\,2}{2}\lg[10^{-2}]\ V=0.282\,7\ V$$

盐桥左边的非标准态铜电极的 φ 低，故为负极，右边标准铜电极的 φ 高，故为正极。原电池的电动势为 $E=\varphi_{+}-\varphi_{-}=0.341\,9-0.282\,7=0.059\,2\ V$。上述原电池的正、负两极由相同电对构成，因半电池内 Cu^{2+} 浓度不同，导致 φ 不同，这种电池称为浓差电池。

【课堂讨论】

影响电极电势的因素

在两个烧杯中，各加入 1 mol · L^{-1} $CuSO_4$ 溶液 30 mL，在溶液中分别插入铜片，用导线将开关、铜片、伏特计串联起来，用盐桥连通两个烧杯中的溶液，构成原电池。闭合开关，请问有无电流产生？若在左侧烧杯中滴加 6 mol · L^{-1} 的浓氨水溶液，有无电流产生？若滴加 1 mol · L^{-1} 的 Na_2S 溶液呢？

例题 1-3-9 已知 298.15 K 时，$\varphi^{\ominus}_{Ag^{+}/Ag}=0.799\,6\ V$，$\varphi^{\ominus}_{Hg^{2+}/Hg}=0.851\ V$。判断在标准态与非标准态下反应 $Hg^{2+}+2Ag \rightleftharpoons Hg+2Ag^{+}$（$c_{Hg^{2+}}=0.001\ mol\cdot L^{-1}$，$c_{Ag^{+}}=1.0\ mol\cdot L^{-1}$）进行的方向。

解：在标准态下：$\varphi_{Ag^{+}/Ag}=\varphi^{\ominus}_{Ag^{+}/Ag}=0.799\,6\ V<\varphi_{Hg^{2+}/Hg}=\varphi^{\ominus}_{Hg^{2+}/Hg}=0.851\ V$，$E>0$，故反应正向自发进行。

在非标准态下：

$$\varphi_{Hg^{2+}/Hg}=\varphi^{\ominus}_{Hg^{2+}/Hg}+\frac{0.059\,2}{2}\lg[Hg^{2+}]=0.851\ V+\frac{0.059\,2}{2}\lg 0.001\ V=0.762\ V$$

$$\varphi_{Ag^{+}/Ag}=\varphi^{\ominus}_{Ag^{+}/Ag}+\frac{0.059\,2}{2}\lg 1.0=0.799\,6\ V$$

$\varphi_{Hg^{2+}/Hg}<\varphi_{Ag^{+}/Ag}$，$E<0$，故反应逆向自发进行。

4. 元素电势图

为了直观地表示某种元素不同氧化态之间标准电极电势的关系，常把同种元素不同氧化态的物质，按氧化数由大到小的顺序排列成一横行，在相邻两种物质之间用直线连接表示一个电对，并在直线上标明此电对的标准电极电势值。这种表示一种元素各种氧化态之间标准电极电势关系的图解称为元素标准电势图。例如，Cu 元素标准电势图为

$$Cu^{2+}\ \underset{\varphi_1}{\overset{0.153}{\text{———}}}\ Cu^{+}\ \underset{\varphi_2}{\overset{0.521}{\text{———}}}\ Cu$$

（Cu^{2+} 与 Cu 之间：0.341 9，φ_3）

从该电势图可知，Cu 元素不同氧化态所构成电对的标准电极电势分别为：$\varphi^{\ominus}_{Cu^{2+}/Cu^{+}}=0.153\ V$，$\varphi^{\ominus}_{Cu^{+}/Cu}=0.521\ V$，$\varphi^{\ominus}_{Cu^{2+}/Cu}=0.341\,9\ V$。

【化学史话】

锂离子电池——让“零化石燃料社会”成为可能

2019年诺贝尔化学奖授予了三位化学家——古迪纳夫(J. B. Goodenough)、威廷汉(M. S. Whittingham)和吉野彰(Akira Yoshino),以表彰他们对发明锂离子电池所做出的重大贡献。

锂电池是一类以锂金属(或锂合金)、石墨为负极材料,以含锂金属氧化物为正极材料,使用非水电解液的电池体系。锂电池可以分为两类:一类是锂金属电池,通常含金属态的锂单质,能量密度高,但循环寿命较低,且存在安全隐患;一类是锂离子电池,不含金属态的锂,电池安全稳定,循环寿命好。

锂离子电池的发明是诸多科学家共同努力的结果,但以上三位科学家功不可没。威廷汉在20世纪70年代初,发现了可以嵌入锂离子的层状硫化钛,进而以硫化钛为正极,金属锂为负极,开发了首个锂离子电池。古迪纳夫在1980年发现了锂离子可以嵌入尖晶石结构的锰酸锂和橄榄石结构的磷酸铁锂中,将锂电池的电压和能量密度提高了一倍,为生产出更强大、更有用的锂电池创造了合适的条件。吉野彰在1985年,使用石油焦作为负极材料,成功地从电池中去除了纯锂,让电池完全使用更安全的锂离子,与此前开发的正极材料组合,制造出了首个商业可行的锂离子电池。如今,锂离子电池已广泛应用于手机、笔记本电脑、电动汽车等各个领域,并用于储存来自太阳能和风能的大量能源,为建立一个无化石燃料的社会创造了良好的条件。

【行业视角】

钠离子电池——来源更丰富、成本更低的电池

钠离子电池(Sodium-ion Battery)被IUPAC评为2022年度化学领域十大新兴技术之一。钠离子电池是一种二次电池(充电电池),主要依靠钠离子在正极和负极之间的移动来工作,与锂离子电池工作原理相似。锂离子电池成本较高且锂元素在地球上的储量有限,毫无疑问,人们需要更好更便宜的电池。如果没有廉价的能源储存方案,太阳能和风能等可再生能源将永远不会成为主流的能源利用方式。相比于当前占市场主导地位的锂离子电池,钠离子电池虽然在能量密度等方面仍然存在不足,但在可持续性和循环经济方面却体现出巨大优势——钠元素地球储量丰富,电池正极可用铁和锰化合物,不依赖稀缺的含钴矿物。钠离子电池更加安全,从而降低了运输和储存的成本和风险。计算化学为设计更高效的钠离子电池提供了新的方法,有助于设计新的电极和电解质,并有助于更好地理解材料行为和预测性能。

2021年7月,世界上最大的锂离子电池制造商——宁德时代推出了自己的第一代钠基商用电池,并致力于开发钠锂混合解决方案,以彻底改变电动汽车行业现状。毫无疑问,钠离子电池有望成为高效能源储存的另一种选择。

练习巩固

一、选择题

1. 下列含硫化合物中,S元素的氧化数是+2.5的化合物是(　　)。

A. $\underline{S}_2O_3^{2-}$　　B. $Na_2\underline{S}_4O_6$　　C. $\underline{S}O_2$　　D. $Na_2\underline{S}O_4$

2. 在反应 $2Na_2O_2+2CO_2 = 2Na_2CO_3+O_2$ 中,Na_2O_2 是(　　)。

A. 氧化剂　　B. 还原剂

C. 既是氧化剂,又是还原剂　　D. 既不是氧化剂,也不是还原剂

3. 下列电对中,改变溶液的pH,电极电势没有变化的是(　　)。

A. H_2O_2/H_2O　　B. BrO_3^-/Br_2　　C. Ag^+/Ag　　D. MnO_4^-/Mn^{2+}

4. 已知在标准态下：$\varphi^{\ominus}_{Br_2/Br^-}=1.0873\ V$，$\varphi^{\ominus}_{Cl_2/Cl^-}=1.35827\ V$，$\varphi^{\ominus}_{Fe^{3+}/Fe^{2+}}=0.771\ V$，下列说法错误的是(　　)。

A. Fe^{3+}可以氧化 Br^-　　B. Fe^{2+}还原性最强

C. Cl_2 氧化性最强　　D. Br_2 可以氧化 Fe^{3+}

5. 已知电极反应：$Fe^{3+}+e^- \rightleftharpoons Fe^{2+}$，当$[Fe^{3+}]=10^{-2}\ mol\cdot L^{-1}$，$[Fe^{2+}]=10^{-3}\ mol\cdot L^{-1}$时，该电对在298.15 K时的电极电势是(　　)。

A. 0.059 2 V　　B. 0.771 V　　C. 0.711 8 V　　D. 0.830 2 V

二、计算题

实验室常用下面的反应制备氯气。试计算标准电动势，并判断该反应在标准态时能否自发进行。

$$MnO_2+4HCl \rightleftharpoons MnCl_2+Cl_2\uparrow+2H_2O$$

综合提高

一、选择填空题

1. 一定温度下，浓度均为 1 mol·L^{-1} 的 A 和 B 两种气体，在密闭容器内反应生成气体 C，反应达平衡后，测得：$c(A)=0.58$ mol·L^{-1}，$c(B)=0.16$ mol·L^{-1}，$c(C)=0.84$ mol·L^{-1}，则该反应的正确表达式为（　　）。

A. $2A+B \rightleftharpoons 2C$　　　　B. $A+B \rightleftharpoons 2C$

C. $A+B \rightleftharpoons C$　　　　D. $A+2B \rightleftharpoons 2C$

2. 一定条件下的反应：$PCl_5(g) \rightleftharpoons PCl_3(g)+Cl_2(g)$（正反应吸热）达到平衡后，下列情况使 PCl_5 分解率降低的是（　　）。

A. 温度、体积不变，充入氩气　　　　B. 体积不变，对体系加热

C. 温度、体积不变，充入氯气　　　　D. 温度不变，增大容器体积

3. 在一个固定体积的密闭容器中，加入 2 mol A 和 1 mol B，发生反应：

$$2A(g)+B(g) \rightleftharpoons 3C(g)+D(g)$$

达到平衡时，C 的浓度为 W mol·L^{-1}。若维持容器体积和温度不变，用下列物质作为起始反应物时，反应达到平衡后 C 的浓度如何变化（用“大于”“小于”“等于”表示）？

（1）加入 1 mol A 和 1 mol B 时，C 的平衡浓度________W mol·L^{-1}。

（2）加入 2 mol A、1 mol B、3 mol C、1 mol D 时，C 的平衡浓度________W mol·L^{-1}。

（3）加入 3 mol C、1 mol D 时，C 的平衡浓度________W mol·L^{-1}。

（4）加入 2 mol B、3 mol C、1 mol D 时，C 的平衡浓度________W mol·L^{-1}。

4. 缓冲溶液具有缓冲作用是因为（　　）。

A. 缓冲溶液中含有数量相当的抗酸成分

B. 缓冲溶液中含有数量相当的抗碱成分

C. 缓冲溶液中含有数量相当的抗酸成分和抗碱成分

D. 缓冲溶液中不含有抗酸成分和抗碱成分

5. 下列不能组成缓冲溶液的试剂对是（　　）。

A. HAc 和 NaAc　　　　B. H_2CO_3 和 Na_2CO_3

C. H_3PO_4 和 NaH_2PO_4　　　　D. $NH_3 \cdot H_2O$ 和 NH_4Cl

6. 在 $NH_3 \cdot H_2O$ 和 NH_4Cl 的缓冲溶液中，抗酸成分是________，抗碱成分是________。

7. 当缓冲溶液中的抗酸碱对的浓度比为________时，缓冲能力最强。

二、简答题

1. 氨水中存在哪些解离平衡？溶液中存在哪些离子？哪种离子的浓度最小？

2. 能将 0.01 mol·L^{-1} 的 HCl 溶液稀释至 $[H^+]=1\times10^{-9}$ mol·L^{-1} 吗？为什么？

3. 在标准态下，已知下列反应：$2Fe^{3+}+2I^- \rightleftharpoons I_2+2Fe^{2+}$。

① 比较电对 I_2/I^-、Fe^{3+}/Fe^{2+} 中，哪一个是强氧化剂？哪一个是强还原剂。判断该反应自发进行的方向。

② 若将该反应设计为原电池，判断原电池的正、负极。计算原电池的标准电动势。

③ 计算在 298.15 K 时，该反应的标准平衡常数。

三、解答题

1. 用离子-电子法配平下列氧化还原反应方程式。

（1）$K_2Cr_2O_7+KI+HCl \longrightarrow CrCl_3+I_2+KCl+H_2O$

（2）$KMnO_4+FeSO_4+H_2SO_4 \longrightarrow MnSO_4+Fe_2(SO_4)_3+K_2SO_4+H_2O$

2. 解释下列现象。

(1) 在标准态下,保存 $FeSO_4$ 溶液时,为什么要在溶液中加入铁粉?(已知:$\varphi^\ominus_{Fe^{3+}/Fe^{2+}}=0.771\ V$;$\varphi^\ominus_{Fe^{2+}/Fe}=-0.447\ V$;$\varphi^\ominus_{O_2/H_2O}=1.229\ V$。)

(2) 在 $FeSO_4$ 溶液中加入 NaOH 溶液时,为什么生成的白色絮状沉淀迅速变成灰绿色,最后变成红褐色?

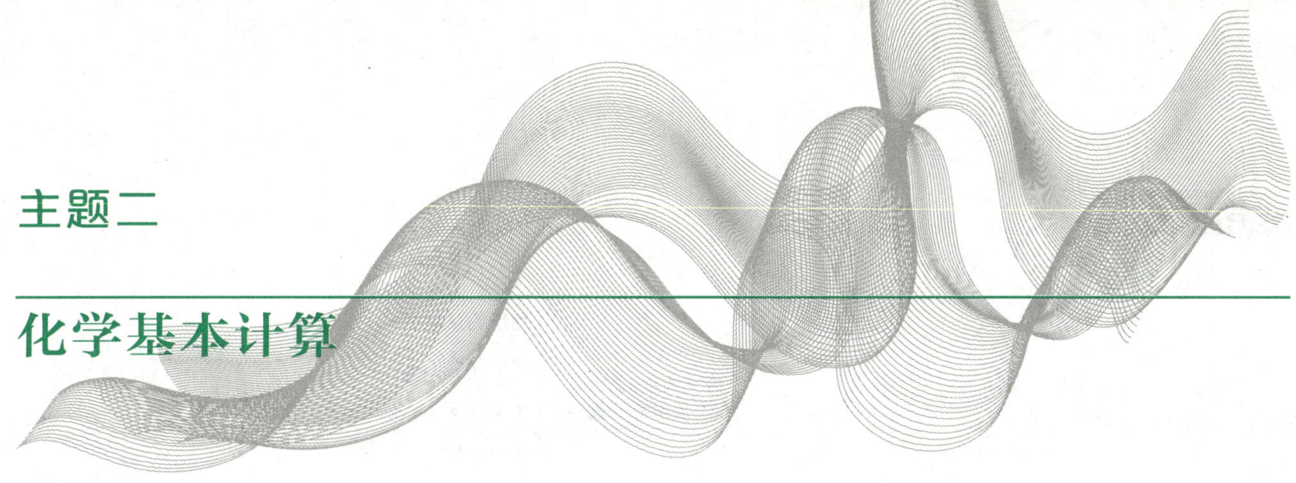

主题二

化学基本计算

学习目标

知识目标：

1. 掌握溶液浓度的表示及换算方法、常见溶液的配制方法；
2. 掌握气体混合物质量分数、摩尔分数、体积分数的计算，熟悉它们之间的相互关系；熟悉理想气体状态方程及其应用；
3. 掌握限制反应物与过量反应物、反应转化率、选择性与收率的基本概念。

能力目标：

1. 能运用所学化学知识合理选取化学试剂并按要求配制溶液；
2. 能进行溶液浓度的计算；
3. 能进行气体混合物相关的计算；
4. 能根据已知反应配比（投料比）等条件，计算反应物的量、获得产物的量及相应的反应转化率与收率。

素养目标：

1. 培养安全、节约、环保和规范操作的职业意识；
2. 培养实事求是、一丝不苟的科学态度，勇于实践的创新意识和解决实际问题的能力；
3. 培养收集专业信息、关心行业动态的化学核心素养与职业素质，树立技术经济的观念。

思维导图

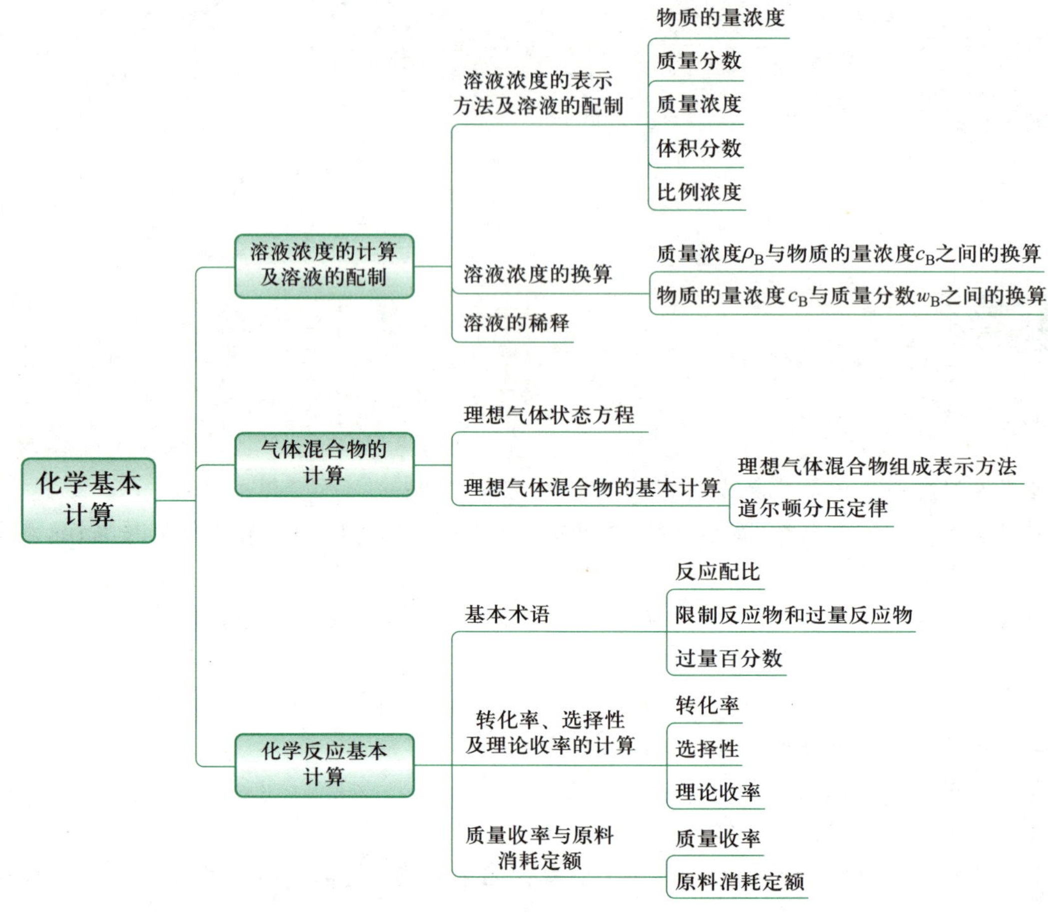
化学基本计算
溶液浓度的计算及溶液的配制
溶液浓度的表示方法及溶液的配制
物质的量浓度
质量分数
质量浓度
体积分数
比例浓度
溶液浓度的换算
质量浓度ρ_B与物质的量浓度c_B之间的换算
物质的量浓度c_B与质量分数w_B之间的换算
溶液的稀释
气体混合物的计算
理想气体状态方程
理想气体混合物的基本计算
理想气体混合物组成表示方法
道尔顿分压定律
化学反应基本计算
基本术语
反应配比
限制反应物和过量反应物
过量百分数
转化率、选择性及理论收率的计算
转化率
选择性
理论收率
质量收率与原料消耗定额
质量收率
原料消耗定额

第一节　溶液浓度的计算及溶液的配制

情境呈现

在生活和工作中，经常会用到各种消毒液，如 75% 乙醇、84 消毒液、过氧乙酸、碘伏等。在使用过程中，消毒液需要达到规定浓度范围，才具有杀灭细菌、真菌、病毒等微生物的作用，浓度太低不能杀死病菌，太高又会危害人体健康，污染周围环境。你注意过各种常见消毒液的组成是如何表示的吗？你知道如何配制吗？

一、溶液浓度的表示方法及溶液的配制

在工业生产和实验过程中，随时都要用到各种浓度的溶液。溶液的浓度通常是指在一定量的溶液中所含溶质的量。在国际标准和国家标准中，溶质通常用英文字母 B 代表。常用的溶液浓度的表示方法有以下几种。

(一) 物质的量浓度

溶质 B 的物质的量浓度是指溶质 B 的物质的量除以混合物（溶液）的体积，简称浓度①，以 c_B 表示，即

$$c_B=\frac{n_B}{V} \tag{2-1-1}$$

式中，c_B——溶质 B 的物质的量浓度，$mol \cdot L^{-1}$；

n_B——溶质 B 的物质的量，mol；

V——混合物（溶液）的体积，L。

c_B 是浓度的国际通用符号，下标 B 指基本单元。例如，$c(H_2SO_4)=1\ mol \cdot L^{-1}$ 的 H_2SO_4 溶液，表示 1 L 溶液中含 1 mol H_2SO_4(98.08 g)；$c\left(\frac{1}{2}H_2SO_4\right)=1\ mol \cdot L^{-1}$ 的 H_2SO_4 溶液，表示 1 L 溶液中含$\frac{1}{2}$mol H_2SO_4(49.04 g)。

(二) 质量分数

溶质 B 的质量分数是指溶质 B 的质量与混合物的质量之比，以 w_B 表示。

$$w_B=\frac{m_B}{m}\times100\% \tag{2-1-2}$$

式中，w_B——溶质 B 的质量分数，量纲为一（即无量纲）；

m_B——溶质 B 的质量，g；

m——欲配溶液的质量，g。

例如，市售浓盐酸的浓度 $w(HCl)=0.38$，即盐酸的质量占溶液质量的 38%。

质量分数还常用来表示被测组分在试样中的含量，如铁矿石中铁含量 $w(Fe)=0.36\%$，即铁的质量占铁矿石总量的 36%。在微量和痕量分析中，元素含量很低，其单位过去常用 ppm、ppb、ppt 表示，其数值分别为 10^{-6}、10^{-9}、10^{-12}，现已停止使用，改用法定计量单位 $\mu g \cdot g^{-1}$ 或 $mg \cdot kg^{-1}$ 表示。如某化工产品中含铁 5 ppm，现应写成 $w(Fe)=5\times10^{-6}\%$，或 5 μg/g 或 5 mg/kg。

以质量分数表示的溶液配制方法如下。

(1) 溶质是固体物质。

$$m_B=mw \tag{2-1-3}$$

① 注：如不特殊说明，本书提到的浓度均指物质的量浓度。

$$m_A = m - m_B \tag{2-1-4}$$

式中，m_B——溶质的质量，g；

m_A——溶剂的质量，g；

m——欲配溶液的质量，g；

w——溶质的质量分数。

例题 2-1-1 10%氯化钠是一种常用的生理盐水，可用来调节人体内电解质平衡，欲配 $w(\text{NaCl})=10\%$ 的 NaCl 溶液 500 g，如何配制？

解：① 计算：$m_B=(500\times10\%)\ \text{g}=50\ \text{g}$

$m_A=(500-50)\ \text{g}=450\ \text{g}$

② 称量、溶解：用天平准确称取 50 g NaCl 固体置于 1 000 mL 烧杯中；再称量蒸馏水 450 g（若水的密度为 1 g·cm^{-3}，可用量筒直接量取 450 mL 蒸馏水）置于上述烧杯中，溶解 NaCl 固体，用玻璃棒搅动溶液使之混合均匀，配制过程见图 2-1-1。

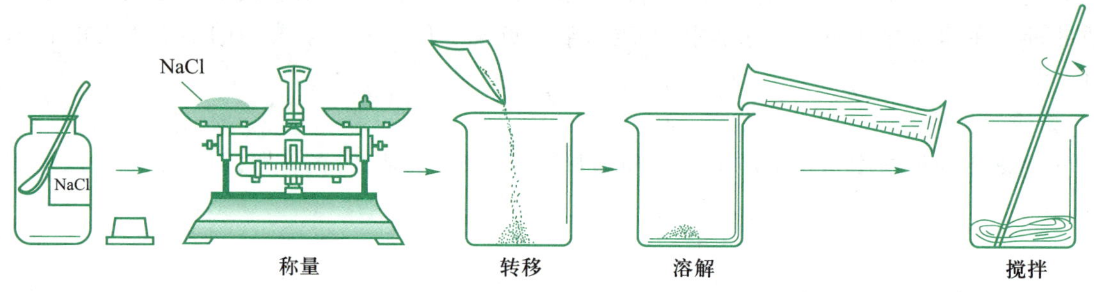

图 2-1-1 NaCl 溶液配制过程

③ 装瓶：将所配制的溶液转移至试剂瓶中，在标签纸上写上所配制溶液的详细信息，见图 2-1-2，并贴于试剂瓶表面。

（2）溶质是浓溶液。浓溶液以量取体积的方式取用较为方便，故一般需查阅酸、碱溶液浓度-密度关系表，查得溶液的密度后可算出体积，然后进行配制，常用酸、碱试剂的密度和浓度见表 2-1-1。计算依据是溶质的总质量在稀释前后不变。

$$V_0\rho_0 w_0 = V\rho w \tag{2-1-5}$$

式中，V_0、V——溶液稀释前后的体积，mL；

ρ_0、ρ——浓溶液、欲配溶液的密度，g·mL^{-1}；

w_0、w——浓溶液、欲配溶液的质量分数。

试剂名称：			
配制浓度：			
配 制 人：			
配制日期：	年	月	日
有效日期：	年	月	日

图 2-1-2 常见试剂标签

表 2-1-1 常用酸、碱试剂的密度和浓度

试剂名称	化学式	相对分子质量	密度 ρ/(g·mL^{-1})	质量分数 w/%	物质的量浓度 c_B/(mol·L^{-1})
浓硫酸	H_2SO_4	98.08	1.84	96	18
浓盐酸	HCl	36.46	1.19	37	12
浓硝酸	HNO_3	63.01	1.42	70	16
浓磷酸	H_3PO_4	98.00	1.69	85	15
冰醋酸	CH_3COOH	60.05	1.05	99	17
高氯酸	$HClO_4$	100.46	1.67	70	12

续表

试剂名称	化学式	相对分子质量	密度 $\rho/(g\cdot mL^{-1})$	质量分数 $w/\%$	物质的量浓度 $c_B/(mol\cdot L^{-1})$
浓氢氧化钠	NaOH	40.00	1.43	40	14
浓氨水	$NH_3\cdot H_2O$	17.03	0.90	28	15

注：c_B 以化学式为基本单元。

例题 2-1-2　浓硫酸是一种常见的化学试剂，广泛用于实验室和工业生产中，具有高度腐蚀性和危险性，使用时需特别注意。现欲配制 $w(H_2SO_4)=30\%$ 的 H_2SO_4 溶液（$\rho=1.22\ g\cdot mL^{-1}$）500 mL，如何配制？

解：① 计算：查表 2-1-1 得，市售浓 H_2SO_4 的密度与质量分数分别为 $\rho_0=1.84\ g\cdot mL^{-1}$，$w_0=96\%$。

$$V_0=\frac{V\rho w}{\rho_0 w_0}=\frac{500\ mL\times1.22\ g\cdot mL^{-1}\times30\%}{1.84\ g\cdot mL^{-1}\times96\%}=103.6\ mL$$

② 稀释：在 500 mL 的烧杯中加入 100～150 mL 的蒸馏水，并将量取的 103.6 mL 浓 H_2SO_4，在不断搅拌下慢慢加入上述烧杯中（切记！不可将水倒入浓 H_2SO_4 中，以防浓 H_2SO_4 溅出伤人），待烧杯温度降至室温后进行下一步操作。

③ 转移、洗涤：将冷却后的溶液小心转入至 500 mL 的容量瓶中，为了避免液体洒在外面，需用玻璃棒引流，玻璃棒不能紧贴容量瓶瓶口，其底部应靠在容量瓶瓶壁刻度线下。用蒸馏水洗涤烧杯和玻璃棒 2～3 次，并将洗涤液转入容量瓶中，振荡，使溶液混合均匀。

④ 定容、摇匀：向容量瓶中加入蒸馏水，液面离容量瓶颈刻度线下 1～2 cm 时，改用胶头滴管滴加蒸馏水，使溶液凹面与刻度线相切。盖好瓶塞，用食指顶住瓶塞，另一只手的手指托住瓶底，反复上下颠倒，使溶液混合均匀，如果液面下降也不可再加水定容，见图 2-1-3。

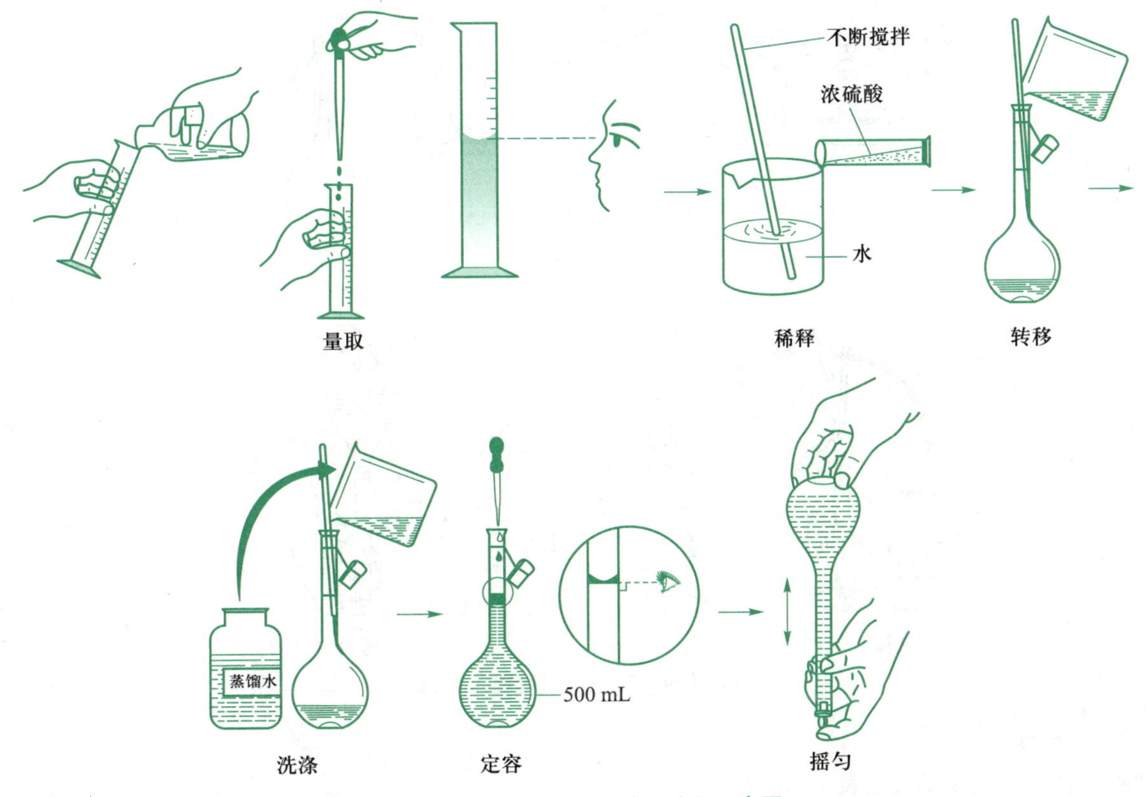

图 2-1-3　浓 H_2SO_4 稀释过程示意图

⑤ 装瓶：容量瓶不能长时间盛装溶液，将配制好的溶液倒入试剂瓶中，贴好标签。

（三）质量浓度

溶质 B 的质量浓度是指溶质 B 的质量除以混合物的体积，以 ρ_B 表示，单位为 $g \cdot L^{-1}$，即

$$\rho_B = \frac{m_B}{V} \tag{2-1-6}$$

式中，ρ_B——溶质 B 的质量浓度，$g \cdot L^{-1}$；

m_B——溶质 B 的质量，g；

V——混合物（溶液）的体积，L。

如 $\rho(NH_4Cl) = 10\ g \cdot L^{-1}$ 的溶液，表示 1 L NH_4Cl 溶液中含 10 g NH_4Cl。当浓度很稀时，质量浓度的单位可用 $mg \cdot L^{-1}$、$\mu g \cdot L^{-1}$ 或用 $ng \cdot L^{-1}$ 表示。

以质量浓度表示的溶液配制方法如下。

例题 2-1-3 亚硫酸钠可用作显影剂、漂白剂等，欲配制 $20\ g \cdot L^{-1}$ 的亚硫酸钠溶液 100 mL，如何配制？

解：① 计算：由 $\rho_B = \frac{m_B}{V} \times 1\,000\ mL \cdot L^{-1}$

得 $m_B = \rho_B \times \frac{V}{1\,000} = \left(20\ g \cdot L^{-1} \times \frac{100\ mL}{1\,000\ mL \cdot L^{-1}}\right) = 2\ g$

② 称量、溶解：在天平上准确称取 2 g 亚硫酸钠固体。将称好的固体放入烧杯中，加入适量（20～30 mL）蒸馏水，溶解。

③ 转移、洗涤、定容、摇匀和装瓶：将完全溶解后的溶液小心转入 100 mL 的容量瓶中，具体过程参考例题 2-1-2 中的相关内容，见图 2-1-4。

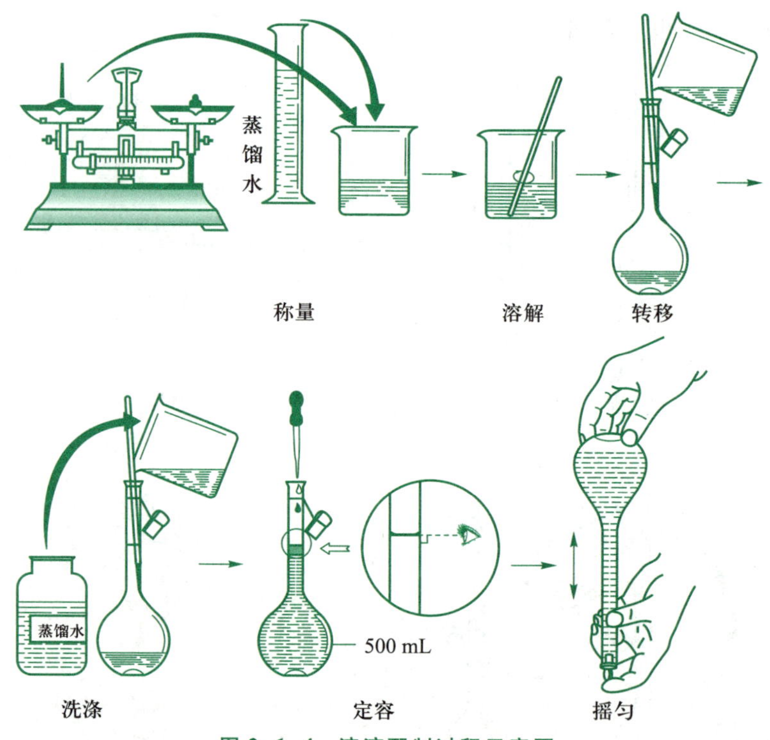

图 2-1-4 溶液配制过程示意图

（四）体积分数

溶质 B 的体积分数以 φ_B 表示，定义为：

$$\varphi_B = \frac{x_B \cdot V^*_{m,B}}{\sum_A x_A \cdot V^*_{m,A}} \tag{2-1-7}$$

式中，x_A，x_B——纯物质 A、B 的摩尔分数；

$V^*_{m,A}$，$V^*_{m,B}$——在相同温度、压力下纯物质 A、B 的摩尔体积，$m^3 \cdot mol^{-1}$ 或 $L \cdot mol^{-1}$。

由于纯物质 B 的摩尔分数（x_B）等于混合物中该纯物质的物质的量（n_B）与混合物的总物质的量（$n_总$）之比，故式（2-1-7）可改写成：

$$\varphi_B = \frac{\frac{n_B}{n_总} \cdot V^*_{m,B}}{\sum_A \frac{n_A}{n_总} \cdot V^*_{m,A}} = \frac{n_B \cdot V^*_{m,B}}{\sum_A n_A \cdot V^*_{m,A}} = \frac{V_B}{\sum_A V_A} = \frac{V_B}{V_总} \tag{2-1-8}$$

式中，　V_B——在上述相同温度、压力下混合前纯物质 B 的体积，m^3 或 L；

$\sum_A V_A$，$V_总$——在上述相同温度、压力下所有参与混合的纯物质体积之和，m^3 或 L。

由（2-1-8）可知，溶质 B 的体积分数（φ_B）等于纯溶质 B 的体积（V_B）与所有参与混合的纯组分体积总和（$V_总$）之比，其量纲为一。

将原装液体试剂稀释时，多采用体积分数表示，如 $\varphi(C_2H_5OH) = 0.7$，也可以写成 $\varphi(C_2H_5OH) = 70\%$，可量取无水乙醇 70 mL 加水稀释至 100 mL。

体积分数也常用于气体分析中表示某一组分的含量。如空气中含氧 $\varphi(O_2) = 0.2$，表示氧气的体积占空气体积的 20%。

以体积分数表示的溶液配制方法如下。

例题 2-1-4　欲配制 $\varphi(C_2H_5OH) = 50\%$ 的乙醇溶液 1 000 mL，如何配制？

解：① 计算：$V(C_2H_5OH) = 1\,000\ mL \times 50\% = 500\ mL$

② 量取、转移、洗涤、定容、摇匀和装瓶：用量筒量取 500 mL 的乙醇溶液置于装有一定蒸馏水的烧杯中，并逐步小心地将溶液转入至 1 000 mL 的容量瓶中，具体过程参考例题 2-1-2 中相关内容。

（五）比例浓度

比例浓度包括容量比浓度和质量比浓度。

1. 容量比浓度

容量比浓度是在液体试剂相互混合或用溶剂（大多为水）稀释时常用到的表示方法。例如（1+5）HCl 溶液，表示 1 体积市售浓 HCl 与 5 体积蒸馏水相混合而成的溶液。有些分析检测规程中写成（1∶5）HCl 溶液，意义完全相同。

2. 质量比浓度

质量比浓度是指两种固体试剂相互混合后的表示方法，是一种固体稀释方法。例如（1+100）钙指示剂-氯化钠混合指示剂，表示 1 个单位质量的钙指示剂与 100 个单位质量的氯化钠相互混合，同样也有写成（1∶100）的。

例题 2-1-5　欲配制（2+3）乙酸溶液 1 L，如何配制？

解：① 计算：冰乙酸用量：$V_B = V \times \frac{A}{A+B} = \left(1\,000 \times \frac{2}{2+3}\right)\ mL = 400\ mL$

水的用量：$V_A = (1\,000 - 400)\ mL = 600\ mL$

② 量取、转移、洗涤、定容、摇匀和装瓶：用量筒量取 400 mL 的乙酸溶液，置于装有一定蒸馏水的烧杯中，待溶液至室温，转入至 1 000 mL 的容量瓶中，具体过程参考例题 2-1-2 中相关内容。

【知识拓展】

滴　定　度

滴定度是滴定分析中常用的标准溶液含量的表示方法，包括 $T_{s/x}$ 和 T_s 两种形式。

1. 滴定度 $T_{s/x}$。$T_{s/x}$ 是指 1 mL 标准溶液相当于被测物的质量，单位为 $g \cdot mL^{-1}$，其中 s 代表滴定剂的化学式，x 代表被测物的化学式，滴定剂写在前面，被测物写在后面，中间的斜线表示“相当于”，并不代表分数关系。

如果分析的对象固定，用滴定度计算其含量时，只需将滴定度乘以所消耗标准溶液的体积即可求得被测物的质量，计算十分简便。因此，在工矿企业的例行分析中常采用此浓度。如果试样的质量再加以固定，滴定度还可直接用 1 mL 标准溶液相当于被测物质的质量分数表示。例如，$T(K_2Cr_2O_3/Fe)=1.02\%/mL$ $K_2Cr_2O_3$ 溶液，表示当试样的质量一定时，滴定所消耗 1 mL $K_2Cr_2O_3$ 溶液时，相当于试样中含铁 1.02%，这样，可预先制成标准溶液体积(mL)-试样含铁量(%)的表，滴定一结束，根据所消耗的标准溶液的体积，可直接从表上查得被测组分的铁含量(%)。

2. 滴定度 T_s。T_s 是指以 1 mL 标准溶液中所含滴定剂的质量(g)表示的浓度，其中脚注 s 代表滴定剂的化学式，单位为 $g\cdot mL^{-1}$。例如，$T(HCl)=0.001\,012\ g\cdot mL^{-1}$，表示 1 mL 标准溶液中含有 0.001 012 g 纯 HCl，这种滴定度在计算测定结果时不太方便，故使用不多。

二、溶液浓度的换算

（一）质量浓度 ρ_B 与物质的量浓度 c_B 之间的换算

将 $n_B=\dfrac{m_B}{M_B}$ 代入式(2-1-1)得出

$$c_B=\frac{m_B}{M_B\cdot V} \tag{2-1-9}$$

将式(2-1-6)代入式(2-1-9)，得到质量浓度 ρ_B 与物质的量浓度 c_B 之间的关系：

$$c_B=\frac{\rho_B}{M_B} \tag{2-1-10}$$

例题 2-1-6 临床医学上用的生理氯化钠溶液的质量浓度 $\rho(NaCl)=9\ g\cdot L^{-1}$，其物质的量浓度是多少？

解：由 $\rho(NaCl)=9\ g\cdot L^{-1}$，$M(NaCl)=58.5\ g\cdot mol^{-1}$

得 $c(NaCl)=\dfrac{\rho(NaCl)}{M(NaCl)}=\dfrac{9\ g\cdot L^{-1}}{58.5\ g\cdot mol^{-1}}=0.154\ mol\cdot L^{-1}$

即生理氯化钠溶液的物质的量浓度是 $0.154\ mol\cdot L^{-1}$。

（二）物质的量浓度 c_B 与质量分数 w_B 之间的换算

将 $V=\dfrac{m}{\rho}$ 代入(2-1-9)得

$$c_B=\frac{m_B\cdot\rho}{M_B\cdot m} \tag{2-1-11}$$

将式(2-1-2)代入式(2-1-11)，得

$$c_B=\frac{w_B\cdot\rho}{M_B} \tag{2-1-12}$$

例题 2-1-7 37%的浓盐酸，密度为 $1.19\ g\cdot cm^{-3}$，其物质的量浓度是多少？

解：由 $\rho(HCl)=1.19\ g\cdot cm^{-3}=1.19\times10^3\ g\cdot L^{-1}$，$w(HCl)=37\%$，$M(HCl)=36.5\ g\cdot mol^{-1}$

得 $c_B=\dfrac{w_B\cdot\rho}{M_B}=\dfrac{37\%\times1.19\times1\,000\ g\cdot L^{-1}}{36.5\ g\cdot mol^{-1}}=12.06\ mol\cdot L^{-1}$

由此可知，37%的浓盐酸的物质的量浓度是 $12.06\ mol\cdot L^{-1}$。

三、溶液的稀释

在进行溶液的混合或稀释的计算时，遵循混合或稀释前后溶质的量不变的原则，即：

$$c_{B_1}V_1 = c_{B_2}V_2 \tag{2-1-13}$$

或

$$\rho_{B_1}V_1 = \rho_{B_2}V_2 \tag{2-1-14}$$

或

$$\varphi_{B_1}V_1 = \varphi_{B_2}V_2 \tag{2-1-15}$$

式中，c_{B_1}、c_{B_2}——稀释前后溶质的物质的量浓度；

ρ_{B_1}、ρ_{B_2}——稀释前后溶质的质量浓度；

φ_{B_1}、φ_{B_2}——稀释前后溶质的体积分数；

V_1、V_2——稀释前后溶液的体积。

例题 2-1-8 现需将 100 mL 0.1 mol·L^{-1} NaOH 溶液稀释成 0.01 mol·L^{-1}，应加多少毫升的水？

解：由 $c_{B_1}=0.1\ \text{mol}\cdot\text{L}^{-1}$，$V_1=100\ \text{mL}$，$c_{B_2}=0.01\ \text{mol}\cdot\text{L}^{-1}$

得：$V_2=\dfrac{c_{B_1}\cdot V_1}{c_{B_2}}=\dfrac{0.1\ \text{mol}\cdot\text{L}^{-1}\times 100\ \text{mL}}{0.01\ \text{mol}\cdot\text{L}^{-1}}=1\ 000\ \text{mL}$

由此可知，需加入水的体积 $V_{水}=V_2-V_1=(1\ 000-100)\ \text{mL}=900\ \text{mL}$

【拓展应用】

水是人类及所有动植物生存的基础，生活用水和人类的健康息息相关，水的硬度是生活用水水质监测的一个重要指标。水的硬度是指溶于水中的钙盐、镁盐类的含量（以 mg·L^{-1} 表示），这两种离子的含量越高，水的硬度就越大。硬度的表示方法尚未统一，我国使用较多的表示方法是将所测得的钙、镁折算成 $CaCO_3$ 的质量，即每升水中含有 $CaCO_3$ 的毫克数，单位为 mg·L^{-1}。一般情况下，硬度低于 150 mg·L^{-1} 的水为软水，高于 150 mg·L^{-1} 的水为硬水。

水的硬度与人体健康的关系极大。太硬或太软的水都不利于人体的健康，硬度介于 170～360 mg·L^{-1} 之间的水才是健康的水。高硬度的水中钙、镁离子能与硫酸根结合，使水产生苦涩味，还会使人的胃肠功能紊乱，出现暂时的腹胀、排气多、腹泻等现象。如果生活在软水地区的人，去外地喝了硬水，会造成肠胃功能紊乱，这就是常说的"水土不服"。

练习巩固

1. 1 mol·L^{-1} H_2SO_4 溶液的含义是指（　　）。

A. 1 L 水中含有 1 mol H_2SO_4　　B. 1 L 溶液中含 1 mol H^+

C. 将 98 g H_2SO_4 溶于 1 L 水所配成的溶液　　D. 1 L H_2SO_4 溶液中含有 98 g H_2SO_4

2. 8 g 无水 $CuSO_4$ 配成 0.1 mol·L^{-1} 的水溶液，下列说法正确的是（　　）。

A. 溶于 500 mL 水中　　B. 溶于 1 L 水中

C. 溶解后溶液的总体积为 500 mL　　D. 溶解后溶液的总体积为 1 L

3. 下列溶液中溶质的物质的量浓度是 0.5 mol·L^{-1} 的是（　　）。

A. 40 g NaOH 溶于 1 L 水中　　B. 58.5 g NaCl 溶于水中制成 1 L 的溶液

C. 28 g KOH 溶于水中制成 1 L 的溶液　　D. 1 L 2%的 NaOH 溶液

4. 配制 500 mL 0.2 mol·L^{-1} 的 Na_2SO_4 溶液，需要 Na_2SO_4 的质量是（　　）。

A. 9.8 g　　B. 14.2 g　　C. 16 g　　D. 32.2 g

5. 0.3 mol NaCl 固体溶于水配成 200 mL 溶液，溶液浓度为（　　）。

A. 0.3 mol·L^{-1}　　B. 0.15 mol·L^{-1}　　C. 1.5 mol·L^{-1}　　D. 0.015 mol·L^{-1}

6. 实验室配制 50 g 质量分数为 15%的氯化钠溶液。下列说法中错误的是（　　）。

A. 实验的步骤为计算、称取、量取、溶解、转移

B. 溶解过程中玻璃棒的作用是搅拌,以加快氯化钠的溶解速率

C. 把配制好的氯化钠溶液倒入刚用蒸馏水润洗过的试剂瓶中,并贴上标签

D. 量取水时,用规格为 50 mL 的量筒量取 42.5 mL 蒸馏水

7. 实验室用 30%的双氧水溶液配制 100 g 质量分数为 6%的双氧水溶液,需要加入水的质量为( )。

A. 20 g B. 80 g C. 100 g D. 200 g

第二节　气体混合物的计算

混合气体是指含两种或两种以上有效组分的气体混合物。混合气体的性质取决于组成气体的种类和成分。混合气体的应用非常广泛。干燥空气（氧气+氮气混合气体）可以用作氢火焰气相色谱仪的助燃气体、呼吸用气体、其他仪器分析用气体等；准分子激光混合气体（氟气+氩气+氖气+氦气混合气体）可以用于治疗眼科、皮肤科、心血管等疾病；高效节能灯泡填充混合气体（氪气+氩气混合气体）可填充于霓虹灯中；一氧化二氮+氧气混合气体可用于缓解分娩镇痛，还常用于口腔麻醉……。工业上常用气瓶盛装气体混合物，在充瓶过程中常涉及气体的压强、温度、组成等物理量的计算，你知道各参数之间的关系及计算方式吗？

气体是物质存在的一种形态，没有固定的形状和体积，能自发地充满任何容器。气体分子间的距离较大，所以容易压缩。气体的体积不仅受压强影响，还与温度、物质的量有关。

一、理想气体状态方程

理想气体是指气体分子自身无体积且分子间无作用力的气体。理想气体实际上是一个科学上的抽象概念，客观上并不存在。当压强不太高且温度不太低时，实际气体体积中所含气体分子的数目很少，分子间距离很大，彼此的引力可忽略不计，实际气体就接近理想气体，此时用理想气体的定律进行计算，才不会引起较大误差。由于理想气体反映了实际气体在低压下的共性，所遵循的规律及表示这些规律的数学公式都比较简单，且容易获得，所以引入理想气体这样一个概念非常重要。

理想气体的体积、压强和温度之间具有下列关系：

$$pV=nRT \tag{2-2-1}$$

式中，p——气体压强，Pa；

V——气体体积，m^3；

n——气体物质的量，mol；

T——气体的热力学温度，K；

R——摩尔气体常数，亦称普适气体常数，$R=8.314\ J\cdot mol^{-1}\cdot K^{-1}$。

式(2-2-1)称为理想气体状态方程，它表明了气体的 p,V,T,n 4 个物理量之间的关系，任意给定其中 3 个物理量，第 4 个物理量就不能是任意的，只能按式(2-2-1)决定其唯一的数值。

物质的量(n)与质量(m)、摩尔质量(M)的关系为

$$n=\frac{m}{M} \tag{2-2-2}$$

则式(2-2-1)可变换成

$$pV=\frac{m}{M}RT \tag{2-2-3}$$

密度 $\rho=\frac{m}{V}$，则式(2-2-3)可变换为

$$\rho=\frac{pM}{RT} \tag{2-2-4}$$

它反映了理想气体密度 ρ 随温度 T、压强 p 变化的规律。

例题 2-2-1 一个体积为 40.0 dm^3 的 N_2 钢瓶，在 25 ℃时，使用前压强为 12.5 MPa，求钢瓶压强降为 10.0 MPa 时所用去的 N_2 的质量。

解：使用前钢瓶中 N_2 的物质的量 n_1 为

$$n_1=\frac{p_1V}{RT}=\frac{12.5\times10^6\ \text{Pa}\times40.0\times10^{-3}\ \text{m}^3}{8.314\ \text{J}\cdot\text{mol}^{-1}\cdot\text{K}^{-1}\times(273.15+25)\ \text{K}}=201.7\ \text{mol}$$

钢瓶压强降为 10.0 MPa 时，N_2 的物质的量 n_2 为

$$n_2=\frac{p_2V}{RT}=\frac{10.0\times10^6\ \text{Pa}\times40.0\times10^{-3}\ \text{m}^3}{8.314\ \text{J}\cdot\text{mol}^{-1}\cdot\text{K}^{-1}\times(273.15+25)\ \text{K}}=161.4\ \text{mol}$$

所用的 N_2 质量为

$$m=(n_1-n_2)M=(201.7-161.4)\ \text{mol}\times28.0\ \text{g}\cdot\text{mol}^{-1}=1.1\times10^3\ \text{g}=1.1\ \text{kg}$$

在常温常压下，实际气体可用理想气体状态方程式(2-2-1)进行计算。在低温或高压时，实际气体与理想气体有较大差别，需要将式(2-2-1)加以修正。

【课堂讨论】

为什么在青藏高原要用高压锅才能煮熟食物且耗费的时间更长？

二、理想气体混合物的基本计算

(一) 理想气体混合物组成表示方法

在生产和科学实验中，实际遇到的气体，大多数是由几种气体组成的混合物。如果混合气体的各组分之间不发生化学反应，混合后的气体作为一个整体，仍符合理想气体定律。混合物比纯物质多了组成变量，其组成有多种表示方法，这里介绍其中的 3 种。

1. 摩尔分数

混合气体中物质 B 的摩尔分数是指物质 B 的物质的量与混合物总的物质的量之比，即

$$y_B=\frac{n_B}{n_总}=\frac{n_B}{\sum n_i} \tag{2-2-5}$$

式中，y_B——物质 B 在混合气体中所占的摩尔分数，量纲为一；

n_B——物质 B 在混合气体中的物质的量，mol；

$n_总$，$\sum n_i$——混合气体总的物质的量，即混合气体中各组分的物质的量之和，mol。

2. 质量分数

混合气体中物质 B 的质量分数是指物质 B 的质量与混合物的总质量之比，即

$$w_B=\frac{m_B}{m_总}=\frac{m_B}{\sum m_i} \tag{2-2-6}$$

式中，w_B——物质 B 在混合气体中所占的质量分数，量纲为一；

m_B——物质 B 在混合气体中的质量，kg；

$m_总$，$\sum m_i$——混合气体的总质量，即混合气体中各组分的质量之和，kg。

3. 体积分数

由式(2-1-8)，混合气体中物质 B 的体积分数可表示为在一定温度、压强下，物质 B 在混合气体中所占的体积与混合物的总体积之比，即

$$\varphi_B=\frac{V_B}{V_总}=\frac{V_B}{\sum V_i}=\frac{y_B\cdot V_{m,B}^*}{\sum y_i\cdot V_{m,i}^*} \tag{2-2-7}$$

式中，φ_B——在一定温度、压强下，物质 B 在混合气体中所占的体积分数，量纲为一；

V_B——该温度、压强下，物质 B 在混合气体中所占的体积，m^3 或 L；

$V_{总}$，$\sum V_i$——该温度、压强下混合气体的总体积，即混合气体中各组分的体积之和，m^3 或 L；

式中，y_B——该温度、压强下，纯物质 B 在混合气体中的摩尔分数，量纲为一；

y_i——该温度、压强下，混合气体中任一纯组分 i 的摩尔分数，量纲为一；

$V_{m,B}^*$——该温度、压强下纯物质 B 的摩尔体积，$m^3 \cdot mol^{-1}$ 或 $L \cdot mol^{-1}$；

$V_{m,i}^*$——该温度、压强下任一纯组分 i 的摩尔体积，$m^3 \cdot mol^{-1}$ 或 $L \cdot mol^{-1}$。

根据理想气体的性质，在温度、压强一定时，每摩尔气体所占的体积为定值，且不受气体种类的影响。因此，式(2-2-7)中，$V_{m,B}^* = V_{m,i}^*$。由此可得：

$$\varphi_B = \frac{y_B \cdot V_{m,B}^*}{\sum y_i \cdot V_{m,i}^*} = \frac{y_B}{\sum y_i} = y_B \tag{2-2-8}$$

通常情况下，理想气体状态方程同样也适用于理想气体混合物，只是将式中物质的量、摩尔质量和气体密度分别替换成混合物的总量。

混合物的摩尔质量 M_{mix}：

$$M_{mix} = \sum y_i M_i \tag{2-2-9}$$

式中，M_i——混合气体中任一纯组分 i 的摩尔质量，$g \cdot mol^{-1}$。

一定温度与压强下，气体混合物的密度 ρ_{mix}：

$$\rho_{mix} = \frac{pM_{mix}}{RT} \tag{2-2-10}$$

（二）道尔顿分压定律

在混合气体中，各组分气体总是均匀地充满整个容器，对容器内壁产生压强，并且互不干扰，就如各自单独存在一样。在相同温度下，各组分气体占有与混合气体相同体积时，所产生的压强称为该气体的分压。1801 年，英国科学家道尔顿(Dalton)从大量实验中总结出组分气体的分压与混合气体总压之间的关系，这就是著名的道尔顿分压定律。道尔顿分压定律有如下两种表示形式。

(1) 混合气体中各组分气体的分压之和等于该混合气体的总压。

$$p = p_1 + p_2 + p_3 + \cdots + p_i = \sum p_i \tag{2-2-11}$$

式中，　p、$\sum p_i$——混合气体的总压，Pa；

$p_1, p_2, p_3 \cdots p_i$——分别为混合气体中组分 1、2、3…i 的分压，Pa。

(2) 混合气体中组分 i 的分压(p_i)等于总压(p)乘以组分 i 的摩尔分数(y_i)。

$$p_i = p \cdot y_i \tag{2-2-12}$$

用压强表测量混合气体的压强得到的是总压。组分气体的分压一般是通过对混合气体进行分析，测出各组分气体的体积分数(φ_i)，再进行计算得到的。

根据式 2-2-8，在混合气体中，组分 i 的摩尔分数(y_i)等于其体积分数(φ_i)，由此可得

$$y_i = \frac{p_i}{p} = \frac{n_i}{n_{总}} = \frac{V_i}{V_{总}} \tag{2-2-13}$$

动画：气体分压定律

由式(2-2-13)可知，混合气体中某组分气体的分压等于总压乘以该气体的体积分数。

例题 2-2-2　在 25 ℃时，将装有 0.3 MPa O_2 的体积为 1 L 的容器与装有 0.06 MPa N_2 的体积为 2 L 的容器用旋塞连接。打开旋塞，待两气体混合后，计算：

(1) O_2，N_2 的物质的量；

(2) O_2，N_2 的分压；

(3) 混合气体的总压；

(4) O_2，N_2 的分体积。

解：(1) 混合前后气体物质的量没有发生变化，即

$$n(O_2)=\frac{p_1V_1}{RT}=\frac{0.3\times10^6\ Pa\times1\times10^{-3}\ m^3}{8.314\ J\cdot mol^{-1}\cdot K^{-1}\times(25+273.15)\ K}=0.12\ mol$$

$$n(N_2)=\frac{p_2V_2}{RT}=\frac{0.06\times10^6\ Pa\times2\times10^{-3}\ m^3}{8.314\ J\cdot mol^{-1}\cdot K^{-1}\times(25+273.15)\ K}=0.048\ mol$$

(2) O_2,N_2 的分压是它们各自单独占有 3 L 时所产生的压强。当 O_2 由 1 L 增加至 3 L 时：

$$p(O_2)=\frac{p_1V_1}{V}=\frac{0.3\ MPa\times1\ L}{3\ L}=0.1\ MPa$$

当 N_2 由 2 L 增加至 3 L 时：

$$p(N_2)=\frac{p_2V_2}{V}=\frac{0.06\ MPa\times2\ L}{3\ L}=0.04\ MPa$$

(3) 混合气体总压强：

$$p_{总}=p(O_2)+p(N_2)=0.1\ MPa+0.04\ MPa=0.14\ MPa$$

(4) O_2,N_2 的分体积：

$$V(O_2)=V_{总}\times\frac{p(O_2)}{p(总)}=3\ L\times\frac{0.1\ MPa}{0.14\ MPa}=2.14\ L$$

$$V(N_2)=V_{总}\times\frac{p(N_2)}{p(总)}=3\ L\times\frac{0.04}{0.14\ MPa}=0.86\ L$$

【拓展应用】

IG-541 混合气体灭火剂

IG-541 混合气体灭火剂是由氮气(N_2)、氩气(Ar)和二氧化碳(CO_2)三种气体分别以 52%、40%、8% 的比例混合而成的一种灭火剂。IG-541 混合气体无色无味，不导电，无腐蚀，无环保限制，在灭火过程中无任何分解物，是一种绿色灭火剂，适用于电子计算机房、图书馆、档案馆、贵重物品库、电站(变压器室)、电讯中心、洁净厂房等重点场所的消防保护。该灭火系统如图 2-2-1 所示。

图 2-2-1　IG-541 混合气体灭火系统

IG-541 气体喷放后在短时期内会使防护区内的 O_2 降低到 12.5% 以下，在达不到燃烧条件的氧浓度环境下实现灭火，对短时间停留在防护区内的人员无伤害。国内外长期的医学实验证明，人体在 12.5% O_2 和 2%~5% CO_2 环境下呼吸时，大脑获得的 O_2 与在正常的大气环境中(21% O_2 和 0.03% CO_2)所获得的 O_2 量是一致的。这是因为在缺氧的环境中，如果将 CO_2 增加到 2%~5% 就可以使人的呼吸加深加速，在单位时间内使人脑细胞获得足够的氧，而 IG-541 气体中含量为 8% 的 CO_2 气体就是人为地使防护区内

CO_2 上升到 2%~5%的，从而避免人员因缺氧窒息而受到伤害或死亡。

【工匠学者】

何建军(图 2-2-2)，酒泉卫星发射中心发射测试站制配气专业负责人，被誉为为飞船配制“生命之源”的大国工匠，荣获曾宪梓载人航天基金奖。从事航天员用氧和氧氮混合气体制配、飞船火箭供配气等关键技术岗位，用专业演绎了航天人的工匠精神。由他牵头生产的航天用氧纯度达到 99.5%，航天用氮纯度达到 99.999%；给航天员提供的高纯度氧氮混合气体，纯净指标远远超过医学标准；参与研制、装配、调试的“增压混气气源车”，研究成果填补了国内空白。

图 2-2-2 何建军

练习巩固

1. 关于理想气体，下列说法正确的是(　　)。

A. 理想气体是指气体分子自身无体积且分子间无作用力的气体

B. 实际气体在温度不太高、压强不太高的情况下，可看成理想气体

C. 实际气体在温度不太低、压强不太高的情况下，可看成理想气体

D. 所有的实际气体在任何情况下，都可以看成理想气体

2. 在某温度下，一容器中充有 2.0 mol O_2(g)、3.0 mol N_2(g)和 1.0 mol Ar(g)，如果混合气体的总压为 a kPa，则 O_2(g)的分压为(　　)。

A. $a/3$ kPa　　B. $a/6$ kPa　　C. a kPa　　D. $a/2$ kPa

3. 在下列各种性质中，H_2(g)和 He(g)相同的是(　　)。

A. 密度　　B. 扩散速率

C. 标准状态下，10 g 所占的体积　　D. 标准状态下，10 mol 所占的体积

4. 现有 1 mol 理想气体，若它的摩尔质量为 M，密度为 ρ，压强为 p，在温度 T 下体积为 V，下述关系正确的是(　　)。

A. $pV=(M/\rho)RT$　　B. $pV\rho=RT$　　C. $pV=(\rho/n)RT$　　D. $pM/\rho=RT$

5. 已知 CO 和 CO_2 的混合气体质量为 14.4 g，在标准状况下体积为 8.96 L，该混合气体的平均摩尔质量是(　　)$g\cdot mol^{-1}$，CO 的体积分数是(　　)。

A. 36，50%　　B. 30，50%　　C. 36，25%　　D. 30，25%

第三节 化学反应基本计算

情境呈现

工业上用酯化法生产增塑剂邻苯二甲酸二丁酯(Dibutyl Phthalate,DBP)时,通常需使丁醇过量,且反应过程中未反应的丁醇离开反应器后,需经回收并重返反应器,以提高原料的利用率和产品收率,你知道如此操作的理论依据吗?

一、基本术语

(一)反应配比

反应配比,也称投料比,是指加入反应器中的几种反应物之间的物质的量之比。这个物质的量的比值可以和反应方程式的物质的量之比,即化学计量比相同,也可以不同。生产实际中,对于大多数化学反应来说,实际投料比(或反应配比)并不等于化学计量比。

(二)限制反应物和过量反应物

化学反应物不按化学计量比投料时,其中以最小化学计量数存在的反应物称作限制反应物。某种反应物的量超过限制反应物完全反应的理论量,则该反应物称为过量反应物。

(三)过量百分数

过量反应物超过限制反应物所需理论量部分占所需理论量的百分数称作过量百分数。即

$$过量百分数=\frac{n_e-n_t}{n_t}\times100\% \tag{2-3-1}$$

式中,n_e——某过量反应物的物质的量,mol;

n_t——该过量反应物与限制反应物完全反应所消耗的物质的量,mol。

例题 2-3-1 氯苯二硝化得到主要产物二硝基氯苯,其反应方程式如下。各物料的投料量及投料比见表 2-3-1,判断哪种反应物为限制反应物,哪种为过量反应物,并计算过量百分数。

$$ClC_6H_5+2HNO_3 \longrightarrow ClC_6H_3(NO_2)_2+2H_2O$$

表 2-3-1 反应物的投料量及投料比

物料名称	化学计量数	投料量/mol	投料比
氯苯	1	5.00	1
硝酸	2	10.70	2.14

解:由此看出,氯苯是限制反应物,硝酸是过量反应物。

$$硝酸过量百分数=\frac{10.70\ mol-10\ mol}{10\ mol}\times100\%=7\%$$

二、转化率、选择性及理论收率的计算

(一)转化率

某种反应物 A 反应消耗的量占其向反应体系中输入量的百分数,叫作反应物 A 的转化率,用 x_A 表示。

$$x_A=\frac{n_{A,r}}{n_{A,in}}=\frac{n_{A,in}-n_{A,out}}{n_{A,in}}\times100\% \tag{2-3-2}$$

式中,$n_{A,r}$——反应物 A 参加反应的物质的量,mol;

$n_{A,in}$——反应物 A 输入反应体系的物质的量,mol;

$n_{A,out}$——反应物 A 输出反应体系的物质的量,mol。

一个化学反应以不同的反应物为基准进行计算时,可得到不同的转化率。因此,在计算时必须指明某反应物的转化率。若没有指明,则常常是主要反应物或限制反应物的转化率。

1. 平衡转化率

对于可逆反应体系,当反应达到平衡时,体系中各组分组成不再发生变化。此时某一反应物的转化率即为该反应物的平衡转化率。平衡转化率是理论上能达到的最大转化率。

2. 单程转化率和总转化率

实际生产过程中,主要反应物每次经过反应体系后的转化率并不太高,有时甚至很低,但是未反应的主要反应物大部分可经分离回收循环再利用。这时要将转化率分为单程转化率 $x_{单}$ 和总转化率 $x_{总}$ 两项。则:

$$x_{单}=\frac{n_{A,in}^{R}-n_{A,out}^{R}}{n_{A,in}^{R}}\times 100\% \tag{2-3-3}$$

$$x_{总}=\frac{n_{A,in}^{S}-n_{A,out}^{S}}{n_{A,in}^{S}}\times 100\% \tag{2-3-4}$$

式中,$n_{A,in}^{R}$,$n_{A,out}^{R}$——反应物 A 单程输入和输出反应体系的物质的量,mol;

$n_{A,in}^{S}$,$n_{A,out}^{S}$——反应物 A 输入和输出全过程的物质的量,mol。

例题 2-3-2　在苯一氯化制氯苯时,为了减少副产物二氯苯的生成量,每 100 mol 苯用 40 mol 氯,反应产物中含 38 mol 氯苯,1 mol 二氯苯,还有 61 mol 未反应的苯,经分离后可回收 60 mol 苯,损失 1 mol 苯,如图 2-3-1 所示。计算苯的单程转化率和总转化率。

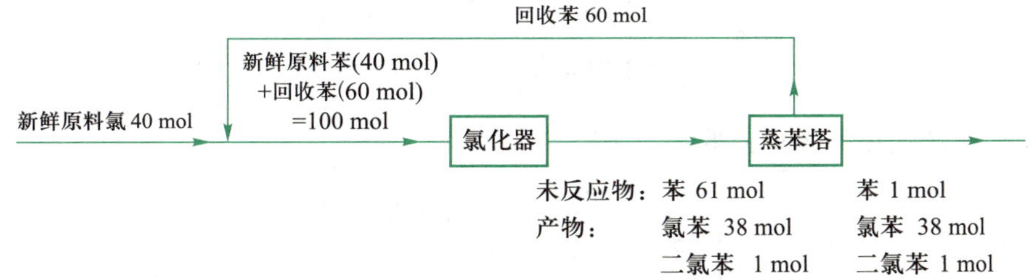

图 2-3-1　苯一氯化制氯苯的总转化率计算分析

解: 苯的单程转化率:$x_{单}=\frac{100\ \text{mol}-61\ \text{mol}}{100\ \text{mol}}\times 100\%=39.00\%$

苯的总转化率:$x_{总}=\frac{40\ \text{mol}-1\ \text{mol}}{40\ \text{mol}}\times 100\%=97.50\%$

由上例可以看出,对于某些反应,其主反应物的单程转化率可以很低,但是总转化率却可以很高。

(二)选择性

选择性是指某一反应物转变成目的产物,其理论消耗的物质的量占该反应物在反应中实际消耗掉的总物质的量的百分数,以 S 表示。设反应物 A 生成目的产物 P,则选择性为:

$$S=\frac{\frac{a}{p}\cdot n_{P}}{n_{A,in}-n_{A,out}}\times 100\% \tag{2-3-5}$$

式中,　n_{P}——生成的目的产物的物质的量,mol;

a,p——反应物 A 和目的产物 P 的化学计量数,量纲为一;

$n_{A,in}$,$n_{A,out}$——反应物 A 输入、输出反应体系的物质的量。

例如，例题 2-3-2 中苯氯化生成氯苯的选择性为：

$$S=\frac{\frac{1}{1}\times 38\ \text{mol}}{100\ \text{mol}-61\ \text{mol}}\times 100\%=97.44\%$$

(三) 理论收率

理论收率是指实际生成的目的产物的量占理论产量的百分数，以 y 表示。

$$y=\frac{n_{\text{P}}}{\frac{p}{a}\times n_{\text{A,in}}}\times 100\% \tag{2-3-6}$$

当反应系统有物料循环时，通常需要用总收率（$y_{总}$）来表示。相应地，物料一次通过反应体系所得产物所计算的收率称为单程收率（$y_{单}$）。

$$y_{单}=\frac{n_{\text{P}}^{\text{R}}}{\frac{p}{a}\cdot n_{\text{A,in}}}\times 100\% \tag{2-3-7}$$

$$y_{总}=\frac{n_{\text{P}}^{\text{S}}}{\frac{p}{a}\cdot (n_{\text{A,in}}-n_{\text{A,循}})}\times 100\% \tag{2-3-8}$$

式中，n_{P}^{R}——从反应体系单程输出的目的产物的物质的量，mol；

n_{P}^{S}——从整个系统输出的目的产物的物质的量，mol；

$n_{\text{A,循}}$——反应物 A 在系统内循环的物质的量，mol。

例如，在例题 2-3-2 中苯通过氯化器生成氯苯的单程收率为：

$$y_{单}=\frac{38\ \text{mol}}{\frac{1}{1}\times 100\ \text{mol}}\times 100\%=38.00\%$$

对于整个系统，苯转化成氯苯的总收率为：

$$y_{总}=\frac{38\ \text{mol}}{\frac{1}{1}\times (100-60)\ \text{mol}}\times 100\%=95.00\%$$

转化率、选择性和理论收率三者之间的关系是：

$$y=S\cdot x \tag{2-3-9}$$

应当指出，利用上述三者关系进行计算时，应注意对应关系，如单程转化率对应单程收率。

因此，例题 2-3-2 中苯通过反应器生成氯苯的单程收率也可作如下计算：

$$y_{单}=S\cdot x_{单}=97.44\%\times 39.00\%=38.00\%$$

【实践活动】

参观当地化工企业，了解化工生产原理、生产工艺条件和技术要求；分析反应原料投料比和反应方程式之间的关系，解释工业生产中常使某一种或多种物质过量的原因。

三、质量收率与原料消耗定额

(一) 质量收率

在工业生产中，还常常采用质量收率（y_{w}）来衡量反应效果，它是指目的产物的质量占某一输入反应物质量的百分数。设反应物为 A，生成的目的产物为 P，则：

$$y_{\text{w}}=\frac{m_{\text{P}}}{m_{\text{A}}}\times 100\% \tag{2-3-10}$$

式中，m_P——输出反应体系的目的产物的质量，kg；

m_A——输入反应体系的反应物 A 的质量，kg。

例题 2-3-3　100 kg 苯胺（纯度 99%，摩尔质量 93 g · mol^{-1}）经烘焙磺化和精制后得 187 kg 对氨基苯磺酸钠（纯度 97%，摩尔质量 195 g · mol^{-1}）。则按苯胺计，计算对氨基苯磺酸钠的理论收率和质量收率。

解：理论收率：

$$y=\frac{187\times10^3\ \text{g}\times97\%\div195\ \text{g}\cdot\text{mol}^{-1}}{\frac{1}{1}\times100\times10^3\ \text{g}\times99\%\div93\ \text{g}\cdot\text{mol}^{-1}}\times100\%=87.4\%$$

质量收率：

$$y_w=\frac{187\ \text{kg}}{100\ \text{kg}}\times100\%=187\%$$

在这里，质量收率大于 100%，主要是因为目的产物的摩尔质量比反应物的大。

（二）原料消耗定额

原料消耗定额是指每生产 1 t 产品需消耗多少吨（或千克）原料。对于主要反应物来说，它实际上就是质量收率的倒数。原料消耗定额的高低，说明了生产工艺水平及操作技术水平的高低，它是化工生产上常用的技术经济指标。在例题 2-3-3 中，每生产 1 t 对氨基苯磺酸钠时，苯胺的消耗定额是：

$$1\ \text{t}\times\frac{100\ \text{kg}}{187\ \text{kg}}=0.535\ \text{t}$$

【拓展应用】

化工生产过程的其他生产指标

化工生产过程的核心通常是化学反应。要想获得好的生产效果，一是要提高产品产量，二是要提高产品质量，三是要提高原料的利用率，四是要降低生产过程的能量消耗。对一般化工生产过程来说，总是希望在提高产量的同时消耗最少的原料。因此，除了反应配比、转化率、选择性及收率等生产工艺指标外，还有生产能力、生产强度、公用工程的消耗定额等，这些也是评价化工生产效果的重要方面。

1. 生产能力

工业企业的生产能力是指企业内部各个生产环节及全部生产性固定资产（包括生产设备和厂房面积），在保持一定比例关系条件下所具有的综合生产能力。通常是指一个设备、一套装置或一个工厂在单位时间内生产的合格产品量或处理的原料量。其单位为 kg · h^{-1}、t · d^{-1} 或 kt · a^{-1} 等。生产能力一般有两种表示方法，一种是以产品产量表示的，即在单位时间（年、日、小时等）内生产的产品数量，如年产 30 万吨乙烯装置表示该装置生产能力为每年可生产乙烯 30 万吨。另一种是以原料处理量表示的，此种表示方法也称为“加工能力”，如一个处理原油规模为每年 500 万吨的炼油厂，也就是该厂每年可处理原油 500 万吨，将它炼制为各种品牌的油品。

2. 生产强度

生产强度是指设备在单位时间内，单位容积或单位面积（或底面积）的生产能力。其单位为 kg · (h · m^3)$^{-1}$、t · (d · m^3)$^{-1}$ 或 kg · (h · m^2)$^{-1}$、t · (d · m^2)$^{-1}$ 等。生产强度指标主要用于比较那些相同反应过程或物理加工过程的设备或装置的优劣。设备中进行的过程速率越高，其生产强度就高。

3. 公用工程的消耗定额

公用工程是指化工厂必需的供水、供热、冷冻、供电和供气等条件。各化工产品的工艺技术规程对所需使用的公用工程也与原料消耗定额一样，要规定每个项目的消耗定额指标，以限制公用工程的使用量。

【化学史话】

侯氏制碱法

1862 年，比利时人索尔维发明了以食盐、氨、二氧化碳为原料取制纯碱的方法，称为“索尔维制碱法”，又称氨碱法。此后，英、法等国家相继建立了大规模生产纯碱的工厂，并组织了索尔维公会，对会员国以外的国家实行技术封锁。在第一次世界大战期间，欧洲与亚洲的交通受到阻塞。我国所需纯碱都是从英国进口的，一时间非常缺乏，一些以纯碱为原料的民族工业难以生存。

1917 年，爱国实业家范旭东在天津塘沽创办了永利碱业公司，决心打破洋人的垄断，生产中国的纯碱。他聘请了正在美国留学的侯德榜（图 2-3-2）先生出任总工程师。1921 年，侯德榜先生欣然回国任职。他全身心地投入制碱工艺和设备的改进上，并摸索出了“索尔维制碱法”的各项生产技术。

图 2-3-2 侯德榜

1924 年 8 月，塘沽碱厂正式投产。1926 年，我国生产的“红三角”牌纯碱在美国费城的万国博览会上获得金质奖章，不仅在国内畅销，还销往日本和东南亚。

1943 年，侯德榜先生成功研究出联合制碱法。这种方法能联产纯碱和氯化铵两种产品，提高了食盐的利用率，缩短了生产流程，减少了对环境的污染，降低了纯碱的成本。他所发明的联合制碱法被称为“侯氏制碱法”。

练习巩固

1. 名词解释。

（1）限制反应物与过量反应物；（2）反应配比与化学计量比；（3）转化率、理论收率与选择性。

2. 化学反应 $A+2B = C+D$，加入 5.6 g A 和 7.3 g B，反应恰好完全，生成 12.7 g C，现在要得到 0.4 g D，所需 A 的质量为（　　）。

A. 5.6 g　　B. 11.2 g　　C. 14.6 g　　D. 无法计算

3. 100 mol 苯胺在用浓硫酸进行溶剂烘焙磺化后，产物中含 89 mol 对氨基苯磺酸，2 mol 苯胺，另外还有一定数量的焦油物等副产物。试计算此反应中，（1）苯胺的转化率；（2）苯胺转化成目的产物对氨基苯磺酸的选择性和理论收率；（3）按苯胺计的质量收率。

综合提高

一、选择题

1. 实验中需配制 2 mol · L^{-1} 的 Na_2CO_3 溶液 950 mL,应选用的容量瓶的规格和称取 Na_2CO_3 的质量分别为(　　)。

A. 1 000 mL,212 g　　B. 950 mL,543.4 g

C. 任意规格,572 g　　D. 500 mL,286 g

2. 下列溶液中 Cl^-浓度与 50 mL 1 mol · L^{-1} $AlCl_3$ 溶液中 Cl^-浓度相等的是(　　)。

A. 150 mL 1 mol · L^{-1} 的 NaCl 溶液　　B. 75 mL 2 mol · L^{-1} NH_4Cl 溶液

C. 25 mL 2 mol · L^{-1} 的 KCl 溶液　　D. 75 mL 1 mol · L^{-1} 的 $FeCl_3$ 溶液

3. 用已准确称量过的氯化钠固体配制 1.00 mol · L^{-1} 的 NaCl 溶液 0.5 L,需要用到下列(　　)仪器?

① 坩埚,② 分液漏斗,③ 容量瓶,④ 烧杯,⑤ 胶头滴管,⑥ 烧瓶,⑦ 玻璃棒,⑧ 天平,⑨ 药匙。

A. ③④⑤⑦⑨　　B. ①②⑤⑥⑧

C. ③④⑤⑦　　D. ③④⑤⑥

4. 现有一瓶 500 mL 的矿泉水,其水质成分表中标示其"Ca^{2+}"含量为 4 mg · L^{-1},则其物质的量浓度为(　　)。

A. 1×10^{-4} mol · L^{-1}　　B. 2×10^{-4} mol · L^{-1}

C. 0.5×10^{-4} mol · L^{-1}　　D. 1×10^{-3} mol · L^{-1}

5. 分别用 0.20 mol · L^{-1} 的 $AgNO_3$ 溶液 10 mL 与相同体积的下列溶液恰好完全反应,则物质的量浓度最大的是(　　)。

A. KCl　　B. $MgCl_2$

C. $BaCl_2$　　D. $AlCl_3$

二、简答题

1. 试述单程转化率、总转化率及平衡转化率的含义和区别,它们在化工生产中各有何意义?

2. 对于复杂反应,为何需同时考虑转化率与选择性?

三、计算题

1. 配制 0.020 00 mol · L^{-1} $K_2Cr_2O_7$ 标准溶液 250.0 mL,需称取多少克 $K_2Cr_2O_7$?

2. 抢救地震后被困在废墟下的伤员,首要的措施是给伤员补充能量。下图是医院给伤员输液时用的一瓶质量分数为 5%的葡萄糖($C_6H_{12}O_6$)注射液标签。认真观察标签上的内容,并做如下计算。

葡萄糖注射液	
规　　格:	250 mL 内含葡萄糖 12.5 g
生产批号:	06032032
有 效 期:	至 2023 年 10 月

(1) 求该溶液中水的质量;

(2) 求该溶液的密度;

(3) 求该溶液中溶质的物质的量浓度(精确到小数点后面两位)。

3. 在 373.15 K 和 100 kPa 下,UF_6(密度最大的一种气态物质)的密度是多少? 是相同状态下 H_2 的多少倍?

4. 将一定量的固体氯酸钾和二氧化锰的混合物加热分解后,称得其质量减少了 0.480 g,同时测得用排水集气法收集起来的氧气的体积为 0. 377 dm^3，此时的温度为 294. 15 K，大气压为 9.96×10^4 Pa，试计算氧气的相对分子质量。

5. 乙醇催化脱氢生产乙醛的主、副反应如下：

$$C_2H_5OH \longrightarrow CH_3CHO+H_2\text{（主反应）}$$

$$2C_2H_5OH \longrightarrow CH_3COOC_2H_5+2H_2\text{（副反应）}$$

若反应采用无水乙醇为原料，转化率为 95%，乙醛的收率为 80%，计算反应器出口气体的百分组成。

主题三

无机化合物及其应用

本主题从碱金属、碱土金属、过渡金属等常见金属元素和卤族、氧族、氮族、碳族、硼族等典型非金属元素及其化合物的结构、性质和用途等方面出发，着重介绍常见无机物的有关知识，阐述它们在人们日常生产生活中的广泛应用及对生态环境的影响。

必备知识

学习本主题之前，学生已初步掌握了钠、铝、铁等常见金属和氯、硫、氮等典型非金属元素及其化合物的相关知识，本主题将进一步学习碱金属、碱土金属、过渡金属等金属元素和卤族、氧族、氮族、碳族、硼族等非金属元素的结构、性质、制备和功能。

学习目标

知识目标：

1. 了解元素的通性和存在形式；
2. 掌握常见金属单质、氧化物、盐的物理及化学性质；
3. 掌握常见非金属单质、化合物的物理及化学性质；
4. 掌握元素及其化合物的结构、性质、制备和功能之间的关系；
5. 了解常见元素在生产、生活中的运用；
6. 了解重要化合物鉴定和储运方法。

能力目标：

1. 能利用物质结构与性质的关系，掌握学习金属元素及其化合物的方法；
2. 能利用物质结构与性质的关系，掌握学习非金属元素及其化合物的方法；
3. 理解和掌握重要化合物的结构与性质、性能和用途之间的关系；
4. 能归纳总结重要化合物的结构与性质的递变规律。

素养目标：

1. 具有安全、节约、环保意识和规范操作意识；
2. 具有理论联系实际、实事求是、一丝不苟的科学态度；
3. 具有创新意识和解决实际问题的能力；
4. 培养理论与实践相结合的能力，树立强化专业思想，激发学习兴趣，增加专业自豪感，全面提高综合素质。

思维导图

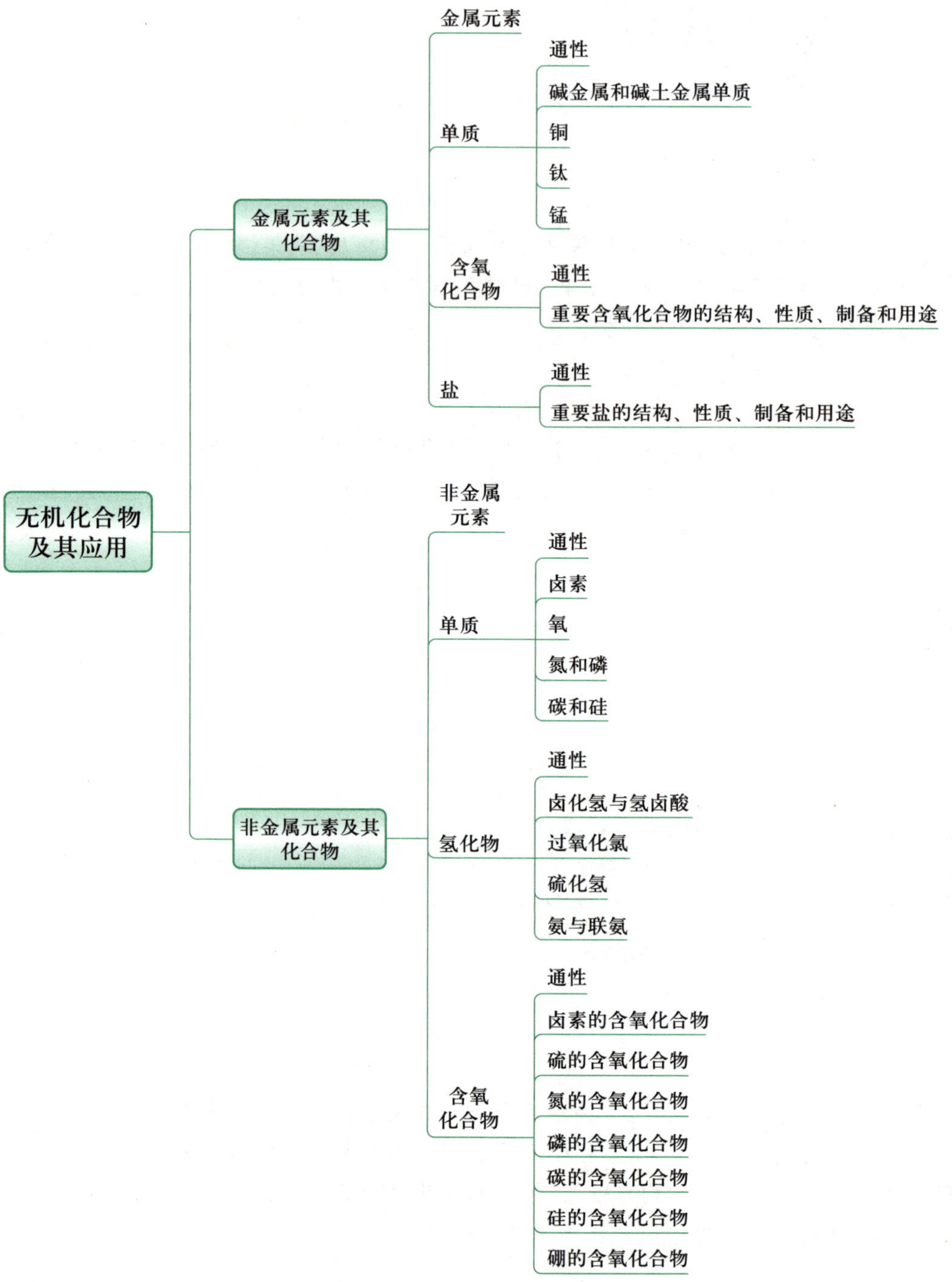
无机化合物及其应用
金属元素及其化合物
金属元素
单质
通性
碱金属和碱土金属单质
铜
钛
锰
含氧化合物
通性
重要含氧化合物的结构、性质、制备和用途
盐
通性
重要盐的结构、性质、制备和用途
非金属元素及其化合物
非金属元素
单质
通性
卤素
氧
氮和磷
碳和硅
氢化物
通性
卤化氢与氢卤酸
过氧化氢
硫化氢
氨与联氨
含氧化合物
通性
卤素的含氧化合物
硫的含氧化合物
氮的含氧化合物
磷的含氧化合物
碳的含氧化合物
硅的含氧化合物
硼的含氧化合物

第一节　金属元素及其化合物

情境呈现

金属是工业发展的重要原材料，金属材料对推动人类社会的进步起着重要作用。近年来，我国科技迅猛发展，全国最大的350 t转炉成套设备（图3-1-1），我国自行设计、自行生产的“泰山号”盾构机（图3-1-2），自主研发的高性能新舟60遥感飞机（图3-1-3），中国“天眼”——五百米口径球面射电望远镜（图3-1-4），我国成功发射的嫦娥五号探测器（图3-1-5）等，都大量使用金属材料。你知道金属及其化合物还有哪些重要应用吗？

图3-1-1　350 t转炉成套设备图

图3-1-2　“泰山号”盾构机

图3-1-3　新舟60遥感飞机

图3-1-4　中国“天眼”

图3-1-5　嫦娥五号探测器

一、金属元素

现代元素周期表梗概如图 3-1-6 所示，图中金属元素与非金属元素以右边阶梯形折线为分界线，折线右上方区域为非金属和稀有气体元素，折线左侧则是金属元素（氢除外）。

族 \ 周期	1	2	3	4	5	6	7	8	9	10	11	12	13	14	15	16	17	18	种类
	ⅠA	ⅡA	ⅢB	ⅣB	ⅤB	ⅥB	ⅦB	Ⅷ			ⅠB	ⅡB	ⅢA	ⅣA	ⅤA	ⅥA	ⅦA	0	
1	H																	He	2
2	Li												B					Ne	8
3													Al	Si				Ar	8
4								Fe						Ge	As			Kr	18
5								过渡元素							Sb	Te		Xe	18
6			镧系													Po	At	Rn	32
7			锕系													Lv	Ts	Og	32

图 3-1-6 元素周期表中金属元素与非金属元素的分布图

可以看出，在已发现的 118 种元素中，绝大部分是金属元素，占据了元素周期表大约 4/5 的位置。根据在元素周期表中的位置，金属元素可分为 s 区、d 区、ds 区和 p 区元素。

s 区为ⅠA 族和ⅡA 族元素，该区域内的金属元素也称为碱金属元素和碱土金属元素，价电子构型分别为 ns^1 和 ns^2。

d 区为ⅢB～ⅦB 及Ⅷ族元素，但不包括镧系和锕系元素，也称钛、铬、锰、铁系元素，其价电子构型可写作 $(n-1)d^{1\sim8}ns^{0\sim2}$。

ds 区为ⅠB、ⅡB 两族元素，包括铜、银、金、锌、镉、汞 6 种自然形成的金属元素和轮、鎶两种人工合成元素，其价电子构型可写作 $(n-1)d^{10}ns^{1\sim2}$。

p 区为ⅢA～ⅦA 元素和零族元素，价电子构型为 $ns^2np^{1\sim6}$，该区折线右上方为非金属元素，左侧为金属元素。

在元素周期表中，d 区元素和 ds 区元素可看作是从金属元素到非金属元素的过渡区域，因此，这两个区域的元素通常也称作过渡元素。

【拓展应用】

稀 土 金 属

稀土金属（Rare Earth Metals，REM）又称稀土元素或稀有金属，是元素周期表ⅢB 族中钪、钇、镧系 17 种元素的总称，常用 RE 表示。

稀土金属具有极为重要的用途，是当代高科技新材料的重要原料。稀土金属可用于制造半导体、电子光学材料、特殊合金、新型功能材料及有机金属化合物等。其用量虽说不大，但至关重要，不可缺少。它广泛应用于当代通信技术、电子计算机、宇航开发、医药卫生、感光材料、光电材料、能源材料和催化剂材料等领域。中国稀土金属矿产丰富，为发展稀土金属工业提供了较好的资源条件。稀土是宝贵的战略资源，广泛应用于尖端科技领域和军工领域，是“新材料之母”，稀土在我们的日常生活中也无处不在，堪称“万能之土”。图 3-1-7 为 2020 年世界稀土储量分布。

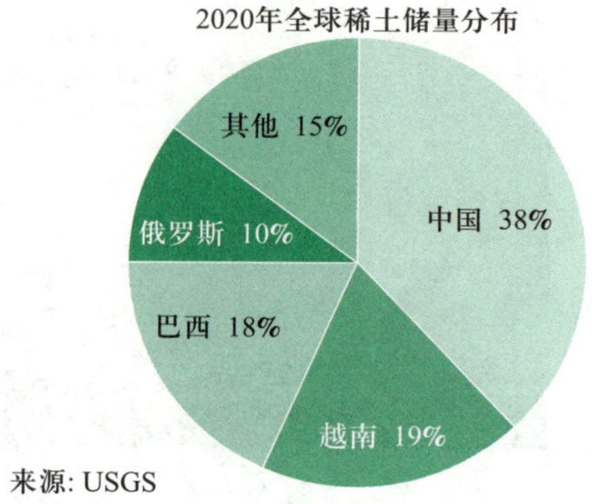

2020年全球稀土储量分布

中国 38%
越南 19%
巴西 18%
俄罗斯 10%
其他 15%

来源：USGS

图 3-1-7 2020 年全球稀土储量分布

二、单质

（一）通性

ⅠA 族金属元素包括锂、钠、钾、铷、铯、钫 6 种，因其氧化物的水合物呈强碱性，故又称其为碱金属元素。ⅡA 族元素包括铍、镁、钙、锶、钡、镭 6 种元素，其中钙、锶、钡的氧化物的水合物也呈强碱性，但逊色于相邻的碱金属，因为它们氧化物的性质与碱金属氧化物类似，也与土壤中的氧化铝类似，故又称其为碱土金属元素。

碱金属、碱土金属元素原子的最外层电子排布分别为 ns^1、ns^2，而次外层是 8 电子结构（Li 的次外层是 2 个电子），很容易失去最外层的 s 电子。因此，碱金属元素在同周期元素中金属性最强，碱土金属的金属性比碱金属略差。碱金属和碱土金属通常只有一种稳定的氧化数，碱金属为+1，碱土金属为+2，这与它们所处的族数一致。s 区金属元素最活泼，它们的单质都能与大多数非金属反应，如极易在空气中燃烧。除了铍、镁外，都较易与水反应，形成稳定的氢氧化物，这些氢氧化物大多是强碱，且大多是离子型化合物。常温下 s 区金属元素的盐类在水溶液中大多不发生水解反应。同族元素自上而下，或同周期从左到右，其基本性质都呈现出规律性变化，变化趋势如图 3-1-8 所示。

金属性、还原性增强	电离能、电负性减小	原子半径增大	IA	IIA
			Li	Be
			Na	Mg
			K	Ca
			Rb	Sr
			Cs	Ba

原子半径减小
电离能、电负性增大
金属性、还原性减弱

图 3-1-8　s 区金属元素性质的变化趋势

铜、银、金位于元素周期表的ⅠB 族，通常称为铜族元素；锌、镉、汞位于元素周期表的ⅡB 族，通常称为锌族元素。这两族元素属于 ds 区，铜族元素的价电子构型为 $(n-1)d^{10}ns^1$，锌族元素为 $(n-1)d^{10}ns^2$。

铜族元素和ⅠA 族的碱金属元素的最外层中都只有 1 个电子，失去电子后都能呈现+1 氧化数；锌族元素和ⅡA 族碱土金属元素最外层都有 2 个 s 电子，失去电子后都能呈现+2 氧化数。因此在氧化数和某些化合物的性质方面，ⅠB 族与ⅠA 族，ⅡB 族与ⅡA 族元素有一些相似之处，但因为ⅠB 族与ⅡB 族元素的次外层比ⅠA 族与ⅡA 族元素多出了 10 个 d 电子，因此性质又有明显差异。例如 NaCl 和 AgCl，前者易溶于水而后者难溶；MgO 和 ZnO 都难溶于水，但前者显碱性而后者显两性。

（二）碱金属和碱土金属单质

1. 物理性质

碱金属和碱土金属的单质具有金属光泽，有良好的导电性和延展性。除了铍和镁以外，其他金属都很软，可以用刀切割。钠和钾的密度很小，可浮在水面上不下沉。金属铯中的自由电子活动性极高，当其表面受到光照时，电子便可获得能量从表面逸出。利用这种特性，铯被用来制造光电管中的阴极。碱金属能形成液态合金，如组成为 77.2%的钾和 22.8%的钠的合金，熔点为 260.7 K。钾钠合金由于比热容高被用作核反应堆的冷却剂；钠汞齐在氧化还原反应中比纯金属钠反应速率低，被用作有机合成中的还原剂。

2. 化学性质

碱金属和碱土金属是很活泼的金属元素，它们能直接或间接地与电负性较高的非金属元素，如卤素、氧、硫、氮和磷等，形成相应的化合物。这两族金属元素中，除铍和镁由于表面形成致密的氧化物保护膜而对水稳定外，其余都易与水反应：

$$2Na+2H_2O = 2NaOH+H_2\uparrow \qquad \Delta H=-281.8\ kJ\cdot mol^{-1}$$

$$Ca+2H_2O = Ca(OH)_2+H_2\uparrow \qquad \Delta H=-414.4\ kJ\cdot mol^{-1}$$

这些反应放热量很大，钠同水猛烈作用，钾、铷、铯遇水发生燃烧，量大时甚至发生爆炸。锂、钙、锶和钡与水反应比较缓慢，一方面这几种金属熔点稍高，不像钠、钾、铷和铯在反应中融化为液体导致反应加剧；另一方面这几种金属的氢氧化物溶解度较小，覆盖在金属固体表面，缓和了金属与水的反应。

动画：焰色反应

钙、锶、钡及碱金属的挥发性化合物在高温火焰中，电子易被激发。当电子从较高能级回到较低能级时，便以光的形式释放出能量，使火焰呈现特征颜色。钙的火焰呈橙红色、锶呈洋红色、钡呈绿色、锂呈红色、钠呈黄色，钾、铷和铯呈紫色，见彩图 3-1-1。在分析化学中，常利用这种性质来鉴定这些元素。将硝酸锶或硝酸钡与氯酸钾和硫等以适当比例混合，可制成红色或绿色的信号弹。把上述元素的硝酸盐或氯酸盐配以镁粉、松香、火药之类，可做成各色焰火。

（三）铜

铜在自然界中分布极广，在地壳中的含量居第 22 位。铜以 3 种形式存在于自然界；第 1 种是游离铜（极少）；第 2 种是硫化物；第 3 种是含氧化合物。

铜呈红色或棕色，是一种柔软的、有光泽的、可塑性强的金属，在空气中有轻微的氧化反应。铜具有良好的导电性和导热性，也具有优异的韧性和强度。铜可以形成氧化物、硫化物、碳酸盐和硝酸盐等多种化合物。铜不仅会与氧气反应生成黑色的氧化铜，还能够与浓硫酸和浓盐酸反应。铜在过量浓硝酸作用下，会被溶解形成深蓝色的铜离子。

铜与含有 CO_2 的潮湿空气接触，表面生成“铜绿”——碱式碳酸铜。

$$2Cu+O_2+CO_2+H_2O = Cu_2(OH)_2CO_3$$

【拓展应用】

银也能像铜一样，发生类似反应，当银和含 H_2S 的空气接触时即逐渐变暗。

$$4Ag+2H_2S+O_2 = 2Ag_2S+2H_2O$$

金与所有的酸都不反应，但可溶于王水（1 体积的浓硝酸与 3 体积的浓盐酸组成的混合物）。

$$Au+4HCl+HNO_3 = H[AuCl_4]+NO\uparrow+2H_2O$$

锌是 ds 区元素中唯一能与碱反应的金属元素。这是由于锌比较活泼，反应产物 $Na_2[Zn(OH)_4]$ 又可溶于水的缘故。

$$Zn+2H_2O+2NaOH = Na_2[Zn(OH)_4]+H_2\uparrow$$

（四）钛

钛属于稀有分散金属，就地球中的丰度而言，在金属元素中仅次于 Al、Fe、Mg，居第 4 位，但冶炼比较困难。钛是灰色金属，密度为 4 506 $kg \cdot m^{-3}$，介于铁的 7 870 $kg \cdot m^{-3}$ 和铝的 2 700 $kg \cdot m^{-3}$ 之间，更接近于铝，强度接近钢铁。所以钛兼有铝和钢铁的优点。

钛可用于制作记忆合金，也称镍钛合金或 NT 合金。将 NT 合金加工成形状甲，在 300～1 000 ℃高温下处理数分钟至半小时，NT 合金便对形状甲产生了记忆。在室温下，将 NT 合金的形状变成形状乙，以后遇到高温时，NT 合金将自动恢复成形状甲。例如，用 NT 合金制作卫星天线，当卫星进入太空轨道后，再使天线伸展成曾记忆的形状，可有效地减少发射过程中的空气阻力。

【拓展应用】

硬度最大的金属——铬

铬在元素周期表中属ⅥB 族。铬单质为钢灰色金属，是自然界硬度最大的金属。铬在地壳中的含量为 0.01%，居第 17 位。呈游离态的自然铬极其罕见，铬主要存在于铬铅矿中。

铬可以和许多金属（如铁、钨、镍等）形成稳定的合金，这些合金具有优异的耐腐蚀性和耐磨损性，被广泛应用于制造航空、航天、汽车等高强度材料。不锈钢是铬的重要应用领域之一，将铬与铁制作成合金钢材料，具有良好的耐腐蚀性和机械性能，已被广泛应用于餐具、厨具、医疗器械等方面。

（五）锰

锰在元素周期表中位于第四周期、第ⅦB 族，属于比较活泼的金属，加热时能和氧气化合。锰单质是一种灰白色、硬脆、有光泽的过渡金属。锰广泛存在于自然界中，土壤中含锰 0.25%，茶叶、小麦及硬壳果实中含锰较多。

锰和铁化学性质相似，常温下与水反应缓慢，高温时，与水反应迅速，水变为氢气，锰被氧化，形成复杂氧化物。

$$3Mn+4H_2O \xlongequal{\triangle} Mn_3O_4+4H_2\uparrow$$

锰易溶于稀酸，并有氢气放出，生成二价锰离子：锰和浓硫酸、浓硝酸等氧化性酸反应生成二氧化硫、二氧化氮，自身被氧化成二价锰。

$$Mn+H_2SO_4(稀) \xlongequal{} MnSO_4+H_2\uparrow$$

$$Mn+2H_2SO_4(浓) \xlongequal{\triangle} MnSO_4+2H_2O+SO_2\uparrow$$

$$Mn+4HNO_3(浓) \xlongequal{} Mn(NO_3)_2+2H_2O+2NO_2\uparrow$$

三、含氧化合物

（一）通性

1. 碱金属和碱土金属含氧化合物

碱金属、碱土金属与氧能形成 3 种类型的氧化物，即正常氧化物、过氧化物和超氧化物，分别含有 O^{2-}、O_2^{2-} 和 O_2^-。

碱土金属的氧化物固体均呈白色或灰白色粉末。BeO 几乎不与水反应，MgO 与水缓慢反应生成相应的碱，CaO、SrO、BaO 遇水能发生剧烈反应生成相应的碱，并放出大量的热。BeO 和 MgO 可作耐高温材料。CaO 是重要的建筑材料，可制得 $Ca(OH)_2$。

动画：CaO 与 H_2O 的反应

除铍和镁外，所有碱金属（碱土金属）都能形成相应的过氧化物 $M_2O_2(MO_2)$。

除锂、铍、镁外，碱金属（碱土金属）都能形成相应的超氧化物 $MO_2[M(O_2)_2]$。超氧化物与水反应生成 H_2O_2，同时放出 O_2。与 CO_2 作用也会有 O_2 放出。因此超氧化物可用作供氧剂，还可用作氧化剂。

视频：硫代硫酸钠标准溶液的配制

2. 碱金属和碱土金属氢氧化物

碱金属和碱土金属的氢氧化物都是白色固体。它们易吸收空气中的 CO_2 变为相应的碳酸盐，也易在空气中吸水而潮解，故固体 NaOH 和 $Ca(OH)_2$ 常用作干燥剂。

碱金属的氢氧化物都易溶于水，溶解时放出大量的热。碱土金属的氢氧化物溶解度则较小，其中 $Be(OH)_2$ 和 $Mg(OH)_2$ 都是难溶的氢氧化物。

碱金属、碱土金属的氢氧化物中，除 $Be(OH)_2$ 为两性氢氧化物外，其他氢氧化物都是强碱或中强碱。

3. 过渡金属氧化物

部分过渡金属元素氧化物的性质见表 3-1-1。

表 3-1-1 过渡金属元素氧化物的性质

氧化物	颜色	热稳定性	酸碱性
Cu_2O	红色	稳定	碱性
CuO	黑色	800 ℃开始分解，转化为 Cu_2O	两性偏碱
Ag_2O	棕色	300 ℃开始分解，转化为 Ag	碱性
ZnO	白色	稳定	两性
CdO	棕色	稳定	碱性
HgO	黄色或红色	300 ℃开始分解，转化为 Hg	碱性

$Cu(OH)_2$ 呈淡蓝色，略显两性，偏碱性，不仅溶于酸，也溶于强碱溶液形成四羟基合铜离子（$[Cu(OH)_4]^{2-}$）。

四羟基合铜离子可被葡萄糖还原为鲜红色的 Cu_2O，医院里常用这个反应来检验尿液中的糖含量。

（二）重要含氧化合物的结构、性质、制备和用途

1. 过氧化钠

过氧化钠（Na_2O_2）是最常见的碱金属过氧化物。常温下为淡黄色的粉状或颗粒，过氧化钠与水或稀酸在室温下反应生成 H_2O_2，反应放出大量的热，使 H_2O_2 迅速分解放出氧气。过氧化钠也能与二氧化碳反应，放出氧气。

$$2Na_2O_2+2CO_2 = 2Na_2CO_3+O_2\uparrow$$

Na_2O_2 由于具有这种特殊反应性能，常用于防毒面具、高空飞行和潜水作业等。

动画：Na_2O_2 与 H_2O 的反应

Na_2O_2 本身相当稳定，加热至熔融时几乎不分解，但遇到木炭或铝粉等还原性物质时，就会引起燃烧或发生爆炸，因此使用 Na_2O_2 时应当注意安全。工业上 Na_2O_2 被列为强氧化剂。在碱性介质中，它可体现出很强的氧化性，如能将矿石中的铬、锰、钒等氧化为可溶性的含氧酸盐，在分析化学中常用作分解矿石的试剂。

过氧化钠的主要用途是作氧化剂和氧气发生剂，此外，还用作消毒剂及纺织、纸浆的漂白剂等。

2. 二氧化钛

在钛的化合物中，以+4 氧化数最稳定。二氧化钛（TiO_2）为白色粉末，不溶于水、稀酸或碱溶液，但能溶于热的浓硫酸或氢氟酸。纯净的 TiO_2 呈钛白色，是优良的白色颜料。纳米 TiO_2 有较好的杀菌作用，具有光催化治理空气污染的功能。环境有害气体可分为室内有害气体和大气污染气体。室内有害气体主要有装饰材料等放出的甲醛及生活环境中产生的甲硫醇、硫化氢及氨气等。TiO_2 通过光催化作用可将这些物质分解氧化，减轻或消除不适感。二氧化钛以其优良的催化性能、稳定的化学性能、环保无毒、使用寿命长等优点而被广泛关注和应用。

【拓展应用】

TiO_2 在有碳参与下，加热进行氯化，可制得 $TiCl_4$。

$$TiO_2+2C+2Cl_2 \xlongequal{\triangle} TiCl_4+2CO$$

$TiCl_4$ 是无色液体，有刺鼻气味，极易水解，在潮湿的空气中由于水解而发烟，利用此反应可以制造烟幕。

3. 铬的氧化物

（1）铬（Ⅲ）含氧化合物。三氧化二铬（Cr_2O_3）是极难熔化的氧化物之一，熔点高达 2 275 ℃，微溶于水，但溶于酸。Cr_2O_3 是具有特殊稳定性的绿色物质，常用作颜料（铬绿），近年来也被用作有机合成的催化剂，是制取其他铬化合物的原料之一。

（2）铬（Ⅵ）含氧化合物。三氧化铬（CrO_3）是暗红色针状晶体。CrO_3 在受热超过其熔点（196 ℃）时，分解放出氧气而变为 Cr_2O_3。CrO_3 是较强的氧化剂，一些有机物质如乙醇等与它接触时即着火。CrO_3 是电镀铬的重要原料。

CrO_3 极易从空气中吸收水分，并且易溶于水。与水作用生成铬酸（H_2CrO_4）和重铬酸（$H_2Cr_2O_7$），二者都是强酸，但后者的酸性比前者还强些。

动画：六价铬的鉴定

铬（Ⅵ）最重要的化合物是钠和钾的铬酸盐和重铬酸盐。铬酸钠（Na_2CrO_4）和铬酸钾（K_2CrO_4）都是黄色结晶，其水溶液都显碱性；重铬酸钠（$Na_2Cr_2O_7$）和重铬酸钾（$K_2Cr_2O_7$）都是橙红色晶体，其水溶液均显酸性。重铬酸钠和重铬酸钾的俗称分别为红矾钠和红矾钾，在鞣革、电镀等工业中广泛应用。$K_2Cr_2O_7$ 无吸潮性，因此还可作为化学分析的基准试剂。

可溶性的铬酸盐和重铬酸盐溶液中，都存在着 CrO_4^{2-} 和 $Cr_2O_7^{2-}$ 之间的平衡。

$$2CrO_4^{2-}+2H^+ \rightleftharpoons 2HCrO_4^- \rightleftharpoons Cr_2O_7^{2-}+H_2O$$

黄色　　　　　　　　　　橙红色

从以上平衡可知，加酸可使平衡向右移动，故在酸性条件下，主要以 $Cr_2O_7^{2-}$ 形式存在，溶液呈橙红色。在碱性条件下主要以 CrO_4^{2-} 形式存在，溶液呈黄色。

视频：重铬酸钾标准溶液的配制

由于上述平衡的存在，在 $K_2Cr_2O_7$ 溶液中加入 Ba^{2+}、Pb^{2+}、Ag^+，得到的是相应的铬酸盐沉淀，所生成的沉淀的颜色可用来鉴别这三种离子。在酸性溶液中，$Cr_2O_7^{2-}$ 和 H_2O_2 反应生成蓝色的过氧化铬（CrO_5），这也是鉴定 $Cr_2O_7^{2-}$ 的反应。

饱和 $K_2Cr_2O_7$ 溶液和浓 H_2SO_4 的混合物称铬酸洗液，具有强氧化性，在实验室中用于洗涤玻璃器皿。

4. 锰的含氧化合物

（1）锰（Ⅱ）含氧化合物。与碱溶液作用，生成白色的 $Mn(OH)_2$ 沉淀。$Mn(OH)_2$ 还原性强，极易被氧化，故不能稳定存在于空气中。白色的 $Mn(OH)_2$ 遇水很快会变成水合二氧化锰，甚至溶解在水中的少量氧也能将其氧化。

$$2Mn(OH)_2+O_2 = 2MnO(OH)_2$$

该反应在水质分析中用于测定水中的溶解氧。

（2）锰（Ⅳ）含氧化合物。二氧化锰（MnO_2）是最为重要的锰（Ⅳ）化合物，一般情况下它是极稳定的黑色粉末。在酸性溶液中，MnO_2 具有较强的氧化能力，能被还原为 Mn^{2+}；与浓盐酸反应，产生氯气；与硫酸反应，产生氧气。

$$MnO_2+4HCl \xlongequal{\triangle} MnCl_2+Cl_2\uparrow+2H_2O$$

$$2MnO_2+2H_2SO_4 \xlongequal{\triangle} 2MnSO_4+O_2\uparrow+2H_2O$$

MnO_2 的用途很广，可用于制造干电池，在电子、玻璃、火柴、油漆、油墨等工业中均有应用，也是制备其他锰化合物的主要原料。

（3）锰（Ⅵ）和锰（Ⅶ）含氧化合物。在锰（Ⅵ）含氧化合物中，比较稳定的是锰酸盐，如锰酸钾（K_2MnO_4）。绿色的 MnO_4^{2-} 仅存在于强碱性（pH>13.5）溶液中，在酸性、中性或弱碱性溶液中均会发生歧化反应而变成紫色的 MnO_4^- 和棕色的 MnO_2 沉淀。

高锰酸钾（$KMnO_4$，医学上俗称“灰锰氧”）是最为重要的锰（Ⅶ）含氧化合物，为紫黑色晶体，有金属光泽。高锰酸钾热稳定性差，加热到 200 ℃以上，会分解放出氧气，这是实验室制取氧气的方法之一。

$$2KMnO_4 \xlongequal{\triangle} K_2MnO_4+MnO_2+O_2\uparrow$$

【拓展应用】

$KMnO_4$ 易溶于水，其水溶液也不稳定。在酸性溶液中会缓慢分解，析出 MnO_2，并有 O_2 放出。

$$4MnO_4^-+4H^+ = 4MnO_2\downarrow+2H_2O+3O_2\uparrow$$

在中性或弱碱性溶液中，$KMnO_4$ 也会分解，只是这种分解速率更为缓慢。光照对 $KMnO_4$ 的分解起催化作用，所以配制好的 $KMnO_4$ 溶液必须保存在棕色试剂瓶中。

在酸性介质中 $KMnO_4$ 的氧化能力很强，它本身有很深的紫红色，而它的还原产物（Mn^{2+}）几近无色（浓 Mn^{2+} 溶液呈淡红色），所以在定量分析中用它来测定还原性物质时，不需另外添加指示剂，因此 $KMnO_4$ 滴定法应用很广泛。

动画：$KMnO_4$ 的氧化能力

$KMnO_4$ 用途广泛，除用作氧化剂之外，还可用于油脂、树脂及蜡的漂白剂；在医药上可用作杀菌消毒剂和防腐剂，5%的 $KMnO_4$ 溶液可治疗烫伤。

四、盐

(一) 通性

碱金属离子 M^+ 和碱土金属离子 M^{2+} 的溶液都为无色。碱金属离子的离子半径较大,电荷较小,最外层电子构型是 ns^2np^6,即 8 电子构型,所以碱金属的氢氧化物和盐大多数易溶于水。与同周期碱金属离子相比,碱土金属的氢氧化物和盐的溶解度则较小。

铜族元素既可以失去 s 电子,又能在配体适宜的条件下失去 1~2 个 d 电子,具有+1、+2 和+3 氧化数。铜的特征氧化数为+2,银为+1,金为+3。

锌族元素可以失去最外层两个 s 电子,以+2 的常见氧化数存在,汞也能够以+2 的氧化数稳定存在。锌和镉的+1 价化合物不稳定。

第 4 周期 d 区元素既可以失去最外层两个 s 电子,又能失去 1 个 d 电子,具有+2 和+3 常见氧化数。

(二) 重要盐的结构、性质、制备和用途

1. 铜盐

最常见的铜盐是五水硫酸铜($CuSO_4 \cdot 5H_2O$),俗称胆矾,呈蓝色。无水硫酸铜是白色粉末,有很强的吸水性,吸水后变成蓝色,所以常被用于检验有机化合物中的微量水,也可用作干燥剂。

Cu^{2+} 与过量氨水作用生成深蓝色的 $Cu[(NH_3)_4]^{2+}$,这是鉴定 Cu^{2+} 的特效反应。Cu^{2+} 在中性或酸性溶液中,能与 $K_4[Fe(CN)_6]$ 作用生成砖红色 $Cu_2[Fe(CN)_6]$ 沉淀。这个反应很灵敏,常用于鉴定 Cu^{2+},但 Fe^{3+}、Co^{2+} 的存在会有干扰。

硫酸铜有杀菌能力,在蓄水池、游泳池中可用来防止藻类生长。硫酸铜与石灰乳混合而成的"波尔多液",可用于消灭植物的病虫害。

Cu^+ 在水溶液中非常不稳定,从铜的电势图:

$$Cu^{2+} \xrightarrow{0.153\ V} Cu^+ \xrightarrow{0.521\ V} Cu$$

可看出,Cu^+ 易发生歧化反应而转变为 Cu^{2+} 和单质 Cu。反应的标准平衡常数很大($K^\ominus = 1.2\times10^6$),说明在水溶液中歧化反应进行得很彻底。

若使 Cu(Ⅱ)转化为 Cu(Ⅰ),必须有还原剂存在;同时 Cu^+ 必须以沉淀或配合物形式存在,借以减小溶液中 Cu^+ 的浓度。例如:

$$2Cu^{2+}+4I^- = 2CuI\downarrow+I_2$$

此反应便是碘量法测定铜的依据所在。

2. 银盐

$AgNO_3$、AgF、$AgClO_4$ 能溶于水,Ag_2SO_4 微溶,其他银盐大多难溶于水,这是银盐的一个重要特点。

(1) 硝酸银。硝酸银是最重要的可溶性银盐,可由单质银与硝酸作用制得。固体 $AgNO_3$ 受热时易分解。

$$2AgNO_3 \xlongequal{\triangle} 2Ag+2NO_2\uparrow+O_2\uparrow$$

如若遇见光,$AgNO_3$ 也会按上式分解,故应将其保存在棕色玻璃瓶中,避光保存。

$AgNO_3$ 具有氧化性,在水溶液中可被 Cu、Zn 金属还原为单质,遇微量有机化合物也即刻被还原为单质。皮肤或工作服上如果沾上 $AgNO_3$ 将逐渐变成紫黑色。$AgNO_3$ 还有一定的杀菌能力,对人体有腐蚀作用。

$AgNO_3$ 主要用于制造卤化银,同时它也是一种重要的分析试剂。10%的 $AgNO_3$ 溶液在医疗上可用作消毒剂和腐蚀剂。$AgNO_3$ 还可用于电镀、制镜、印刷、电子等行业。

(2) 卤化银。在硝酸银溶液中加入卤化物,可生成相应的 AgCl、AgBr 和 AgI 沉淀。它们的颜色依次加深(白—浅黄—黄),溶解度则依次降低,但 AgF 易溶于水。

卤化银的一个典型性质是光敏性较强,在光照下易分解。

$$2AgX \xlongequal{光照} 2Ag+X_2$$

从 AgF 到 AgI 稳定性减弱，分解的趋势增大，因此制备 AgBr 和 AgI 常在暗室内进行。基于卤化银的感光性，可用它作为照相底片上的感光物质，也可将感光变色的卤化银加到玻璃内以制造变色眼镜。

(3) 银的配合物。Ag^+ 易与 NH_3、$S_2O_3^{2-}$、CN^- 等配体形成二配位的稳定配合物。许多难溶的银盐都是借助于形成配合物而溶解的。根据 Ag^+ 难溶盐溶解度的不同和配离子稳定性的差异、沉淀平衡和配位平衡，可以使其在一定条件下相互转化。

在定性分析中，可利用 Ag^+ 与盐酸的反应生成白色凝乳状沉淀（AgCl）对 Ag^+ 进行鉴定，沉淀不溶于硝酸，但可溶于氨水中。

$$AgCl+2NH_3 \cdot H_2O \xlongequal{} [Ag(NH_3)_2]^+ +Cl^- +2H_2O$$

银的配合物在实际生产、生活中有较广泛的用途。例如，用于电镀、照相、制镜等方面。热水瓶胆上镀银就是利用了银氨配离子与甲醛或葡萄糖的反应。

3. 锌盐

(1) 氯化锌。氯化锌（$ZnCl_2 \cdot H_2O$）是较重要的锌盐，极易溶于水。在 $ZnCl_2$ 溶液中，由于形成一羟基二氯合锌（Ⅱ）酸，溶液呈显著酸性。

$$ZnCl_2+H_2O \xlongequal{} H[ZnCl_2(OH)]$$

该溶液能溶解金属氧化物，因此，能清除金属表面的氧化物，可用作焊药。

$ZnCl_2$ 主要用作有机合成工业的脱水剂、缩合剂和催化剂，以及染料工业的媒染剂，还可用作石油净化剂和活性炭活化剂。此外，$ZnCl_2$ 还可用于干电池、电镀、医药、木材防腐和农药等方面。

动画：$ZnCl_2$ 作焊药

(2) 硫化锌。在 Zn^{2+} 的溶液中加入 Na_2S 时，生成白色的硫化锌沉淀。

$$Zn^{2+}+S^{2-} \xlongequal{} ZnS(白色)\downarrow$$

ZnS 中加入微量的含有 Cu^{2+}、Mn^{2+}、Ag^+ 等离子的物质，光照后可发出多种颜色的荧光。这种材料称作荧光粉，可用于制作荧光屏、夜光表。

【拓展应用】

在硫酸锌（$ZnSO_4 \cdot 7H_2O$）溶液中加入硫化钡时生成 ZnS 和 $BaSO_4$ 的混合物，此沉淀叫锌钡白（俗称立德粉）。

$$Zn^{2+}+SO_4^{2-}+Ba^{2+}+S^{2-} \xlongequal{} ZnS\downarrow +BaSO_4\downarrow$$

锌钡白无毒性，在空气中比较稳定，是一种优良的白色颜料，广泛应用于涂料和油墨中。

4. 汞盐

(1) 氯化汞和氯化亚汞。氯化汞（$HgCl_2$）是白色针状结晶或颗粒粉末，熔点低，易升华，俗称升汞，有剧毒，内服 0.2~0.4 g 就能致命。$HgCl_2$ 主要用作有机合成的催化剂，外科上用作消毒剂。此外，在干电池、染料、农药等中也有应用。氯化亚汞（Hg_2Cl_2）是难溶于水的白色粉末，无毒，略有甜味，俗称甘汞。Hg_2Cl_2 见光分解，故应保存在棕色瓶中。

【拓展应用】

Hg_2Cl_2 与氨水反应，即歧化为氯化氨基汞和汞。

$$Hg_2Cl_2+2NH_3 \cdot H_2O \xlongequal{} Hg(NH_2)Cl\downarrow +Hg\downarrow +NH_4Cl+2H_2O$$

白色的氯化氨基汞和黑色汞微粒混在一起，使沉淀呈灰黑色。这个反应可用来鉴定 Hg(Ⅰ)。

Hg_2Cl_2 在化学上常用于制作甘汞电极，在医药上曾用作轻泻剂。

(2) 硫化汞。向 Hg^{2+} 及 $HgCl_2$ 溶液中通入 H_2S 气体，均能产生黑色的 HgS 沉淀。在金属硫化物中，

HgS 的溶解度最小,除王水外其他的酸不能将其溶解。

$$3HgS+12Cl^-+2NO_3^-+8H^+ = 3[HgCl_4]^{2-}+3S\downarrow+2NO\uparrow+4H_2O$$

这一反应有 S 及$[HgCl_4]^{2-}$生成,有效降低了 S^{2-} 和 Hg^{2+} 的浓度,导致了 HgS 的溶解。可见,HgS 溶解是氧化还原反应和配位反应共同作用的结果。

(3) 汞的配合物。向 Hg^{2+}、Hg_2^{2+} 的溶液中分别加入过量的 Br^-、CN^-、SCN^-、$S_2O_3^{2-}$、S^{2-}时,难溶的汞盐因生成配离子而溶解。难溶的亚汞盐则发生歧化反应产生 Hg(Ⅱ)的配离子及黑色的单质汞。例如,在 $Hg(NO_3)_2$ 溶液中加入 KI 时发生如下反应。

$$Hg^{2+}+2I^- = HgI_2\downarrow\text{(橘红色)}$$

$$HgI_2+2I^- = [HgI_4]^{2-}\text{(无色)}$$

四碘合汞(Ⅱ)配离子$[HgI_4]^{2-}$的碱性溶液称为奈斯勒(Nessler)试剂,溶液中有微量的 NH_4^+ 存在时,滴加该试剂,会立即生成红棕色沉淀,常以此来鉴定 NH_4^+。

【拓展应用】

日本在第二次世界大战后经济复苏时,由于没有相应的环境保护和公害治理措施,工业污染和各种公害病泛滥成灾。20 世纪 60 年代,日本发生了四大环境公害事件,其中两次都是水俣病事件(即汞污染海洋环境,造成公害),分别发生在水俣市和新潟县。该事件因伤害之大、范围之广,被列为世界八大公害之一,并直接推动了具有强制减排义务的国际公约《关于汞的水俣公约》的出台。回顾日本水俣病事件的始末,未加处理的含汞工业废水直接排放是导致水俣病事件的直接原因,当时日本政府的不作为也是一个重要原因。

5. 锰(Ⅱ)盐

很多锰(Ⅱ)盐易溶于水。从溶液中结晶出来的锰盐是带有结晶水的粉红色晶体,例如,$MnCl_2\cdot4H_2O$、$MnSO_4\cdot7H_2O$、$Mn(NO_3)_2\cdot6H_2O$ 等。

动画:Mn^{2+}的鉴定

Mn^{2+}在酸性溶液中很难被氧化,只有 PbO_2、$NaBiO_3$、$(NH_4)_2S_2O_8$ 等强氧化剂才能把它氧化成 MnO_4^-,由于 MnO_4^- 为紫色,所以酸性溶液中的氧化反应常用来鉴定 Mn^{2+}。

锰(Ⅱ)的不溶盐有 $MnCO_3$、MnS 等。$MnCO_3$ 是白色粉末,可以用作白色颜料(锰白)。

可溶性锰(Ⅱ)盐中以硫酸锰最为稳定,是常用的化工原料。它可用于造纸、陶瓷、印染、电解锰和二氧化锰的生产,还可作为动植物生长激素的成分,用于农业和畜牧业。

6. 铁、钴、镍的盐

(1) +2 价盐类。Fe^{2+}有还原性,而 Co^{2+}、Ni^{2+}较稳定,其还原性按 $Fe^{2+}-Co^{2+}-Ni^{2+}$顺序依次减弱。Fe^{2+}、Co^{2+}和 Ni^{2+}的盐类有许多共同的特性。例如,它们的强酸盐都易溶于水,而一些弱酸盐则难溶于水。可溶性盐从水溶液中结晶出来时,常含有相同数目的结晶水。这些离子都有未成对电子,它们的水合离子都具有颜色,如淡绿色的$[Fe(H_2O)_6]^{2+}$、粉红色的$[Co(H_2O)_6]^{2+}$和绿色的$[Ni(H_2O)_6]^{2+}$。

它们的硫酸盐与碱金属或铵的硫酸盐均能形成相同类型的复盐 $M_2^ISO_4\cdot M^{II}SO_4\cdot6H_2O$($M^I$ 为 K^+、Rb^+、Cs^+、NH_4^+,M^{II} 为 Fe^{2+}、Co^{2+}、Ni^{2+})。

亚铁盐中以 $FeSO_4\cdot7H_2O$ 最为重要。$FeSO_4\cdot7H_2O$ 是绿色晶体,在空气中会逐渐风化,并容易被氧化为黄褐色的碱式硫酸铁 $Fe(OH)SO_4$。Fe^{2+}在溶液中容易被空气中的氧气氧化,所以在保存 Fe^{2+}溶液时,溶液应该有足够的酸性,同时加入几枚铁钉。

动画:铁离子的鉴定

$$Fe^{2+}+2e^- \rightleftharpoons Fe \qquad \varphi^\ominus=-0.447\ V$$

$$Fe^{3+}+e^- \rightleftharpoons Fe^{2+} \qquad \varphi^\ominus=0.771\ V$$

从上述电极反应的 $\varphi^\ominus$ 可知,若有 Fe 的存在,Fe^{2+}就不会被氧化为 Fe^{3+}。$FeSO_4$ 是制造颜料和墨水的原料。在制造黑墨水时,$FeSO_4$ 与单宁酸作用,生成单宁酸亚铁。当黑墨水写在纸上后，由于空气的氧化作用，生成不溶性的黑色单宁酸铁。

视频：Ni^{2+}的鉴定

视频：$Co(OH)_3$的生成和性质

【拓展应用】

在氧化值为+2的铁、钴、镍的氯化物中，$CoCl_2 \cdot 6H_2O$最常见，它在受热脱水过程中，伴随着下述颜色的变化。

$$\underset{\text{粉红色}}{CoCl_2 \cdot 6H_2O} \rightleftharpoons \underset{\text{粉红色}}{CoCl_2 \cdot 4H_2O} \rightleftharpoons \underset{\text{紫红色}}{CoCl_2 \cdot 2H_2O} \rightleftharpoons \underset{\text{蓝色}}{CoCl_2}$$

根据这一性质，它可用来显示某体系的含水情况。作干燥剂用的硅胶常含有二氯化钴的水溶液，可利用二氯化钴因吸水和脱水而发生的颜色变化，来显示硅胶吸湿情况，硅胶失去水则由粉红色变为蓝紫色或蓝色，吸水后则变为粉红色。

(2) +3价盐类。+3价盐类中以铁(Ⅲ)盐较多，而钴(Ⅲ)和镍(Ⅲ)的盐很不稳定，氧化性强。例如，$Fe_2(SO_4)_3 \cdot 9H_2O$是很稳定的铁盐，而$Co_2(SO_4)_3 \cdot 9H_2O$不仅在水溶液中不稳定，在固体状态时也很不稳定，易分解成钴(Ⅱ)的硫酸盐。

Fe^{3+}的强酸盐易溶于水，由电极电势可知，Fe^{3+}具有氧化性，一些较强的还原剂如H_2S、Ni、Cu等可把它还原成Fe^{2+}。

$$2Fe^{3+}+Cu = Cu^{2+}+2Fe^{2+}$$

Fe^{3+}的强酸盐溶液因其水解而呈现较强的酸性，故只存在于强酸性溶液中。当溶液pH=2.3时，它的水解反应已很明显，开始有沉淀生成；当溶液pH=4.1时，就会完全变成沉淀。利用Fe^{3+}的这一性质，可除去试剂中的铁杂质。例如，在$MnSO_4$溶液中含有少量杂质Fe^{2+}，如何除去？

表3-1-2为Fe^{3+}、Fe^{2+}和Mn^{2+}沉淀时的pH，显然，用控制溶液pH的方法可使Mn^{2+}与Fe^{3+}分离，但无法使Mn^{2+}与Fe^{2+}分离完全。因为Fe^{2+}完全沉淀时的pH=9.7，而Mn^{2+}在pH=8.8时就开始沉淀了。因此应该先用氧化剂把Fe^{2+}氧化为Fe^{3+}，然后加碱把溶液的pH调至6左右，即可达到将Fe^{2+}分离出去的目的。必须指出，应该精心选择加入的氧化剂和碱，使$MnSO_4$溶液不因它们的加入而带来新的杂质。如以H_2O_2作氧化剂，以$MnCO_3$为碱，由于H_2O_2还原产物为水，而且过量的H_2O_2在加热时自行分解，$MnCO_3$与H^+发生反应，而过量的$MnCO_3$以沉淀的形式随$Fe(OH)_3$一起过滤而除去。

表3-1-2 Fe^{3+}、Fe^{2+}和Mn^{2+}沉淀时的pH

化合物	开始沉淀时的pH	完全沉淀时的pH
$Fe(OH)_3$	2.3	4.1
$Fe(OH)_2$	7.5	9.7
$Mn(OH)_2$	8.8	10.4

【工匠学者】

徐光宪(图3-1-9)是我国杰出的无机化学家，被誉为"中国稀土之父"。1920年11月出生于浙江绍兴，1944年毕业于上海交通大学化学系，1951年获得美国哥伦比亚大学博士学位，1980年12月，当选为中国科学院院士。回国后，他在北京大学任教，先后担任过原子能系副主任、稀土化学研究中心主任等职务。他还曾担任过中国化学会理事长、亚洲化学联合会主席、全国人大代表、全国政协委员等社会职务。他在量子化学、稀土分离、物质结构等领域做出了重大的贡献，获得了国家科学技术奖等多项国家级的奖励和荣誉，培养了众多的优秀学生和科研人才。他编著的《物质结构》被授予国家优秀教材特等奖。他还创立了具有普适性的串级萃

图3-1-9 徐光宪

取理论，解决了稀土分离的难题，在全国普遍推广应用后，使中国单一高纯稀土的生产与外贸占到全世界90%以上的份额，达到国际领先水平并取得了巨大的经济及社会效益。

练习巩固

1. 下列关于碱土金属氢氧化物的叙述，正确的是(　　)。

A. 碱土金属的氢氧化物均难溶于水

B. 碱土金属的氢氧化物均为强碱

C. 碱土金属氢氧化物的碱性由铍到钡依次递增

D. 碱土金属的氢氧化物的碱性强于对应的碱金属

2. 下列离子中能与 I^- 发生氧化还原反应的有(　　)。

A. Zn^{2+}　B. Hg^{2+}　C. Ag^+　D. Cu^{2+}

3. 难溶于水的白色硫化物是(　　)。

A. CaS　B. ZnS　C. CdS　D. HgS

4. 下列氢氧化物中，呈明显两性的是(　　)。

A. $Fe(OH)_2$　B. $Ni(OH)_2$　C. $Fe(OH)_3$　D. $Cu(OH)_2$

5. 下列氢氧化物中，既能溶于 NaOH 溶液，又能溶于 $NH_3 \cdot H_2O$ 的是(　　)。

A. $Fe(OH)_3$　B. $Al(OH)_3$　C. $Ni(OH)_2$　D. $Zn(OH)_2$

6. 在照相业中，$Na_2S_2O_3$ 常被用作定影液，此处 $Na_2S_2O_3$ 的作用是(　　)。

A. 氧化剂　B. 还原剂　C. 配位剂　D. 漂白剂

7. 要使氨气干燥，可使用的干燥剂是(　　)。

A. 浓 H_2SO_4　B. $CaCl_2$　C. P_2O_5　D. NaOH(s)

8. 下列气体中能用浓硫酸干燥的是(　　)。

A. H_2S　B. NH_3　C. H_2　D. HBr

第二节　非金属元素及其化合物

情境呈现

非金属元素是构成地壳的重要元素，是生物界和非生物界重要的组成部分，在化学、生物、地质等多个领域中都有重要应用。例如，氧是一种典型的非金属元素，是维持生物体生命活动的重要物质之一，对于维持地球生态平衡和生物多样性的稳定具有重要意义。并且，地球上氧气的循环过程在自然界中起着至关重要的作用，如图 3-2-1 所示。你知道常见的非金属有哪些吗？非金属化合物都有哪些重要应用？

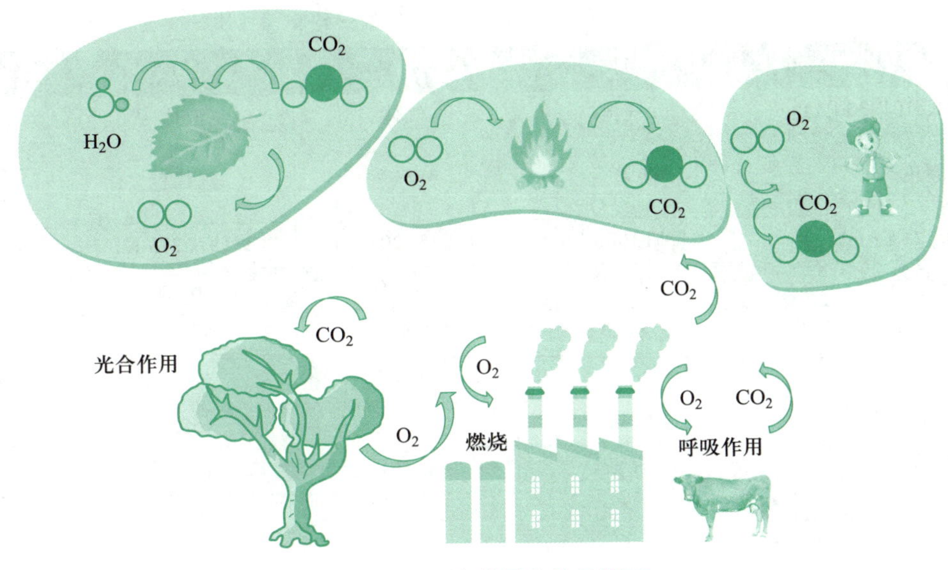

图 3-2-1　自然界中的氧循环

一、非金属元素

非金属元素有 24 种，主要的价电子构型是 $ns^2np^{1\sim5}$（氢、氦除外），除氢元素外，都集中在元素周期表的 p 区，即ⅢA～ⅦA 族和零族，包括硼族、碳族、氮族、氧族、卤族元素和稀有气体元素。

相对于金属元素，大部分非金属元素的电负性较强，具有较强的得电子能力，容易得到电子形成简单阴离子。

非金属元素自身可以共用电子对形成单质，也可以形成氢化物、氧化物、含氧酸等。

二、单质

（一）通性

非金属元素单质的原子间大都以两中心两电子的共价键相连接，原子形成共价键的数目大多数符合 8-N 规则（N 代表非金属元素在周期表中的族数）。例如，卤素原子能够形成的共价数为 8-7=1，两个原子间以一个共价键结合，单质为双原子分子。氧族元素的原子能够形成两个共价键。氮族元素的原子能够形成三个共价键。第二周期的氧、氮元素能够形成稳定的 π 键，其单质仍为双原子分子；第三周期元素不能形成稳定的 π 键，硫元素形成环状 S_8 分子，磷元素形成四面体结构的 P_4 分子。碳族的碳、硅元素能够形成四个共价键，其单质为金刚石结构。

有的非金属单质由于形成多中心键或 d 轨道参与成键，成键数目会偏离 8-N 规则。

非金属元素的固体单质大多数是分子晶体，硼、碳、硅等元素的单质为原子晶体和过渡型的层状晶体。按其单质的结构和性质大致可以分成 3 类：① 小分子组成的单质，如稀有气体的单原子分子及卤素、O_2、N_2、H_2 等的双原子分子。分子间通过范德瓦尔斯力结合，通常情况是气体，固体为分子晶体，熔点、沸点都很低。② 多原子分子组成的单质，如 P_4、S_8 等，通常情况是固体，仍为分子型晶体，熔点、沸点也不高。③ 大分子单质，如金刚石、晶态硅和单质硼等，它们都是原子晶体，熔点、沸点极高，难挥发。在大分子单质中还有一类层状结构的过渡型晶体，如石墨、黑磷等，层内原子间以共价键结合，层间作用力为范德瓦尔斯力。

视频：碘的升华

（二）卤素

卤素位于元素周期表ⅦA 族，包括氟、氯、溴、碘、砹和石田 6 种元素。两个原子间通过一个 σ 键连接，形成双原子分子。从氟到碘，随着分子间色散力的增加，卤素单质的密度、熔点、沸点、临界温度和汽化热等物理性质均依次递增（表 3-2-1）。

表 3-2-1 卤素单质的一些物理性质

性质	氟	氯	溴	碘
物态（298 K，101.3 kPa）	气体	气体	液体	固体
颜色	淡黄色	黄绿色	红棕色	紫色（气） 紫黑色（固）
密度（液体）/（$g\cdot mL^{-1}$）	1.513（85 K）	1.655（203 K）	3.187（273 K）	3.960（393 K）*
熔点/K	53.4	172.0	265.8	386.5
沸点/K	84.9	238.4	331.8	457.4
汽化热/（$kJ\cdot mol^{-1}$）	6.54	20.41	29.56	41.95
临界温度/K	144	417	588	785
临界压强/MPa	5.57	7.70	10.33	11.75

* 20 ℃时固态碘的密度为 4.94 $g\cdot mL^{-1}$。

1. 化学性质

（1）概述。卤素原子最外层缺一个电子，其单质通常能够得到电子形成卤离子并达到稳定。因此，氧化性是卤素单质最典型的化学性质。卤素单质中 F_2 最活泼，它几乎能与所有金属和非金属（除 N_2、O_2 和一些稀有气体外）直接化合，反应猛烈，伴随着燃烧和爆炸，生成最高价化合物；Cl_2 也能与金属和非金属（除 N_2、O_2 和一些稀有气体外）直接反应，但有时需要加热，反应比较剧烈；Br_2、I_2 也能与金属和非金属反应，但需要较高的温度，且碘化物中金属的氧化态通常低一些。

（2）与水的反应。卤素单质作为氧化剂，除 I_2 外均能够氧化水生成氧气，发生反应的趋势为 $F_2>Cl_2>Br_2$，F_2 与水发生猛烈的反应并放出 O_2；Cl_2 和水的反应在热力学上是可行的，但由于该反应具有较高的活化能，只能在光照条件下，缓慢放出 O_2；Br_2 与水作用放出 O_2 的反应更慢。I_2 与水不存在这个反应，相反，将 O_2 通入 HI 溶液内就会有碘析出。

$$2X_2+2H_2O = 4X^-+4H^++O_2$$

$$O_2+4I^-+4H^+ = 2I_2+2H_2O$$

另外，Cl_2、Br_2、I_2 在水中能够发生可逆反应并生成相应的次卤酸或卤酸，且反应的方向与溶液的 pH 有关。

$$X_2+H_2O \rightleftharpoons HXO+HX \quad (1)$$

$$3X_2+3H_2O \rightleftharpoons HXO_3+5HX \quad (2)$$

碱性条件下，反应正向进行，发生歧化反应；酸性条件下，反应逆向进行，发生逆歧化反应。

一般情况下，卤素单质发生歧化反应的产物与其本身的性质、碱的浓度和反应的温度有关。对于 Cl_2 和 Br_2，在低温下（20 ℃或更低），反应（1）进行得很快，主要生成次氯酸或次溴酸盐；在高温下，反应（2）进行得很快，主要生成氯酸或溴酸盐；对于 I_2，即使在 0 ℃时，反应（2）也进行也很快，所以 I_2 与碱反应只能得到碘酸盐。

2. 制备与用途

（1）氟。氟得电子能力很强，因此制备氟单质只能采用电解法。现在通用制取氟单质的方法是以钢制容器作电解槽，槽身作阴极，石墨作阳极，在 100 ℃左右电解熔融的氟化钾和氟化氢的混合物（KF · 2HF），见图 3-2-2。电极反应为：

阳极反应：　$2F^- \Longrightarrow F_2 + 2e^-$

阴极反应：　$2HF_2^- + 2e^- \Longrightarrow H_2 + 4F^-$

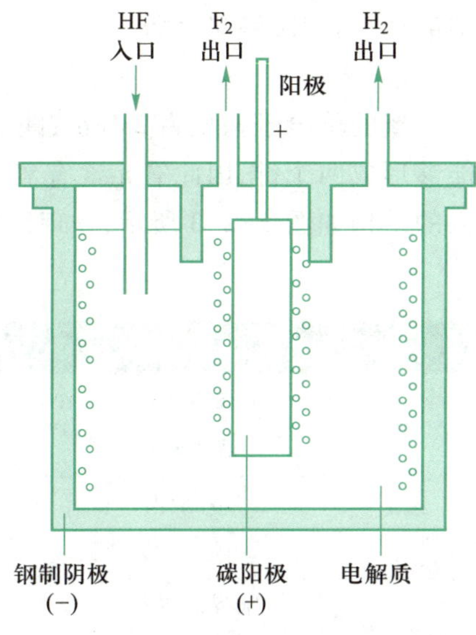

图 3-2-2　电解制氟装置示意图

氟在高科技领域中的应用日益广泛，在原子能工业中用以分离铀的同位素。氟可用来制备具有优异的耐高温、耐化学腐蚀和耐磨性能的高分子材料，如聚四氟乙烯（PTFE）和全氟橡胶等；由 ZrF_4，BaF_2 和 NaF 组成的氟化物光导纤维，具有高透明度、低衰减和宽传输波长范围等优点，可用于进行长距离、高速率的数据传输等。

【化学史话】

氟单质的“艰难”制备史

自从舍勒（C. W. Scheele）在 1771 年将萤石和硫酸放在一起加热得到氢氟酸以来，戴维（H. Davy）、盖吕萨克（J. L. Gay-Lussac）、法拉第（M. Faraday）等无数科学家都尝试制备氟单质，但由于氟单质的活泼性等原因无一成功。1885 年，莫瓦桑（H. Moissan）尝试使用三氟化磷和氧的混合物通过电火花制备氟单质，但没有成功。他接着尝试通过室温电解氟化砷、氟化磷和氟化钾混合物的方法制备氟单质，最终以失败告终且差点失去生命。但不轻言放弃的他终于在白金 U 形管中，使用萤石塞子，在 −23 ℃，通过电解氟化砷、氟化磷、氟化钾的混合物，成功制备了淡黄色的氟单质气体。

（2）氯。氯气既可用电解法也可用化学方法来制取。实验室里用氧化剂（如 MnO_2、$KMnO_4$ 等）与浓盐酸反应制取氯气：

$$2KMnO_4 + 16HCl(浓) \Longrightarrow 5Cl_2\uparrow + 2MnCl_2 + 2KCl + 8H_2O$$

视频：实验室制取氯气

工业上常用电解饱和氯化钠溶液的方法来制备氯气，电解槽以石墨或金属钛作阳极，铁网作阴极，并用石棉隔膜把阳极区和阴极区隔开。

阳极反应：　$2Cl^- \Longrightarrow Cl_2 + 2e^-$

阴极反应：　$2H_2O + 2e^- \Longrightarrow H_2 + 2OH^-$

氯主要用于盐酸、农药、炸药、有机染料、有机溶剂、化学试剂、合成塑料和橡胶的制备，用作纸张、布匹的漂白剂和饮水消毒剂。此外，氯还用来处理某些工业废水和纯化气体，如用于啤酒厂污水的处理、去除工业乙炔气中的还原性气体 H_2S 和 PH_3 等。

（3）溴和碘。溴单质主要从海水中制得。首先把盐卤加热到 190 ℃后控制 pH 为 3.5，通入氯气置换出溴；然后用空气把溴单质吹出，用碳酸钠吸收，此时溴歧化生成溴离子和溴酸根；最后用硫酸酸化，溴单质从溶液中析出。碘单质主要以天然碘酸钠为原料，用 $NaHSO_3$ 还原制得。

$$2IO_3^- + 5HSO_3^- \Longrightarrow 5SO_4^{2-} + I_2 + 3H^+ + H_2O$$

溴广泛用于药物、感光材料、阻燃材料、汽油抗爆添加剂等的生产。碘常用于医药、食品、消毒等方面。“碘酒”一般是含碘 2%的酒精溶液。碘也是人体所需的微量元素，加碘盐可以防止甲状腺肿大和甲状腺功能低下，预防碘缺乏病。

(三) 氧

氧的价电子构型为 $2s^2np^4$，缺 2 个电子达到稳定的 8 电子构型，能够形成两个键，因此氧元素有氧气(O_2)和臭氧(O_3)两种单质，它们的结构如图 3-2-3 所示，物理性质列于表 3-2-2 中。

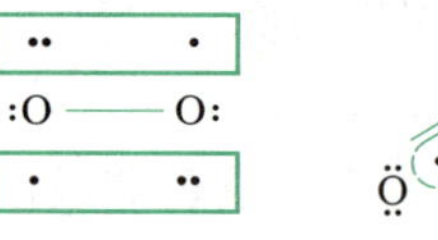
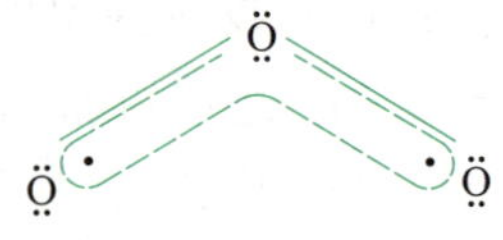

图 3-2-3 氧气和臭氧的分子结构

表 3-2-2 氧气和臭氧的物理性质

物理性质	氧气	臭氧
气体颜色	无色	淡蓝色
液体颜色	淡蓝色	暗蓝色
熔点/℃	-218.4	-192.7
沸点/℃	-183.0	-111.9
临界温度/℃	-118.6	-12.1
0 ℃时在水中的溶解度/($mol \cdot L^{-1}$)	49	494
磁性	顺磁性	抗磁性
偶极矩/D	0	0.53

O_2 是共价型分子，根据价键理论，O_2 中应该有 1 个 σ 键和 1 个 π 键，没有单电子。但磁性测量表明其为顺磁性分子，有 2 个单电子，所以用价键理论不能解释这一现象，而分子轨道理论能够很好地解释。图 3-2-4 给出了 O_2 由其价电子轨道组合而成的分子轨道能级图。由图可见，两个氧原子的 8 个价电子轨道组合形成 8 个分子轨道，O_2 的 12 个价电子从能量最低的 σ_{2s} 开始填充，直至要填入一对简并的 π^* 轨道时只剩下 2 个电子，为了遵循洪特规则，这对电子要自旋平行地填入 2 个 π^* 反键轨道中，表明 O_2 有 2 个未成对电子，解释了其顺磁性。总体来说，O_2 分子中，成键轨道上占据 6 个电子，反键轨道上占据 2 个电子，键级为 2。

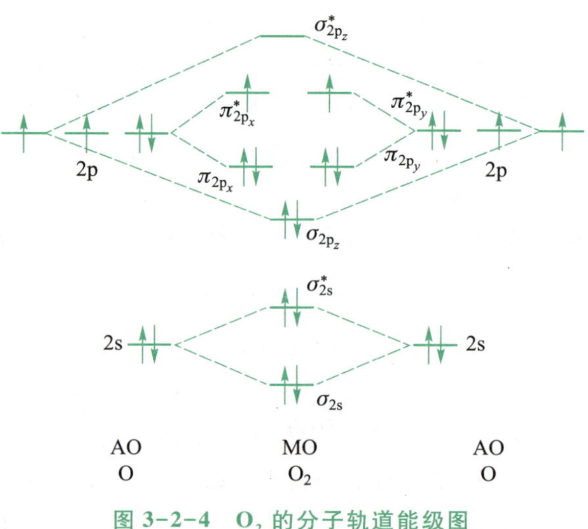

图 3-2-4 O_2 的分子轨道能级图

在 O_3 分子中，中心氧原子的杂化方式为 sp^2 杂化。两个单电子占据的杂化轨道与两侧两个氧原子的单电子占据轨道成键，形成两个 σ 键。第 3 个杂化轨道由孤对电子占据。中心氧原子未参与杂化的 p 轨道垂直于分子平面，与另外两个氧原子各提供的单电子占据轨道“肩并肩”形成 3 个氧原子、4 个电子的离域 π 键，符号为 Π_3^4。根据分子轨道理论，3 个氧原子这组平行的轨道线性组合，形成 1 个成键轨道，1 个非键轨道，1 个反键轨道，且轨道能量依次升高。可见，Π_3^4 的 4 个电子中，2 个占据成键轨道，2 个占据非键轨道，键级为 1。因此，O_3 分子中氧原子间的键级为 1.5，其 O—O 键键长为 127.8 pm，比 O_2 分子的 120.8 pm 长一些。

1. 化学性质

(1) O_2。O_2 反应活性高，在室温或较高温度下，可与大部分元素直接反应生成氧化物，遇活泼金属还可以生成过氧化物(O_2^{2-})或超氧化物(O_2^-)。

$$2Mg+O_2 = 2MgO$$
$$S+O_2 = SO_2$$
$$2Na+O_2 = Na_2O_2$$

在适当条件下，O_2 能与许多具有还原性的无机物及绝大部分有机化合物反应。

$$4NH_3+3O_2 \xlongequal{} 2N_2+6H_2O$$

$$2PbS+3O_2 \xlongequal{} 2PbO+2SO_2$$

$$CH_4+2O_2 \xlongequal{} CO_2+2H_2O$$

(2) O_3。O_3 分子由于其 O—O 键级和键能低，稳定性不如 O_2，分解时放出热量。

$$2O_3 \xlongequal{} 3O_2 \qquad \Delta_r H_m^\ominus=-284\ kJ/mol, \Delta_r G_m^\ominus=-326\ kJ/mol$$

O_3 常温下缓慢分解，催化剂（如二氧化锰、铂黑等）的存在或紫外线照射都会加快其分解。

O_3 稳定性差，氧化性比 O_2 强，是最强的氧化剂之一，能与还原性更弱的物质反应，且能把元素氧化到高价状态。

$$CN^-+O_3 \xlongequal{} OCN^-+O_2$$

$$2NO_2+O_3 \xlongequal{} N_2O_5+O_2$$

$$PbS+4O_3 \xlongequal{} PbSO_4+4O_2$$

$$2Co^{2+}+O_3+2H^+ \xlongequal{} 2Co^{3+}+O_2+H_2O$$

2. 制备与用途

实验室中少量的 O_2 是以 MnO_2 为催化剂，加热分解 $KClO_3$ 制得的。工业上利用 O_2、N_2、Ar 沸点的不同，将液态空气分馏得到液态氧，压入高压钢瓶便于运输和使用。

O_2 作为氧化剂用途广泛，大量用于炼钢工业，也用于化学工业中乙烯直接氧化、航天器中燃料氧化剂等。另外，纯氧或富氧空气也用于医疗中的急救、高空飞行、海底潜水等领域。

雷电天气时，空气中的 O_2 受电火花的作用会产生少量的 O_3。实验室通过对 O_2 无声放电来获得 O_3 含量为 3%～10% 的混合气体，然后基于 O_2 和 O_3 沸点相差较大的特点，通过分级液化的方法制取纯净、浓度较高的臭氧。

【拓展应用】

臭氧——绿色环保氧化剂

臭氧具有很强的氧化性，可以用于日常的消毒杀菌。例如，泳池、饮用水、餐具的消毒，现在冰箱所推广的食品保鲜、去除异味等功能也是基于臭氧杀菌的原理。在相对密闭的环境下，臭氧扩散均匀、通透性好，克服了紫外线杀菌存在的消毒死角的问题，达到全方位、快速、高效的消毒杀菌目的。同时，臭氧由空气中的氧气无声放电产生，消毒氧化过程中，多余的氧原子又会结合成为氧气，不存在任何残留物质，解决了消毒剂消毒时残留的二次污染问题，同时省去了消毒结束后的再次清洁。

另外臭氧也可用于医疗领域，如抗炎抗感染、止疼阵痛、氧化胆固醇、提高机体免疫力、向缺血组织供氧等方面。可以根据需要，溶解于灭菌水、血液、体液中，或者直接作用于组织，达到不同的治疗目的。

(四) 氮和磷

氮和磷位于元素周期表的 VA 族，价电子构型为 ns^2np^3，是典型的非金属元素。图 3-2-5 为氮和磷单质的分子结构。

N 原子的价电子构型为 $2s^22p^3$，其 2p 轨道容易形成 π 键。当两个 N 原子形成 N_2 时，形成一个 σ 键和两个 π 键，三键的总键能为 941.7 kJ · mol^{-1}。另外，由于总键能比双键的键能（418.4 kJ · mol^{-1}）高 523.3 kJ · mol^{-1}，因此 N_2 稳定，常用作保护气体。

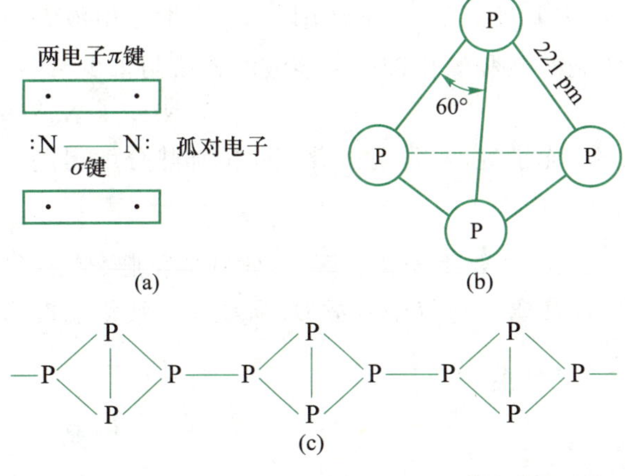

图 3-2-5　(a) 氮气、(b) 白磷和 (c) 红磷的分子结构

P 原子的价电子构型为 $3s^2 3p^3$，其 3p 轨道不能有效“肩并肩”重叠，不易形成 π 键，因此，当 P 原子形成单质时，每个 P 原子形成 3 个单键。于是，磷有白磷、红磷等多种同素异形体。白磷晶体由正四面体的 P_4 分子组成，是分子晶体。分子中 P—P 单键键长为 221pm，P—P—P 键角是 60°，因此 P—P 单键张力大、键能小、易断裂，使白磷在常温下有很高的化学活性。

视频：N_2 分子的成键过程

白磷隔绝空气加热就转变为稳定的红磷。红磷有多种结构，其中一种结构是由 P_4 四面体中断开一个 P—P 单键，然后生成的 P_4 单元连接形成链状结构，每个 P 原子与相邻的 P 原子形成 3 个共价键，呈三角锥形。

1. 化学性质

（1）N_2。N_2 中存在键能很高的三重键，因而比其他任何双原子分子都稳定。室温时，不与氧、水、酸、碱等化学试剂反应。N_2 只能与活泼金属反应生成氧化数为-3 的离子型化合物。不同金属与 N_2 的反应条件不同。锂在常温时与 N_2 即可直接反应，而镁、钙、铝在高温时才能与 N_2 反应生成氮化物。

$$N_2+6Li \xlongequal{} 2Li_3N$$

$$N_2+3Ca \xlongequal{高温} Ca_3N_2$$

在高温、高压、催化剂的条件下，N_2 能与 H_2 反应生成 NH_3。

$$N_2+3H_2 \xlongequal[铁催化剂]{2.03\times10^4\ kPa, 500\ ℃} 2NH_3$$

在放电条件下，N_2 可与 O_2 直接化合成 NO。

$$N_2+O_2 \xlongequal{放电} 2NO$$

（2）P_4。白磷化学性质活泼，能够与多种氧化剂反应。在潮湿空气中发生缓慢氧化，部分反应能量以光能的形式放出，故在暗处可看到白磷发光。白磷能自燃，在空气中燃烧生成 P_4O_6 和 P_4O_{10}。

$$P_4+3O_2 \xlongequal{} P_4O_6$$

白磷和卤素反应猛烈，在氯气中能自燃，遇液氯或溴会发生爆炸。

$$P_4+6X_2 \xlongequal{} 4PX_3$$

白磷与冷浓硝酸反应剧烈并生成磷酸。

$$P_4+20HNO_3(浓) \xlongequal{} 4H_3PO_4+20NO_2\uparrow+4H_2O$$

白磷在热的浓碱液中发生歧化反应。

$$P_4+3KOH(浓)+3H_2O \xlongequal{\triangle} PH_3\uparrow+3KH_2PO_2$$

白磷还能将 Au、Ag、Cu 等从它们的盐溶液中还原出来。

$$2P_4+20CuSO_4+32H_2O \xlongequal{\triangle} 20Cu+8H_3PO_4+20H_2SO_4$$

2. 制备与用途

（1）N_2。工业上使用的 N_2 一般是由液态空气分馏得到的，常装入钢瓶备用。实验室里通过加热饱和亚硝酸钠和氯化铵混合溶液的方法制备少量 N_2。

$$NH_4Cl+NaNO_2 \xlongequal{} NaCl+2H_2O+N_2\uparrow$$

光谱纯的 N_2 可由叠氮化钠加热分解得到。

$$2NaN_3 \xlongequal{\triangle} 2Na+3N_2\uparrow$$

N_2 主要用于合成氨，由此制造化肥、硝酸和炸药等。由于化学惰性，也常用作保护气体，以防止某些物质暴露于空气中时被 O_2 所氧化。液氮温度为 77 K，是一种廉价的冷却剂。

【拓展应用】

固氮——听起来简单的难题

固氮，听起来像是一个遥远的科学术语，实则与我们的生活紧密相连。大气中大约四分之三的气体是氮气，但是游离氮却并不“好用”。我们需要的是“好用”的化合态氮元素，例如，能用来制造 DNA 和蛋白质的氮元素。如果“好用”的氮元素短缺，生命的延续将成为问题，许多重要的药物和化工产品也无法生产。

目前，人们主要通过赫赫有名的“哈伯-博施”过程固氮，然而这一过程需要在高温、高压、催化剂的条件下实现。研究人员正在尝试开发能在常温常压下固氮的策略。我国席振峰院士独辟蹊径，提出直接从氮气出发合成含氮有机化合物，从根本上改变许多重要化工产品的合成路线，为社会发展带来巨大推动力。在 2022 年，他们通过多相/均相交叉融合的策略，从氮气和碳出发，三步高效合成了构成 RNA 碱基重要结构单元——嘧啶，为人类利用氮气提供了新思路。

（2）P_4。将磷灰石混以石英砂（SiO_2）在 1 500 ℃左右的电炉中还原，把生成的磷蒸气和 CO 通过冷水，凝结后即可得到白磷。

$$2Ca_3(PO_4)_2+6SiO_2+10C \xlongequal{1\,500\ ℃} 6CaSiO_3+P_4+10CO\uparrow$$

白磷用来制备高纯度的磷酸，生产有机磷杀虫剂、烟幕弹等。红磷用于火柴生产，火柴盒侧面所涂物质就是红磷与 Sb_2S_3 等的混合物。磷还可用作制备发光二极管的半导体材料。

（五）碳和硅

碳和硅位于元素周期表的 IVA 族，价电子构型为 ns^2np^2，是典型的非金属元素。

C 原子的价电子构型为 $2s^22p^2$，其价层轨道能够以多种方式杂化，且 4 个价电子都能参与成键，以多种形式稳定存在。碳具有金刚石、石墨、石墨烯、石墨炔、碳纳米管、碳簇等多种同素异形体，它们的结构特征列于表 3-2-3。

表 3-2-3　碳的同素异形体的结构和物理性质

同素异形体	C 原子成键方式	结构	物理性质
金刚石	sp^3 杂化，每个 C 原子与相邻 4 个 C 原子成 σ 键	三维结构	硬度最大，熔点极高，不导电
石墨	sp^2 杂化，每个 C 原子与层内相邻的 3 个 C 原子形成 σ 键，6 个 C 原子在同一平面上形成正六边形	多层结构	硬度小，熔点极高，润滑性好，能导电
石墨烯	同石墨	单层结构	硬度大，熔点高，导电性好
C_n 碳簇（$40<n<200$）	杂化方式介于 sp^2 杂化和 sp^3 杂化之间，每个 C 原子形成 3 个 σ 键	笼状结构	硬度大，熔点低，能导电
碳纳米管	同石墨	管状结构	机械性能好，熔点高，导电性好
石墨炔	有 sp 杂化和 sp^2 两种杂化方式，sp 杂化 C 原子间形成二炔键，6 个 sp^2 杂化 C 原子形成六元环	单层或多层	机械性能好，熔点高，导电性好

在金刚石中，C 原子为 sp^3 等性杂化，每个 C 原子与相邻 4 个 C 原子间通过 σ 键连接，形成三维结构（如图 3-2-6a），是大分子单质；石墨中的 C 原子为 sp^2 杂化，每个碳原子与层内相邻的 3 个 C 原子成 σ 键，形成平面结构（如图 3-2-6b），垂直于平面结构，每个 C 原子的 p_z 轨道平行排列，“肩并肩”形成多中心多电子的离域 π 键，离域的电子可以在整个平面层中活动，所以石墨具有良好的导电、导热性。层间以范德瓦尔斯力结合，易沿着与层平行的方向滑动，故石墨有润滑性。

将石墨的单层结构“剥离”出来便得到了石墨烯，它是只有一个碳原子厚度的二维材料（如图 3-2-6c）。

将单层或多层的石墨烯层围绕中心轴按一定的螺旋角卷曲而成的无缝纳米级管状结构称为碳纳米管(如图 3-2-6d)。二者都具有优异的光学、电学、力学特性。

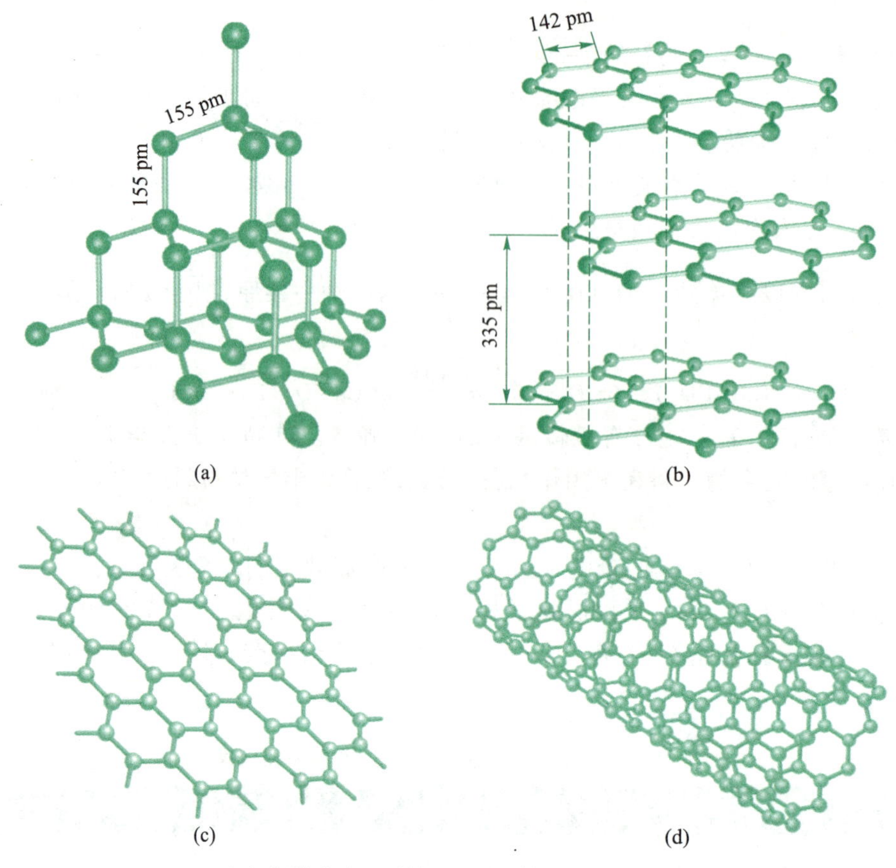

(a) 金刚石 (b) 石墨 (c) 石墨烯 (d) 碳纳米管

图 3-2-6 碳同素异形体的结构模型

Si 原子的价电子构型为 $3s^2 3p^2$,4 个价电子能参与成键,但由于其 3p 轨道不易形成 π 键,单质种类比 C 元素要少。硅有晶体和无定形两种同素异形体。晶体硅的结构类似于金刚石,为原子晶体,呈黑灰色,有金属外貌,硬而脆,熔沸点较高,是良好的半导体。

1. 化学性质

(1) C。C 单质最主要的性质是还原性。C 在空气中燃烧,生成 CO_2。另外,在冶金工业上,经常用碳作还原剂还原金属氧化物制取金属,也可还原一些非金属氧化物。

$$3C+Fe_2O_3 \xlongequal{\triangle} 2Fe+3CO\uparrow$$

(2) Si。Si 单质属于原子晶体,Si—Si 单键的强度较大,所以 Si 晶体在常温下不活泼,无定形硅比晶体硅活泼。

常温下,Si 只与 F_2 反应生成 SiF_4。但在高温下,它能与其他卤素及一些非金属单质反应。

$$Si+2Cl_2 \xlongequal{400\ ℃} SiCl_4$$

$$Si+O_2 \xlongequal{600\ ℃} SiO_2$$

Si 在含氧酸中被钝化,在氧化剂(HNO_3、CrO_3、$KMnO_4$、H_2O_2 等)的存在下,可与 HF 反应。

$$3Si+4HNO_3+18HF \xlongequal{} 3H_2SiF_6+4NO\uparrow+8H_2O$$

无定形 Si 能猛烈地与强碱反应,放出 H_2。

$$Si+2NaOH+H_2O \xlongequal{} Na_2SiO_3+2H_2\uparrow$$

2. 制备与用途

(1) C。C 单质的应用极为广泛。金刚石被大量用作切削和研磨材料。石墨常用作高转速轴承的高温润滑剂，也用作铅笔芯。炭黑是一种无定形碳，主要用作橡胶和塑料制品的添加剂，以提高其强度，每个汽车轮胎平均含炭黑 3 kg。活性炭表面积很大，一般为 1 000 $m^2\cdot g^{-1}$，有很强的吸附能力，可用作化工、制糖工业的脱色剂、防毒面具中的脱毒气剂，以及工业和饮用水的去臭剂等。石墨烯超薄，强度超大，广泛应用于超轻防弹衣、超薄超轻型飞机材料。石墨烯和碳纳米管具有优异的导电性，在微电子领域具有巨大的应用潜力，甚至有可能成为硅的替代品，用于制造超微型晶体管、生产超级计算机。

【拓展应用】

石墨炔——具有变革性的新型碳材料

2010 年，中国科学院化学研究所李玉良院士团队首次在低温、常压下通过偶联反应化学方法合成了石墨炔，创造了人工低温、常压化学合成碳新同素异形体的先例，纳米碳材料“家族”又诞生了一个新成员。

石墨炔是由 sp 和 sp^2 碳原子构成的二维碳同素异形体，可以看作是石墨烯中三分之一的 C—C 键中插入两个 C≡C（二炔或乙炔）键，见图 3-2-7，因此石墨炔中不仅具备苯环，而且还有由苯环、C≡C 键构成的具有 18 个碳原子的大三角形环。石墨炔孔径大约为 0.25 nm，sp 和 sp^2 杂化的炔键和苯环，构成了二维单原子层平面构型的石墨炔分子，二维平面石墨炔分子通过范德瓦尔斯力和 π—π 相互作用堆叠，形成层状结构，18 个碳原子的大三角形环在层状结构中构成三维孔道结构。平面的 sp 和 sp^2 杂化碳结构赋予石墨炔很高的 π 共轭性、均匀分散的孔道及可调控的电子结构。石墨炔已成功应用于催化、能源、光电转化、信息智能、电化学智能驱动器、医学及生命科学等诸多领域。

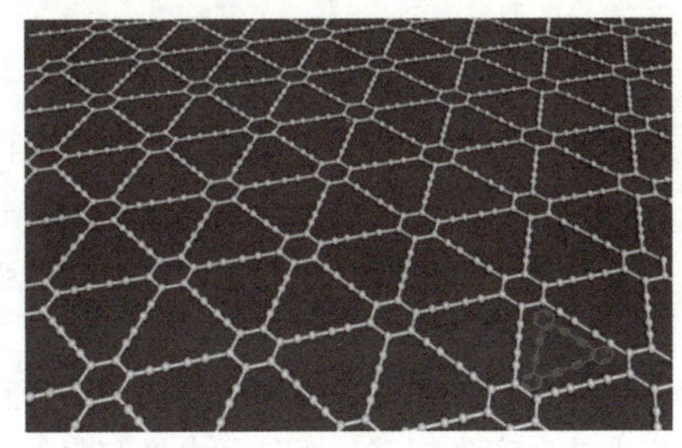

图 3-2-7　石墨炔的分子结构

(2) Si。自然界中不存在单质 Si，石英砂和焦炭在电弧炉中反应生成粗硅。

$$SiO_2+2C \xlongequal{\text{电弧炉}} Si(\text{粗})+2CO\uparrow$$

粗硅氯化制得 $SiCl_4$，经蒸馏提纯，用氢气还原得到纯硅。

$$Si(\text{粗})+2Cl_2 \xlongequal{\triangle} SiCl_4$$

$$SiCl_4+2H_2 \xlongequal{\triangle} Si+4HCl\uparrow$$

纯硅经区域熔炼等物理方法提纯为 9 个 9（即 99.999 999 9%）以上的高纯硅，然后在单晶炉中拉制成单晶硅。单晶硅和掺杂单晶硅是性能良好的单质半导体，在信息、能源、新材料等高科技领域有广泛的应用。

三、氢化物

（一）通性

非金属元素都能形成共价型氢化物，简单氢化物的分子式可用 RH_n（n=8-族数）来表示。由于 R 周围孤对电子对数目不同，简单氢化物的分子构型亦不同。通常情况下，简单氢化物是气体或者易挥发性液体，其熔沸点呈现出有规律的变化（图 3-2-8）。例如，同族中，熔沸点从上到下递增，但 H_2O、HF、NH_3 的熔沸点异常的高，这主要是因为这些分子间除了范德瓦尔斯力外，还存在更强的作用力——氢键。

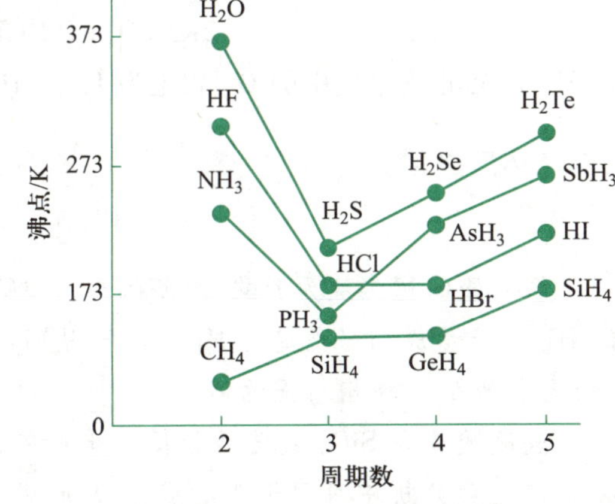

图 3-2-8　氢化物的沸点

除了简单氢化物外,一些非金属元素还能形成非金属原子数≥2 的氢化物,如 O 和 N 能形成 H_2O_2 和 N_2H_4;C、Si 和 B 能够形成种类繁多的烃类、硅烷和硼烷。

一般来说,非金属元素氢化物的热稳定性差别较大,非金属元素的电负性越大,与 H 形成的共价键越强,则氢化物越稳定。同主族元素从上到下,其氢化物热稳定性降低;同周期元素从左到右,氢化物热稳定性增强。例如,常压下 NH_3 在 573 K 时可分解 97%,H_2O 在 1 473 K 时只分解 0.02%,而 HF 在 3 300 K 时仍能存在。

通常情况下,除 HF 外,其他氢化物都有还原性。与热稳定性的规律相反,随元素电负性的增大,氢化物的还原性减弱。因此同主族从上到下,氢化物的还原性增强,如 $H_2O<H_2S<H_2Se<H_2Te$;同周期从左到右,氢化物还原性减弱,如 $SiH_4>PH_3>H_2S>HCl$。SiH_4 遇到空气能爆炸性自燃,PH_3 在空气中易自燃,H_2S 在空气中即逐渐被氧化析出硫,而 HCl 在空气中很稳定。

从酸碱质子理论看,物质呈酸性还是碱性,同它是给出质子还是接受质子有关。非金属元素的氢化物在水溶液中的酸碱性和该氢化物在水中给出或接受质子能力的相对强弱有关。氢化物给出质子的能力强弱取决于下列质子传递反应的平衡常数 K_a 或 pK_a 的大小。

$$HA+H_2O \rightleftharpoons H_3O^++A^-$$

K_a 越大或 pK_a 越小,酸的强度越大。如果氢化物的 pK_a 小于水的 pK_a,则它们会给出质子,表现为酸,如 HX、H_2S 等。反之则为碱,如 NH_3、PH_3 等。氢化物接受质子的能力根据下式的 K_b 或 pK_b 判断。

$$HA+H_2O \rightleftharpoons H_2A^++OH^-$$

同族元素的氢化物从上到下酸性增强,同周期元素的氢化物从左到右酸性增强。

(二) 卤化氢与氢卤酸

卤素与氢的化合物称为卤化氢,以通式 HX 表示。卤化氢都是无色有刺激性气味的气体,在湿空气中与水结合产生烟雾。卤化氢中氢和卤原子共用电子对形成 H—X 键,键能的强弱顺序为 HF>HCl>HBr>HI。因此,HX 稳定性从 HF 到 HI 依次减弱,HF 最稳定。将烧红的玻璃棒插入 HI 气体中,HI 立即大量分解,生成紫红色的碘蒸气。

卤化氢在水中溶解度大,其水溶液即为氢卤酸。氢卤酸具有广泛的应用,下面介绍其化学性质、制备与用途。

1. 化学性质

(1) 酸性。氢卤酸都是挥发性的酸。除氢氟酸是弱酸外,其余的氢卤酸都是强酸,酸性强度以 HI>HBr>HCl>HF 顺序减弱。

(2) 还原性。在卤化氢和氢卤酸中,卤素处于最低氧化数-1,因此具有还原性,还原性以顺序 HI>HBr>HCl>HF 依次减弱。HF 几乎不具有还原性。其他氢卤酸通常能被氧化为卤素单质。例如,强氧化剂 $KMnO_4$ 可氧化 HCl:

$$2KMnO_4+16HCl = 2KCl+2MnCl_2+8H_2O+5Cl_2\uparrow$$

而 HI 甚至可被空气中的 O_2 氧化为 I_2,故 HI 溶液放置在空气中会慢慢变成黄色或棕色。

【拓展应用】

“独特”的氢氟酸及应用

氢氟酸的稀溶液为弱酸,浓度越小,其解离度越大。但是,随着 HF 浓度的增加,一部分 F^- 能够与未解离的 HF 分子形成相当稳定的 HF_2^- 离子,从而拉动解离平衡正向进行,体系酸度增大。当浓度大于 5 mol·L^{-1} 时,氢氟酸是一种相当强的酸。

氢氟酸能与 SiO_2 或硅酸盐反应生成气态 SiF_4,因此可以用来刻蚀玻璃、陶瓷器皿等,不能用玻璃瓶盛装。在定量分析中可用于矿物成分分析,也可用于样品中 SiO_2 含量的测定。

2. 制备与用途

视频：氢氟酸的腐蚀性

卤化物与高沸点的酸（浓 H_2SO_4 或浓 H_3PO_4）反应可以制取卤化氢。例如：

$$CaF_2+H_2SO_4(浓) \xlongequal{\triangle} CaSO_4+2HF\uparrow$$

$$NaBr+H_3PO_4(浓) \xlongequal{\triangle} NaH_2PO_4+HBr\uparrow$$

市售试剂级氢氟酸相对密度为 1.14，质量分数为 40%，浓度为 22.5 mol·L^{-1}；试剂级盐酸，相对密度为 1.19，质量分数为 37%，浓度为 12 mol·L^{-1}。工业盐酸常因含 $FeCl_3$ 杂质而呈黄色。盐酸是重要的强酸，在无机物制备、皮革工业、食品工业及轧钢、焊接、搪瓷、医疗、橡胶、塑料等行业有着极其广泛的应用。

（三）过氧化氢

过氧化氢（H_2O_2）纯品是无色黏稠液体，熔点为 -1 ℃，沸点为 150 ℃。H_2O_2 的分子结构如图 3-2-9 所示，中间部分的 —O—O— 键称为过氧键。因为 O 原子为 sp^3 杂化，四个原子不在同一平面上，所以 H_2O_2 具有立体结构。H_2O_2 分子间能形成更强的氢键，所以它的沸点比水高。它能和水以任意比例混溶，水溶液俗称双氧水，为无色透明液体，市售品通常有 30% 和 3% 两种规格。

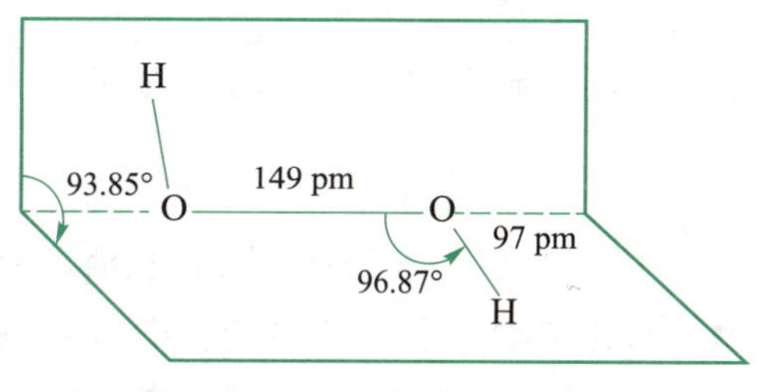

图 3-2-9 过氧化氢的分子结构

1. 化学性质

（1）概述。H_2O_2 中 O 原子的氧化数为 -1，是中间氧化态，因此 H_2O_2 既具有氧化性又具有还原性。此外，H_2O_2 不稳定，具有弱酸性。

（2）氧化性。氧的元素电势图如下：

$$\varphi_a^\ominus/V（酸性溶液中）: \quad O_2 \xrightarrow{0.695} H_2O_2 \xrightarrow{1.776} H_2O$$

$$\varphi_b^\ominus/V（碱性溶液中）: \quad O_2 \xrightarrow{-0.076} HO_2^- \xrightarrow{0.878} OH^-$$

从氧的电势图可知，无论是在酸性溶液中还是在碱性溶液中，H_2O_2 均具有氧化性，酸性溶液中其氧化性更强。例如：

$$H_2O_2+2I^-+2H^+ = I_2+2H_2O$$

$$2Fe^{2+}+H_2O_2+2H^+ = 2Fe^{3+}+2H_2O$$

$$PbS+4H_2O_2 = PbSO_4+4H_2O$$

黑色的 PbS 被 H_2O_2 氧化成白色的 $PbSO_4$，利用这一反应可使变黑的艺术品得以变白，因此，H_2O_2 常被用于修复早期的油画和壁画。

在碱性介质中 H_2O_2 的氧化性虽不如在酸性溶液中强，但仍能氧化 $NaCrO_2$ 等还原性较强的物质。

$$3H_2O_2+2CrO_2^-+2OH^- = 2CrO_4^{2-}+4H_2O$$

$$H_2O_2+Mn(OH)_2 = MnO_2\downarrow+2H_2O$$

（3）还原性。H_2O_2 的还原性较弱，尤其是在酸性介质中，只有当遇到强氧化剂时，才会表现出还原性。例如：

$$Cl_2+H_2O_2 = 2HCl+O_2$$

$$2MnO_4^-+5H_2O_2+6H^+ = 2Mn^{2+}+5O_2\uparrow+8H_2O$$

第一个反应在工业上常用于除氯，第二个反应可以用来测定 H_2O_2 的含量。

（4）热稳定性。由于过氧键（—O—O—）的键能较小，H_2O_2 不稳定，可按下式分解。

$$2H_2O_2 = 2H_2O+O_2\uparrow$$

此反应室温下不明显，150 ℃ 以上猛烈进行。

质量分数高于 65% 的 H_2O_2 和有机化合物接触时，容易发生爆炸。光照、加热或在碱性溶液中可使其分解加速,故常用棕色瓶储存,放置于阴凉处。微量的 Mn^{2+}、Cr^{3+}、Fe^{2+}、MnO_2 等对 H_2O_2 的分解有催化作用,所以在 H_2O_2 的生产中需尽量防止这些金属离子或氧化物的污染。另外,还可以在 H_2O_2 溶液中加入一些稳定剂(如锡酸钠、焦磷酸钠、8-羟基喹啉等),防止其分解。

(5) 弱酸性。H_2O_2 为弱酸,常温下,其第一级解离常数 $K^{\ominus}_{a1}=2.3\times10^{-12}$。

$$H_2O_2 \rightleftharpoons H^+ + HO_2^-$$

2. 制备与用途

实验室中用冷的稀硫酸或盐酸与过氧化钠反应制备 H_2O_2。

$$Na_2O_2+H_2SO_4(稀)+10H_2O \xlongequal{低温} Na_2SO_4\cdot10H_2O+H_2O_2$$

工业上采用乙基蒽醌法制备 H_2O_2。以 H_2 和 O_2 为原料,苯作溶剂,在 2-乙基蒽醌和 Pd/Raney 镍的催化作用下制得 H_2O_2。总反应如下:

$$H_2+O_2 \xlongequal[\text{Pd/Raney 镍}]{\text{2-乙基蒽醌}} H_2O_2$$

H_2O_2 常用作氧化剂、漂白剂、消毒剂和脱氯剂。H_2O_2 作氧化剂或还原剂都很“洁净”,因为其还原产物和氧化产物分别为 H_2O(或 OH^-)和 O_2,而且过量部分很容易在加热时分解为 H_2O 和 O_2,不会给介质带入杂质。H_2O_2 已成为一个重要的化学品,其用途不断扩大,从原来主要用于纺织品和纸浆的漂白,发展到了化工合成等其他领域。如以 H_2O_2 为原料,加入石灰或 $CaCl_2$,经冷冻结晶便得到过氧化钙。过氧化钙是高密度水产养殖鱼虾最理想的供氧剂、池塘消毒剂和自洁剂等。又如 H_2O_2 与 HAc 反应制得过乙酸,可作为消毒剂用于农副产品消毒、水处理、医疗卫生灭菌,将会代替当前常用的消毒剂,对环保节能均具有重要意义。在治理环境污染中,H_2O_2 产生的自由基·OH 可与废水中的污染物反应,并将其降解为 CO_2、H_2O 和无害盐类,不会产生二次污染。H_2O_2 浓溶液及其蒸气对人体会产生危害,30%的 H_2O_2 会灼伤皮肤,H_2O_2 蒸气对眼睛黏膜有强烈的刺激作用,使用时应格外小心。

(四) 硫化氢

硫化氢(H_2S)是无色、有臭鸡蛋气味的有毒气体,为大气污染物。大气中 H_2S 含量达到 0.05%时,人们即可闻到臭味。H_2S 具有麻醉神经中枢的作用,人体吸入少量 H_2S 后会出现头疼、晕眩等症状,吸入大量 H_2S 会严重中毒,甚至导致死亡。工业生产场所规定空气中 H_2S 含量不得超过 $0.01\ mg\cdot L^{-1}$。

H_2S 的分子结构与 H_2O 相似,呈 V 形,也是极性分子,但其极性比 H_2O 弱。由于 H_2S 分子间不能形成氢键,因此其熔点(-85.5 ℃)和沸点(-60.7 ℃)均比水低得多。

1. 化学性质

(1) 概述。H_2S 中硫原子为最低价态,具有还原性。另外 S—H 键不如 O—H 键强,容易断裂,热稳定性弱于 H_2O,且水溶液呈弱酸性。

(2) 还原性。H_2S 在空气中燃烧产生蓝色火焰,其产物因 O_2 的充足与否而有所不同。当 O_2 不足时,或者与弱氧化剂作用时,H_2S 会生成硫单质。

$$2H_2S+O_2 = 2S\downarrow+2H_2O$$

$$H_2S+I_2 = S\downarrow+2HI$$

$$2H_2S+SO_2 = 3S\downarrow+2H_2O$$

当与充足的 O_2 或强氧化剂反应时,H_2S 可生成更高价态的化合物。

$$2H_2S+3O_2 = 2SO_2\uparrow+2H_2O$$

$$H_2S+H_2SO_4(浓) = SO_2\uparrow+S+2H_2O$$

$$H_2S+4Cl_2+4H_2O = H_2SO_4+8HCl$$

(3) 弱酸性。H_2S 能溶于水,在 20 ℃时,1 体积水能溶解 2.6 体积的 H_2S,相当于 $0.1\ mol\cdot L^{-1}$。H_2S 的水溶液称为氢硫酸,为二元弱酸,在水溶液中分两级解离。

$$H_2S \rightleftharpoons H^+ + HS^- \qquad K_{a1}^{\ominus} = 1.1\times10^{-7}(25\ ℃)$$

$$HS^- \rightleftharpoons H^+ + S^{2-} \qquad K_{a2}^{\ominus} = 1.3\times10^{-13}(25\ ℃)$$

H_2S 溶液中 S^{2-} 的浓度随着溶液的酸度的变化而变化。大多数金属硫化物难溶于水，由于硫化物溶解度的不同，不同的金属离子与硫化氢溶液生成硫化物沉淀的酸度也各有差异。因此，可以通过 H^+ 浓度不同使金属离子分级沉积下来，从而达到分离金属离子的目的。

2. 制备与用途

实验室中常用 FeS 与稀酸（H_2SO_4 或 HCl）作用制备少量的 H_2S。

$$FeS + H_2SO_4 = FeSO_4 + H_2S\uparrow$$

H_2S 有毒且容易变质，存放和使用不方便，实验室常用硫代乙酰胺水溶液代替，使用时加热即可。

$$CH_3CSNH_2 + H_2O \xlongequal{\triangle} CH_3CONH_2 + H_2S\uparrow$$

工业上需要大量 H_2S 时，多用 Na_2S 与非氧化性酸（HCl 或稀 H_2SO_4）作用来制取。

$$Na_2S + 2HCl = 2NaCl + H_2S\uparrow$$

石油炼制工业在加工高含硫原油过程中会产生 H_2S 副产品，适度催化氧化后可回收硫黄。

近年来，越来越多的研究发现 H_2S 在哺乳动物体内广泛存在，而且具有重要的细胞保护作用。它已经被称为继 NO 和 CO 之后，被发现的第 3 种气体信号分子，具有舒张血管、调节血压等多种生理功能。

（五）氨与联氨

氨（NH_3）是无色、有臭味的气体。在常压下冷至-33 ℃，或在 25 ℃加压到 990 kPa 时，NH_3 即凝聚为液体，称为液氨。必须注意，液氨钢瓶减压阀不能用铜制品，因铜会迅速被氨腐蚀。液氨是一种重要的非水溶剂，介电常数小于水（极性小于水），能较好地溶解有机化合物，但对离子型无机化合物溶解性较差。

NH_3 分子中的氮原子采取 sp^3 杂化轨道成键，3 个单电子占据的杂化轨道与 H 原子的电子共同形成 N—H 键，另一个杂化轨道被孤对电子占据，呈三角锥形。因此，氨分子为强极性分子，可以形成分子间氢键，极易溶于水。市售氨水的密度约为 0.9 g · cm^{-3}，含 NH_3 25%～28%。

联氨（N_2H_4），又称肼，可看作 NH_3 分子内的一个氢原子被氨基取代所生成的衍生物。其中，N 原子都以 sp^3 杂化轨道成键，两对孤对电子处于反位，其结构见图 3-2-10。

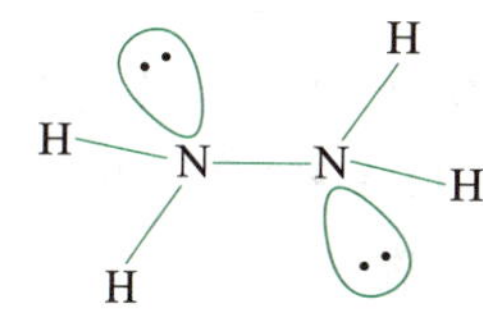

图 3-2-10 联氨的分子结构

1. 化学性质

（1）概述。NH_3 分子中 N 原子处于最低价，因此具有还原性。其孤对电子可以和质子及金属离子成键，具有配位性质，其水溶液呈弱碱性。

N_2H_4 分子中 N 原子处于-2 价，因此既具有还原性又具有氧化性，以还原性为主。联氨具有孤对电子，其水溶液也呈现弱碱性。两个氮原子上孤对电子间存在排斥作用，N—N 单键弱，因此其稳定性差，受热即发生爆炸性分解，并生成 N_2、NH_3 和 H_2。

（2）弱碱性。NH_3 与水作用形成一水合氨（$NH_3 \cdot H_2O$），即氨水，为一元弱碱。

$$NH_3 \cdot H_2O \rightleftharpoons NH_4^+ + OH^- \qquad K_b^{\ominus} = 1.8\times10^{-5}$$

因此 NH_3 与酸作用可得到铵盐，如 NH_4Cl、NH_4NO_3 等。

N_2H_4 是二元弱碱，其碱性弱于氨水。

$$N_2H_4 + H_2O \rightleftharpoons N_2H_5^+ + OH^- \qquad K_{b1}^{\ominus} = 8.7\times10^{-7}$$

$$N_2H_5^+ + H_2O \rightleftharpoons N_2H_6^{2+} + OH^- \qquad K_{b2}^{\ominus} = 1.9\times10^{-14}$$

同样地，N_2H_4 与酸作用也能得到相应的盐，如 N_2H_5Cl、$N_2H_6SO_4$ 等。

（3）还原性。NH_3 在纯氧中能燃烧生成 N_2，产生黄色火焰。在水溶液中能被许多强氧化剂（Cl_2、Br_2、H_2O_2、CuO、$KMnO_4$ 等）氧化。NH_3 与 Cl_2 的反应也可用来检查氯气管道是否漏气。

$$4NH_3+3O_2 \xlongequal{} 2N_2+6H_2O$$

$$2NH_3+3Cl_2 \xlongequal{} N_2+6HCl$$

$$NH_3+3Cl_2(\text{过量}) \xlongequal{} NCl_3+3HCl$$

N_2H_4 常用作强还原剂，氧化产物一般为 N_2。无水 N_2H_4 为无色发烟液体，并有微弱氨的气味。点燃时迅速燃烧，并放出大量的热。

$$N_2H_4(l)+O_2(g) \xlongequal{} N_2(g)+2H_2O(l) \qquad \Delta_c H_m^{\ominus}=-622\ kJ\cdot mol^{-1}$$

(4) 配位性。NH_3 分子中 N 原子具有孤对电子，可以与具有空轨道的分子或离子形成配位键，如 $[Ag(NH_3)_2]^+$、$[Cu(NH_3)_4]^{2+}$、$BF_3\cdot NH_3$ 等都是以 NH_3 为配体的配合物。

2. 制备与用途

工业上利用 N_2 和 H_2 在高温、高压和催化剂存在下合成 NH_3。

$$N_2+3H_2 \xlongequal[\text{铁}]{2.03\times10^4\ kPa,500\ ℃} 2NH_3$$

实验室可用铵盐与碱反应来制备 NH_3。

$$NH_4Cl+NaOH \xlongequal{} NH_3\uparrow+NaCl+H_2O$$

氮化物的水解也可以得到 NH_3。

$$Mg_3N_2+6H_2O \xlongequal{} 3Mg(OH)_2+2NH_3\uparrow$$

NH_3 是一种重要的化工原料，可用于制造氮肥、硝酸、铵盐、纯碱等，广泛应用于化工、轻工、化肥、制药、合成纤维、塑料、染料、制冷剂等领域。近年来，NH_3 作为环境友好化学物质，在治理“灰霾大气”、脱硫脱硝、治理汽车尾气、开发燃料电池等战略行业大显身手。

NaClO 氧化过量 NH_3 可以制备 N_2H_4。

$$NaClO+2NH_3 \xlongequal{} N_2H_4+NaCl+H_2O$$

N_2H_4 也可由氨与醛(或酮)和 Cl_2 反应得到异肼，然后使异肼水解得到。

$$4NH_3+(CH_3)_2CO+Cl_2 \xlongequal{} (CH_3)_2C(NHNH)+2NH_4Cl+H_2O$$

$$(CH_3)_2C(NHNH)+H_2O \xlongequal{} (CH_3)_2CO+N_2H_4$$

N_2H_4 燃烧时放出大量的热，因此联氨类化合物可作火箭的推进剂。例如，阿波罗宇宙飞船就是利用 $N_2O_4(l)$ 作氧化剂，以 N_2H_4 的甲基衍生物 CH_3NHNH_2(甲基肼)和 $(CH_3)_2NNH_2$(偏二甲肼)混合物作为火箭的推进剂。

四、含氧化合物

(一) 通性

非金属元素的含氧化合物主要包括了氧化物、含氧酸及其盐。

氧化物是存在极为广泛的一类化合物，几乎所有的元素都能直接或间接地形成氧化物。非金属氧化物主要通过共价键形成，多数为熔点、沸点较低的分子晶体，少数为熔点、沸点较高的巨型共价结构(如 SiO_2、B_2O_3、SeO_2 等)，

非金属氧化物大多为酸性氧化物，可与碱反应生成盐和水，如 B_2O_3、CO_2、SiO_2、SO_2、P_4O_{10} 等。含氧酸是指那些酸根中含有氧原子的酸，酸性氧化物与水反应生成含氧酸。在元素周期表中，同周期元素，最高氧化数元素的含氧酸从左往右酸性递增；同族元素，相同氧化数元素的含氧酸从上往下，酸性递减；同一元素的含氧酸，随着氧化数的升高，酸性递增。

【拓展应用】

次酸、亚酸、正酸和高酸

无机含氧酸及其盐的种类繁多，需要通过命名加以区别。多数非金属元素都存在氧化数不同的含氧酸，一般按氧化数的高低顺序，在名称中分别冠以“高、正、亚、次”字样。

如氯元素，人们最先认识的是 $KClO_3$，氯的氧化数为+5，当时便命名为氯酸钾，对应的酸 $HClO_3$ 称为氯酸，相当于“正氯酸”；氯的+3 价含氧酸为 $HClO_2$，氧化数低一级，命名为“亚氯酸”；氯的+1 价含氧酸 HClO，氧化数又低一级，命名为“次氯酸”；后来，人们又发现氯的+7 价含氧酸 $HClO_4$，氧化数更高，于是命名为“高氯酸”。其关系如下：

$$\overset{+7}{HClO_4} \longleftrightarrow \overset{+5}{HClO_3} \longleftrightarrow \overset{+3}{HClO_2} \longleftrightarrow \overset{+1}{HClO}$$

高氯酸　　氯酸　　亚氯酸　　次氯酸

其他元素的含氧酸，命名规律与氯元素相同。

（二）卤素的含氧化合物

1. 卤素的氧化物

卤素与氧化合时，除氟外都能形成氧化数为正值的氧化物、含氧酸及其盐。卤素的氧化物大多数是不稳定的，不能用直接法制取。

在已知的卤素氧化物中，碘的氧化物是最稳定的，氯的氧化物在高温下明显分解，溴的氧化物特别不稳定，低于室温即可分解。高价态的卤素氧化物比低价态的卤素氧化物稳定。

氯的氧化物是重要的卤素氧化物，主要有 Cl_2O、ClO_2、Cl_2O_6 和 Cl_2O_7，它们都是强氧化剂，其中 ClO_2 和 Cl_2O_6 氧化性最强。当这些氧化物与还原剂接触、受热或撞击时，立即发生爆炸，分解为 Cl_2 和 O_2。下面主要介绍 ClO_2。

ClO_2 在常温下是黄绿色气体，冷凝时为红色液体，熔点为 214 K。

（1）化学性质

① 歧化反应：ClO_2 与碱作用发生歧化反应，生成亚氯酸盐和氯酸盐，是亚氯酸和氯酸的混合酸酐。

$$2ClO_2+2NaOH = NaClO_2+NaClO_3+H_2O$$

② 强氧化性：ClO_2 是强氧化剂和氯化剂，见光易分解，受热爆炸。通常只在生产现场就地消耗，甚至要用不活泼气体（如 N_2 或 CO_2）稀释后使用。

$$PbO+2ClO_2+2NaOH = PbO_2+2NaClO_2+H_2O$$

（2）制备与用途。工业上制备 ClO_2 较安全的方法是在强酸性溶液中用 NaCl、HCl 或 SO_2 还原 ClO_3^-。ClO_2 是目前国际上公认的最新一代高效、广谱、安全的消毒杀菌剂，是理想的氯制剂替代品，可控制饮用水中“三致物质”（致畸、致癌、致突变）的产生，主要用于纸张、纤维、纺织品的漂白，污水及饮用水的杀菌处理，以及水的净化。ClO_2 作漂白剂时，漂白效果是 Cl_2 的 30 倍。

2. 卤素的含氧酸及其盐

卤素能形成多种含氧酸，见表 3-2-4。这些含氧酸中，除了碘酸和高碘酸能得到比较稳定的固体结晶外，其余都不稳定，且大多只能存在于水溶液中。卤素的含氧酸盐则较稳定，应用广泛。这里主要介绍氯的含氧酸及含氧酸盐。

表 3-2-4　卤素的含氧酸

名称	卤素氧化值	氯	溴	碘
次卤酸	+1	HClO	HBrO	HIO
亚卤酸	+3	$HClO_2$	$HBrO_2$	—
卤酸	+5	$HClO_3$	$HBrO_3$	HIO_3
高卤酸	+7	$HClO_4$	$HBrO_4$	H_5IO_6，HIO_4

（1）次氯酸及其盐。将 Cl_2 通入水中即发生歧化反应：

$$Cl_2+H_2O \rightleftharpoons HClO+HCl$$

氯水的漂白和杀菌能力比 Cl_2 更强，但是 Cl_2 在水中的溶解度不大，加之稳定性较差，运输、储存困难，因此氯水的实用价值不太大。如果将 Cl_2 通入冷的碱溶液中，则歧化反应进行得很彻底：

$$Cl_2+2NaOH = NaClO+NaCl+H_2O$$

常温下该反应的标准平衡常数为 7.5×10^{15}，此反应可获得高浓度的 ClO^-，而且 NaClO 的稳定性远高于 HClO，因此工业上常以 NaClO 作漂白剂。

【拓展应用】

漂 白 粉

工业上，用 Cl_2 和消石灰在常温常压下作用制取漂白粉：

$$2Cl_2+2Ca(OH)_2 \xlongequal{<40\ ℃} Ca(ClO)_2+CaCl_2+2H_2O$$

漂白粉的有效成分是 $Ca(ClO)_2$，约含有效氯 35%。将漂白粉分离提纯，可得到高效漂白粉（又称漂白粉精），其有效氯可高达 60%～70%。

漂白粉广泛用于纺织漂染、造纸等工业中，是常用的廉价消毒剂。漂白粉易水解，且 CO_2 会使其分解，保存时不要暴露在空气中。使用时注意不要与易燃物（即还原剂）混合，否则可能会引起爆炸。漂白粉有毒，不要吸入体内，否则会引起鼻喉疼痛，甚至全身中毒。

（2）亚氯酸及其盐。亚氯酸（$HClO_2$）很不稳定，只能在溶液中存在，其酸性比 HClO 稍强。其分解反应为：

$$8HClO_2 = 6ClO_2+Cl_2+4H_2O$$

亚氯酸盐比 $HClO_2$ 稳定得多。工业级 $NaClO_2$ 为白色结晶，加热至 350 ℃仍不分解，但含有水分的 $NaClO_2$ 在 130～140 ℃就开始分解。亚氯酸盐也是一种高效漂白剂和氧化剂，与有机化合物混合能发生爆炸，应密闭保存在阴凉处。

（3）氯酸及其盐。氯酸（$HClO_3$）是强酸，其酸性与 HCl 和 HNO_3 接近。$HClO_3$ 虽比 HClO 或 $HClO_2$ 稳定，但也只能在溶液中存在。当进行蒸发浓缩时，浓度不要超过 40%，进一步浓缩，会有爆炸危险。$HClO_3$ 也是一种强氧化剂，但氧化能力不如 $HClO_2$ 和 HClO。

视频：氯酸盐的氧化性

$KClO_3$ 是最重要的氯酸盐，为无色透明结晶，比 $HClO_3$ 稳定。$KClO_3$ 在碱性或中性溶液中氧化作用很弱，在酸性溶液中则为强氧化剂。$KClO_3$ 在高温时也是很强的氧化剂，它的热稳定性较高，但与有机化合物或可燃物混合，受热特别是受到撞击极易发生燃烧或爆炸。在工业上 $KClO_3$ 用于制造火柴、烟火及炸药等。$KClO_3$ 有毒，内服 2～3 g 就会致命。

（4）高氯酸及其盐。无水高氯酸（$HClO_4$）为无色透明的发烟液体，是一种强氧化剂，木片、纸张与之接触即着火，遇有机化合物极易爆炸，并有极强的腐蚀性。储存和使用要格外小心！但稀 $HClO_4$ 溶液的氧化性则很弱。

$HClO_4$ 与水能以任意比例混合，是无机酸中酸性最强的酸。工业级含量在 60% 以上，试剂级含量为 70%～72%。$HClO_4$ 广泛用作分析试剂，还用于电镀、医药、人造金刚石的提纯等。

$HClO_4$ 可由 $KClO_4$ 与浓 H_2SO_4 经复分解反应制得，再在低于 92 ℃下真空精馏纯化：

$$KClO_4+H_2SO_4(浓) = KHSO_4+HClO_4$$

高氯酸盐多是无色晶体，它们的溶解度颇为特殊。例如，K^+、Rb^+、Cs^+的硫酸盐、硝酸盐等都是可溶的，而这些离子的高氯酸盐却很难溶。基于此，分析化学中常用高氯酸定量测定 K^+、Rb^+、Cs^+。有些高氯酸盐有较强的水合作用，例如，无水 $Mg(ClO_4)_2$ 和 $Ba(ClO_4)_2$，是优良的吸水剂和干燥剂。

高氯酸盐的水溶液几乎没有氧化性，但其固体在高温下有强氧化性，能分解出 O_2：

$$KClO_4 \xrightarrow{\triangle} KCl+2O_2\uparrow$$

该反应产生的 O_2 多，固体残渣（KCl）又很少，因此将其与燃烧剂混合，可制成威力较大的炸药。如果高氯酸盐中的阳离子具有较强的还原性（如 NH_4ClO_4），则极易发生爆炸，制备、贮存、运输和使用时均应非常小心。

（三）硫的含氧化合物

1. 硫的氧化物

（1）二氧化硫。二氧化硫（SO_2）是无色气体，有强烈的刺激性气味。SO_2 易溶于水，常温下 1 L 水能溶 40 L SO_2，相当于 10%的溶液。加热可将溶解的 SO_2 完全赶出。

SO_2 中 S 的氧化数为+4，是 S 的中间氧化态，因此，既有氧化性又有还原性，但以还原性为主。

SO_2 能将 MnO_4^-、Cl_2、Br_2 分别还原为 Mn^{2+}、Cl^- 和 Br^-，例如：

$$5SO_2+2MnO_4^-+2H_2O = 2MnSO_4+SO_4^{2-}+2H_2SO_4$$

S 或 H_2S 在空气中燃烧或煅烧黄铁矿（FeS_2）均可得到 SO_2。工业上主要用于生产 H_2SO_4，也是制备亚硫酸盐的基本原料，在漂染、消毒、制冷等方面有广泛应用。

【拓展应用】

SO_2 与酸雨

SO_2 是有害气体，浓度低时主要危害上呼吸道，浓度高时会致人呼吸困难，甚至死亡。在大气中，SO_2 是严重的污染源，它可通过气相或液相的氧化反应生成 H_2SO_4。

气相反应：$2SO_2+O_2 \xlongequal{催化剂} 2SO_3$，$SO_3+H_2O = H_2SO_4$

液相反应：$SO_2+H_2O = H_2SO_3$，$2H_2SO_3+O_2 = 2H_2SO_4$

大气中的烟尘、O_3 等都是上述反应的催化剂，O_3 同时还是氧化剂。因此，SO_2 是对农业、林业、建筑物等危害极大的“酸雨”（pH<5.6 的雨水）的主要根源。所以在环境保护中，治理含有 SO_2 的废气特别受人们关注。

治理 SO_2 污染的方法很多，当废气中 SO_2 含量较高时，可将 SO_2 氧化为 SO_3，制成 H_2SO_4，或用碱性物质吸收生成亚硫酸盐。如果 SO_2 的含量较少，可用石灰水或 Na_2CO_3 溶液吸收除去。

$$Ca(OH)_2+SO_2 = CaSO_3\downarrow+H_2O$$

$$2Na_2CO_3+SO_2+H_2O = Na_2SO_3+2NaHCO_3$$

焦炉气中的 SO_2，可以在高温下用铝矾土作催化剂，用 CO 作还原剂，将其还原为单质硫：

$$SO_2+2CO \xlongequal[铝矾土]{高温} 2CO_2+S$$

冶炼硫化矿的烟道气中 SO_2 的含量较高，将其高效地变废为宝，实现综合利用，对于绿色循环发展具有重要的意义。

（2）三氧化硫。SO_2 与 O_2 在高温、V_2O_5 催化剂存在的条件下制得 SO_3：

$$2SO_2+O_2 \xlongequal{V_2O_5,450\ ℃} 2SO_3$$

SO_3 极易与水化合，生成 H_2SO_4，并放出大量热：

$$SO_3+H_2O = H_2SO_4 \qquad \Delta_rH_m^\ominus=-133\ kJ\cdot mol^{-1}$$

因此，SO_3 在潮湿空气中易形成酸雾。

SO_3 有强氧化性，特别是在高温时，能将 HBr 氧化为 Br_2。

2. 硫的含氧酸

（1）亚硫酸。SO_2 溶于水生成不稳定的亚硫酸（H_2SO_3），H_2SO_3 只能在水溶液中存在，游离态的

H_2SO_3 尚未制得。H_2SO_3 是二元中强酸，分两步解离：

$$H_2SO_3 \rightleftharpoons H^+ + HSO_3^- \qquad K_1^\ominus = 1.3\times10^{-2}$$

$$HSO_3^- \rightleftharpoons H^+ + SO_3^{2-} \qquad K_2^\ominus = 6.24\times10^{-8}$$

因此，它能形成正盐和酸式盐，如 Na_2SO_3 和 $NaHSO_3$。

亚硫酸及其盐中 S 是中间氧化态，其既有氧化性又有还原性，且以还原性为主。

（2）硫酸。纯 H_2SO_4 是无色透明的油状液体，工业品因含杂质而发浑或呈浅黄色。市售 H_2SO_4 有含量为 92% 和 98% 两种规格，密度分别为 $1.82\ g\cdot cm^{-3}$ 和 $1.84\ g\cdot cm^{-3}$（常温）。

① 物理和化学性质。吸水性和溶解热：浓 H_2SO_4 有强烈的吸水作用，同时放出大量的热。据研究，H_2SO_4 和水能形成一系列水合物，如 $H_2SO_4\cdot H_2O$、$H_2SO_4\cdot 2H_2O$、$H_2SO_4\cdot 6H_2O$ 等。它不仅能吸收游离水，还能从含有 H 和 O 元素的有机化合物（如棉布、糖、油脂）中按 H_2O 的组成夺取 H 和 O，使有机化合物碳化。基于 H_2SO_4 的吸水性，可将其用作干燥剂。

酸性：H_2SO_4 是二元强酸，第一步完全解离，第二步解离并不完全，HSO_4^- 只相当于中强酸：

$$H_2SO_4 = H + HSO_4^-$$

$$HSO_4^- \rightleftharpoons H^+ + SO_4^{2-} \qquad K_2^\ominus = 1.2\times10^{-2}$$

还需指出，H_2SO_4 具有较高的沸点（98.3% H_2SO_4 沸点为 338 ℃），因此能与氯化物或硝酸盐作用，并生成易挥发的 HCl 和 HNO_3（早年的生产方法）。

氧化性：浓 H_2SO_4 属于强氧化剂，可以氧化许多金属和非金属。它的还原产物一般是 SO_2，若遇活泼金属，会析出 S，甚至生成 H_2S。例如：

$$Cu + 2H_2SO_4(浓) = CuSO_4 + SO_2\uparrow + 2H_2O$$

$$3Zn + 4H_2SO_4(浓) = 3ZnSO_4 + S + 4H_2O$$

或

$$4Zn + 5H_2SO_4(浓) = 4ZnSO_4 + H_2S\uparrow + 4H_2O$$

$$C + 2H_2SO_4(浓) \xlongequal{\triangle} CO_2\uparrow + 2SO_2\uparrow + 2H_2O$$

后一反应常用在生产半导体器件的光刻工艺中，浓 H_2SO_4 的作用是使光刻胶（对光敏感的有机高分子化合物）碳化，随即按上式除去碳。

视频：木器刻花

② 制备与用途。生产 H_2SO_4 的主要原料有硫、黄铁矿和冶炼厂的烟道气等。我国硫储量少，基于环境保护和资源利用的需要，目前我国的有色金属冶炼厂，如贵溪铜矿、铜陵铜矿、葫芦岛铅锌厂都已从烟道气中成功回收 SO_2，并用其大量制取硫酸。我国正逐步淘汰采用黄铁矿为原料制取硫酸的生产工艺。

生产 H_2SO_4 以接触法为主。此法主要分为 3 个阶段：焙烧黄铁矿或硫单质燃烧得到 SO_2；在 V_2O_5 催化下，将 SO_2 氧化为 SO_3；用 98.3% 的浓 H_2SO_4 吸收 SO_3 得发烟硫酸，加稀硫酸调整浓度到 98%，即得市售品。吸收 SO_3 不能直接用水，否则会形成难溶于水的 H_2SO_4 酸雾，并随尾气排出，因此，一般用浓 H_2SO_4 吸收，因水蒸气压强低，不会形成酸雾。

H_2SO_4 主要用于生产化肥，同时也广泛用于无机化工、有机化工、轻工、纺织、冶金、石油、医药及国防等领域。

【拓展应用】

工业硫酸在国民经济中的地位

硫酸是化学工业中的重要产品，它不仅可作为许多化工产品的原料，而且还被广泛地应用于其他国民经济行业。

1. 用于肥料和农药的生产

硫酸铵（俗称硫铵或肥田粉）和过磷酸钙（俗称过磷酸石灰或普钙）这两种化肥的生产都要消耗大量

的硫酸。许多农药都要以硫酸为原料，如硫酸铜、硫酸锌可作植物的杀菌剂，硫酸铊可作杀鼠剂，硫酸亚铁、硫酸铜可作除草剂。

2. 用于冶金工业和金属加工

在冶金工业领域，特别是有色金属的生产需要使用硫酸。例如，用电解法精炼铜、锌、镉、镍时，电解液就需要使用硫酸。某些贵金属的精炼，也需要硫酸来溶解夹杂的其他金属。在钢铁工业中进行冷轧、冷拔及冲压加工之前，都必须用硫酸清除钢铁表面的氧化铁。

3. 用于石油工业

汽油、润滑油等石油产品的生产，都需要浓硫酸精炼，以除去其中的含硫化合物和不饱和碳氢化合物。

4. 用于化工生产及其他行业

许多化工生产都需要使用硫酸。例如，在浓缩硝酸中，以浓硫酸作为脱水剂；氯碱工业中，以浓硫酸来干燥氯气、氯化氢等。此外，炼焦化学工业（使硫酸同焦炉气中的氨起作用副产硫酸铵）、电镀业、制革业、颜料工业、橡胶工业、造纸工业、油漆工业（有机溶剂的制备）和铅蓄电池制造业等等，都消耗相当数量的硫酸。

（3）发烟硫酸和焦硫酸。含有过量 SO_3 的浓 H_2SO_4 称为发烟硫酸（$H_2SO_4 \cdot xSO_3$）。市售品通常有两种规格：一种含 SO_3 20%～25%，另一种含 SO_3 40%～50%。当 H_2SO_4 和 SO_3 的物质的量之比为 1∶1（含 45%SO_3）时，这种发烟硫酸称为焦硫酸（$H_2SO_4 \cdot SO_3$ 或 $H_2S_2O_7$），其凝固点为 35 ℃，故在常温下是无色晶体。

发烟硫酸比浓 H_2SO_4 有更强的氧化性，主要用作有机合成的磺化剂及硝化反应中的脱水剂。

3. 硫的含氧酸盐

硫的含氧酸盐种类繁多，表 3-2-5 列出了硫主要的含氧酸及其盐。硫的含氧酸还有“焦”“代”“连”“过”等其他类型。“焦酸”是指两个含氧酸分子失去 1 分子水所得的产物，如 2 分子 H_2SO_4 脱去 1 分子 H_2O 生成焦硫酸（$H_2S_2O_7$）。“代酸”是指氧原子被其他原子所代替的含氧酸，如硫代硫酸（$H_2S_2O_3$）可以看作 H_2SO_4 中的 1 个 O 原子被 1 个 S 原子代替的产物。“连酸”是指成酸原子互相连接形成的含氧酸，如连二亚硫酸（$H_2S_2O_4$）中 2 个 S 以 S—S 单键相连。“过酸”是指含有过氧基团（—O—O—）的含氧酸，如过二硫酸（$H_2S_2O_8$）。

表 3-2-5 硫主要的含氧酸及其盐

硫的氧化值	酸的名称	化学式	存在形式	代表物盐
+2	硫代硫酸	$H_2S_2O_3$	盐	$Na_2S_2O_3$
+3	连二亚硫酸	$H_2S_2O_4$	盐	$Na_2S_2O_4$
+4	亚硫酸	H_2SO_3	酸溶液，盐	Na_2SO_3
+4	焦亚硫酸	$H_2S_2O_5$	酸溶液，盐	$Na_2S_2O_5$
+6	硫酸	H_2SO_4	酸，盐	Na_2SO_4
+6	焦硫酸	$H_2S_2O_7$	酸，盐	$Na_2S_2O_7$
+7	过二硫酸	$H_2S_2O_8$	酸，盐	$Na_2S_2O_8$

下面讨论硫的几种重要的含氧酸盐。

（1）硫酸盐。在硫的含氧酸盐中，以硫酸盐种类最多，常见的金属元素几乎都能形成硫酸盐，其主要性质如下。

① 溶解性。多数硫酸盐易溶于水，只有 $CaSO_4$、$SrSO_4$、$PbSO_4$、Ag_2SO_4 难溶或微溶。$BaSO_4$ 不仅难溶于水，也不溶于酸和王水。因此，Ba^{2+} 和 SO_4^{2-} 能生成稳定的白色沉淀，其反应：

$$Ba^{2+} + SO_4^{2-} \xlongequal{} BaSO_4 \downarrow$$

该反应可以用于鉴定或分离 Ba^{2+} 或 SO_4^{2-}。

② 热稳定性。硫酸盐的热稳定性与相应阳离子的电荷、半径及电子构型有关，不同硫酸盐的分解温度差别很大。一般地说，Ⅰ A 族和Ⅱ A 族元素的硫酸盐对热很稳定，加热到 1 000 ℃也不分解，过渡元素的硫酸盐在高温下会分解，例如：

$$CuSO_4 \xlongequal{\sim 760\ ℃} CuO+SO_3\uparrow$$

$(NH_4)_2SO_4$ 只需加热至 100 ℃便可分解，甚至在常温下也能嗅到氨气的气味：

$$(NH_4)_2SO_4 \xlongequal{100\ ℃} NH_4HSO_4+NH_3\uparrow$$

③ 水合作用。许多硫酸盐从溶液中析出时都带有结晶水，例如 $CuSO_4\cdot 5H_2O$、$ZnSO_4\cdot 7H_2O$ 等。这类硫酸盐受热时会逐步失去其结晶水，成为无水盐。制备水合硫酸盐通常在室温下晾干，以免脱去结晶水。

④ 复盐。硫酸盐容易形成复盐，例如 $K_2SO_4\cdot Al_2(SO_4)_3\cdot 24H_2O$、$(NH_4)_2SO_4\cdot FeSO_4\cdot 6H_2O$ 等。将两种硫酸盐按比例混合，即可得到硫酸复盐。

⑤ 酸式盐。H_2SO_4 是二元酸，除生成正盐外，还能形成酸式盐，例如 $NaHSO_4$、$KHSO_4$ 等。它们都可溶于水，并呈酸性，市售"洁厕净"的主要成分即 $NaHSO_4$。酸式硫酸盐受热可以生成焦硫酸盐：

$$2KHSO_4 \xrightleftharpoons{\triangle} K_2S_2O_7+H_2O$$

焦硫酸盐遇水又水解生成酸式硫酸盐（上式的逆过程），故需密闭保存。$K_2S_2O_7$ 可用作助熔剂，与一些难熔的金属氧化物矿如 Al_2O_3、Cr_2O_3 等共熔，生成可溶性硫酸盐：

$$Al_2O_3+3K_2S_2O_7 = Al_2(SO_4)_3+3K_2SO_4$$

$$Cr_2O_3+3K_2S_2O_7 = Cr_2(SO_4)_3+3K_2SO_4$$

（2）过硫酸盐。过硫酸可以看成是过氧化氢分子（H—OO—H）中的—H 被—SO_3H 所取代的产物。单取代物 HOO—SO_3H（H_2SO_5）称为过一硫酸，双取代物 HO_3S—OO—SO_3H（$H_2S_2O_8$）称为过二硫酸。二者都不稳定，常用的是它们的盐，如 $K_2S_2O_8$ 或 $(NH_4)_2S_2O_8$。

$(NH_4)_2S_2O_8$ 为白色结晶，干燥时比较稳定，潮湿状态或在水溶液中易水解：

$$(NH_4)_2S_2O_8+2H_2O = 2NH_4HSO_4+H_2O_2$$

$(NH_4)_2S_2O_8$ 受热按下式分解：

$$2(NH_4)_2S_2O_8 \xlongequal{\triangle} 2(NH_4)_2SO_4+2SO_3\uparrow+O_2\uparrow$$

过硫酸盐是强氧化剂，它能在 Ag^+ 催化下，将 Mn^{2+} 氧化成 MnO_4^-：

$$2Mn^{2+}+5S_2O_8^{2-}+8H_2O \xlongequal{Ag^+} 2MnO_4^-+10SO_4^{2-}+16H^+$$

此反应在钢铁分析中用来测定锰的含量。

$(NH_4)_2S_2O_8$ 是电解法生产 H_2O_2 的中间产物，它与 K_2SO_4 发生复分解反应制得 $K_2S_2O_8$，二者都是实验室中常用的氧化剂。在合成橡胶、树脂工业中作自由基聚合引发剂，在肥皂、油脂工业中作漂白剂，也可用于染料的氧化及金属的刻蚀等。它们与有机化合物混合易引起燃烧或爆炸，需密闭储存在阴凉通风处。

（3）低氧化态硫的含氧酸盐。低氧化态是指含氧酸盐中硫的氧化数低于 6 的状态，如亚硫酸盐、连二亚硫酸盐和硫代硫酸盐等。它们都是以 SO_2 为原料制得的：

$$SO_2\begin{cases}\xrightarrow{NH_3\cdot H_2O}(NH_4)_2SO_3\\ \xrightarrow{Zn,NaOH}Na_2S_2O_4\\ \xrightarrow{Na_2CO_3}Na_2SO_3\begin{cases}\xrightarrow{S}Na_2S_2O_3\\ \xrightarrow{SO_2}Na_2S_2O_5\end{cases}\end{cases}$$

这类化合物都具有还原性，是工业上重要的还原剂。它们的主要性质和用途列于表 3-2-6。

表 3-2-6　几种低氧化态硫的含氧酸盐

名称(别名)	化学式及硫的氧化态	性质及用途
亚硫酸钠	Na_2SO_3 +4	白色结晶,易氧化。可用作工业上重要还原剂,织物漂白和脱氯剂,照相显影剂,鞣革阻氧剂,食品防腐剂,脱水蔬菜保鲜剂,染料等
亚硫酸钙	$CaSO_3$ +4	白色粉末,易氧化。可用作还原剂,织物漂白和脱氯剂,食品、果汁防腐剂,酿造业消毒剂
亚硫酸铵	$(NH_4)_2SO_3$ +4	无色结晶,易潮解和氧化。主要用于造纸业、照相业,还可用作卷发液的原料
焦亚硫酸钠 (偏重亚硫酸钠)	$Na_2S_2O_5$ +4	白色或微黄色结晶,有强烈 SO_2 气味,吸潮,易氧化,可用作还原剂,糖料、饮料和酿造业的防腐、杀菌剂,还可用于蔬菜、水果的保鲜等
连二亚硫酸钠 (保险粉)	$Na_2S_2O_4$ +3	白色粉末,极不稳定,能自燃。是工业上重要的还原剂。广泛用于印染工业、造纸及医药领域,还可用于制造漂白粉、染料等
硫代硫酸钠 (大苏打) (海波)	$Na_2S_2O_3$ +2	无色透明结晶,遇酸分解。可用作织物漂白后的脱氯剂,照相业定影剂,还可用于鞣革、电镀、医药等领域

亚硫酸钠(Na_2SO_3)是常见的低氧化态硫的含氧酸盐。向 Na_2CO_3 溶液中通入 SO_2,由于 H_2CO_3 的酸性比 H_2SO_3 弱,所以能发生复分解反应得到 Na_2SO_3:

$$Na_2CO_3+SO_2 = Na_2SO_3+CO_2\uparrow$$

若 SO_2 用量不足,会生成 $NaHCO_3$,若 SO_2 过量,则生成 $NaHSO_3$,这会给分离提纯带来麻烦。为了保证产物单一,应该使 SO_2 的通入量恰到好处,关键是在反应终点时控制溶液呈弱酸性(pH=6~7)。溶液经冷却,若在 33 ℃以上,即得无水 Na_2SO_3 结晶;在 33 ℃以下,得二水合物 $Na_2SO_3\cdot 2H_2O$ 结晶,两种都是工业上需要的产品。

Na_2SO_3 水溶液很容易被氧化:

$$2Na_2SO_3+O_2 = 2Na_2SO_4$$

所以在实际工作中使用的 Na_2SO_3 溶液,其有效成分含量会逐渐下降。如果要求准确度高,需在使用前重新测定其含量。

视频:硫代硫酸根离子的鉴定

【拓展应用】

硫代硫酸钠($Na_2S_2O_3$)

在热的 Na_2SO_3 溶液中加入硫黄粉,便得到 $Na_2S_2O_3$:

$$Na_2SO_3+S \xlongequal{\triangle} Na_2S_2O_3$$

$Na_2S_2O_3$ 在中性和碱性溶液中很稳定,在酸性溶液中生成的 $H_2S_2O_3$ 不稳定,易分解。

$$S_2O_3^{2-}+2H^+ = S\downarrow+SO_2\uparrow+H_2O$$

$Na_2S_2O_3$ 能定量地被 I_2 氧化生成连四硫酸钠($Na_2S_4O_6$):

$$I_2+2Na_2S_2O_3 = 2NaI+Na_2S_4O_6$$

因此,在分析化学上,$Na_2S_2O_3$ 常被用于碘量法测定物质的含量。

(四)氮的含氧化合物

1. 氮的氧化物

常见的氮氧化物有一氧化氮(NO)、二氧化氮(NO_2)、一氧化二氮(N_2O)、三氧化二氮(N_2O_3)、四氧化二氮(N_2O_4)和五氧化二氮(N_2O_5)等。除五氧化二氮在常态下呈固体外,其他氮氧化物在常态下都呈气态。N_2O_3 和 N_2O_5 都是酸性氧化物,N_2O_3 是亚硝酸的酸酐,N_2O_5 是硝酸的酸酐。氮氧化物不可燃,但均能助燃,如 N_2O、NO_2 和 N_2O_5 遇高温或可燃性物质能引起爆炸。

【拓展应用】

氮氧化物(NO_x)与空气污染

作为空气污染物的氮氧化物(NO_x)常指 NO 和 NO_2。天然排放的 NO_x,主要来自土壤和海洋中有机物的分解,属于自然界的氮循环过程。人为活动排放的 NO_x,大部分来自化石燃料的燃烧,如汽车、飞机、内燃机等的燃油的燃烧,以及来自生产、使用硝酸的过程,如氮肥厂、有机中间体厂、金属冶炼厂等。NO_x 对环境的损害极大,它既是形成酸雨的主要物质之一,也是形成大气中光化学烟雾的重要物质和消耗 O_3 的一个重要因子。

工业上一般用碱液吸收法处理 NO_x。所用碱为 NaOH 或 Na_2CO_3(通常用废碱液),吸收反应如下:

$$2NO_2+2NaOH = NaNO_3+NaNO_2+H_2O$$

$$NO+NO_2+2NaOH = 2NaNO_2+H_2O$$

吸收后的溶液为 $NaNO_3$ 和 $NaNO_2$ 的混合物。利用它们溶解度的不同,经两次重结晶就能得到 95%~98% 的 $NaNO_2$。

汽车尾气中除 NO_x 外,还有 CO 和碳氢化合物,通过净化装置,在催化剂的作用下,可快速转变为 N_2、CO_2 和 H_2O:

$$2CO+2NO \xlongequal{\text{催化剂}} 2CO_2+N_2$$

$$4CO+2NO_2 \xlongequal{\text{催化剂}} 4CO_2+N_2$$

$$C_nH_m+\left(n+\frac{m}{4}\right)O_2 \xlongequal{\text{催化剂}} nCO_2+\frac{m}{2}H_2O$$

2. 氮的含氧酸及其盐

(1) 硝酸。硝酸是工业“三酸”之一,在国民经济和国防工业中占有重要地位。市售硝酸按浓度可分为如下两类:

普通硝酸,密度为 1.39~1.42 $g\cdot cm^{-3}$,含 HNO_3 65%~68%,为无色透明液体,受热或经日光照射时,按下式分解,使溶液呈黄色:

$$4HNO_3 \xlongequal{\text{热或光}} 4NO_2\uparrow+O_2\uparrow+2H_2O$$

发烟硝酸,密度在 1.5 $g\cdot cm^{-3}$ 以上,由于含有大量 NO_2 而呈红棕色。这种硝酸有挥发性,逸出的 HNO_3 蒸气与空气中的水分形成的酸雾似烟,故称发烟硝酸。它比普通硝酸具有更强的氧化性,可作火箭燃料的氧化剂,多用于军工方面。

① 硝酸的制备。目前,工业上制备 HNO_3 的主要方法是氨的催化氧化法:

$$4NH_3+5O_2 \xlongequal{\text{Pt-Rh, 800 ℃}} 4NO+6H_2O$$

$$2NO+O_2 = 2NO_2$$

$$3NO_2+H_2O = 2HNO_3+NO$$

上法制得的 HNO_3 浓度仅有 50%~55%。将它和浓 H_2SO_4(吸水剂)混合,然后蒸馏浓缩,便可制得浓 HNO_3。

② 硝酸的化学性质。

酸性:HNO_3 是强酸,具有强酸的一切性质,能与氢氧化物、碱性及两性氧化物发生作用,能从弱酸盐中置换出弱酸等。

氧化性：HNO_3 中氮原子处于最高氧化态，在常见的无机酸中，其氧化性最为突出。浓硝酸能氧化 C、S、P、I_2 等非金属，例如：

$$3C+4HNO_3(浓) \xlongequal{\triangle} 3CO_2\uparrow+4NO\uparrow+2H_2O$$

$$3I_2+10HNO_3(发烟) \xlongequal{\triangle} 6HIO_3+10NO\uparrow+2H_2O$$

视频：浓硝酸的氧化性

后一反应可用来制备碘酸。

(2) 硝酸盐。多数硝酸盐为无色晶体，易溶于水。固体硝酸盐在常温下比较稳定，受热能分解。有些带结晶水的硝酸盐受热时先失去结晶水，同时熔化或水解，最后才分解。例如，$Al(NO_3)_3 \cdot 9H_2O$ 在 70 ℃时熔化并失去 3 分子结晶水，140 ℃时生成碱式盐 $2Al_4(OH)_9(NO_3)_3 \cdot 5H_2O$，200 ℃生成 Al_2O_3。$Bi(NO_3)_3 \cdot 5H_2O$ 在 80 ℃时失去全部结晶水，同时水解成碱式盐，200 ℃时分解并生成 Bi_2O_3。

无水硝酸盐受热分解一般有以下 3 种形式。

① 活泼金属（比 Mg 活泼的碱金属和碱土金属）的硝酸盐分解时放出 O_2，并生成亚硝酸盐：

$$2NaNO_3 \xlongequal{\triangle} 2NaNO_2+O_2\uparrow$$

② 活泼性较差的金属（在金属活动性顺序表中处在 Mg 与 Hg 之间的金属）的硝酸盐，分解时得到相应的氧化物、NO_2 和 O_2：

$$2Pb(NO_3)_2 \xlongequal{\triangle} 2PbO+4NO_2\uparrow+O_2\uparrow$$

③ 活泼性更差的金属（活泼性比 Hg 差的金属）的硝酸盐，则生成金属单质、NO_2 和 O_2：

$$2AgNO_3 \xlongequal{\triangle} 2Ag+2NO_2\uparrow+O_2\uparrow$$

几乎所有的硝酸盐受热分解都有 O_2 放出，所以硝酸盐在高温下大多是供氧剂。它与可燃物一起受热时，会迅猛燃烧甚至爆炸。基于这种性质，硝酸盐可以用来制造焰火及黑火药，储存、使用时需注意安全。

【拓展应用】

亚硝酸和亚硝酸盐

亚硝酸（HNO_2）是一种弱酸，298 K 时，$K^\ominus=7.2\times10^{-4}$，它只能以冷的稀溶液形式存在，浓度稍大或微热，会立即分解：

$$2HNO_2 \xlongequal{} H_2O+NO\uparrow+NO_2\uparrow$$

虽 HNO_2 不稳定，但它的盐却相当稳定。$NaNO_2$ 和 KNO_2 是两种常用的盐。在工业上，生产 HNO_3 或硝酸盐时所排放的尾气中常含有 NO 和 NO_2，用碱液吸收就能得到亚硝酸盐。这两种亚硝酸盐广泛用于偶氮染料和硝基化合物的制备，还用作媒染剂、漂白剂、金属热处理剂、电镀缓蚀剂等，也是食品工业如鱼、肉加工的发色剂。$NaNO_2$ 是当今公认的强致癌物之一。曾有人误食含有 $NaNO_2$ 的食盐，引起中毒死亡事故。蔬菜中含有较多的硝酸盐，如果在较高温度下存放时间过久，在细菌和酶的作用下，硝酸盐会被还原成亚硝酸盐，因此隔夜的剩菜不吃为好。

亚硝酸盐中，N 的氧化数为+3，处于中间氧化态，所以既有氧化性又有还原性。在酸性溶液中 HNO_2 以氧化性为主。例如，与 I^-、Fe^{2+} 的反应：

$$2I^-+2HNO_2+2H^+ \xlongequal{} I_2+2NO\uparrow+2H_2O$$

$$Fe^{2+}+HNO_2+H^+ \xlongequal{} Fe^{3+}+NO\uparrow+H_2O$$

前一反应能定量进行，可用来测定亚硝酸盐的含量。

亚硝酸盐遇到强氧化剂时，可被氧化成硝酸盐。例如：

$$5KNO_2+2KMnO_4+3H_2SO_4 \xlongequal{} 2MnSO_4+5KNO_3+K_2SO_4+3H_2O$$

$$KNO_2+Cl_2+H_2O \xlongequal{} KNO_3+2HCl$$

固体亚硝酸盐与有机化合物接触，易引起燃烧和爆炸。

（五）磷的含氧化合物

1. 磷的氧化物

常见磷的氧化物有六氧化四磷和十氧化四磷，它们分别是磷在氧气不足和充足的情况下燃烧后的产物，分子式分别是 P_4O_6 和 P_4O_{10}，其结构都与 P_4 的四面体结构有关（见图 3-2-11），有时简写成 P_2O_3 和 P_2O_5。

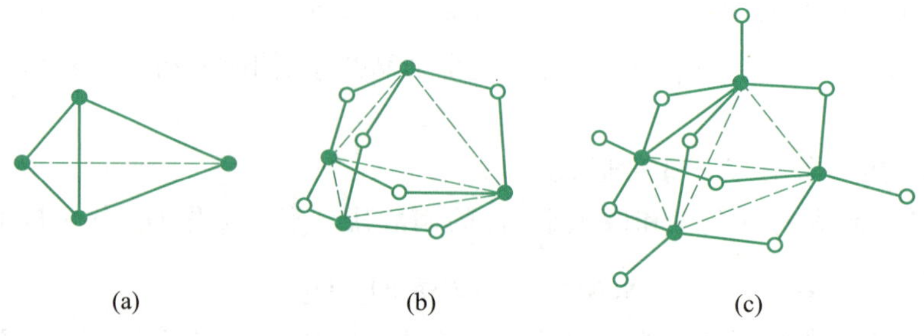

图 3-2-11 (a) P_4、(b) P_4O_6 和 (c) P_4O_{10} 的分子结构

P_4O_6 是有滑腻感的白色固体，气味似蒜，在 24 ℃时熔融为易流动的无色透明液体。P_4O_6 逐渐溶于冷水而生成亚磷酸，故又叫亚磷酸酐：

$$P_4O_6+6H_2O(冷) \xlongequal{} 4H_3PO_3$$

在热水中则剧烈地发生歧化反应，生成磷酸和膦（PH_3，大蒜味，剧毒！）：

$$P_4O_6+6H_2O(热) \xlongequal{} 3H_3PO_4+PH_3$$

P_4O_{10} 为白色雪花状晶体，即磷酸酐，工业上俗称无水磷酸。358.9 ℃升华，极易吸潮。它能侵蚀皮肤和黏膜，因此切勿直接接触。P_4O_{10} 常用作半导体掺杂剂、脱水及干燥剂、有机合成缩合剂、表面活性剂等，也是制备高纯磷酸和制药工业的原料。P_4O_{10} 有很强的吸水性，是一种重要的干燥剂，表 3-2-7 列出了几种常用的干燥剂，可以看出它的干燥效率最佳。

表 3-2-7 几种常用干燥剂的干燥效率

干燥剂	P_4O_{10}	KOH	浓 H_2SO_4	NaOH	$CaCl_2$	$ZnCl_2$	$CuSO_4$
空气中水蒸气含量/($g\cdot m^{-3}$)	2.0×10^{-5}	2.0×10^{-3}	3.0×10^{-3}	0.16	0.14～0.25	0.8	1.4

注：干燥效率是指在 25 ℃时，把被水蒸气饱和的空气通过相应的干燥剂后，1 升被干燥的空气中残留水分的毫克数（或用 $g\cdot m^{-3}$ 表示）。

P_4O_{10} 与水反应剧烈，放出大量的热（每摩尔 P_4O_{10} 与水作用放出 284.5 kJ 热量），并生成 P(Ⅴ) 的各种含氧酸。与水作用时主要生成偏磷酸的混合物，生成 H_3PO_4 的速率慢，只有在 HNO_3 存在下煮沸，才能完全转化为 H_3PO_4：

$$P_4O_{10}+6H_2O \xlongequal[\triangle]{HNO_3} 4H_3PO_4$$

P_4O_{10} 还能从许多化合物中夺取化合态的水，例如：

$$P_4O_{10}+6H_2SO_4 \xlongequal{} 4H_3PO_4+6SO_3\uparrow$$

$$P_4O_{10}+12HNO_3 \xlongequal{} 4H_3PO_4+6N_2O_5\uparrow$$

2. 磷的含氧酸及其盐

（1）磷的含氧酸。磷有多种含氧酸，磷的氧化数为+1 的含氧酸为次磷酸（H_3PO_2），氧化数为+3 的含氧酸为亚磷酸（H_3PO_3），氧化数为+5 的含氧酸有磷酸、焦磷酸和偏磷酸，它们都能由 P_4O_{10} 和不等量的水作用得到：

$$nP_4O_{10}+2nH_2O = 4(HPO_3)_n \quad 偏磷酸$$

偏磷酸通常以三聚偏磷酸$(HPO_3)_3$和四聚偏磷酸$(HPO_3)_4$形式存在，其化学式均简写为HPO_3。

$$P_4O_{10}+4H_2O = 2H_4P_2O_7 \quad 焦磷酸$$

$$P_4O_{10}+6H_2O = 4H_3PO_4 \quad 磷酸$$

H_3PO_4加热脱水，又能相继制得其他两种酸：

$$2H_3PO_4 \xrightarrow{250\ ℃} H_4P_2O_7+H_2O\uparrow$$

$$4H_3PO_4 \xrightarrow{300\ ℃} (HPO_3)_4+4H_2O\uparrow$$

下面重点介绍磷酸和亚磷酸。

① 磷酸。市售磷酸为无色透明的黏稠液体，密度为$1.6\ g\cdot cm^{-3}$。磷酸(H_3PO_4)是三元中强酸，氧化性弱、无挥发性。磷酸具有很强的配位能力，能与许多金属离子形成可溶性的配合物。例如，含有Fe^{3+}的溶液常呈黄色，加入H_3PO_4后黄色立即消失，这是由于生成了无色的$[Fe(PO_4)_2]^{3-}$、$[Fe(HPO_4)_2]^-$等。

H_3PO_4是重要的无机酸，大量用于生产各种磷肥，也是制备某些医药及磷酸盐的原料。此外，还用在电镀、塑料、有机合成、食品等工业。工业上生产H_3PO_4一般以磷灰石为原料，用76%左右的H_2SO_4进行复分解制得：

$$Ca_3(PO_4)_2+3H_2SO_4 = 3CaSO_4+2H_3PO_4$$

纯的H_3PO_4多以白磷为原料，在充足的空气中燃烧得到P_4O_{10}后，用水吸收，再经过除杂等工序制得。

② 亚磷酸。亚磷酸(H_3PO_3)是二元中强酸，分子中有1个H原子直接与P原子相连，故该H原子不易解离。H_3PO_3受热发生歧化反应，生成H_3PO_4和PH_3（膦）：

$$4H_3PO_3 \xlongequal{\triangle} 3H_3PO_4+PH_3\uparrow$$

H_3PO_3具有相当强的还原性，放置时能逐渐被氧化成H_3PO_4。在溶液中H_3PO_3能将不活泼金属的离子还原为金属单质：

$$H_3PO_3+CuSO_4+H_2O = Cu\downarrow+H_3PO_4+H_2SO_4$$

$$H_3PO_3+HgCl_2+H_2O = Hg\downarrow+H_3PO_4+2HCl$$

(2) 磷酸盐。H_3PO_4可以形成1种正盐和2种酸式盐，例如，Na_3PO_4（磷酸钠）、Na_2HPO_4（磷酸氢二钠）、NaH_2PO_4（磷酸二氢钠）。

磷酸盐在水中的溶解度差异很大，正盐和磷酸二氢盐中除了Na^+、K^+、NH_4^+的盐外大多难溶于水。磷酸氢盐均易溶于水。

可溶性磷酸盐在溶液中有不同程度的水解，PO_4^{3-}和其他多元弱酸根一样，分步水解，以第一步水解为主：

$$PO_4^{3-}+H_2O \rightleftharpoons HPO_4^{2-}+OH^-$$

因此，Na_3PO_4溶液有很强的碱性。

HPO_4^{2-}和$H_2PO_4^-$在水溶液中既有解离，又有水解：

$$HPO_4^{2-} \rightleftharpoons H^++PO_4^{3-} \qquad K_3^\ominus=4.2\times10^{-13}(298\ K)$$

$$HPO_4^{2-}+H_2O \rightleftharpoons H_2PO_4^-+OH^-$$

$$H_2PO_4^- \rightleftharpoons H^++HPO_4^{2-} \qquad K_2^\ominus=6.3\times10^{-8}(298\ K)$$

$$H_2PO_4^-+H_2O \rightleftharpoons H_3PO_4+OH^-$$

HPO_4^{2-}解离平衡常数$K_3^\ominus$较小，故以水解反应为主，溶液呈弱碱性。

$H_2PO_4^-$的解离平衡常数$K_2^\ominus$较大，以解离为主，故溶液呈弱酸性。

H_3PO_4的3种钠盐都可由H_3PO_4和NaOH直接合成，只要严格控制溶液的酸度，即可制备其任何一种钠盐，实际生产中所控制的条件如下：

$$H_3PO_4+NaOH \xlongequal{pH=4.0\sim4.2} NaH_2PO_4+H_2O$$

$$H_3PO_4+2NaOH \xlongequal{pH=8.0\sim8.4} Na_2HPO_4+2H_2O$$

$$H_3PO_4+3NaOH \xlongequal{强碱性} Na_3PO_4+3H_2O$$

在工农业和日常生活中，磷酸盐有着广泛的用途。KH_2PO_4 是重要的磷钾肥。Na_3PO_4 常被用作锅炉除垢剂、金属防护剂、橡胶乳汁凝固剂、织物丝光增强剂，以及洗衣粉的添加剂。检测表明，造成江、湖水质富营养化的磷污染的主要来源是流失的磷肥和生活污水中的含磷洗涤剂，推广使用无磷洗涤剂是减少磷污染的有效措施。

（六）碳的含氧化合物

1. 碳的氧化物

（1）一氧化碳。CO 是无色、无臭的有毒气体，它是煤炭及烃类燃料在氧气不足的条件下不充分燃烧产生的。当空气中 CO 的体积分数达到 0.1%时，就会引起中毒。它能和血液中的血红蛋白结合，破坏其输氧功能（CO 与血红蛋白中的 Fe^{2+} 的结合力比 O_2 大 210 倍），使人的心、肺和脑组织受到严重损伤，甚至导致死亡。

在工业上，CO 用途广泛。多数工业燃料中含有 CO，例如，以下几种燃气中 CO 占有相当比例。

水煤气：CO 40%～50%，H_2 45%～50%，CO_2 3%～7%，N_2 4%～5%。

发生炉煤气：CO 20%～35%，H_2 5%～10%，N_2 55%～65%。

干馏煤气：H_2 45%～54%，CH_4 28%～34%，CO 8%～10%，CO_2 及 N_2 6%～7%。

CO 也是冶炼金属的重要还原剂，例如：

$$FeO+CO \xlongequal{\triangle} Fe+CO_2$$

CO 具有加合性，在一定条件下能以 C 原子上的孤对电子配位，与金属单质作用生成金属羰基化合物，如 $Ni(CO)_4$、$Fe(CO)_5$ 等，它们在有机催化和金属提纯等方面具有重要意义。

（2）二氧化碳。CO_2 是无色、无臭的气体，易液化，常温加压成液态，储存在钢瓶中。液态 CO_2 汽化时能吸收大量的热，部分 CO_2 被冷却为雪花状固体，称为“干冰”。干冰是分子晶体，熔点很低，在−78.5 ℃升华，是低温制冷剂，广泛用于化学与食品工业。

CO_2 能溶于水，20 ℃时 1 L 水中约溶解 0.9 L CO_2，溶解的 CO_2 只有一部分生成碳酸（H_2CO_3），饱和 CO_2 的水溶液 pH 约为 4。

实验室常由盐酸和 $CaCO_3$ 作用来制备 CO_2：

$$CaCO_3+2HCl = CaCl_2+CO_2\uparrow+H_2O$$

工业上，CO_2 主要来自煅烧石灰石或发酵工业的副产物：

$$CaCO_3 \xlongequal{\triangle} CaO+CO_2$$

$$C_6H_{12}O_6(葡萄糖) \xlongequal{发酵} 2C_2H_5OH(乙醇)+2CO_2\uparrow$$

CO_2 是重要的工业气体，大量用于制碱工业（Na_2CO_3、$NaHCO_3$），与 NH_3 作用还能制备尿素：

$$2NH_3+CO_2 = (NH_2)_2CO+H_2O$$

CO_2 在制冷剂、灭火剂及食品工业等方面都有应用。

【拓展应用】

二氧化碳基生物降解材料

众所周知，二氧化碳是温室效应的“元凶”。不过鲜为人知的是，它还是一种廉价的碳氧资源。从结构上看，二氧化碳可视为碳酸的酸酐，且具有不饱和键，因此在合适的催化剂存在下，二氧化碳具有与其他单体合成高分子材料的可能性。

二氧化碳和环氧丙烷的共聚物(PPC),即二氧化碳基塑料,在实现二氧化碳再生利用和彰显环保效应上“天赋异禀”。与普通塑料一样,废弃的二氧化碳基塑料制品可通过回收利用、高温焚烧和填埋等方式处理。不同的是,如果通过高温焚烧处理,二氧化碳基塑料只会产生二氧化碳和水,不会产生有害烟雾。如果通过填埋处理,二氧化碳基塑料则在短短6个月内便能完全堆肥降解,不会对环境造成二次污染。此外,二氧化碳基塑料还是生物降解塑料中气体阻隔性很好的材料,可在薄膜包装和农用地膜等方面大展拳脚。采用二氧化碳为主要原材料(聚合物中二氧化碳的质量分数超过40%),其成本也大大低于其他生物降解材料。

与传统的以石油为原料制成的塑料相比,二氧化碳基塑料既能减少二氧化碳排放,缓解温室气体效应,还能从根源上彻底解决全球性的“白色污染”问题,几乎堪称“完美材料”。若能解决催化剂的活性和选择性困局,二氧化碳就能成为高分子工业有竞争力的新单体。

2. 碳的含氧酸及其盐

(1) 碳酸。H_2CO_3 很不稳定,只能在水溶液中存在,是二元弱酸,电离式如下:

$$H_2CO_3 \rightleftharpoons H^+ + HCO_3^- \qquad K_1^\ominus = 4.45\times10^{-7}(298\ \mathrm{K})$$

$$HCO_3^- \rightleftharpoons H^+ + CO_3^{2-} \qquad K_2^\ominus = 4.69\times10^{-11}(298\ \mathrm{K})$$

(2) 碳酸盐。H_2CO_3 能形成正盐和酸式盐,它们的溶解性和热稳定性有着显著差异。多数碳酸盐难溶于水,而工农业上常用的 Na_2CO_3、K_2CO_3、$(NH_4)_2CO_3$ 易溶于水。就难溶的碳酸盐来说,其相应的酸式盐通常比正盐的溶解度大一些。

碳酸盐分解的产物通常是金属氧化物和 CO_2。比较其热稳定性,大致有以下规律:碳酸<酸式碳酸盐<碳酸盐。例如:

$$H_2CO_3 \xlongequal{\text{常温}} H_2O + CO_2\uparrow$$

$$2NaHCO_3 \xlongequal{150\ ℃} Na_2CO_3 + H_2O + CO_2\uparrow$$

$$Na_2CO_3 \xlongequal{>1\,800\ ℃} Na_2O + CO_2\uparrow$$

各种金属离子的碳酸盐热稳定性顺序为:铵盐<过渡金属盐<碱土金属盐<碱金属盐。例如:

$$(NH_4)_2CO_3 \xlongequal{58\ ℃} 2NH_3\uparrow + CO_2\uparrow + H_2O$$

$$ZnCO_3 \xlongequal{350\ ℃} ZnO + CO_2\uparrow$$

$$CaCO_3 \xlongequal{910\ ℃} CaO + CO_2\uparrow$$

(七) 硅的含氧化合物

1. 硅的氧化物

在自然界中,SiO_2 遍布于岩石、土壤及许多矿石中。有晶体和无定形两种。石英是常见的 SiO_2 天然晶体,无色透明的石英叫水晶。硅藻土是天然无定形的 SiO_2,为多孔性物质,工业上常用作吸附剂及催化剂的载体。

SiO_2 与 CO_2 的化学组成相似,但结构和物理性质迥然不同。CO_2 是分子晶体,SiO_2 是原子晶体(图 3-2-12)。SiO_2 中,每个硅原子位于4个氧原子的中心,并分别与氧原子以单键相连,氧原子又分别与两个硅原子相连,由此形成基于硅氧四面体 SiO_4 的原子晶体。因此,SiO_2 与干冰不同,它的熔点、沸点都很高。

石英在 1 600 ℃时,熔化成黏稠液体,当急剧冷却时,由于黏度大,不易结晶,而形成石英玻璃。它的热膨胀系数小,能耐温度的剧变,故可用于制造耐高温的高级玻璃仪器。石英玻璃虽有较高的耐酸性,但能被 HF 所腐蚀生成 SiF_4。SiO_2 是酸性氧化物,能与热的浓碱液作用生成硅酸盐:

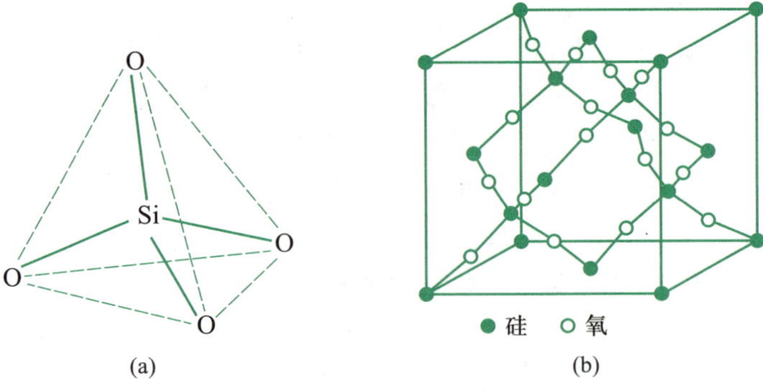

图 3-2-12 (a)硅氧四面体 SiO_4 和(b)β-方石英的晶体结构图

$$SiO_2+2NaOH \xlongequal{\triangle} Na_2SiO_3+H_2O$$

$$SiO_2+Na_2CO_3 \xlongequal{\triangle} Na_2SiO_3+CO_2\uparrow$$

以 SiO_2 为主要原料的玻璃纤维与聚酯类树脂复合成的材料称为玻璃钢,广泛用于飞机、汽车、船舶、建筑和家具等行业,以取代各种合金材料。用高纯度石英玻璃熔融体拉丝可以制备石英光纤,其传输波长范围宽,能提供更多的通信通路,能满足大容量通信系统的需要,在现代通讯中应用广泛。

2. 硅的含氧酸及其盐

(1) 硅酸。硅酸是 SiO_2 的水合物(但不能由 SiO_2 与 H_2O 作用制得,因 SiO_2 不溶于水),它种类很多,且组成随形成时的条件而变,常以通式 $xSiO_2\cdot yH_2O$ 表示。现已证明,(正)硅酸(H_4SiO_4)、偏硅酸(H_2SiO_3)、焦硅酸($H_6Si_2O_7$)和二偏硅酸($H_2Si_2O_5$)具有一定稳定性并能独立存在。

硅酸($K_1^\ominus=2.5\times10^{-10}$,$K_2^\ominus=1.6\times10^{-12}$,298 K)是比 H_2CO_3 还弱的二元酸,溶解度很小,很容易被其他的酸(甚至碳酸、醋酸)从硅酸盐中置换出来。

$$SiO_3^{2-}+CO_2+H_2O = H_2SiO_3\downarrow+CO_3^{2-}$$

$$SiO_3^{2-}+2HAc = H_2SiO_3\downarrow+2Ac^-$$

开始析出的单分子硅酸可溶于水,所以并不沉淀。随后逐步聚合成多硅酸后才生成硅酸溶胶或凝胶。在浓度较大的 Na_2SiO_3 溶液中加入 H_2SO_4 或 HCl,则得到硅酸凝胶,经洗涤、干燥变成硅胶。

硅胶是白色稍透明的固体物质,具有许多极细小的孔隙,硅胶的内表面积可达 800~900 $m^2\cdot g^{-1}$,吸附能力很强,是优良的干燥剂。更可贵的是,它能耐强酸,可广泛用于气体干燥或吸收、液体脱水和色层分析等,也可用作催化剂或催化剂载体。市售品有球形和不规则形两种,含水分 3%~7%,吸湿量可达自重的 40%左右。

(2) 硅酸盐。硅酸盐在自然界分布很广,种类繁多、结构复杂,大多是硅铝酸盐,均难溶于水。以下为常见的天然硅酸盐。

正长石:$K_2O\cdot Al_2O_3\cdot 6SiO_2$

高岭土:$Al_2O_3\cdot 2SiO_2\cdot 2H_2O$

白云母:$K_2O\cdot 3Al_2O_3\cdot 6SiO_2\cdot 2H_2O$

石棉:$3MgO\cdot 2SiO_2\cdot 2H_2O$

泡沸石:$Na_2O\cdot Al_2O_3\cdot 2SiO_2\cdot nH_2O$

高岭土是黏土的基本成分,纯高岭土是制造瓷器的原料,正长石、云母和石英是构成花岗岩的主要成分。

Na_2SiO_3 是颇有实用价值的硅酸盐。制备时将石英砂与纯碱按一定比例混匀、加热熔融即得 Na_2SiO_3 熔体。它呈玻璃状态,能溶于水,故有水玻璃之称,工业上称为泡花碱,因常含有铁类的杂质而呈浅绿色。

用作黏合剂、木材及织物的防火处理、肥皂的填充剂和发泡剂等。

（八）硼的含氧化合物

1. 硼的氧化物

三氧化二硼（B_2O_3）是白色固体，也称硼酸酐或硼酐，常见的有晶体和无定形两种，晶体比较稳定。将硼酸加热到熔点以上即得 B_2O_3：

$$2H_3BO_3 \xlongequal{\triangle} B_2O_3+3H_2O\uparrow$$

B_2O_3 用于制造抗化学腐蚀的玻璃和某些光学玻璃，熔融的 B_2O_3 能和许多金属氧化物作用，显出各种特征颜色，如 $NiO\cdot B_2O_3$ 显绿色，它们常用于搪瓷、珐琅工业的彩绘装饰中。作为无机材料后起之秀的硼纤维，是具有多种优良性能的新型材料。

2. 硼的含氧酸及其盐

（1）硼酸。硼的含氧酸有多种，如偏硼酸（HBO_2）、（正）硼酸（H_3BO_3）和四硼酸（$H_2B_4O_7$）等。H_3BO_3 脱水后得到 HBO_2，进一步脱水得到 B_2O_3。反之，将 B_2O_3、HBO_2 溶于水，又重新生成 H_3BO_3。

在工业上，H_3BO_3 由 H_2SO_4 或 HCl 分解硼砂矿而制得：

$$Na_2B_4O_7+H_2SO_4+5H_2O \xlongequal{} 4H_3BO_3+Na_2SO_4$$

H_3BO_3 是无色、微带珍珠光泽的片状晶体，具有层状晶体结构（图 3-2-13），晶体内各片层之间容易滑动，所以 H_3BO_3 可用作润滑剂。

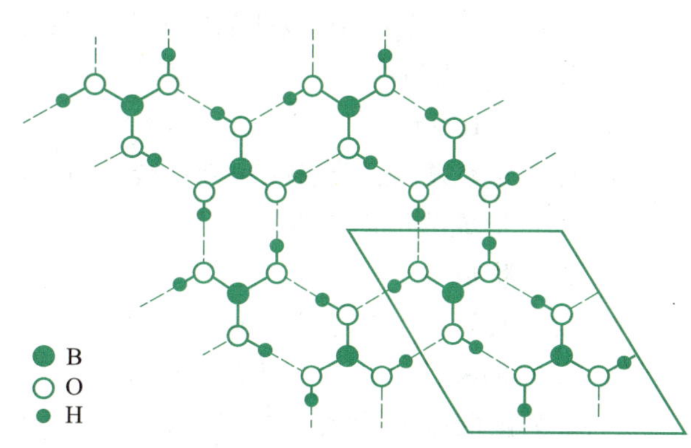

图 3-2-13　（正）硼酸的层状结构

H_3BO_3 微溶于冷水，易溶于热水。它不是三元酸，而是一元弱酸（$K^\ominus=5.81\times10^{-10}$）。它在水中所表现出来的酸性并非来自硼酸本身解离出的 H^+，而是由 H_3BO_3 中 B 原子接受 H_2O 所解离出来的 OH^-，形成配离子 $[B(OH)_4]^-$，从而使溶液中 H^+ 浓度增大的结果，这也正好体现了硼原子的缺电子特点。

H_3BO_3 在医药上用作防腐、消毒剂，还大量用在玻璃、陶瓷和搪瓷工业中。

（2）硼砂。和硅元素类似，硼元素也可以形成多种结构复杂的含氧酸盐。硼砂 $[Na_2B_4O_5(OH)_4\cdot 8H_2O]$，常写为 $Na_2B_4O_7\cdot 10H_2O$，又称四硼酸钠，是硼的含氧酸盐中最重要的一种，为白色透明晶体，易风化。硼砂在水中的溶解度随温度升高而明显增大，见表 3-2-8，所以常采用重结晶法精制。

表 3-2-8　硼砂的溶解度随温度变化

温度 t/℃	10	50	100
硼砂溶解度 $s/[g\cdot(100\ g\ H_2O)^{-1}]$	1.6	10.6	52.5

硼砂的水解反应如下：

$$B_4O_7^{2-}+7H_2O \rightleftharpoons 4H_3BO_3+2OH^- \rightleftharpoons 2H_3BO_3+2[B(OH)_4]^-$$

从上式可以看出，加酸则平衡右移，可由硼砂制得 H_3BO_3。加碱则平衡左移，又可由 H_3BO_3 制得硼砂。

硼砂受热时先失去部分结晶水成为蓬松状物质，体积膨胀，加热至 350~400 ℃时，脱水成为无水盐 $Na_2B_4O_7$，在 878 ℃时熔融，冷却后成为玻璃状体。Fe、Co、Ni、Mn 等金属氧化物能与其作用并显出不同颜色，如 $2NaBO_2\cdot Co(BO_2)_2$ 为蓝色，$2NaBO_2\cdot Mn(BO_2)_2$ 为绿色。分析化学上利用这一性质初步检验某些金属离子，叫作硼砂珠试验。

硼砂主要用在玻璃和搪瓷工业。它在玻璃中可增加紫外线的透射率，提高玻璃的透明度和耐热性能。

在搪瓷制品中,可使瓷釉不易脱落并使其具有光泽。硼砂能溶解金属氧化物,焊接金属时常用它作助熔剂。硼砂还是医药上的防腐剂和消毒剂。此外,在实验室中常用硼砂作为标定酸浓度的基准物或配制缓冲溶液等。后者是因为硼砂水解生成等物质的量的 H_3BO_3 和 $[B(OH)_4]^-$,它们恰好是一个缓冲对,且浓度相等,20 ℃时该缓冲溶液的 pH 为 9.23。

练习巩固

一、选择题

1. 实验室制备卤化氢,正确的叙述是(　　)。

A. 直接合成法不只限于生产 HCl,其他卤化氢也可以用直接合成法生产

B. 浓 H_2SO_4 与卤化物发生复分解反应可以制取所有的卤化氢

C. 非金属卤化物水解制取卤化氢只限于 HBr 和 HI,这是因为氟、氧的非金属化合物不能发生水解

D. 将水滴在红磷和碘的固态混合物上,会顺利产生 HI

2. 下列各对含氧酸中,酸性强弱关系错误的是(　　)。

A. $H_2SiO_3>H_3PO_4$　　B. $H_2SO_4>H_2SO_3$

C. $HNO_3>HNO_2$　　D. $HClO_4>HClO$

3. 有关元素氟、氯、溴、碘的共性,错误的描述是(　　)。

A. 都可形成共价化合物　　B. 都可作为氧化剂使用

C. 都可生成离子化合物　　D. 都可溶于水放出氧气

4. 硼酸的分子式常写成 H_3BO_3,它是(　　)。

A. 二元弱酸　　B. 一元弱酸　　C. 三元弱酸　　D. 强酸

5. 下列碳酸盐中,热稳定性最强的是(　　)。

A. Ag_2CO_3　　B. Na_2CO_3　　C. $CaCO_3$　　D. $(NH_4)_2CO_3$

6. 在实验中要制得干燥的氨气,需要选用的干燥剂是(　　)。

A. 五氧化二磷　　B. 碱石灰　　C. 无水氯化钙　　D. 浓硫酸

7. 将 H_2O_2 加到用 H_2SO_4 酸化的 $KMnO_4$ 溶液中,放出 O_2,H_2O_2 的作用是(　　)。

A. 氧化 $KMnO_4$　　B. 氧化 H_2SO_4　　C. 还原 $KMnO_4$　　D. 还原 H_2SO_4

二、问答题

1. 在氢卤酸中,氢氟酸有哪些特殊的性质?

2. 比较 O_2 和 O_3 的性质。

3. 哪些事实说明 O_2 中有 3 电子 Π 键?

4. 从安全的角度出发,说明浓 H_2SO_4 有哪些性质需要特别重视。

5. 举例说明 NO_2 在不同介质中的氧化还原性,何者为主?

综合提高

1. 解释下列现象：

(1) $AgNO_3$ 存放在棕色瓶中。

(2) 银器在含有 H_2S 的空气中会慢慢变黑。

(3) 埋在湿土中的铜钱变绿。

(4) 在含 Fe^{3+} 的盐溶液中通入 H_2S，得不到 Fe_2S_3 沉淀。

2. 蒸发 $CoCl_2$ 溶液时，在蒸发容器的壁边有蓝色物质出现，当用水冲洗时，又变成粉红色，试解释原因。

3. 商品 NaOH 中为什么常含有杂质 Na_2CO_3？试用最简单的方法检查其是否存在，并设法除去。

4. 怎样用简便的方法鉴别以下 6 种气体？

CO_2、NH_3、NO、H_2S、SO_2、NO_2

5. 一种无色的钠盐晶体 A，易溶于水，向所得的水溶液中加入稀 HCl，有淡黄色沉淀 B 析出，同时放出刺激性气味气体 C，C 通入 $KMnO_4$ 溶液可使其褪色；C 通入 H_2S 溶液又生成 B，若通入 Cl_2 于 A 溶液中，再加入 $BaCl_2$ 则产生不溶于酸的白色沉淀 D，试据以上反应现象推断 A、B、C、D 各为何物，并写出反应方程式。

主题四

有机化合物及其应用

学习目标

知识目标：

1. 了解烃的来源、分类、结构特点、同分异构现象、物理性质及其变化规律，各类烃的制法与用途；熟悉重要烃的主要性质及其在生产、生活中的主要作用；

2. 了解各类烃的衍生物（卤代烃、含氧有机化合物、含氮有机化合物）的分类、结构特点、理化与安全特性及制备方法；熟悉各类重要烃的衍生物的主要性质及其在生产、生活中的主要作用；

3. 掌握有机化合物的系统命名方法，熟悉常见有机化合物的化学名称和常用名称；

4. 掌握常见的有机化合物官能团与有机化合物性质之间的关系；

5. 熟悉常见的有机反应类型及反应规律，理解一定条件下有机化合物之间相互转化的特性。

能力目标：

1. 能依据命名规则正确命名各类有机化合物；

2. 能根据各类烃、卤代烃、含氧有机化合物和含氮有机化合物的特性，识别相应的物质；

3. 能根据常见有机化合物的结构特点推测其性质，并建立结构与性质之间的联系；

4. 能依据有机反应类型的反应规律，设计典型有机化合物的合成路线。

素养目标：

1. 通过对有机化合物相关知识的学习，建立“结构决定性质、性质反映结构”的科学理念和“安全、环保、责任”的职业意识，培养化学核心素养；

2. 通过有机化合物相关知识的学习，培养学生追求真理、勇于创新的科学精神和刻苦钻研、精益求精的工匠精神。

思维导图

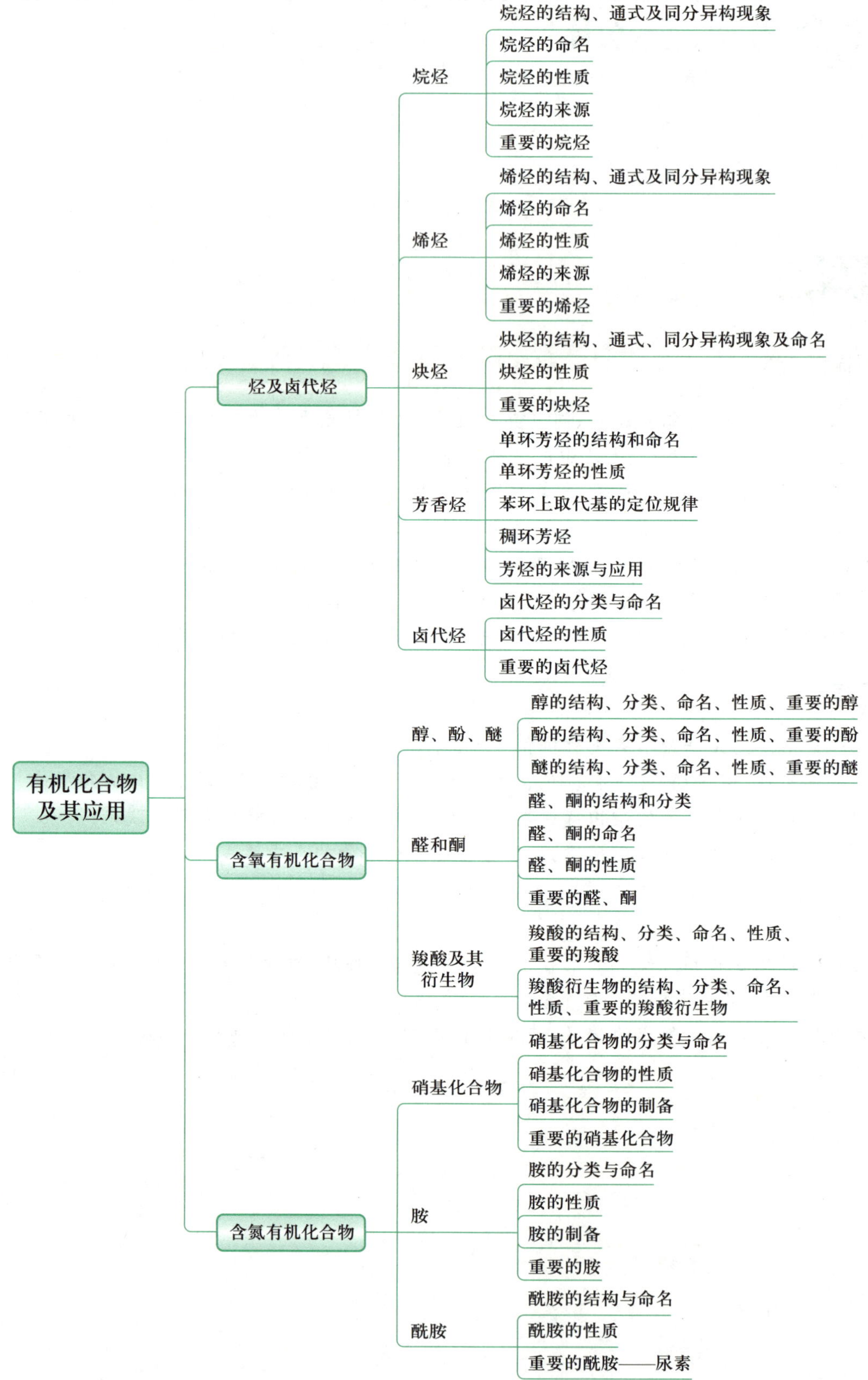
有机化合物及其应用
烃及卤代烃
烷烃
烷烃的结构、通式及同分异构现象
烷烃的命名
烷烃的性质
烷烃的来源
重要的烷烃
烯烃
烯烃的结构、通式及同分异构现象
烯烃的命名
烯烃的性质
烯烃的来源
重要的烯烃
炔烃
炔烃的结构、通式、同分异构现象及命名
炔烃的性质
重要的炔烃
芳香烃
单环芳烃的结构和命名
单环芳烃的性质
苯环上取代基的定位规律
稠环芳烃
芳烃的来源与应用
卤代烃
卤代烃的分类与命名
卤代烃的性质
重要的卤代烃
含氧有机化合物
醇、酚、醚
醇的结构、分类、命名、性质、重要的醇
酚的结构、分类、命名、性质、重要的酚
醚的结构、分类、命名、性质、重要的醚
醛和酮
醛、酮的结构和分类
醛、酮的命名
醛、酮的性质
重要的醛、酮
羧酸及其衍生物
羧酸的结构、分类、命名、性质、重要的羧酸
羧酸衍生物的结构、分类、命名、性质、重要的羧酸衍生物
含氮有机化合物
硝基化合物
硝基化合物的分类与命名
硝基化合物的性质
硝基化合物的制备
重要的硝基化合物
胺
胺的分类与命名
胺的性质
胺的制备
重要的胺
酰胺
酰胺的结构与命名
酰胺的性质
重要的酰胺——尿素

第一节　烃及卤代烃

情境呈现

物质世界中存在着一类“有生命力之物”(称作有机化合物),如图 4-1-1 所示,你知道这类物质的组成与结构特点吗？你在使用化妆品、护手霜、防冻液的时候是否想过它们是由什么组成的？你在给你的汽车加油时是否想过汽油主要化学组成是什么？为什么很多物品,小到服装鞋帽、家用燃气,大到建材、车辆、运动场地材料,越来越多地被石油化工产品所替代？通过本节的学习,你可以得到相应的启迪。

图 4-1-1　生活中的有机化合物

一、烷烃

烃是一类分子内只含有碳原子和氢原子的有机化合物。烃是最简单的有机化合物,其他有机化合物可视为烃的衍生物。其中,碳碳之间以单键连接而成的烃称为饱和烃,也可称为烷烃。

(一) 烷烃的结构、通式及同分异构现象

1. 烷烃的结构

烷烃是最简单的烃。烷烃分子中的碳原子可以排列成链状或者环状,链状的称为脂肪烃,环状的称为环烷烃。

碳原子排列成链状:

```
   H   H   H   H   H
   |   |   |   |   |
H—C—C—C—C—C—H
   |   |   |   |   |
   H   H   H   H   H
```

戊烷

碳原子排列成环状:

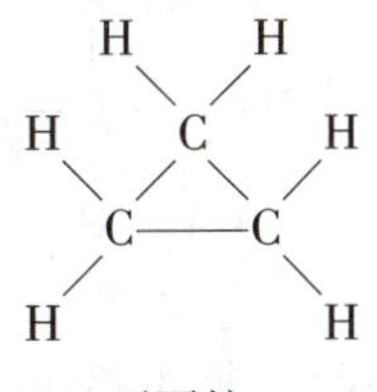

环丙烷

链状和环状的结构都可以有碳链的分支。如:

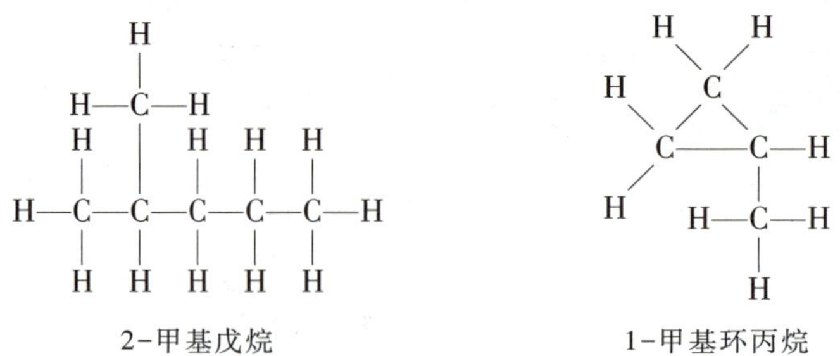

烷烃的结构式可以进行简化。对于直链烷烃和支链烷烃，如戊烷的分子结构式，可写成 $CH_3—CH_2—CH_2—CH_2—CH_3$，又可写成 $CH_3CH_2CH_2CH_2CH_3$。

对于环状烷烃，原子间的成键可以用一条直线来表示。

动画：甲烷的分子结构

每个顶点代表一个碳原子，每个碳原子可形成 4 个化学键，所以可以读出每个碳原子上成键的氢原子数。

最简单的烷烃为甲烷。下面以甲烷为例研究烷烃的空间结构。

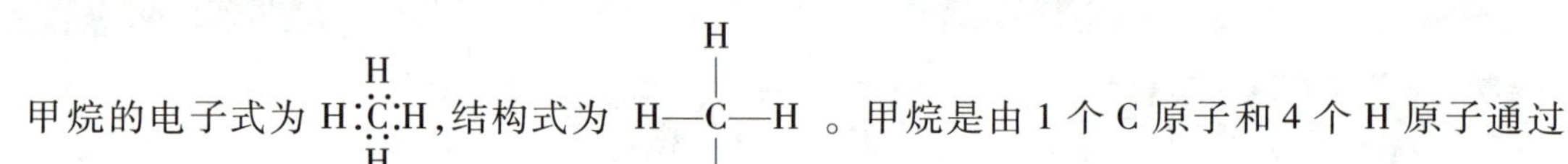

甲烷的电子式为 H:C:H（上下各一个 H），结构式为 H—C—H（上下各一个 H）。甲烷是由 1 个 C 原子和 4 个 H 原子通过共价键结合而成的。甲烷分子中的 C 原子在成键时首先形成 4 个完全相同的 sp^3 杂化轨道，再与氢原子的 1 s 轨道交叉重叠，形成 4 个完全相等的 C—H 键，键长为 0.110 nm，键角为 109.5°。因此，甲烷的空间结构为正四面体结构，C 原子处于正四面体的中心位置，和 C 原子相连的 4 个 H 原子位于正四面体的 4 个顶点。如图 4-1-2 所示。

动画：sp^3 杂化轨道

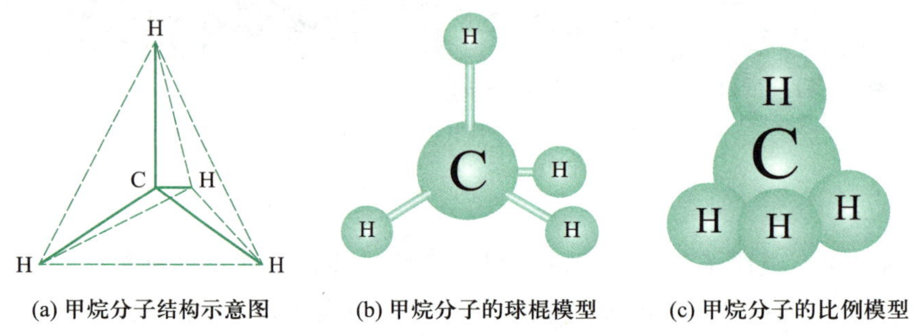

(a) 甲烷分子结构示意图 (b) 甲烷分子的球棍模型 (c) 甲烷分子的比例模型

图 4-1-2 甲烷分子示意图及模型

2. 烷烃的通式与同系物

在烷烃中，甲烷（CH_4）、乙烷（C_2H_6）、丙烷（C_3H_8）和丁烷（C_4H_{10}）都是比较常用的燃料。从以下烷烃的分子式不难看出，每增加 1 个 C 原子，就必然增加 2 个 H 原子，因此可以将烷烃的通式总结为：C_nH_{2n+2}。

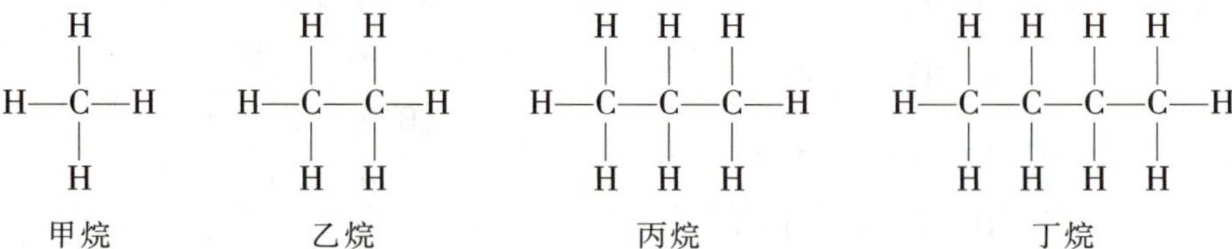

从烷烃的结构式可以看出，每相邻两个烷烃都相差 1 个—CH_2—，称为系差。因此，将结构相似、在分子组成上相差 1 个或若干个—CH_2—原子团的化合物称为同系列，同系列中的各个化合物互为同系物。

同系物的结构存在相似性，它们拥有相似的物理、化学性质，其物理性质会随着相对分子质量的改变呈现出规律性的变化。

3. 烷烃的同分异构现象

烷烃同系物中，甲烷、乙烷和丙烷分子中的 C 原子只有一种连接方式，因此没有构造上的不同。从丁烷开始，C 原子之间存在不止一种连接方式，出现了构造上的异构现象。如正丁烷（C_4H_{10}）和异丁烷（C_4H_{10}），两者的 C 原子数和 H 原子数都相同，但碳链结构不同。

$$CH_3CH_2CH_2CH_3 \qquad \begin{array}{c} CH_3CHCH_3 \\ | \\ CH_3 \end{array}$$

正丁烷　　　　异丁烷

动画：丁烷分子的构象

化合物具有相同的分子式，但具有不同结构的现象叫作同分异构现象。具有同分异构现象的化合物互称为同分异构体。又如，戊烷有 3 种同分异构体：

$$CH_3—CH_2—CH_2—CH_2—CH_3 \qquad \begin{array}{l} CH_3—CH—CH_2—CH_3 \\ \qquad\;\; | \\ \qquad CH_3 \end{array} \qquad \begin{array}{c} CH_3 \\ | \\ CH_3—C—CH_3 \\ | \\ CH_3 \end{array}$$

正戊烷　　　　异戊烷　　　　新戊烷

随着分子中 C 原子数的增加，烷烃同分异构现象会越来越复杂，同分异构体的数目也将迅速增加。表 4-1-1 列出了部分烷烃同分异构体的数目。

表 4-1-1　部分烷烃同分异构体的数目

C 原子数	同分异构体数	C 原子数	同分异构体数	C 原子数	同分异构体数
1～3	1	7	9	11	159
4	2	8	18	12	355
5	3	9	35	15	4 374
6	5	10	75	20	366 319

【课堂讨论】

己烷和庚烷各有几种同分异构体？写出它们的分子结构式。

（二）烷烃的命名

烷烃的命名法是有机化合物命名的基础，常用的有普通命名法和系统命名法。在掌握命名方法之前，应先了解一下碳原子的类型和烷基。

1. 碳原子类型和氢原子类型

根据碳架中碳原子之间的连接方式不同，可将碳原子分为 4 种类型。碳架中只与 1 个 C 原子直接相连的 C 原子称为伯 C 原子，记作 1°C；与 2 个 C 原子直接相连的 C 原子称为仲 C 原子，记作 2°C；与 3 个 C 原子直接相连的 C 原子称为叔 C 原子，记作 3°C；与 4 个 C 原子直接相连的 C 原子称为季 C 原子，记作 4°C。如：

$$\begin{array}{l} \qquad\quad 1° \\ \qquad\quad CH_3 \\ 1° \quad 4° \,| \quad 2° \qquad 3° \qquad 1° \\ CH_3—C—CH_2—CH—CH_3 \\ \qquad\;\; | \qquad\qquad\;\; | \\ \quad 1°CH_3 \qquad 1°CH_3 \end{array}$$

与伯、仲、叔碳原子相连的 H 原子依次称为伯 H 原子（1°H）、仲 H 原子（2°H）、叔 H 原子（3°H）。不同类型的 H 原子的反应活性不同，活性顺序为 3°H>2°H>1°H。

2. 烷基

烷烃分子中去掉一个或几个氢原子后剩下的基团叫作烷基，常用“R—”来表示，烷基的通式可表示为 C_nH_{2n+1}—。常见的烷基有：甲基（CH_3—）、乙基（CH_3CH_2—或 C_2H_5—）、正丙基（$CH_3CH_2CH_2$—）、异丙基[（CH_3）$_2$CH—]、正丁基（$CH_3CH_2CH_2CH_2$—）等。

3. 普通命名法

普通命名法又称习惯命名法，其基本原则如下。

（1）根据分子中碳原子数目称为“某烷”。当碳原子数在 10 以内时，我国习惯上用天干表示碳原子的数目，依次用甲、乙、丙、丁、戊、己、庚、辛、壬、癸来表示，例如，CH_4 叫甲烷、C_2H_6 叫乙烷、C_3H_8 叫丙烷……$C_{10}H_{22}$ 叫癸烷；当碳原子数超过 10 时，则用中文小写数字后加烷字来表示，例如：$C_{11}H_{24}$ 叫十一烷、$C_{20}H_{42}$ 叫二十烷等。

（2）为了区别异构体，直链烷烃称为“正”某烷，“正”字可省略；1 个链端有 2 个甲基而无其他支链的烷烃称为“异”某烷；1 个链端至少有 3 个甲基而无其他支链的烷烃，称为“新”某烷。例如：

```
                                   CH3CHCH2CH3              CH3
                                     |                      |
CH3—CH2—CH2—CH2—CH3                  CH3             CH3—C—CH3
                                                            |
                                                            CH3
     （正）戊烷                       异戊烷                 新戊烷
```

显然，普通命名法有一定的局限性，只适用于结构比较简单的烷烃。对于结构复杂的烷烃必须使用系统命名法。

4. 系统命名法

2017 年，中国化学会有机化学命名审定委员会根据 IUPAC 命名原则，结合我国的文字特点制定了《有机化合物命名原则》（2017 版），即 2017 版 CCS 命名法。主要原则概括如下。

（1）直链烷烃的命名和普通命名法相似，但命名中不加“正”字。根据分子中碳原子数称为“某烷”。例如：

$CH_3CH_2CH_3$	$CH_3(CH_2)_6CH_3$	$CH_3(CH_2)_{10}CH_3$
丙烷	辛烷	十二烷

（2）带支链的烷烃按下列步骤命名。

① 选主链。在分子中，选择一条最长的碳链作为主链，根据主链碳原子数目称之为“某烷”，将主链以外的其他烷基看作是主链的取代基（支链）。选择主链有几种可能时，则应选择含支链最多、最长的碳链为主链。

② 编位号。遵循最低位次排列规则。首先从离支链最近的一端开始，用阿拉伯数字 1、2、3…对主链碳原子进行编号，以确定取代基（支链）的位置。例如：

```
                                   CH3
 1     2     3     4     5     6|   7     8     9
CH3—CH—CH2—CH2—CH—C—CH2—CH2—CH3
     |                 |     |
     CH3       CH3—CH2     CH3
```

若有两个不同支链且分别处于距主链两端相同距离的位置，应按取代基英文名称首字母的顺序进行编号。例如：

```
 8     7     6     5     4     3     2     1
CH3—CH2—CH—CH2—CH2—CH—CH2—CH3
           |                 |
           CH3       CH3—CH2
```

若有两个相同的支链，且分别处于距主链两端相同距离的位置，而中间还有其他支链，则应从支链数

量相对较多的一端开始编号(应使支链位次号之和最小)。例如:

$$\overset{6}{CH_3}-\underset{\displaystyle CH_3}{\overset{5}{CH}}-\overset{4}{CH_2}-\underset{\displaystyle CH_3-CH_2}{\overset{3}{CH}}-\underset{\displaystyle CH_3}{\overset{2}{CH}}-\overset{1}{CH_3}$$

③ 写名称。把支链的位次、数目和名称依次写在主链名称的前面。相同取代基合并计数,用中文数字二、三、四…来表示其数目。不同的取代基,按取代基英文名称的首字母顺序列出。取代基定位数字用逗号隔开,定位数字与取代基名称之间用短线隔开。例如:

$$\overset{1}{CH_3}-\underset{\displaystyle CH_3}{\overset{2}{CH}}-\overset{3}{CH_2}-\overset{4}{CH_2}-\overset{5}{CH_3}$$

2-甲基戊烷

$$\overset{1}{CH_3}\overset{2}{CH_2}-\underset{\displaystyle CH_3}{\overset{\displaystyle CH_3}{\overset{3}{C}}}-\overset{4}{CH_2}\overset{5}{CH_3}$$

3,3-二甲基戊烷

$$\overset{1}{CH_3}-\underset{\displaystyle CH_3}{\overset{2}{CH}}-\underset{\displaystyle CH_3}{\overset{3}{CH}}-\underset{\displaystyle CH_2CH_5}{\overset{4}{CH}}-\overset{5}{CH_2}-\overset{6}{CH_3}$$

4-乙基-2,3-二甲基己烷

识别和掌握常见取代基的结构及其相应的中英文名称是正确写出有机化合物系统名称的基础。表 4-1-2 列出了常见烃基取代基的结构式与中英文名称;表 4-1-3 列出了常见其他取代基的结构式与中英文名称。

表 4-1-2　常见烃基取代基的结构式与中英文名称

结构式	中文名称	英文名称	结构式	中文名称	英文名称
CH_3-	甲基	methyl(Me)	$H_2C{=}CH-$	乙烯基	ethenyl(vinyl)
CH_3CH_2-	乙基	ethyl(Et)	$CH_3CH{=}CH-$	丙烯基 (丙-1-烯基)	prop-1-enyl
$CH_3CH_2CH_2-$	正丙基	propyl(Pr, *n*-Pr)	$CH_2{=}CHCH_2-$	烯丙基 (丙-2-烯基)	allyl (prop-2-enyl)
$\overset{\displaystyle H_3C}{H_3C\overset{\vert}{C}H}-$	异丙基	isopropyl(*i*-Pr)	$CH_2{=}\overset{\displaystyle CH_3}{\overset{\vert}{C}}-$	异丙烯基 (丙-1-烯-2-基)	prop-1-en-2-yl
$CH_3CH_2CH_2CH_2-$	正丁基	butyl(Bu, *n*-Bu)	$HC{\equiv}C-$	乙炔基	ethynyl
$\overset{\displaystyle H_3C}{CH_3CH_2\overset{\vert}{C}H}-$	仲丁基 (1-甲基丙基)	*sec*-butyl(*s*-Bu) (1-methylpropyl)	$H_3CC{\equiv}C-$	丙炔基 (丙-1-炔基)	prop-1-ynyl
$\overset{\displaystyle H_3C}{CH_3\overset{\vert}{C}HCH_2}-$	异丁基 (2-甲基丙基)	isobutyl(*i*-Bu)	$HC{\equiv}CCH_2-$	炔丙基 (丙-2-炔基)	propargyl (prop-2-ynyl)
$H_3C\underset{\displaystyle CH_3}{\overset{\displaystyle CH_3}{C}}-$	叔丁基 (1,1-二甲基乙基)	*tert*-butyl(*t*-Bu) (1,1-dimethylethyl)	(环己基结构式)	环己基	cyclohexyl
$CH_3-\underset{\displaystyle CH_3}{\overset{\displaystyle CH_3}{C}}-CH_2-$	新戊基 (2,2-二甲基丙基)	neopentyl (2,2-dimethylpropyl)	(苯基结构式)	苯基	phenyl(Ph)
$C_6H_5-CH_2-$	苯甲基(苄基)	phenylmethyl (benzyl, Bn)	(邻甲苯基结构式,CH_3)	邻甲苯基	*o*-methylphenyl (*o*-tolyl)

续表

结构式	中文名称	英文名称	结构式	中文名称	英文名称
H_3C-	对甲苯基	*p*-methylphenyl (*p*-tolyl)	CH_3	间甲苯基	*m*-methylphenyl (*m*-tolyl)
	萘-1-基	naphthalen-1-yl		萘-2-基	naphthalen-2-yl
$H_2C=$	甲亚基	methylidene	$CH_3CH=$	乙亚基	ethylidene
$CH_3CH_2CH=$	丙-1-亚基	propan-1-idene	$(CH_3)_2C=$	异丙亚基（丙-2-亚基）	propan-2-idene
$-CH_2-$	甲叉基	methanediyl	$-CH_2CH_2-$	乙-1,2-叉基	ethane-1,2-diyl
$CH_3\overset{\mid}{C}H-$	乙-1,1-叉基	ethane-1,1-diyl	$(CH_3)_2C<$	丙-2,2-叉基	prop-2,2-diyl

注：取代基排序时，英文名称中斜体字部分的字母不参与排序；iso-，neo-等字头则参与排序。

表 4-1-3 常见其他取代基的结构式与中英文名称

结构式	中文名称	英文名称	结构式	中文名称	英文名称
$ClCH_2-$	氯甲基	chloromethyl	$HO-$	羟基	hydroxy
$F-$	氟	fluoro	$HOCH_2-$	羟甲基	hydroxymethyl
$Cl-$	氯	chloro	$RO-$	烷氧基	alkoxy
$Br-$	溴	bromo	O_2N-	硝基	nitro
$I-$	碘	iodo	$ON-$	亚硝基	nitroso
H_2N-	氨基	amino	$NC-$	氰基	cyano
CH_3NH-	甲氨基	methylamino	$HS-$	巯基	sulfanyl
$(CH_3)_2N-$	二甲氨基	dimethylamino	CH_3S-	甲硫基	methylsulfanyl (methylthio)
$HN=$	氨亚基	imino	$S=$	硫亚基	sulfanylidene
$O=$	氧亚基	oxo	$H-\overset{O}{\overset{\Vert}{C}}-$	甲酰基	methanoyl(formyl)
$H_3C-\overset{O}{\overset{\Vert}{C}}-$	乙酰基	ethanoyl (acetyl, Ac)	$Cl-\overset{O}{\overset{\Vert}{C}}-$	氯羰基	chlorocarbonyl
$C_6H_5-\overset{O}{\overset{\Vert}{C}}-$	苯甲酰基	benzoyl	$H_2N-\overset{O}{\overset{\Vert}{C}}-$	氨基羰基	aminocarbonyl (carbamoyl)
$C_6H_{11}-\overset{O}{\overset{\Vert}{C}}-$	环己烷羰基	cyclohexanecarbonyl	$H_3C-\overset{O}{\overset{\Vert}{C}}-O-$	乙酰氧基	acetoxy
$HO-\overset{O}{\overset{\Vert}{C}}-$	羧基	carboxy	$H_3C-\overset{O}{\overset{\Vert}{C}}-NH-$	乙酰氨基	acetamido
$HO-\overset{O}{\overset{\Vert}{C}}-CH_2-$	羧甲基	carboxymethyl	$HO-\underset{O}{\underset{\Vert}{\overset{O}{\overset{\Vert}{S}}}}-O-$	磺酸基	sulfo

（三）烷烃的性质

1. 物理性质

有机化合物的物理性质主要是指它们存在的状态、颜色、气味、溶解度、熔点、沸点、密度等。溶解度、熔点、沸点、密度等都是鉴定有机化合物的常规数据，叫作物理常数。部分烷烃的物理常数列于表 4-1-4 中。

表 4-1-4　部分烷烃的物理常数

名称	常温时的状态	熔点/℃	沸点/℃	相对密度/d_4^{20}
甲烷	气	-182.5	-164.0	0.466(-164 ℃)
乙烷	气	-183.3	-88.6	0.572(-108 ℃)
丙烷	气	-189.7	-42.1	0.500 5
丁烷	气	-138.4	-0.5	0.578 8
戊烷	液	-129.7	36.1	0.626 2
庚烷	液	-90.6	98.4	0.683 8
辛烷	液	-56.8	125.7	0.702 5
癸烷	液	-29.7	174.1	0.730 0
十七烷	固	22.0	301.8	0.778 0(固态)
二十四烷	固	54.0	391.3	0.799 1(固态)

从表 4-1-4 中可以看出，随着碳原子数目的增加，烷烃分子的物理性质呈现规律性的变化：熔点和沸点逐渐升高，密度逐渐增大。此外，烷烃的相对密度都小于 1，没有极性，故几乎难溶于水而易溶于有机溶剂。某些烷烃本身就是很好的有机溶剂。例如，正己烷、汽油都能溶解脂肪，所以在日常生活中常用汽油除去油渍。

2. 化学性质

（1）化学稳定性。烷烃的化学性质稳定，这是因为烷烃分子中的 C—C 键、C—H 键都是 σ 键，不易断裂。烷烃在常温下一般不与强酸、强碱及强氧化剂和还原剂作用。如金属钠可以保存在煤油中。但在一定条件下，烷烃还是能发生一些反应的，如氧化、取代反应等。

（2）氧化反应。烷烃在空气或氧气中点燃，都能燃烧生成二氧化碳和水，并放出大量的热，反应式可概括为：

$$C_nH_{2n+2}+\frac{3n+1}{2}O_2 \xrightarrow{\text{点燃}} nCO_2+(n+1)H_2O+Q$$

这正是汽油、柴油等用作内燃机燃料的基本原理。但这种燃烧是不完全的，特别是在 O_2 不充足的情况下，会生成大量的 CO。

（3）取代反应。烷烃的氢原子可被卤素取代，生成卤代烃，这种取代反应称为卤代反应。不同卤素与烷烃的反应活性为：$F_2>Cl_2>Br_2$，I_2 通常不反应。烷烃和卤素单质（F_2 除外）在室温和黑暗中不发生反应，在光照和加热条件下易发生反应，甚至有发生爆炸的危险。

在漫射光、热或催化剂作用下，甲烷的氢可被卤素取代：

$$CH_4+Cl_2 \xrightarrow[\text{或}\triangle]{h\nu} CH_3Cl+HCl$$

生成的一氯甲烷容易继续氯化，生成二氯甲烷、三氯甲烷和四氯甲烷：

$$CH_3Cl+Cl_2 \xrightarrow[\text{或}\triangle]{h\nu} CH_2Cl_2+HCl$$

$$CH_2Cl_2+Cl_2 \xrightarrow[\text{或}\triangle]{h\nu} CHCl_3+HCl$$

$$CHCl_3+Cl_2 \xrightarrow[\text{或}\triangle]{h\nu} CCl_4+HCl$$

(4) 裂化反应。烷烃在没有氧气存在下进行的热分解反应叫作裂化反应。裂化反应是个复杂的过程,其产物为许多化合物的混合物。烷烃分子中所含碳原子数越多,产物也越复杂,反应条件不同,产物也不同。从主要反应的实质上看,无非是 C—C 键和 C—H 键断裂分解。如:

动画:烷烃的高温裂化反应

$$CH_3CH_2CH_2CH_3 \xrightarrow{500\ ℃} \begin{cases} CH_4 + C_3H_6 & \text{甲烷 丙烯} \\ CH_3CH_3 + C_2H_4 & \text{乙烷 乙烯} \\ H_2 + C_4H_8 & \text{氢气 丁烯} \end{cases}$$

$$C_{16}H_{34} \xrightarrow{\triangle} \underset{\text{辛烷}}{C_8H_{18}} + \underset{\text{辛烯}}{C_8H_{16}}$$

$$C_8H_{18} \xrightarrow{\triangle} \underset{\text{丁烷}}{C_4H_{10}} + \underset{\text{丁烯}}{C_4H_8}$$

烷烃的高温裂化在石油和化学工业上具有非常重要的意义。高温裂化的目的是增产汽油和生产有机化学工业的基础原料乙烯,同时还可以得到丙烯、丁烯等。

(四) 烷烃的来源

烷烃广泛地存在于自然界中,它是石油和天然气的主要成分。石油的主要成分是各种烃类、开链烷烃、环烷烃和芳香烃等的复杂混合物。天然气的主要成分为低级烷烃的混合物,通常含有 85%的甲烷、9%的乙烷、3%的丙烷,其余则为较高级的烷烃和氮气。另外,某些生物体内也有少量特殊的烷烃。

(五) 重要的烷烃

1. 甲烷

甲烷俗称天然气、沼气,是最简单的有机物,也是含碳量最小的烃。甲烷是无色、无味、无毒、难溶于水、比空气轻的可燃气体。

甲烷在自然界的分布很广,是天然气、沼气、油田气及煤矿坑道气的主要成分。我国天然气资源十分丰富,四川、甘肃等地都有丰富的贮藏量。沼泽地的植物腐烂时,经细菌分解会产生大量的甲烷。目前我国农村许多地方利用农产品的废弃物、人畜粪便及生活垃圾等经过发酵来制取沼气。实验室中常用醋酸钠和碱石灰共热来制备甲烷。

甲烷是重要的清洁能源,也是重要的化工原料,可用来制造氢气、炭黑、一氧化碳、乙炔及甲醛等。

2. 石油炼制产品

石油的主要成分是烷烃的复杂混合物。从油田开采出来的原油经过分馏,可将烷烃混合物按不同的沸程分成石油气、石油醚、汽油、煤油、石蜡等若干馏分,这些混合物在能源、化工、制药等工业中有着重要的应用,见表 4-1-5。

表 4-1-5 石油的分馏产品

馏分	组分	沸点范围/℃	用途
石油气	$C_1\sim C_4$	30 以下	燃料、化工原料
石油醚	$C_5\sim C_6$	30~60	溶剂
汽油	$C_7\sim C_9$	60~200	内燃机燃料、溶剂
航空煤油	$C_{10}\sim C_{15}$	160~245	喷气式飞机燃料油

续表

馏分	组分	沸点范围/℃	用途
煤油	C_{11} ~ C_{16}	175 ~ 310	点灯、燃料、工业洗涤油
柴油	C_{15} ~ C_{18}	250 ~ 400	柴油机燃料
润滑油	C_{16} ~ C_{20}	300 以上	机械润滑
凡士林	C_{20} ~ C_{24}	350 以上	制药、防锈涂料
石蜡	C_{20} ~ C_{30}	350 以上	制皂、蜡烛、蜡纸、脂肪酸
沥青			防腐绝缘材料、铺路及建筑材料
石油焦			制电石、炭精棒、用于冶金工业

【拓展应用】

未来石油的替代能源(可燃冰)

可燃冰又称天然气水合物，分布于深海沉积物或陆域的永久冻土中，是由天然气与水在高压低温条件下形成的类似冰状的结晶物质(图 4-1-3)。其外观像冰而且遇火即可燃烧，所以又被称作“可燃冰”“固体瓦斯”和“气冰”。

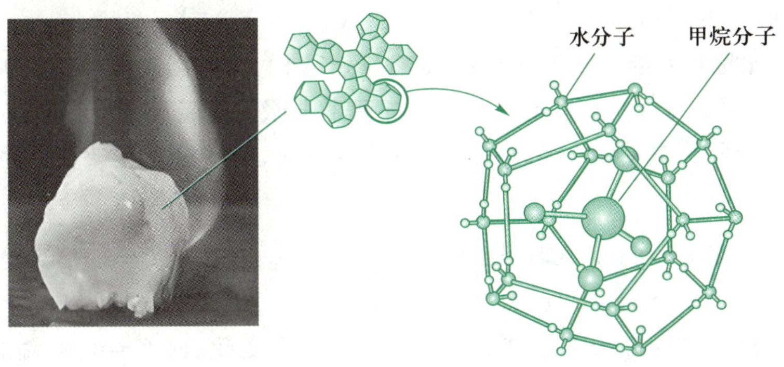

图 4-1-3　可燃冰的结构

可燃冰中甲烷含量占 80%~99.9%，燃烧污染比煤、石油、天然气都小得多，而且储量丰富。据估算全球储藏量达 10^{23} t，足够人类使用 1 000 年，因而被各国视为未来石油天然气的替代能源。

可燃冰的形成至少要满足 3 个条件：第一是温度不能太高，如果温度高于 20 ℃，它就会“烟消云散”；第二是压强要足够大，海底越深压强就越大，可燃冰也就越稳定；第三是要有甲烷气源，海底古生物尸体的沉积物，被细菌分解后会产生甲烷。所以，可燃冰在世界各大洋中均有分布。

我国相继在南海和东海海域、青藏高原及东北冻土地带探测到了可观的可燃冰矿藏，但如何安全、经济地开采可燃冰，并从中分离出甲烷气体，一直以来都是世界性难题。2017 年 5 月，我国利用自主研发的一套水、沙、气分离核心技术，对南海北部海域的可燃冰试开采取得圆满成功，标志着我国在这一领域的综合实力已达到世界领先水平。

二、烯烃

分子中含有碳碳双键(C═C)的碳氢化合物称为烯烃。分子中只含有一个碳碳双键(C═C)的烯烃称单烯烃，含有两个碳碳双键(C═C)的烯烃称二烯烃。

(一) 烯烃的结构、通式及同分异构现象

1. 烯烃的结构与通式

烯烃分子的结构特征是含有碳碳双键。烯烃与含有碳原子数相同的烷烃比较，分子中少了两个氢原

子，因此通式可总结为 C_nH_{2n}。同系物之间的系差也是—CH_2—。最简单的烯烃为乙烯。下面以乙烯为例简要介绍一下烯烃的结构。

动画：乙烯分子的结构

动画：乙烯分子中的 π 电子云

动画：sp^2 杂化轨道

乙烯的电子式为 $\mathrm{H:\overset{H}{\ddot{C}}::\overset{H}{\ddot{C}}:H}$，结构式为 $\mathrm{H{-}\overset{\displaystyle H}{\overset{|}{C}}{=}\overset{\displaystyle H}{\overset{|}{C}}{-}H}$。图 4-1-4 是乙烯分子的球棒模型和比例模型。在球棒模型里，用两根能弯曲的弹性短棒连接两个碳原子，来表示碳碳双键。现测得，乙烯分子中所有原子在同一平面上，每两个键间的夹角都接近 120°，C═C 键长约为 0.134 nm，键能约为 612.5 kJ · mol^{-1}，并非 C—C 键（键能为 347.3 kJ · mol^{-1}）的两倍；在 C═C 双键中，一个是 σ 键，一个是 π 键。π 键不能自由旋转，且没有 σ 键稳定，比较容易断裂，故烯烃比较容易发生化学反应。

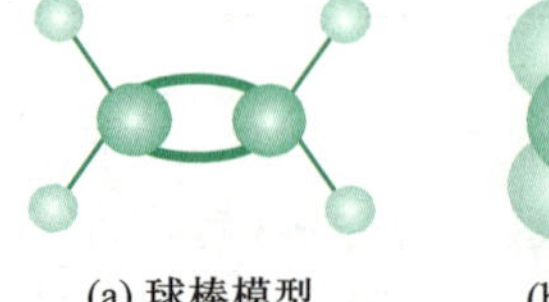

图 4-1-4 乙烯分子的球棒模型和比例模型

造成乙烯分子平面构型的原因是构成双键的两个碳原子在成键时发生了 sp^2 杂化。

2. 烯烃的异构现象

烯烃的异构现象要比烷烃复杂。从丁烯开始，既有碳链异构，又有因为 C═C 双键在碳链中的位置不同而产生的官能团位置异构及由于 C═C 双键中相连接的两个碳原子不能自由旋转而产生的顺反异构。

（1）碳链异构。烯烃分子中 C═C 双键的位置不发生变化，而碳链发生改变。例如：

$$CH_3—CH_2—CH═CH_2$$
丁-1-烯

$$CH_3—\overset{\displaystyle CH_3}{\overset{|}{C}}═CH_2$$
2-甲基-丙-1-烯

（2）官能团位置异构。烯烃分子中碳链的连接方式不发生变化，而 C═C 双键的位置发生改变，如：

$$CH_3—CH_2—CH═CH_2$$
丁-1-烯

$$CH_3—CH═CH—CH_3$$
丁-2-烯

（3）顺反异构。烯烃分子中 C═C 双键碳原子及其相连的 4 个基团处于同一水平面，C═C 双键的两个碳原子各连接两个不同的基团时，有两种不同的空间排列方式。相同两个碳原子或基团在 C═C 键轴的同一侧的结构称为顺式；反之，称为反式。顺式和反式化合物相互称为顺反异构体，这种现象称为顺反异构现象。例如：

若 C═C 双键两个碳原子中，有一个连有两个相同的原子或原子团，则这种分子没有顺反异构体。

（二）烯烃的命名

1. 系统命名法

烯烃的命名基本上与烷烃的命名相似，依据 2017 版 CCS 命名法，命名原则可归纳如下：

（1）选主链。选择分子内最长碳链作为主链（母体），支链作为取代基。如主链内含有 C═C 双键，则根据主链上的碳原子数，称为“某烯”；如 C═C 双键不在主链内，则将其作为取代基。

（2）编号。按最低位次规则给主链碳原子编号。如主链内含有 C═C 双键，则应先给予双键最小编号。

(3) 命名。如主链内含有 C═C 双键，则用较小的定位数字注明 C═C 双键的位置，并以短线相连接；当含有多个 C═C 双键时，在“烯”字前面加上数字“二、三……”，以表明 C═C 双键的个数。如 C═C 双键不在主链内，则主链以烷烃命名。例如：

$CH_2{=}CH{-}CH_2{-}CH_3$　丁-1-烯

$CH_3{-}CH{=}CH{-}CH_3$　丁-2-烯

$CH_2{=}CH{-}CH{=}CH_2$　丁-1,3-二烯

$CH_3{-}C(CH_3){=}CH{-}CH(CH_3){-}CH_3$　2,4-二甲基-戊-2-烯

$CH_2{=}C(CH_2CH_3){-}CH(CH_3){-}CH_2{-}CH_3$　3-甲基-4-甲亚基己烷

2. 烯基的命名

烯烃失去一个氢原子的原子团称为“某烯基”，给烯基命名时，应在相应烯的母体后面加一个“基”字，对于 3 个及以上碳原子的烯基还应注明双键的位次号。例如：

$CH_2{=}CH{-}$　乙烯基

$CH_3CH{=}CH{-}$　丙-1-烯基

3. 顺反异构体的命名

对于存在顺、反异构体的烯烃的命名，只需在烯烃名称前加“*Z/E*”，或用“cis/trans”标记（*Z* 或 cis 表示顺式结构，*E* 或 trans 表示反式结构），但不再用汉字“顺/反”标记。例如：

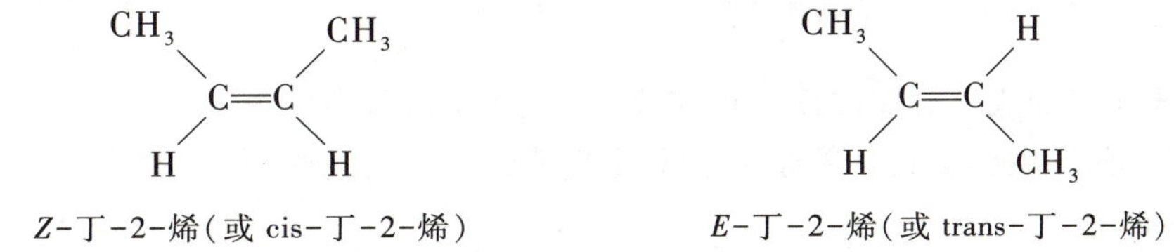

Z-丁-2-烯（或 cis-丁-2-烯）　　*E*-丁-2-烯（或 trans-丁-2-烯）

（三）烯烃的性质

1. 物理性质

烯烃的物理性质与烷烃相似。烯烃是无色物质，具有一定的气味。在常温常压下 C_2—C_4 的烯烃为气体，C_5—C_{18} 的为液体，C_{18} 及以上的为固体。直链 1-烯烃的沸点随着分子中碳原子数的增大而升高。烯烃都难溶于水，易溶于有机溶剂，烯烃的相对密度都小于 1。一些常见烯烃的物理常数如表 4-1-6 所示。

表 4-1-6　一些常见烯烃的物理常数

名称	熔点/℃	沸点/℃	相对密度/d_4^{20}	名称	熔点/℃	沸点/℃	相对密度/d_4^{20}
乙烯	-169.5	-103.7	0.570（沸点时）	*E*-戊-2-烯	-136.0	36.0	0.648
丙烯	-185.2	-47.7	0.610（沸点时）	3-甲基-丁-1-烯	-168.5	20.1	0.633（15 ℃）
丁-1-烯	-130.0	-6.4	0.625（沸点时）	2-甲基-丁-2-烯	-133.8	39.0	0.662
Z-丁-2-烯	-139.3	3.5	0.621	2-甲基-丁-1-烯	-137.6	20.1	0.650
E-丁-2-烯	-105.5	0.9	0.604	己-1-烯	-139.0	63.5	0.673
2-甲基-丙-1-烯	-140.8	-6.9	0.631（-10 ℃）	庚-1-烯	-119.0	93.6	0.697
戊-1-烯	-166.2	30.1	0.641	辛-1-烯	-104.0	122.5	0.716
Z-戊-2-烯	-151.1	37	0.655				

2. 化学性质

烯烃的官能团是 C═C 双键，化学性质比较活泼，可以发生加成、氧化、聚合等反应。

（1）加成反应。加成反应是烯烃的典型反应。不饱和链烃与氢气、卤素、卤化氢等试剂反应。反应时 π 键断裂，试剂分成两部分，分别加到原双键碳原子上，生成新的化合物，这种反应叫作加成反应。

① 催化加氢。在催化剂（铂、镍等）作用下，烯烃能与氢气加成生成烷烃。

$$R—CH═CH_2+H_2 \xrightarrow{Pt} R—CH_2—CH_3$$

上述反应在常温下即可进行。工业上用镍作催化剂时，需加热至 200~300 ℃。烯烃的加氢可用于精制汽油和其他石油产品。

② 加卤素。烯烃与卤素发生加成反应，生成邻二卤代烷，反应在常温下就可以迅速进行。

视频：乙烯与溴的加成反应

$$CH_2═CH_2+Cl_2 \longrightarrow \underset{\text{1,2-二氯乙烷}}{CH_2Cl—CH_2Cl}$$

将烯烃通入溴水中，溴水的颜色立即褪去。利用此反应可检验烯烃的存在。

$$CH_3—CH═CH_2+Br_2 \longrightarrow \underset{\text{1,2-二溴丙烷}}{CH_3—CHBr—CH_2Br}$$

烯烃与卤素反应的活性顺序为：$F_2>Cl_2>Br_2>I_2$。工业上常用烯烃与卤素的加成反应来制备卤代烃。

③ 加卤化氢。烯烃与卤化氢气体或浓的氢卤酸反应时，生成一卤代烷。浓的氢碘酸、氢溴酸能直接与烯烃反应，但氯化氢需用催化剂催化。例如：

$$CH_2═CH_2+HCl \xrightarrow[30\sim40\ ℃]{无水\ AlCl_3} CH_3—CH_2Cl$$

乙烯是对称分子，所以与卤化氢发生加成反应时，无论氢原子或卤原子加到双键的哪一个碳原子上，所得产物都是相同的。

不对称烯烃与卤化氢加成具有取向性。在加成反应中，卤化氢中的氢原子主要加到含氢原子较多的双键碳原子上，其他部分则主要加到含氢原子较少的双键碳原子上，这个规律叫作马尔科夫尼科夫规则，简称马氏规则。例如：

$$CH_3—CH═CH_2+HBr \longrightarrow \underset{\text{（主要产物）}}{CH_3—\underset{\displaystyle Br}{\underset{|}{CH}}—CH_3}$$

当存在过氧化物时，烯烃与溴化氢的加成反应表现出反马氏规则的特征。这种因过氧化物的存在而导致加成反应取向发生改变的现象称为过氧化物效应。

$$CH_3CH_2CH═CH_2+HBr \xrightarrow{过氧化物} CH_3CH_2CH_2CH_2Br$$

④ 加硫酸。烯烃与浓硫酸加成，生成硫酸氢酯。不对称烯烃和硫酸加成，也遵循马氏规则。例如：

$$CH_2═CHCH_3+H_2SO_4(浓) \longrightarrow CH_3—CH(OSO_2OH)CH_3$$

烯烃与浓硫酸的加成产物——硫酸氢酯与水共热，则会水解生成相应的醇，并重新给出硫酸。

$$(CH_3)_2CHOSO_2OH+H_2O \xrightarrow{\Delta} (CH_3)_2CH_2OH+H_2SO_4$$

此反应是工业上以烯烃为原料制取各种醇的方法——烯烃间接水合法。

⑤ 加水。在酸催化下，烯烃与水加成生成醇。例如：

$$CH_2═CH_2+H_2O \xrightarrow[300\ ℃,7\ MPa]{H_3PO_4/硅藻土} CH_3—CH_2—OH$$

$$CH_3CH═CH_2+H_2O \xrightarrow[300\ ℃,4\ MPa]{H_3PO_4/硅藻土} CH_3\underset{\displaystyle OH}{\underset{|}{CH}}CH_3$$

这是工业上由石油裂化气中低级烯烃制备醇的最重要的方法。

从丙烯与水的加成产物可以看出，在酸催化下，不对称烯烃与水加成也遵循马氏规则。

(2) 氧化反应。烯烃容易被氧化，反应条件和氧化剂不同，得到的氧化产物亦不同。

① 燃烧。烯烃燃烧生成二氧化碳和水，并放出大量的热。烯烃的燃烧反应通式可归纳为：

动画：不饱和烃使紫红色高锰酸钾溶液褪色

$$C_nH_{2n}+\frac{3n}{2}O_2 \xrightarrow{\text{点燃}} nCO_2+nH_2O$$

② 氧化剂氧化。烯烃易被高锰酸钾等氧化剂氧化，使得高锰酸钾溶液紫色褪去，生成褐色的 MnO_2 沉淀。反应产物因烃和反应条件的差异而不同。这个反应可以用来鉴别烷烃和烯烃。

在中性或碱性高锰酸钾溶液中，烯烃 C=C 双键中的 π 键断裂，双键碳原子上各加上一个羟基生成邻二醇。例如：

$$3RCH{=}CHR'+2KMnO_4+4H_2O \longrightarrow 3\underset{\displaystyle OH}{\underset{|}{RCH}}{-}\underset{\displaystyle OH}{\underset{|}{CHR'}}+2MnO_2\downarrow+2KOH$$

在酸性高锰酸钾溶液中，烯烃被氧化的结果是在原来 C=C 双键的位置上发生碳链的断裂，生成羧酸或酮。氧化后，$=CH_2$ 基变成 CO_2，RCH= 基变成 RCOOH，R'RC= 基变成 R'RC=O。例如：

$$RCH{=}CH_2+KMnO_4 \xrightarrow{H^+} RCOOH+CO_2+H_2O$$

$$\begin{matrix}R\\ \diagdown\\ \end{matrix}\!\!C{=}CHR''+KMnO_4 \xrightarrow{H^+} \begin{matrix}R\\ \diagdown\\ \end{matrix}\!\!C{=}O+R''\underset{\displaystyle OH}{\underset{|}{C}}{=}O$$
$$\text{(左侧 C 上另连 R'，产物 C=O 上另连 R')}$$

根据氧化产物，可推断原烯烃分子中的双键位置及其分子结构。

③ 催化氧化。在催化剂的作用下，烯烃可被空气中的氧气氧化，氧化产物随催化剂不同而不同。烯烃的这类氧化反应称为催化氧化。

在氯化钯与氯化铜的催化下，烯烃可被空气中的氧气氧化生成羰基化合物。除乙烯生成乙醛外，其他烯烃的反应产物均为酮。例如：

$$CH_2{=}CH_2+\frac{1}{2}O_2 \xrightarrow{PdCl_2/CuCl_2} CH_3CHO$$

$$CH_3CH{=}CH_2+\frac{1}{2}O_2 \xrightarrow{PdCl_2/CuCl_2} CH_3{-}\overset{\displaystyle O}{\overset{\|}{C}}{-}CH_3$$

在特殊活性银催化下，乙烯可被氧化生成环氧乙烷。环氧乙烷是重要的有机合成中间体，在工业上有着重要的应用。

$$CH_2{=}CH_2+O_2 \xrightarrow[250\ ℃]{Ag} \underbrace{CH_2{-}CH_2}_{O}$$

(3) 聚合反应。在适当条件下，烯烃分子之间能相互加成而生成有机高分子化合物。这种在一定条件下，由不饱和链烃小分子相互结合成大分子的反应，叫作聚合反应。聚合反应生成的产物称为聚合物。例如：

$$nCH_2{=}CH_2 \xrightarrow[\text{温度、压力}]{\text{引发剂}} \underset{\text{聚乙烯}}{[CH_2{-}CH_2]_n}$$

乙烯以有机过氧化物为引发剂，在 150~160 MPa、200 ℃下，聚合成聚乙烯。聚乙烯是一种用途非常广泛的塑料。

(4) α-H 的取代反应。烯烃分子中的 α-氢原子因受双键的影响，表现出一定的活性，可以发生取代反应。

丙烯($CH_3{-}CH{=}CH_2$)在一定条件下，C=C 双键可以与氯加成，$-CH_3$ 中的 α-H 可以被氯原子取代。因此，当丙烯与氯反应时，就会发生两个互相竞争的反应——加成与取代，生成两种不同的产物。

$$CH_3—CH=CH_2+Cl_2 \begin{cases} \xrightarrow{<300\ ℃，加成} CH_3—CHCl—CH_2Cl \\ \xrightarrow{>300\ ℃，取代} ClCH_2—CH=CH_2 \end{cases}$$

实验发现，温度越高，越有利于取代。300 ℃以下，主要反应是加成；300 ℃以上，主要反应变成了取代。当温度升高到500 ℃，丙烯与氯的加成大大被抑制，可以得到较高产率的取代产物。工业上采用这个方法，使干燥的丙烯在500~530 ℃与氯反应来生产3-氯丙-1-烯，3-氯丙-1-烯是制造甘油的重要原料。

（四）烯烃的来源

在工业上，大量的烯烃，如乙烯、丙烯等，主要靠石油的裂解（高温分解）反应制备。在实验室，一般是通过某些饱和化合物的消除反应，如醇的脱水、卤代烃脱卤化氢等，来制备相应的烯烃。

（五）重要的烯烃

1. 乙烯

通常情况下，乙烯是一种无色稍有气味的气体，密度为1.25 $g\cdot L^{-1}$，比空气略轻，难溶于水，易溶于四氯化碳等有机溶剂。

乙烯广泛存在于植物的各种组织、器官中，是由蛋氨酸在供氧充足的条件下转化而成的。乙烯还是一种植物激素，具有促进果实成熟的作用，也称成熟激素。

乙烯是石油化工重要的基础原料，主要用于制造基本有机化工原料和三大合成材料。乙烯工业是石油化工产业的核心，乙烯产品占石化产品的70%以上，在国民经济中占有重要的地位。世界上已将乙烯产量作为衡量一个国家石油化工发展水平的重要标志之一。

人吸入高浓度乙烯，会引起急性中毒，可立即引起意识丧失，无明显的兴奋期，具有较强的麻醉作用，但吸入新鲜空气后，可很快苏醒。乙烯对人眼及呼吸道黏膜有轻微刺激性。液态乙烯可致皮肤冻伤。长期接触乙烯，可引起头昏、全身不适、乏力、思维不集中，个别人有胃肠道功能紊乱。乙烯对环境有一定危害，对水体、土壤和大气均可造成污染。

2. 丙烯

丙烯常温下为无色、无臭、稍带有甜味的气体，密度为0.513 9 $g\cdot cm^{-3}$（20.4 ℃下），冰点为-185.2 ℃，沸点为-47.7 ℃，易燃，爆炸极限为2%~11%（体积分数），不溶于水，溶于有机溶剂，属于低毒类物质。

丙烯是石油化工重要的基础原料，是生产三大合成材料和多种重要有机化工原料的基本原料。丙烯用量最大的是生产聚丙烯，此外，它还广泛用于生产丙烯腈、异丙烯、丙酮和环氧丙烷等。

人吸入丙烯，会引起急性中毒，可引起意识丧失。长期接触丙烯，可引起头昏、全身不适、乏力、思维不集中。丙烯对环境有一定危害，对水体、土壤和大气可造成污染。

3. 丁二烯

丁二烯常温下是一种带有轻微芳香味的无色气体，密度为0.62 $g\cdot cm^{-3}$，熔点为-108.9 ℃，沸点为-4.4 ℃，易燃，爆炸极限为1.1%~16.3%（体积分数），不溶于水，可溶于丙酮、苯、乙酸、酯等多数有机溶剂。

丁二烯是石油化工重要的基础原料。主要用于制造合成橡胶、合成树脂、尼龙等三大合成材料，尤其在顺丁橡胶的生产中消耗量巨大。丁二烯在化工行业应用十分广泛，医药中间体、农药中间体、染料等都需要大量的丁二烯。

【技术中国】

我国科学家持续开发领先世界的甲醇制烯烃技术

烯烃是化学工业的基础原料，烯烃工业的规模是衡量国家经济发达程度的指标之一。长期以来，烯烃的生产主要依赖石油资源，但我国贫油富煤，烯烃产品供需矛盾突出。因此，开发煤制烯烃的技术，对我国具有重大战略意义，而煤制烯烃的技术瓶颈在于甲醇制烯烃（DMTO）。经过以中科院大连化物所为代表的我国科学家的长期努力，该技术的开发和产业化已居世界前列。基于DMTO系列技术在技术创新和产业化取得的杰出成就及其战略性意义，中科院大连化物所刘中民院士团队的“煤基甲醇制取低碳烯烃技术（DMTO）”曾荣获2014年国家技术发明一等奖。

我国的甲醇制烯烃技术研发始于20世纪80年代。早在国家“六五”期间，甲醇制烯烃催化剂研制曾被列为中国科学院重大课题，其开发的固定床催化剂先后于1985、1993年完成实验小试和中试工作；20世纪90年代，大连化物所又在国际上首创了“合成气经由二甲醚制低碳烯烃新工艺方法”，2004年，大连化物所与相关企业合作，建设了世界上第一套万吨级甲醇制烯烃（DMTO）工业性试验装置，于2006年完成工业性试验，装置规模和技术指标均处于世界领先水平，在工业性试验的基础上，该所开发了DMTO成套工业化技术，实现了DMTO技术的首次工业化应用和世界上煤制烯烃工业化“零”的突破。2010年8月8日，世界上首套180万吨煤基甲醇制60万吨烯烃装置在神华包头工业化投料试车一次成功（图4-1-5）。此举标志着中国煤制烯烃新兴产业取得里程碑式进展，也奠定了中国在世界煤基烯烃工业化中的领先地位。

图4-1-5 神华包头DMTO装置

在成功开发DMTO工业化技术的基础上，大连化物所又与合作伙伴联合进行了新一代甲醇制取低碳烯烃（DMTO-Ⅱ）技术的研究开发。DMTO-Ⅱ技术是在DMTO技术的基础上将甲醇制烯烃产物中的C_{4+}组分回炼，使乙烯、丙烯收率提高10%以上，实现多产烯烃的新一代工艺技术。蒲城清洁能源化工有限责任公司作为技术使用方建设了世界上首套DMTO-Ⅱ工业化装置，装置规模为每年180万吨甲醇制取67万吨烯烃。该装置甲醇制烯烃反应器于2014年12月21日首次进行甲醇进料，12月24日产出合格聚合级丙烯，12月26日产出合格聚合级乙烯。C_{4+}组分回炼单元于2015年2月3日首次进料，2月6日反应气并入烯烃分离单元，标志着DMTO-Ⅱ工业装置打通全流程和一次性投产成功。DMTO-Ⅱ技术是DMTO技术的再创新，DMTO-Ⅱ工业装置的成功投产，是继DMTO工业化技术开发成功后的又一项重大创新成果。

2020年11月9日，由刘中民院士团队开发的、具有完全自主知识产权的第三代甲醇制烯烃（DMTO-Ⅲ）技术，在北京通过了由中国石油和化学工业联合会组织的成果鉴定。DMTO-Ⅲ技术采用新一代催化剂，对反应器和工艺过程进行了创新，不再需要单独设置副产的C_{4+}组分裂解单元，可实现单套工业装置甲醇处理量达300万吨/年以上。流程模拟结果显示，工业装置吨烯烃（乙烯+丙烯）甲醇消耗可降到2.62~2.66吨。2020年10月，大连化物所已与宁夏宝丰集团一次性签订了5套100万吨/年烯烃产能的DMTO-Ⅲ工业装置技术许可合同，总投资810亿元人民币，投产后可实现年产值约500亿元人民币。新一代催化剂的工业化和DMTO-Ⅲ技术的成功开发使我国在甲醇制烯烃技术领域保持了持续的国际领先地位。

截至 2020 年 11 月，DMTO 系列技术已累计技术许可 31 套工业装置(投产 14 套)，对应烯烃产能 2025 万吨/年，拉动投资超 4 000 亿元人民币，全部投产后年产值可超 2 000 亿元人民币。

三、炔烃

(一) 炔烃的结构、通式、同分异构现象及命名

1. 炔烃的结构与通式

分子结构中含有 C≡C 三键的不饱和链烃称为炔烃。乙炔是分子组成最简单的炔烃，也是炔烃最重要的代表物。炔烃中除乙炔外，还有与它相差 1 个或多个—CH_2—原子团的一系列同系物。例如：

$CH_3—C\equiv CH$	$CH_3—CH_2—C\equiv CH$	$CH_3CH_2CH_2C\equiv CH$
丙-1-炔	丁-1-炔	戊-1-炔

炔烃分子中碳碳三键的存在，使它在组成上较相应的烯烃又少两个氢原子，所以炔烃的通式是 C_nH_{2n-2}。

炔烃分子的结构特点是含有 C≡C 三键，C≡C 键是炔烃的官能团。下面以乙炔为例，简要介绍炔烃的结构。

乙炔的结构式为 H—C≡C—H；电子式为 $H\overset{\times}{\cdot}C\vdots\vdots C\overset{\times}{\cdot}H$。图 4-1-6 是乙炔的分子模型。两个碳原子间用三个能弯曲的弹性短棒连接起来，表示碳碳三键。

动画：乙炔分子的结构

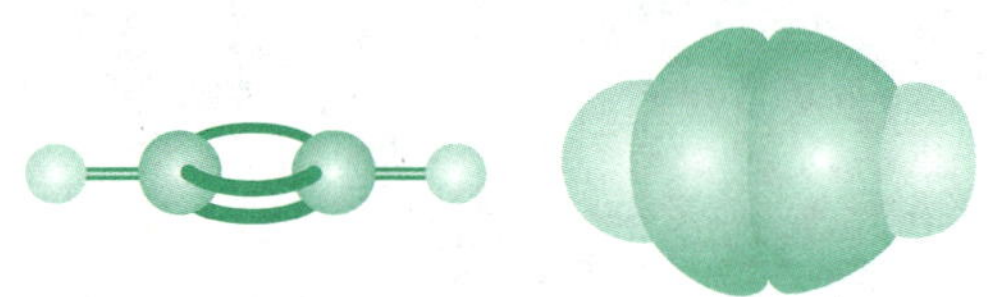
(a) 球棒模型　(b) 比例模型

图 4-1-6　乙炔的分子模型

动画：sp 杂化轨道

现代物理方法证明，乙炔分子中所有原子都在一条直线上。C≡C 三键的键能是 835.9 $kJ\cdot mol^{-1}$，键长是 0.120 nm，C—C—H 键角是 180°，其中 C≡C 三键由 1 个 σ 键和 2 个 π 键组成。造成乙炔分子为线形构型的原因是构成 C≡C 三键的 2 个碳原子在成键时发生了 sp 杂化。

2. 炔烃的同分异构现象

炔烃的同分异构现象和烯烃相似，包括碳链异构和位置异构。三键的碳原子上不可能再有支链，因此炔烃没有顺反异构，异构体数没有含相同碳原子数的烯烃多。例如，丁炔有两个异构体(丁烯有 3 个异构体)。

$CH_3—CH_2—C\equiv CH$	$CH_3—C\equiv C—CH_3$
丁-1-炔	丁-2-炔

3. 炔烃的命名

炔烃的命名与烯烃相似，如主链中含有 C≡C 三键，则称"某炔"，当 C≡C 三键不包含在主链中时，则将其作为取代基，以烷烃命名。例如：

$$CH_3—C\equiv CH$$

丙-1-炔

$$CH_3—\underset{\displaystyle CH_3}{\underset{|}{CH}}—C\equiv C—CH_3$$

4-甲基-戊-2-炔

$$CH_3—\underset{\displaystyle CH_3}{\underset{|}{\overset{\displaystyle CH_3}{\overset{|}{C}}}}—C\equiv C—\underset{\displaystyle CH_3}{\underset{|}{CH}}—CH_3$$

2,2,5-三甲基-己-3-炔

(二) 炔烃的性质

1. 物理性质

炔烃的物理性质与烯烃相似，也随着碳原子数的增大而有规律地变化。它们的熔点、沸点和相应的烷

烃、烯烃相比，稍高一些，相对密度稍大一点。常温常压下，C_2-C_4 的炔烃为气体，C_5-C_{15} 的炔烃为液体，C_{16} 及以上的为固体。炔烃比水轻，难溶于水，易溶于有机溶剂。一些常见炔烃的物理常数如表 4-1-7 所示。

表 4-1-7 一些常见炔烃的物理常数

名称	熔点/℃	沸点/℃	相对密度/d_4^{20}	名称	熔点/℃	沸点/℃	相对密度/d_4^{20}
乙炔	-81.8(加压)	-84.0	0.618(-82 ℃)	己-1-炔	-132.0	71.3	0.716
丙炔	-101.5	-23.2	0.706(-50 ℃)	己-2-炔	-89.5	84.0	0.732
丁-1-炔	-122.7	8.1	0.678	己-3-炔	-103.0	81.5	0.723
丁-2-炔	-32.3	27.0	0.691	庚-1-炔	-81.0	99.7	0.733
戊-1-炔	-90.0	40.2	0.690	辛-1-炔	-79.3	125.2	0.717
戊-2-炔	-101.0	56.1	0.710	壬-1-炔	-50.0	150.8	0.760
3-甲基-丁-1-炔	-89.7	29.3	0.666	癸-1-炔	-36.0	171.0	0.765

2. 化学性质

炔烃分子中的碳碳三键中有两个 π 键，化学性质活泼。与烯烃相似，可以发生加成反应、氧化反应、聚合反应等。由于三键碳原子上的氢原子具有弱酸性，故容易被金属取代而生成金属炔化物。

（1）加成反应。

① 催化加氢。与烯烃相似，在催化剂（铂、镍、钯等）的作用下，炔烃与氢气加成。在不同条件下，可生成烯烃或烷烃。例如：

$$CH_3-C\equiv CH \xrightarrow[H_2]{催化剂} CH_3-CH=CH_2 \xrightarrow[H_2]{催化剂} CH_3-CH_2-CH_3$$

氢气过量时，乙炔就加上两分子氢生成乙烷。控制反应条件，在乙炔加上一分子氢后立即将反应停止，得到的则是部分氢化产物——乙烯。

② 加卤素。炔烃可以与卤素发生加成反应。它与氯气的加成反应需要氯化铁作催化剂，由于反应过于剧烈，需加入惰性溶剂稀释炔烃。若使用过量的氯气可加入两分子氯气。例如：

$$HC\equiv CH \xrightarrow[FeCl_3]{Cl_2} \underset{1,2-二氯乙烯}{ClCH=CHCl} \xrightarrow[FeCl_3]{Cl_2} \underset{1,1,2,2-四氯乙烷}{Cl_2CH-CHCl_2}$$

溴同样能与炔烃进行加成，生成二溴代烯或四溴代烷，但反应速率较氯慢。炔烃与溴水反应，使得溴水褪色。利用这个性质可以检验炔烃的存在。

③ 加卤化氢。在 150~160 ℃，$HgCl_2$ 作催化剂的条件下，炔烃与卤化氢发生加成，生成卤代烯烃。例如：

$$HC\equiv CH+HCl \xrightarrow[\triangle]{HgCl_2} \underset{氯乙烯}{H_2C=CHCl}$$

不对称炔烃与卤化氢的加成，也遵循马氏规则。

④ 加水。通常情况下，炔烃在酸催化下很难发生水合。在硫酸汞和稀硫酸溶液中，炔烃与水加成，生成烯醇，烯醇不稳定，立即重排为稳定的醛或酮。乙炔加水得到的是乙醛，其余炔烃加水都得到酮。例如：

$$HC\equiv CH+H_2O \xrightarrow[稀\ H_2SO_4]{HgSO_4} [CH_2=CH-OH] \xrightarrow{重排} \underset{乙醛}{CH_3CHO}$$

不对称炔烃与水的加成反应也遵循马氏规则。例如：

$$CH_3—C≡CH+H_2O \xrightarrow[稀\ H_2SO_4]{HgSO_4} \left[\begin{array}{c} CH_3—C=CH_2 \\ \ \ | \\ \ \ OH \end{array} \right] \xrightarrow{重排} \begin{array}{c} CH_3—C—CH_3 \\ \| \\ O \end{array}$$

丙酮

（2）氧化反应。与烯烃的 C═C 双键相似，炔烃的 C≡C 三键也可以被氧化。

① 燃烧。炔烃都能燃烧生成二氧化碳和水，并放出大量的热。其中，乙炔燃烧火焰明亮并带有浓厚的黑烟。乙炔在氧气中燃烧时，氧炔焰的温度可高达 3 000 ℃以上，可用来切割和焊接金属。

$$C_nH_{2n-2}+\frac{3n-1}{2}O_2 \xrightarrow{点燃} nCO_2+(n-1)H_2O$$

② 高锰酸钾氧化。乙炔被高锰酸钾氧化时，三键完全断裂，生成二氧化碳。同时高锰酸钾溶液的紫红色褪去，并产生 MnO_2 棕褐色沉淀。此反应可用作 C≡C 三键的检验。

$$3C_2H_2+10KMnO_4+2H_2O \longrightarrow 6CO_2+10MnO_2\downarrow+10KOH$$

炔烃结构不同，其氧化产物也不同。可通过鉴定氧化产物，确定炔烃中 C≡C 三键的位置，进而确定炔烃的结构。例如：

$$CH_3—C≡CH \xrightarrow[H_2O]{KMnO_4} CH_3COOH+CO_2$$

乙酸

$$CH_3—C≡C—CH_2CH_3 \xrightarrow[H_2O]{KMnO_4} CH_3COOH+CH_3CH_2COOH$$

乙酸　　　丙酸

动画：乙炔银的生成

③ 聚合反应。低级的炔烃在特殊条件下可以发生聚合反应生成相应的聚合产物。如生成苯、乙烯基乙炔和聚乙炔等。

$$3CH≡CH \xrightarrow{500\ ℃} \text{（苯）}$$

④ 金属炔化物的生成。炔烃分子中，连接在 C≡C 三键碳原子上的氢原子具有弱酸性，可以被 Ag^+ 或 Cu^+ 取代，生成白色的炔化银或砖红色的炔化亚铜沉淀。这是具有端炔结构[R(H)—C≡C—H]（即某-1-炔）的一个特征反应，用此反应可以鉴别端炔。

$$RC≡CH+[Ag(NH_3)_2]Cl \longrightarrow RC≡CAg\downarrow+NH_4Cl+NH_3\uparrow$$

白色沉淀

$$RC≡CH+[Cu(NH_3)_2]Cl \longrightarrow RC≡CCu\downarrow+NH_4Cl+NH_3\uparrow$$

棕红色沉淀

炔银和炔亚铜等重金属炔化物，潮湿时比较稳定，干燥时遇热或受撞击容易发生爆炸。不再使用的金属炔化物，必须用稀硝酸或稀盐酸处理，使之分解，以免发生危险。

$$AgC≡CAg+2HCl \longrightarrow CH≡CH+2AgCl$$

$$CuC≡CCu+2HCl \longrightarrow CH≡CH+2CuCl$$

利用金属炔化物遇酸容易分解为原来的炔烃这一性质，可以用来分离和提纯末端炔烃。

（三）重要的炔烃

乙炔是炔烃中结构最简单也是最主要的化合物，俗称风煤、电石气。纯净的乙炔是无色、无味的气体（由电石制得的乙炔常因混有磷化氢、硫化氢等杂质而有臭味），易燃、易爆，在空气中爆炸极限为 2.3%～72.3%（体积分数），密度是 1.16 g · L^{-1}，可溶于水，易溶于有机溶剂。

乙炔是有机化学工业的基础原料，它与石油、煤焦油共同构成了有机合成工业的基础。工业上主要通过烃类（甲烷）热解法和电石法来制备得到。乙炔主要用于照明、金属焊接与切割，用作有机化工、药物合成、合成材料的基本原料和制备炭黑等。

纯乙炔微毒，具有弱麻醉和阻止细胞氧化的作用，高浓度时会引起单纯性窒息。乙炔中常混有磷化氢、硫化氢等杂质，常伴有此类毒物的毒作用，使用时应注意职业保护。

【化学史话】

聚乙炔与诺贝尔化学奖

聚乙炔是一种结构单元为—C_2H_2—的聚合物，它是由乙炔聚合而成的。聚乙炔分子结构中具有单双键交替的共轭结构，故具有一定的导电性能。

聚乙炔作为结构最简单的低维共轭聚合物，从 20 世纪 60 年代有机半导体研究发起时即受到众多研究者的瞩目，最初有研究者使用齐格勒-纳塔(Ziegler-Natta)催化剂制备得到了黑色的聚乙炔固体，但因缺陷太多，且材料重复性不好，无法将性能与结构关联起来。1971 年，日本化学家白川英树(Hideki Shirakawa)等发现用一种改性的齐格勒-纳塔型催化体系在高催化剂浓度下可以得到具有金属光泽的膜状聚乙炔。1976 年美国化学家麦克迪尔米德(A. G. MacDiarmid)在访问东京工业大学资源研究所时，了解到白川英树的这一成果，立即邀请白川英树到他任教的宾夕法尼亚大学开展合作研究，并与当时正在该校物理系任教的黑格(A. J. Heeger)教授组成了跨学科研究小组。在黑格和麦克迪尔米德两位教授的领导下，开始了将半导性聚乙炔经电子受体掺杂为具有金属导电性质的导电聚合物的研究。他们经过无数次的实验，最终实现了用碘对聚乙炔的化学“掺杂”，制成了第一个全有机的导电聚合物。他们三人之间卓有成效的合作研究，带来了有机聚合物显示金属导电率的历史性发现，开创了导电聚合物的研究领域(图 4-1-7)。

黑格

麦克迪尔米德

白川英树

图 4-1-7　2000 年诺贝尔化学奖三位得主

黑格、麦克迪尔米德和白川英树因“发现和发展导电聚合物”获得了 2000 年度诺贝尔化学奖。如今聚乙炔已用于制备太阳能电池、半导体材料和电活性聚合物等。

四、芳香烃

动画：苯的分子结构

芳香烃(简称芳烃)，最初从植物体中获得，一般具有芳香气味。芳烃为分子中含有苯环的烃，用通式 Ar—H 表示。按其分子结构，可将芳烃分为单环芳烃和多环芳烃两大类。本节将重点讨论单环芳烃。

(一) 单环芳烃的结构和命名

1. 单环芳烃的结构

动画：苯分子共轭 π 键的形成及电子云的形状

苯是芳烃的代表，也是最简单的芳烃。要研究单环芳烃，首先要了解苯的结构及性质。

苯的分子式为 C_6H_6。近代物理化学方法证明，苯分子具有平面正六边形结构。其 6 个碳原子和 6 个氢原子都在同一平面上，包含 6 个等同的 C—H σ 键和 1 个包括 6 个碳原子在内的环状闭合大 π 键共轭体系(该共轭体系包括 6 个 C—C σ 键和 1 个大 π 键)。碳碳键键长均为 0.139 nm，比 C—C 单键(0.154 nm)短，比 C═C 双键(0.134 nm)长，C—H 键键长都是

0.108 nm，所有键角都是 120°。苯的分子结构如图 4-1-8 所示，苯的结构式常用(b)或(c)来表示。

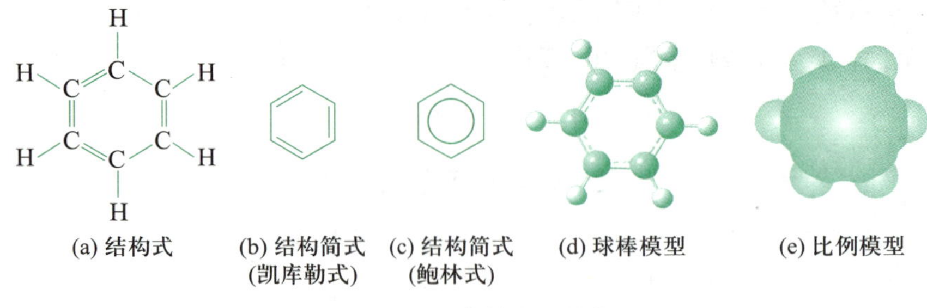

(a) 结构式 (b) 结构简式（凯库勒式） (c) 结构简式（鲍林式） (d) 球棒模型 (e) 比例模型

图 4-1-8 苯的分子结构

2. 单环芳烃的命名

(1) 简单的烷基苯的命名是以苯环作母体，烷基作为取代基来命名的，称为某烷基苯。对于小于或等于 10 个碳原子的烷基，常省略"基"字；对于 10 个以上碳原子的烷基，一般不省略"基"字。例如：

C_6H_5—CH_3 甲苯

C_6H_5—CH_2CH_3 乙苯

C_6H_5—$CH_2(CH_2)_{10}CH_3$ 十二烷基苯

(2) 苯环上含有两个取代基时，有 3 种位置异构体。命名时，两个取代基的相对位置可用阿拉伯数字表示，也可用邻(*o*)、间(*m*)、对(*p*)表示。例如：

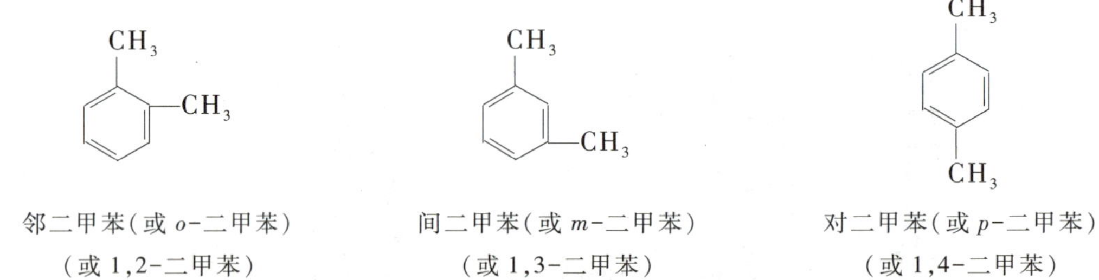

邻二甲苯（或 *o*-二甲苯）（或 1,2-二甲苯） 间二甲苯（或 *m*-二甲苯）（或 1,3-二甲苯） 对二甲苯（或 *p*-二甲苯）（或 1,4-二甲苯）

(3) 苯环上有 3 个取代基时，也有 3 种位置异构体。命名时，取代基的相对位置常用阿拉伯数字表示，应从含碳原子数最少的取代基开始向最接近其他取代基的方向编号。如果 3 个取代基相同时，也可用连、偏、均表示。例如：

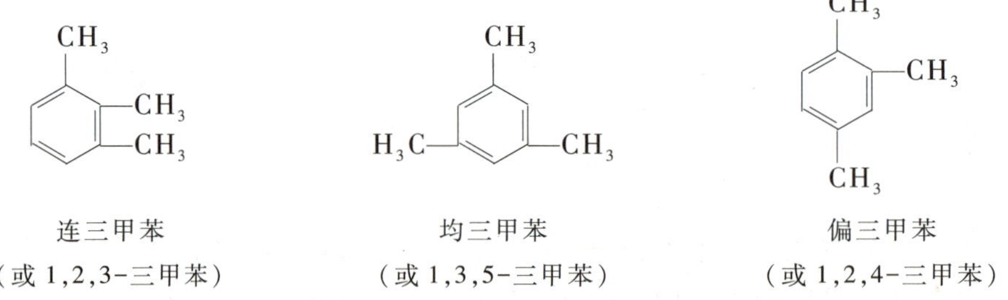

连三甲苯（或 1,2,3-三甲苯） 均三甲苯（或 1,3,5-三甲苯） 偏三甲苯（或 1,2,4-三甲苯）

(4) 苯环上连有较复杂的烃基（即侧链）时，不管侧链为饱和还是不饱和烃基，甚至当烃链上还存在其他苯环时，通常都以苯环为母体进行命名。例如：

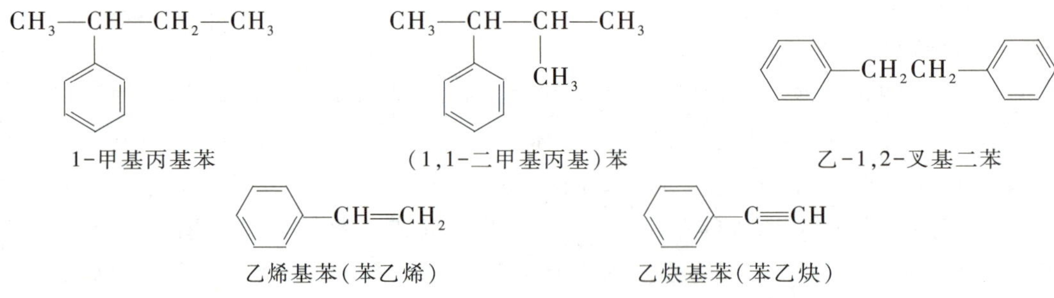

1-甲基丙基苯 (1,1-二甲基丙基)苯 乙-1,2-叉基二苯

乙烯基苯（苯乙烯） 乙炔基苯（苯乙炔）

（二）单环芳烃的性质

1. 物理性质

苯及其同系物一般多为无色易挥发的液体，有特殊气味，比水轻，不溶于水，易溶于有机溶剂，有毒、易燃，燃烧时有浓烟。沸点随相对分子质量增加而升高。苯及其常见同系物的物理常数见表 4-1-8。

表 4-1-8 苯及其同系物的物理常数

名称	熔点/℃	沸点/℃	相对密度/d_4^{20}	名称	熔点/℃	沸点/℃	相对密度/d_4^{20}
苯	5.5	80.1	0.879	丙苯	-99.6	159.3	0.862
甲苯	-95.0	110.6	0.867	异丙苯	-96.0	152.4	0.862
邻二甲苯	-25.2	144.4	0.880	连三甲苯	-25.5	176.1	0.894
间二甲苯	-47.9	139.1	0.864	偏三甲苯	-43.9	169.2	0.876
对二甲苯	13.2	138.4	0.861	均三甲苯	-44.7	164.6	0.865
乙苯	-95.0	136.1	0.867	苯乙烯	-31.0	146.0	0.903

2. 化学性质

苯为闭合的共轭体系，不存在 C=C 双键，因此没有烯烃的典型性质。苯环非常稳定，不易发生氧化、加成反应，容易发生取代反应。

（1）取代反应。芳环上的氢原子被其他原子或原子团替代的反应称为芳烃的取代反应。根据取代基的不同，可分为卤代、硝化、磺化、弗里德-克拉夫茨反应等。

视频：苯的溴代反应

① 卤代反应。苯与烷基苯均能发生卤代反应。苯环上烷基的邻、对位的氢原子更易被取代。如甲苯的卤代反应比苯容易，甲苯与氯气反应的产物主要是邻氯甲苯和对氯甲苯。

$$2\,C_6H_5CH_3 + 2Cl_2 \xrightarrow{FeCl_3} o\text{-}CH_3C_6H_4Cl + p\text{-}CH_3C_6H_4Cl + 2HCl$$

邻氯甲苯 对氯甲苯

② 硝化反应。单环芳烃与浓硝酸和浓硫酸的混合物（通常称混酸）反应，可得硝基苯类产物。同理，烷基苯比苯容易被硝化，主要产物是邻位和对位硝基苯。例如：

$$2\,C_6H_5CH_3 + 2HNO_3 \xrightarrow[30\ ℃]{H_2SO_4} o\text{-}CH_3C_6H_4NO_2 + p\text{-}CH_3C_6H_4NO_2 + 2H_2O$$

邻硝基甲苯 对硝基甲苯

视频：苯的硝化反应

如继续反应则生成 2,4,6-三硝基甲苯，俗称 TNT。

③ 磺化反应。单环芳烃与浓硫酸反应，可得苯磺酸类产物。同理，烷基苯比苯容易磺化，主要得到邻、对位产物。例如：

$$2\,C_6H_5CH_3 + 2H_2SO_4 \xrightarrow{70\sim80\ ℃} o\text{-}CH_3C_6H_4SO_3H + p\text{-}CH_3C_6H_4SO_3H + 2H_2O$$

邻甲苯磺酸 对甲苯磺酸

苯与浓硫酸需在 70～80 ℃条件下才能发生磺化反应，生成苯磺酸。

④ 弗里德-克拉夫茨反应。简称弗-克反应，1877 年由法国化学家弗里德（C. Friedel）和美国化学家克拉夫茨（J. M. Crafts）共同发现。芳香烃在无水 $AlCl_3$ 或无水 $FeCl_3$ 等催化剂的作用下，环上的氢原子能被烷基和酰基所取代，这是一个制备烷基芳烃和芳香酮的方法。该反应主要分为两类：烷基化反应和酰基化反应。

烷基化反应：

$$C_6H_6 + CH_3Cl \xrightarrow{\text{无水 } AlCl_3} C_6H_5{-}CH_3 + HCl$$

酰基化反应：

$$C_6H_6 + CH_3\overset{O}{\overset{\|}{C}}Cl \xrightarrow{AlCl_3} C_6H_5{-}\overset{O}{\overset{\|}{C}}CH_3 + HCl$$

（2）氧化反应。苯环相当稳定，不易被氧化。但是具有 α-H 的烷基苯在高锰酸钾、重铬酸钾的酸性溶液中能被氧化，不论侧链长短，氧化都生成苯甲酸。若 α-C 上没有氢原子，则不易被氧化。例如：

视频：苯和苯的同系物与 $KMnO_4$ 的反应

$$C_6H_5{-}CH_3 \xrightarrow[\triangle]{KMnO_4,H^+} C_6H_5{-}COOH$$

$$C_6H_5{-}CH_2R \xrightarrow[\triangle]{KMnO_4,H^+} C_6H_5{-}COOH$$

$$C_6H_4(CH_3)_2 \xrightarrow[\triangle]{KMnO_4,H^+} C_6H_4(COOH)_2$$

$$C_6H_5{-}CR_3 \xrightarrow[\triangle]{KMnO_4,H^+} \text{不氧化}$$

（3）加成反应。苯环比一般不饱和烃要稳定得多，只有在特殊条件下，才发生加成反应。例如，在催化剂镍、钯、铂的作用下，苯与氢气反应生成环己烷。

$$C_6H_6 + 3H_2 \xrightarrow[150\sim250\ ℃,2.5\ atm]{Ni} C_6H_{12}$$

（三）苯环上取代基的定位规律

实验证明，当苯环上已经有 1 个取代基存在，再引入第 2 个取代基时，则第 2 个取代基进入的位置和难易程度主要决定于原有取代基的性质，而与其本身关系较小。这就是苯环取代的定位规律。因此，把苯环上已有的取代基叫作定位取代基。定位取代基可分为两类。

1. 邻、对位定位基

苯环上带有这类定位基时，再引入的其他基团主要进入它的邻位或对位，而且第 2 个取代基的进入一般比苯环上没有邻、对位定位基时更容易，也就是说，邻对位定位基使苯环活化。下面是常见的邻、对位定位基，它们的定位取代效应按下列次序渐减。

$$-NH_2>-OH>-OCH_3>-CH_3(-R)>-Cl>-Br>-I>-Ar$$

2. 间位定位基

当这类定位基在苯环上时，再引入的新取代基主要进入它的间位。下面是常见的间位定位基和它们定位能力顺序。

$$-NO_2>-CN>-SO_3H>-CHO>-COOH$$

苯环上已有两个取代基时，第 3 个取代基进入苯环的位置主要由原来的两个取代基决定。一般有以下两种情况：

（1）苯环上同时存在两类定位基时，第 3 个取代基进入苯环的位置由邻、对位定位基决定。例如，下列化合物中再引入 1 个取代基时，取代基主要进入箭头所示的位置。

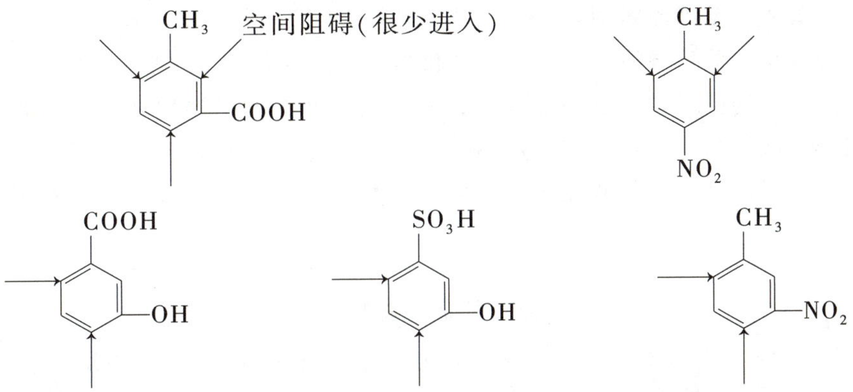

空间阻碍（很少进入）

（2）苯环上同时存在两个同类定位基时，第 3 个取代基进入苯环的位置由同类中定位能力强的定位基决定。例如：

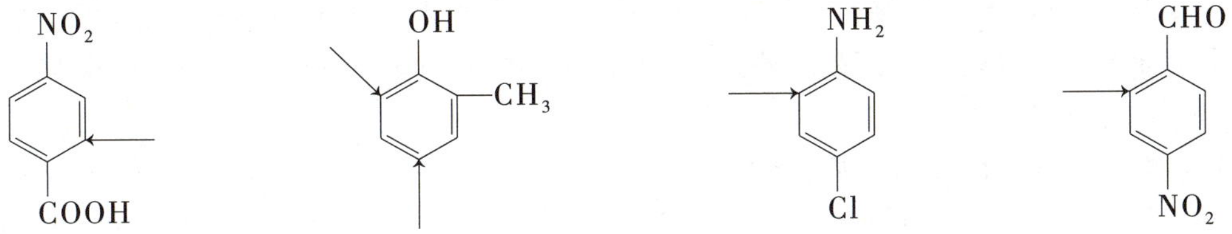

苯环上取代基定位规律对于预测反应产物和选择正确的合成路线具有重大的指导作用。

（四）稠环芳烃

稠环芳烃是指分子中含有两个及以上苯环，且相邻苯环共用两个邻位碳原子的芳烃。稠环芳烃都是固体，密度大于 1 g/cm^3，主要存在于煤焦油中。比较重要的稠环芳烃有萘、蒽、菲等。

萘是无色片状晶体，熔点为 80 ℃，沸点为 218 ℃，易升华。萘有类似樟脑的气味，不溶于水，溶于乙醇、乙醚及苯。

萘是有机化工八大基础原料之一，广泛用作制备染料、树脂、医药、溶剂等的原料，且具有杀菌、防蛀和驱虫的效能。

萘是两个苯环稠合而成的化合物，分子式为 $C_{10}H_8$，结构式如下：

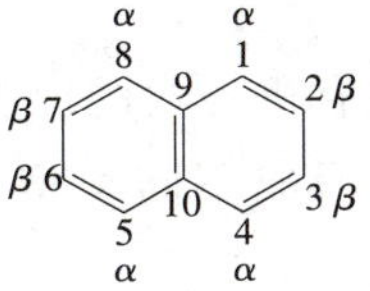

其中，1、4、5、8 称 α 位，2、3、6、7 称 β 位，9、10 两碳原子上无氢原子。

萘和苯的化学性质相似，也易发生取代反应，但反应主要发生在 α 位。例如：

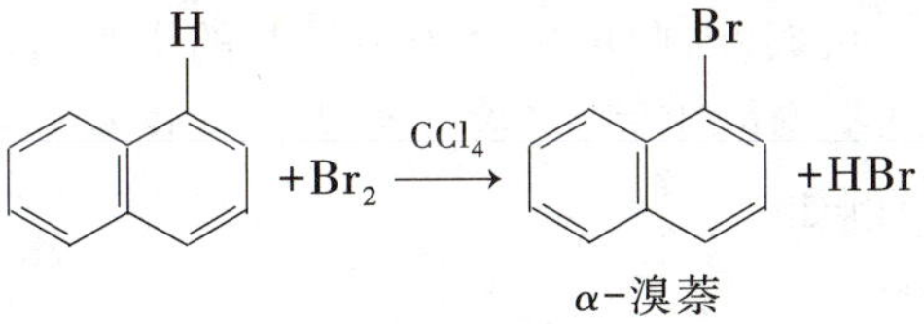

α-溴萘

（五）芳烃的来源与应用

1. 芳烃的来源

工业上芳烃主要来源于煤和石油。煤干馏过程中能生成多种芳烃。工业用芳烃主要来自煤炼焦副产物、焦炉煤气及煤焦油。石油中含多种芳烃，但含量不多，且其组分与含量也因产地而异。随着石油化工技术的进步，石油的芳构化（也称石油的重整，即一定的温度、压力和催化剂作用下，石油中的烷烃和环烷烃转化为芳烃的过程）已成为目前世界上芳烃的主要来源，当前世界 90%以上芳烃来自石油。

2. 芳烃的应用

芳烃是有机化工重要的基础原料，其中苯、甲苯、二甲苯和萘尤为重要。苯、二甲苯是制造多种基本有机化工原料和三大合成材料的重要原料。甲苯可转化为二甲苯和苯，也是制备苯甲醛、苯甲酸等基本有机化工原料、合成树脂、药物的原料。高级烷基苯是制造表面活性剂的重要原料。多环芳烃中，联苯用作化工过程的热载体，稠环芳烃中萘、蒽、菲是制造染料、药物等的重要原料。多种含氧、氯、氮、硫的芳烃衍生物用于生产多种精细化工产品。某些芳烃或其混合物可用作有机溶剂，如苯、二甲苯、甲苯等。

【拓展应用】

芳烃的危害与防范

苯是一种应用广泛的有机溶剂，短时间内吸入大量苯蒸气可引起急性中毒，主要表现为中枢神经系统麻醉，甚至导致呼吸心跳停止。长期反复接触低浓度的苯可引起慢性中毒，表现为头痛、头晕、失眠，白细胞持续减少、血小板减少而出现出血倾向，甚至诱发白血病。我国规定室内空气中苯含量平均每小时不得超过 0.03 mg/m^3。制鞋、皮革加工业、箱包、家具制造中使用的黏胶剂，喷漆、油漆工作中使用的溶剂都含有苯或苯的同系物，因此从事上述职业的人群要加强防范，做好安全防护和注重职业卫生，避免苯中毒。

许多稠环芳烃都是强烈的致癌物质，如苯并芘、萘、蒽等，人类若长期接触或吸入稠环芳烃会致癌。因此，人们在生产、储运、销售、使用这类化合物时，须依据危险化学品 MSDS 技术要求，规范做好防护措施，及时有效地预防危害。

秸秆、树叶等物质不完全燃烧形成的烟雾中含有较多的稠环芳烃，香烟的烟雾中也存在多种稠环芳烃。因此，从保护健康、珍视生命、保护环境的基本要求出发，应禁止在野外焚烧秸秆、树叶等物质，人们尤其是青少年，应远离烟草、及早戒烟，最大限度地降低秸秆、树叶等物质不完全燃烧烟雾、香烟烟雾对人体的危害。

五、卤代烃

烃分子中的氢原子被卤素原子取代后生成的化合物，叫作卤代烃。烷烃或芳香烃的卤代反应，不饱和链烃与卤素或卤化氢加成，都可以得到卤代烃。卤代烃用 RX 表示，R 表示烃基，X 表示氟、氯、溴、碘。卤原子是卤代烃的官能团。

卤代烃是一类重要的有机化合物，常用作有机合成的原料，也可用作杀虫剂、制冷剂及塑料的原料等。卤代烃的卤原子被其他原子或原子团取代后形成不同类型的化合物或中间体，在有机化学中占有重要地位。

（一）卤代烃的分类与命名

1. 分类

卤代烃由烃基和卤原子两部分组成，因此可按分子中烃基的类型、卤原子的种类和数量来分类。

（1）按卤代烃分子中所含烃基类型的不同，可将其分为饱和卤代烃（即卤代烷）、不饱和卤代烃（卤代烯烃和卤代炔烃）和卤代芳香烃。例如：

CH_3CH_2Br	$CH_2{=}CHCl$	C_6H_5-Cl
溴乙烷	氯乙烯	氯苯
（饱和卤代烃）	（不饱和卤代烃）	（卤代芳香烃）

（2）按卤代烃分子中所含卤原子种类的不同，可将其分为氟代烃、氯代烃、溴代烃和碘代烃。例如：

$CF_2=CF_2$	CH_3CH_2Cl	CH_3CH_2Br	CH_3CH_2I
四氟乙烯	氯乙烷	溴乙烷	碘乙烷
（氟代烃）	（氯代烃）	（溴代烃）	（碘代烃）

（3）按卤代烃分子中所含卤原子数目的不同，可将其分为一元卤代烃和多元卤代烃。例如：

CH_3Cl	$CHCl_3$
一氯甲烷	三氯甲烷
（一元卤代烃）	（多元卤代烃）

（4）按卤代烃分子中卤原子所连碳原子类型的不同，可将其分为伯卤代烃、仲卤代烃和叔卤代烃。例如：

$CH_3CH_2CH_2Br$	$(CH_3)_2CHCl$	$(CH_3)_3CCl$
1-溴丙烷	2-氯丙烷	2-氯-2-甲基丙烷
（伯卤代烃）	（仲卤代烃）	（叔卤代烃）

2. 命名

卤代烃命名时，把它看作烃的衍生物，即以烃为母体，卤原子作为取代基。因此，其命名规则与相应烃的命名规则相似。

（1）结构简单的卤代烷，可在相应的烷烃前加上卤原子的名称，称为卤（代）某烷。例如：

CH_3Cl	CH_3CH_2Br
氯甲烷	溴乙烷

（2）烷基结构较复杂的卤代烷，一般采用系统命名法，并遵循烷烃的命名原则。例如：

$CH_2CH_2CHCH_2CH_3$（1位 C 上连 Cl，3位 C 上连 CH_3）

1-氯-3-甲基戊烷

$CH_3CH_2CHCHCH_2CH_3$（3位 C 上连 Cl，4位 C 上连 Br）

3-溴-4-氯己烷

（3）不饱和卤代烃的系统命名原则。与不饱和烃的命名方法相似，如选择的主链（为尽可能包含连有卤原子碳在内的最长碳链）中含有不饱和键（C═C 双键或 C≡C 三键），则称为“某烯”或“某炔”，从离不饱和键最近的一端开始给主链碳原子编号。如选择的主链中不含有不饱和键，则不饱和键作为取代基，称为“某烷”。例如：

$CH_2=CH-CH(CH_3)-CH_2Cl$

4-氯-3-甲基-丁-1-烯

（4）卤代芳烃的系统命名原则。与芳烃的命名方法相似，当苯环直接连有卤原子时，则以芳烃为母体，卤原子作为取代基，当苯环上连有两个取代基时用“邻”“间”“对”或阿拉伯数字表示取代基的位置。当苯环侧链上连接卤原子时，同样以苯环为母体，卤原子和侧链烃基都作为取代基来命名。例如：

C_6H_5-Cl	$CH_3-C_6H_4-Br$（对位）	$C_6H_5-CH(CH_3)CH_2CH_2Br$
氯苯	对溴甲苯 （或 4-溴甲苯）	（3-溴-1-甲基丙基）苯

（二）卤代烃的性质

下面以卤代烷为例，介绍卤代烃的性质。

1. 物理性质

(1) 物态与性状。在室温下，氯甲烷、溴甲烷和氯乙烷是气体，其余常见的一元卤代烷多为液体或固体。卤代烷大都具有不愉快的气味，其蒸气有毒，应尽量避免吸入。纯净的卤代烷多数都是无色的，但碘代烷易分解产生游离碘，久置后逐渐变为红棕色。因此，储存碘代烷时，需用棕色瓶盛装。

(2) 沸点。一元卤代烷的沸点随着碳原子数的增加而升高。烷基相同的卤代烷，沸点的顺序是：RI>RBr>RCl。在卤代烷的同分异构体中，直链异构体的沸点最高，支链越多，沸点越低。

(3) 相对密度。一氯代烷的相对密度小于 1，一溴代烷、一碘代烷及多卤代烷相对密度大于 1。同一烃基的卤代烷，其相对密度的顺序是：RI>RBr>RCl。如果卤素相同，其相对密度随烃基的相对分子质量的增加而减小。

(4) 溶解性。卤代烷不溶于水，易溶于醇、醚、烃等有机溶剂。有些卤代烷本身就是常用的优良溶剂，因此常用氯仿、四氯化碳从水层中提取有机化合物。

(5) 焰色反应。卤代烷在铜丝上燃烧时能产生绿色火焰，这是鉴定卤原子的简便方法。

一些常见卤代烃的物理常数见表 4-1-9。

表 4-1-9 一些常见卤代烃的物理常数

卤代烃	X=F		X=Cl		X=Br		X=I	
	沸点/℃	相对密度 /d_4^{20}	沸点/℃	相对密度 /d_4^{20}	沸点/℃	相对密度 /d_4^{20}	沸点/℃	相对密度 /d_4^{20}
CH_3X	-78.4		-24.2	0.915 9	3.6	1.675 5	42.4	2.279 0
CH_3CH_2X	-37.7		12.3	0.897 8	38.4	1.440 0	72.3	1.933 0
$CH_3CH_2CH_2X$	-2.5		46.6	0.890 9	71.0	1.335 0	102.5	1.747 0
C_6H_5X	85.1	1.022 5	132.0	1.105 8	156.0	1.495 0	188.3	1.830 8
$C_6H_5CH_2X$	139.8 (753 mmHg)	1.022 8 (25 ℃)	179.3	1.100 2 (20/20 ℃)	201.0	1.438 0 (25 ℃)	93.0 (10 mmHg)	1.733 5 (25)
$CH_2=CHX$	-72.2	-	-13.4	0.910 6	15.8	1.493 3	56.0	2.037 0

2. 化学性质

卤代烷的化学性质，主要由官能团卤原子决定。重要的反应如下。

(1) 取代反应。卤原子具有吸电子性，致使卤代烷分子中的 C—X 键具有一定的极性，当 C—X 键遇到其他试剂时，卤原子容易被其他原子或原子团取代。

① 水解。卤代烷与稀 NaOH 或 KOH 的水溶液反应时，卤原子被羟基取代而得到醇。例如：

$$CH_3CH_2Br+H_2O \xrightarrow[\triangle]{NaOH} CH_3CH_2OH+HBr$$

此反应为可逆反应，加碱是为了中和生成的氢卤酸，使反应正向移动。

自然界没有卤代烷，一般需要通过醇来制备。因此，用该反应来制备醇没有普遍意义。

② 醇解。在相应的醇中，伯卤代烷分子中的卤原子被醇钠中的烷氧基(RO—)取代生成醚。例如：

$$CH_3Br+CH_3CH_2ONa \xrightarrow{\text{乙醇}} \underset{\text{乙甲醚}}{CH_3—O—CH_2CH_3}+NaBr$$

这是制备醚，特别是制备混醚(R—O—R′)最常用的一种方法，称为威廉森合成法。

③ 氨解。伯卤代烷和过量的氨气作用时发生氨解，卤原子被氨基（$-NH_2$）取代而生成伯胺。例如：

$$CH_3CH_2CH_2Cl+NH_3 \xrightarrow[\triangle]{C_2H_5OH} CH_3CH_2CH_2NH_2+NH_4Cl$$

这是工业上制备伯胺的方法之一。

④ 与硝酸银－乙醇溶液反应。卤代烷与硝酸银－乙醇溶液反应生成硝酸烷基酯，同时析出卤化银沉淀。

$$R-X+AgNO_3 \xrightarrow{\text{乙醇}} \underset{\text{硝酸烷基酯}}{R-O-NO_2}+AgX\downarrow\ (X=Cl、Br、I)$$

卤原子相同、烷基不同的卤代烷，其活性顺序是：叔卤代烷>仲卤代烷>伯卤代烷。这个反应常用来定性鉴别卤代烷。

（2）消除反应。有机物在适当条件下，从分子中脱去 1 个小分子（如 HX、H_2O、NH_3 等）而生成不饱和化合物的反应，叫作消除反应。卤代烷与强碱的乙醇溶液共热时，分子内脱去 1 分子卤化氢而生成烯烃。例如：

$$R-\underset{\displaystyle H}{\underset{|}{CH}}-\underset{\displaystyle X}{\underset{|}{CH_2}} \xrightarrow[\triangle]{KOH/C_2H_5OH} RCH=CH_2+KX+H_2O$$

卤代烷消除反应总是从分子中相邻两个碳原子脱去 1 分子卤代氢。当结合卤原子的 C 原子和两个 β-C 原子直接相连时，则主要脱去含氢较少的 β 碳原子上的 H 原子，生成双键上具有更多烷基的烯烃，这个经验规则叫作札依采夫规则。例如：

$$CH_3-\underset{\displaystyle H}{\underset{|}{CH}}-\underset{\displaystyle Br}{\underset{|}{CH}}-\underset{\displaystyle H}{\underset{|}{CH_2}} \xrightarrow[\triangle]{KOH/C_2H_5OH} \begin{cases} \underset{\text{1-丁烯(19\%)}}{CH_3CH_2CH=CH_2} \\ \underset{\text{2-丁烯(81\%)}}{CH_3CH=CHCH_3} \end{cases}$$

实际上，卤代烷的消除反应和水解反应是同时进行的竞争反应。哪个反应占优势取决于卤代烷的分子结构及反应条件。一般规律是：伯卤代烷、稀的强碱、强极性溶剂及低温有利于水解反应，叔卤代烷、浓的强碱、弱极性溶剂及高温有利于消除反应。所以卤代烷的水解反应，要在强碱的水溶液中进行，而脱卤化氢的反应，在强碱的醇溶液中进行更为有利。

（3）与金属镁的反应。卤代烷能与某些金属（如锂、镁等）反应，生成金属原子与碳原子直接相连的一类化合物，这类化合物称为金属有机化合物。

格氏（Grignard）试剂是非常重要的一类金属有机化合物，是有机合成中的重要试剂。它是卤代烷在无水乙醚中与镁作用生成的有机镁化合物（烷基卤化镁）。

$$RX+Mg \xrightarrow{\text{无水乙醚}} \underset{\text{格氏试剂}}{RMgX}$$

格氏试剂非常活泼，能与许多含活泼氢的物质（如水、醇、酸、氨及炔氢等）作用分解为烃，并能与许多物质发生反应生成其他重要的有机化合物。

在制备格氏试剂时必须防止水、醇、酸、氨、二氧化碳等物质的影响。

（三）重要的卤代烃

1. 溴甲烷

溴甲烷是无色气体，具有强烈的神经毒性，一般是在加压后储存在耐压容器中。它是一种常用的熏蒸杀虫剂，可用于熏杀谷仓、种子、温室及土壤害虫，但它对人畜均有很大毒性，要谨慎使用。

2. 三氯甲烷

三氯甲烷俗称氯仿。是一种无色且有香甜味的液体，沸点为 61.2 ℃，不能燃烧，也不溶于水，能溶解油脂和多种有机物质，常用作有机溶剂，还广泛用作有机合成的原料。纯净的氯仿可用作牲畜外科手术的麻醉剂。氯仿近年来也被一些国家列为致癌物，并被禁止在食品、药物中使用。

氯仿在光照下能被空气缓慢氧化而生成剧毒的光气，即

$$2CHCl_3+O_2 \xrightarrow{\text{光照}} 2\,\underset{\text{光气}}{COCl_2}+2HCl$$

（光气结构式：C 上连有两个 Cl 和 =O）

因此，氯仿要保存在密闭的棕色瓶中，避免日光照射。药用氯仿通常要加入少量 1% 乙醇以破坏可能生成的光气。

3. 四氯化碳

四氯化碳是无色液体，沸点为 76.5 ℃，密度为 1.595 $g\cdot cm^{-3}$，有特殊的气味。四氯化碳不能燃烧，遇热易挥发，它的蒸气比空气重，可把燃烧物覆盖，使之隔绝空气而实现灭火，所以是一种常用的灭火剂，但在 500 ℃以上高温时，能发生水解而有少量光气生成，故灭火时要注意空气流通，以防中毒。

四氯化碳主要用作溶剂、萃取剂和灭火剂，也可用作干洗剂。农业上也常用作熏蒸剂和驱虫剂。

4. 氯乙烯

氯乙烯是无色的气体，沸点为 -13.8 ℃，容易燃烧，与空气形成爆炸性混合物，爆炸极限体积分数为 3.6%～26.4%，难溶于水，易溶于多种有机溶剂。它最大的工业用途是制备聚氯乙烯塑料。

$$nCH_2{=}\underset{\displaystyle Cl}{\underset{|}{CH}} \xrightarrow[50\sim60\ ℃,\ 0.5\ MPa]{\text{引发剂}} \left[CH_2{-}\underset{\displaystyle Cl}{\underset{|}{CH}} \right]_n$$

聚氯乙烯（PVC）是目前我国三大塑料之一。它可制成薄板、管、棒等硬 PVC 塑料制品，也可制成薄膜制品和纤维，在工农业及日常生活中用途极广。但聚氯乙烯制品不耐热，不耐有机溶剂。

5. 四氟乙烯

四氟乙烯是无色气体，沸点为 76.3 ℃，不溶于水，可溶于多种有机溶剂。它的主要工业用途是制备聚四氟乙烯塑料。

$$nCF_2{=}CF_2 \xrightarrow{\text{催化剂}} \left[CF_2{-}CF_2 \right]_n$$

聚四氟乙烯（PTFE）的商品名称为特氟龙，号称“塑料王”，是一种应用广泛、性能非常稳定的塑料。它耐高温，可在 260 ℃高温下长期使用；耐低温，在 -268 ℃低温下可短期使用；具有良好的机械韧性，即使温度下降到 -196 ℃，也可保持 5% 的伸长率；耐腐蚀，不与强酸强碱（包括“王水”）反应。它是一种非常有用的工程和医用塑料。

6. 氟利昂

氟利昂是氟氯代烷烃的总称。氟利昂类物质是常见的制冷剂。它们具备加压容易液化，汽化热大，安全性高，不燃不爆，无臭无毒等优良性能。利用它们不同的沸点，可用于不同的制冷设备。

氟利昂的大量使用会破坏大气臭氧层，导致地球上的生物受到紫外线的伤害，而影响生态环境。现在氟利昂已被其他环境友好的卤代化合物代替。

【拓展应用】

足球场上的“化学大夫”——氯乙烷

在激烈的足球比赛中，经常有球员受伤倒地并痛苦地翻滚。医生跑上前去用药水对准球员的受伤部位喷射（图 4-1-9），一会儿工夫球员就能够重新投入比赛，医生用了什么药水能够如此快速地治好球员的伤痛？

关键词：
氯乙烷
液体变气体
大量吸热
缓解疼痛(暂时)
局部麻醉
肌肉扭伤或挫伤
应急措施

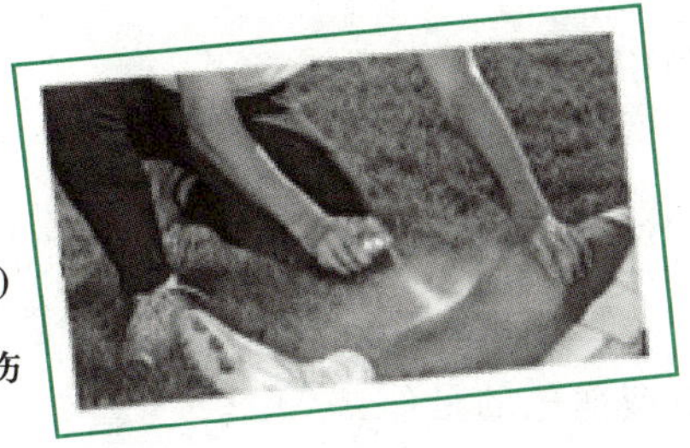

图 4-1-9 氯乙烷的镇痛功能

这就是被人们称为足球场上的“化学大夫”——氯乙烷的功劳。氯乙烷在常温下是一种气体有机化合物，在一定的压力下成为液体。球员受伤后，如果是软组织受伤或拉伤，医生只要将氯乙烷液体喷射到受伤部位，氯乙烷喷洒在皮肤上立即汽化吸热，引起皮肤骤冷，暂时失去知觉，痛感也随之消失。同时使皮下的毛细管收缩，停止流血，受伤部位不会出现淤血和水肿，这种方法称为局部麻醉。足球场上的“化学大夫”就是靠局部麻醉的方法，使球员的伤痛在短时间内消失的。

练习巩固

一、填空题

1. 烷烃的通式是________，烯烃的通式是________，炔烃的通式是________，苯的同系物的通式是________。

2. 在有机化合物中，碳原子间不仅可以形成碳碳单键，还可以形成碳碳________键和碳碳________键。

3. $—CH_3$ 的名称是________基，$—CH_2CH_3$ 的名称是________基，丙基的结构是____________，异丙基的结构是________，乙烯基的结构是________，苯基的结构是____________，苄基的结构是________。

4. 苯的取代反应主要有____________、____________、______________、____________。

二、选择题

1. 下列气体中，主要成分不是甲烷的是(　　)。

A. 沼气　　B. 天然气　　C. 水煤气　　D. 坑气

2. 大多数有机化合物完全燃烧的最终产物是(　　)。

A. CO　　B. CO_2　　C. CO_2 和 H_2O　　D. CO 和 CO_2

3. 下列物质在水中不会出现分层的是(　　)。

A. 乙醇　　B. 苯　　C. 四氯化碳　　D. 石蜡油

4. 工业生产乙烯的主要原料是(　　)。

A. 天然气　　B. 煤　　C. 石油　　D. 乙醇

5. 下列物质中，互为同系物的是(　　)。

A. CH_4 和 $C_{10}H_{22}$　　B. CH_4 和 C_2H_4　　C. C_2H_6 和 C_4H_6　　D. CH_3COOH 和 C_3H_8

6. 正丁烷和异丁烷互为同分异构体的依据是(　　)。

A. 具有相似的化学性质　　B. 具有相同的物理性质

C. 分子具有相同的结构　　D. 化学式相同，分子内碳原子结合方式不同

7. 下列关于甲烷结构的说法中，错误的是(　　)。

A. 甲烷是一个极性分子　　B. 甲烷具有正四面体结构

C. 甲烷分子具有极性键　　D. 甲烷分子的键角为 90°

8. 下列各组物质中，互为同分异构体的是（　　），为同一种物质的是（　　）。

A. $CH_3CH_2CH_3$ 和 $CH_3CH_2CH_2CH_3$

B. $CH_3CH(CH_3)_2$ 和 $CH_3CH_2CH_2CH_2CH_3$

C. $CH_3CH(CH_3)CH_2CH_2CH_3$ 和 $CH_3CH(CH_3)CH(CH_3)_2$

D.
```
          CH3
          |
CH3—CH—CH—CH3 和 CH3—CH—CH—CH3
              |                |    |
              CH3              CH3  CH3
```

9. 下列物质中，不能使溴水和酸性高锰酸钾溶液褪色的是（　　）。

A. C_7H_{14}　　B. C_3H_6　　C. C_5H_{12}　　D. C_4H_6

10. 下列物质中，能使含硝酸银的氨溶液产生白色沉淀的是（　　）。

A. 乙烷　　B. 乙烯　　C. 乙炔　　D. 戊-2-炔

11. 分子式为 C_8H_{10}，属于苯的同系物的异构体数目为（　　）。

A. 2　　B. 3　　C. 4　　D. 5

12. 下列有机物中不属于烃的是（　　）。

A. 异丁烷　　B. 萘　　C. 氯乙烷　　D. 环戊烷多氢菲

三、用系统命名法命名下列化合物

1. $CH_3—CH_2—CH_2—CH_2—CH_2—CH_3$

2. $CH_3—(CH_2)_{16}—CH_3$

3.
```
     CH3
     |
CH3—C—CH2—CH—CH3
     |       |
     CH3     CH3
```

4.
```
     CH2CH3
     |
CH3—C—CH2—CH3
     |
     CH2CH3
```

5.
```
          CH2CH3
          |
CH3—CH2—C—CH2—CH2—CH3
          |
          CH3
```

6.
```
                        CH3
                        |
CH3—CH2—CH2—CH2—CH—CH3
```

7. $CH_2=CH—CH_2—CH_3$

8.
```
CH2=CH—CH2—CH—CH3
             |
             CH3
```

9.
```
CH3—CH—CH—CH=CH2
     |   |
     CH3 CH3
```

10.
```
              CH3
              |
CH3CH2C=C—CH2CH3
         |
         CH2CH3
```

11.
```
CH3           CH(CH3)2
    \        /
     C=C
    /        \
CH3CH2        CH2CH3
```

12. $CH_3—CH_2—C\equiv C—CH_2—CH_3$

13.
```
CH3CH2CH—C≡CCH3
         |
         C2H5
```

14.
```
     CH3
     |
CH3—C—C≡C—CH—CH3
     |        |
     CH3      CH3
```

15.
```
CH2—CH—CH2—CH3
|     |
Br    CH3
```

16.
```
CH3—C—CH2—CH2Cl
     |
     CH3
```

17. （苯环邻位取代：—CH_3，—Cl）

18.
```
Br—CH—CH2—CH3
     |
CH2=C—CH3
```

四、根据名称写出下列化合物的结构简式

1. 2,2-二甲基戊烷
2. 2,2,3-三甲基丁烷
3. 3-乙基-2-甲基戊烷
4. 3,3-二乙基己烷
5. 3-甲基-丁-1-烯
6. 4-甲基-戊-2-烯
7. 3-乙基-2,4-二甲基-己-3-烯
8. 3-甲基-己-3-烯
9. 4-甲基-戊-2-炔
10. 3-乙基-4-甲基-戊-1-炔
11. 乙苯
12. 邻甲乙苯
13. 2-苯基丁烷
14. 2,4,6-三硝基甲苯
15. 3-氯-2,3,4-三甲基己烷
16. 2-溴-3-乙基-戊-1-烯
17. 对溴乙苯
18. 苄氯

五、完成下列反应方程式

1. $CH_4+Br_2 \xrightarrow{光照}$

2. $CH_3CH_2OH \xrightarrow[170\ ℃]{浓\ H_2SO_4}$

3. $nCH_2{=\!=}CH_2 \xrightarrow[400\ ℃,0.1\ MPa]{0.01\%O_2}$

4. $CH_3CH{=\!=}CH_2+HBr \longrightarrow$

5. $CH_3CH_2CH{=\!=}CH_2 \xrightarrow{KMnO_4/H^+}$

6. $CH_3CH_2CH{=\!=}CH_2+Br_2 \longrightarrow$

7. $CH_3C{\equiv}CH+2H_2 \xrightarrow{Ni}$

8. $CH_3C{\equiv}CH+[Ag(NH_3)_2]NO_3 \longrightarrow$

9. $RC{\equiv}CH+[Cu(NH_3)_2]Cl \longrightarrow$

10. $CH_3C{\equiv}CH+H_2O \xrightarrow[H_2SO_4(稀)]{HgSO_4}$

11. $C_6H_5{-}CH_3+Cl_2 \xrightarrow{FeCl_3}$（苯环结构）

12. $C_6H_6+CH_3CH_2Br \xrightarrow{AlCl_3}$（苯环结构）

13. $C_6H_6+H_2SO_4 \xrightarrow{70\sim80\ ℃}$（苯环结构）

14. $C_6H_5{-}CH_2CH_3 \xrightarrow{KMnO_4/H^+}$（苯环结构）

15. $\underset{\displaystyle\ \ \ \ \ \ \ \ Br\ \ CH_3}{CH_3CHCHCH_3} \xrightarrow[\triangle]{C_2H_5OH/KOH}$（Br 连于第 2 个碳，$CH_3$ 连于第 3 个碳）

16. $\underset{\displaystyle\ \ \ \ \ \ \ \ Cl\ \ CH_3}{CH_3CHCHCH_2CH_3}+H_2O \xrightarrow[\triangle]{NaOH}$（Cl 连于第 2 个碳，$CH_3$ 连于第 3 个碳）

17. $CH_3CH_2CH_2Cl+NH_3 \longrightarrow$

18. $CH_3CH_2CH_2Br+AgNO_3 \xrightarrow[\triangle]{乙醇}$

第二节 含氧有机化合物

情境呈现

国家铁路局和公安部公布的《铁路旅客禁止、限制携带和托运物品目录》的公告(2022 年 7 月 1 日起施行),把酒精及酒精体积分数大于70%的酒类饮品列为禁止托运和随身携带的物品。医用消毒酒精体积分数为70%~75%,显然不能带上列车。酒精是乙醇的俗称,属于含氧有机化合物。

你知道常见的含氧有机化合物还有哪些吗?在结构上有什么特点?主要有哪些性质?在化工生产、日常生活中有哪些重要应用?

含氧有机化合物除含有碳、氢两种元素外,还含有氧元素,种类很多,应用广泛。如酒精、食醋中的主要成分醋酸、化工生产中常用的增塑剂邻苯二甲酸二辛酯等都是常见含氧有机化合物。

一、醇、酚、醚

醇、酚、醚是烃的含氧衍生物,可分别用下列通式表示:

R—OH	Ar—OH	(Ar)R—O—R′(Ar)
醇	酚	醚

醇、酚、醚是一类重要的有机化合物,在生产、生活中具有广泛的应用,可作为重要的化工原料。

(一) 醇

1. 醇的结构和分类

从结构上看,醇是脂肪烃、脂环烃或芳香烃侧链上的氢原子被羟基取代所形成的化合物,其官能团是羟基(—OH)。乙醇的分子模型见图 4-2-1,其化学反应主要发生在羟基及与之相连的 α-碳原子上。

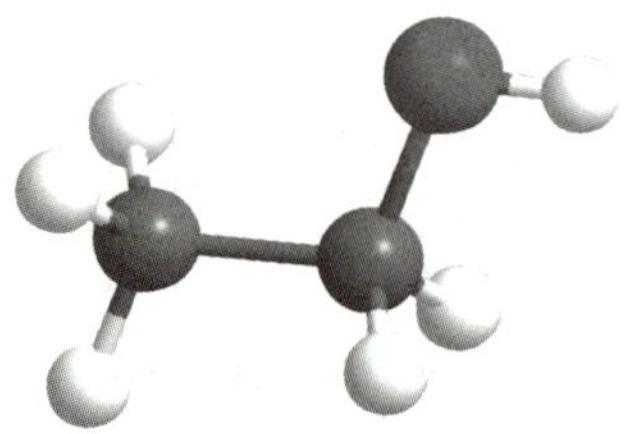

图 4-2-1 乙醇的球棒模型

根据羟基所连烃基的不同,醇可分为脂肪醇、脂环醇和芳香醇。例如:

CH_3CH_2OH	(环戊基)—OH	(苯基)—CH_2OH
脂肪醇	脂环醇	芳香醇

根据分子中所含羟基数目的不同,醇可分为一元醇和多元醇,含有 2 个及以上羟基的醇称为多元醇。

CH_3CH_2OH	$\underset{|\quad\ \ |}{CH_2CH_2}$ OH OH	$\underset{|\quad\ \ |\quad\ \ |}{CH_2CHCH_2}$ OH OHOH
一元醇	二元醇	三元醇

根据羟基所连碳原子的类型不同,醇可分为伯醇(1°醇)、仲醇(2°醇)和叔醇(3°醇)。

$CH_3CH_2CH_2CH_2OH$	$CH_3CHCH_2CH_3$ (OH 连于第二个碳)	$CH_3—C(CH_3)_2—OH$
伯醇	仲醇	叔醇

2. 醇的命名

结构简单的醇可用普通命名法命名,即在烃基名称后加上“醇”,称为“某醇”。

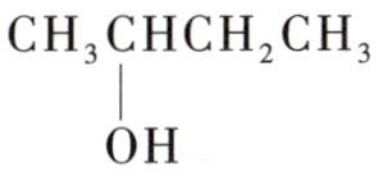

$$\underset{\substack{|\\ OH}}{CH_3CH}CH_2CH_3$$

仲丁醇

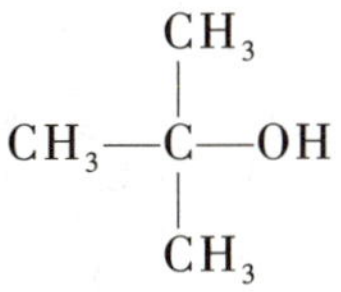

$$CH_3—\overset{\substack{CH_3\\ |}}{\underset{\substack{|\\ CH_3}}{C}}—OH$$

叔丁醇

—OH

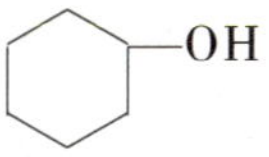

环己醇

系统命名法适用于各种结构的醇，依据 2017 版 CCS 命名法，其命名原则为：

(1) 选择醇分子中含有羟基的最长碳链为主链，根据主链碳原子数目称为“某醇”。

(2) 从靠近羟基一端开始，给主链碳原子依次编号。

(3) 将取代基的位次、数目、名称及羟基的位次依次写在母体名称“醇”的前面，并分别用短线相连接。例如：

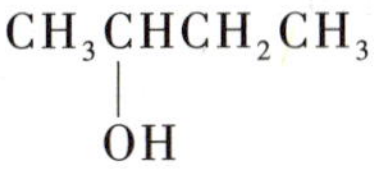

$$\underset{\substack{|\\ OH}}{CH_3CH}CH_2CH_3$$

丁-2-醇

$$CH_3—\overset{\substack{CH_3\\ |}}{\underset{\substack{|\\ CH_3}}{C}}—OH$$

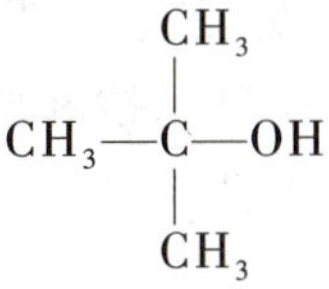

2-甲基丙-2-醇

脂环醇从羟基所连的碳原子开始编号，按脂环烃基名称后加“醇”的方式命名。芳香醇命名时，将芳基作为取代基，以脂肪醇为母体。例如：

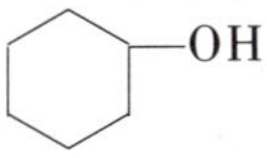

—OH

环己醇

$$\underset{\substack{|\\ OH}}{—CH}CH_2CH_3$$

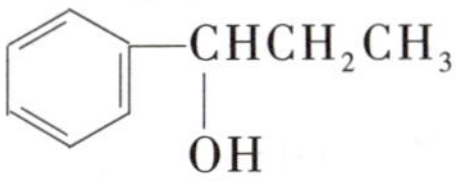

1-苯基丙-1-醇

多元醇命名时，应尽可能选择连有多个羟基的最长碳链作为主链，把羟基的位次和数目写在母体名称“醇”的前面。例如：

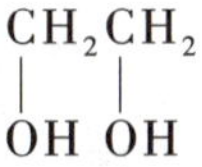

$$\underset{\substack{|\\ OH}}{CH_2}\underset{\substack{|\\ OH}}{CH_2}$$

乙-1,2-二醇(或乙二醇)

$$\underset{\substack{|\\ OH}}{CH_2}\underset{\substack{|\\ OH}}{CH}\underset{\substack{|\\ OH}}{CH_2}$$

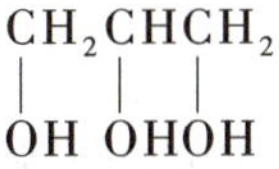

丙-1,2,3-三醇(或丙三醇)

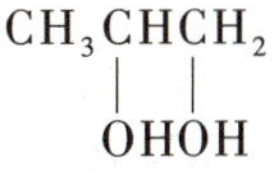

$$CH_3\underset{\substack{|\\ OH}}{CH}\underset{\substack{|\\ OH}}{CH_2}$$

丙-1,2-二醇

【课堂讨论】

对下列醇进行命名或写出结构式，并指出各属于哪类醇。

1. 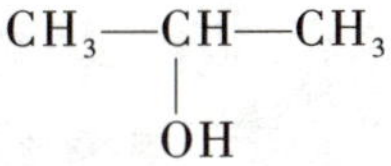 $CH_3—\underset{\substack{|\\ OH}}{CH}—CH_3$

2. $C_6H_5—CH_2—OH$

3. 2-甲基丁-2-醇

4. 环戊醇

3. 醇的性质

饱和一元醇中，含有 1~4 个碳原子的醇为挥发性无色透明液体，具有酒味；含有 5~11 个碳原子的醇为油状黏稠液体，具有令人不愉快的气味；含有 12 个碳原子以上的醇为无色、无味的蜡状固体。

醇的水溶性随着碳原子数的增多逐渐降低，低级醇易溶于水，高级醇几乎不溶于水。醇的熔点和沸点随着碳原子数目的增多而升高，和烃的变化规律相似。

醇的化学反应主要发生在官能团羟基及与之相连的 α-C 原子上，主要反应形式是 O—H 键和 C—O 键的断裂。此外，由于 α-H 原子和 β-H 原子有一定的活泼性，醇还能发生 α-H 原子的氧化反应和 β-H 原子的消除反应。

$$\begin{array}{ccccccc} & & H & & H & & \\ & \beta & | & \alpha & | \ \delta^+ & \delta^- & \delta^+ \\ R & — & C & — & C & — O — & H \\ & & | & & | & & \\ & & H & & H & & \end{array}$$

（1）与活泼金属反应。醇羟基上的氢原子可被活泼金属取代生成醇的金属化合物，放出氢气。乙醇与金属钠反应生成乙醇钠和氢气，反应式为：

$$CH_3CH_2OH+Na \longrightarrow \underset{\text{乙醇钠}}{CH_3CH_2ONa}+H_2\uparrow$$

视频：醇与金属钠反应

该反应和水与金属钠的反应相似，但要缓和得多。生成的乙醇钠是强碱，其碱性强于氢氧化钠，不稳定，遇水分解成氢氧化钠和醇，滴入酚酞试液后，溶液显红色（见图 4-2-2）。

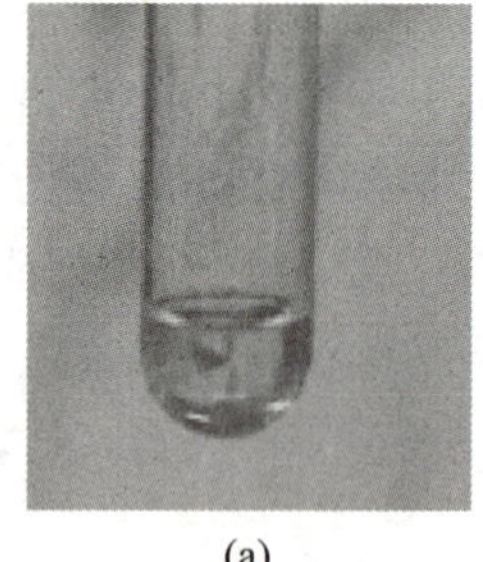
(a)

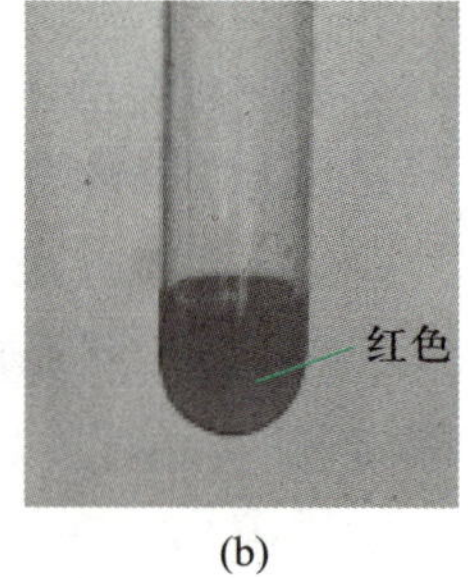

(b)

图 4-2-2 乙醇与金属钠反应和乙醇钠水解加入酚酞现象

【观察体验】

观看金属钠和无水乙醇的实验视频，与金属钠和水的反应进行比较。思考实验室如何销毁反应中残余的金属钠？

（2）与无机酸反应。醇与无机含氧酸如硫酸、硝酸、磷酸等反应，脱去水分子生成相应的无机酸酯。例如：

$$\begin{array}{l} CH_2—OH \\ | \\ CH—OH \\ | \\ CH_2—OH \end{array} +3HONO_2 \xrightarrow{\text{浓 } H_2SO_4} \begin{array}{l} CH_2—ONO_2 \\ | \\ CH—ONO_2 \\ | \\ CH_2—ONO_2 \end{array} +3H_2O$$

甘油三硝酸酯（硝酸甘油）

甘油与硝酸作用生成甘油三硝酸酯，临床上称为硝酸甘油，用于防治心绞痛。甘油三硝酸酯遇热剧烈反应发生爆炸，可用作炸药。

醇的无机酸酯用途广泛，组成细胞的重要物质如核酸、磷脂中都具有磷酸酯的结构，人体软骨中的硫酸软骨素含有硫酸酯结构。

【化学史话】

化学家诺贝尔

瑞典化学家诺贝尔（A. B. Nobel）（图 4-2-3），一生致力于炸药研究，在硝酸甘油的研究方面取得了重大成就，积累了巨额财富。

诺贝尔在逝世前一年留下遗嘱，设立诺贝尔奖，分别奖给物理学、化学、生理学或医学、文学、和平 5 个领域中对人类作出最大贡献的人。1901 年 12 月 10 日，首届诺贝尔奖于诺贝尔逝世 5 周年纪念日颁发。

人造元素锘（Nobelium）以诺贝尔命名，以纪念诺贝尔作出的贡献。

图 4-2-3 诺贝尔

（3）脱水反应。醇的脱水反应有分子内脱水生成烯和分子间脱水生成醚两种类型。例如，乙醇在浓硫酸作用下加热到 170 ℃，可发生分子内脱水生成乙烯。

$$\underset{\boxed{H \quad\quad OH}}{CH_2—CH_2} \xrightarrow[170\ ℃]{浓\ H_2SO_4} CH_2{=\!=}CH_2+H_2O$$

醇分子内脱水生成烯烃的反应属于消除反应，又称为消去反应，是指有机物分子在一定条件下，脱去1个或几个小分子（如 H_2O、HX 等）而生成不饱和化合物的反应。仲醇、叔醇发生分子内脱水时遵循扎依采夫规则，即醇分子中有不止一种 β-H 时，主要脱去含氢原子较少的 β-C 原子上的氢原子。

乙醇在浓硫酸作用下加热到 140 ℃，可发生分子间脱水生成乙醚。

$$CH_3CH_2OH+HOCH_2CH_3 \xrightarrow[140\ ℃]{浓\ H_2SO_4} \underset{乙醚}{CH_3CH_2OCH_2CH_3}+H_2O$$

醇的脱水反应和温度有关，较高温度下主要发生分子内脱水生成烯烃的反应，较低温度下主要发生分子间脱水生成醚的反应。

（4）氧化反应。有机分子中加氧或脱氢的反应都属于氧化反应。由于羟基的影响，伯醇、仲醇分子中的 α-H 原子比较活泼，容易被氧化，伯醇首先被氧化成醛，进一步氧化生成羧酸，仲醇被氧化成相应的酮，而叔醇没有 α-H 原子，难以被氧化。

$$\underset{伯醇}{R—CH_2OH} \xrightarrow{[O]} \underset{醛}{R—CHO} \xrightarrow{[O]} \underset{羧酸}{R—COOH}$$

$$\underset{仲醇}{R—\overset{\overset{OH}{|}}{C}H—R'} \xrightarrow{[O]} \underset{酮}{R—\overset{\overset{O}{\|}}{C}—R'}$$

【拓展应用】

酒精检测仪的原理

乙醇与氧化剂重铬酸钾的稀硫酸溶液反应，被氧化成乙酸，溶液颜色由橙红色转变为绿色，即 $Cr_2O_7^{2-}$（橙红色）被还原为 Cr^{3+}（绿色）。反应式为：

$$3C_2H_5OH+\underset{橙红色}{2K_2Cr_2O_7}+8H_2SO_4{=\!=\!=}3CH_3COOH+\underset{绿色}{2Cr_2(SO_4)_3}+2K_2SO_4+11H_2O$$

检查司机酒后驾车的“酒精检测仪”就是据此原理设计的（图 4-2-4、图 4-2-5）。

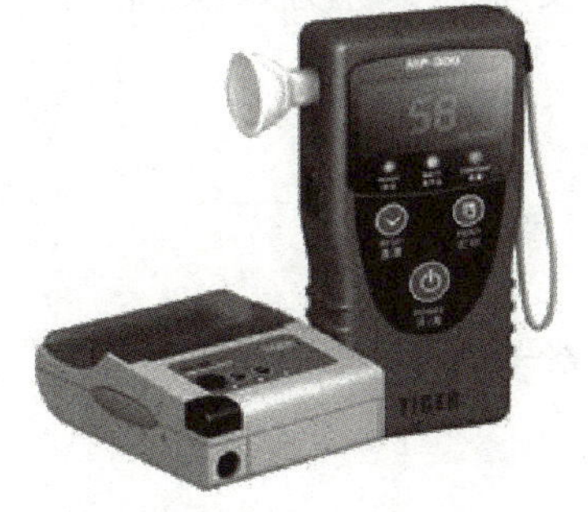

图 4-2-4 酒精检测仪

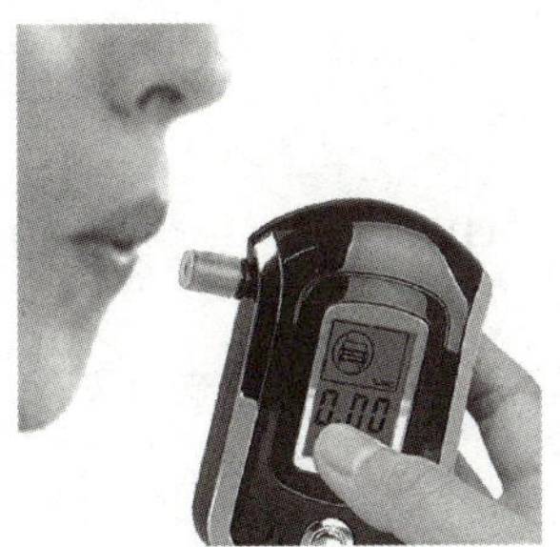

图 4-2-5 检测酒精含量

4. 重要的醇

（1）甲醇（CH_3OH）。甲醇最初由木材干馏得到，俗称木醇，为无色、易挥发、透明、有酒味的液体，沸点为 64.7 ℃。甲醇有毒性，误饮少量（10 mL）可致人失明，多量（30 mL）可致死。甲醇用途广泛，能与水和多数有机溶剂混溶，是一种优良的有机溶剂；可以合成甲醛、有机玻璃和许多医药产品，是重要的化工原料和医药产品原料；可用作汽车燃料的“甲醇汽油”，是一种新型环保燃料，该“汽油”由甲醇、汽油、添加剂按一定比例调配而成。

视频：醇的氧化反应

(2) 乙醇（CH_3CH_2OH）。乙醇俗称酒精，为无色易燃液体，沸点为 78.3 ℃，比水轻，能与水和多数有机溶剂混溶，在医药卫生、食品化工方面有广泛用途。临床上不同浓度的乙醇有不同的作用。体积分数为 70%～75% 的乙醇称为消毒酒精，用作皮肤、医疗器械等的消毒；40%～50% 的乙醇局部涂擦可防止褥疮发生；25%～50% 的乙醇可用于物理退热等。

【查阅资料】

查阅乙醇在生产、生活中的应用，了解其应用领域和对人体健康的影响。

(3) 丙三醇（$\underset{\mid \atop OH}{CH_2}\underset{\mid \atop OH}{CH}\underset{\mid \atop OH}{CH_2}$）。丙三醇为无色具有甜味的黏稠液体，俗称甘油，沸点为 290 ℃，比水重，能与水、乙醇混溶，难溶于其他有机溶剂。纯甘油具有很强的吸湿性，对皮肤有刺激性，用水稀释后的溶液则具有润滑、防止皮肤干裂的作用。甘油可制作碘甘油、酚甘油等，质量分数为 50% 的甘油溶液可用于灌肠，从而治疗便秘。

【观察体验】

甘油和新制氢氧化铜反应会生成深蓝色的溶液。具有邻二醇结构的多元醇与新制氢氧化铜反应，均有此现象发生。思考如何用化学方法鉴别乙醇和甘油？

(4) 苯甲醇（$C_6H_5-CH_2OH$）。苯甲醇又称苄醇，是最简单的芳香醇，自然界中多数以酯的形式存在于精油中，例如茉莉花油和风信子油。

苯甲醇为具有芳香气味的无色液体，微溶于水，易溶于乙醇、乙醚、氯仿等有机溶剂，具有局部止痒的作用，亦具有微弱的麻醉作用和防腐功能。

（二）酚

1. 酚的结构和分类

酚是芳香烃分子中芳环上的氢原子被羟基取代后生成的化合物，酚中的羟基称为酚羟基，是酚的官能团。苯酚是最简单的酚，其分子模型见图 4-2-6。

根据酚羟基的数目不同可将酚分为一元酚、二元酚和三元酚等，含有 2 个及以上酚羟基的统称为多元酚。根据芳香烃基的不同又可将其分为苯酚、萘酚等。

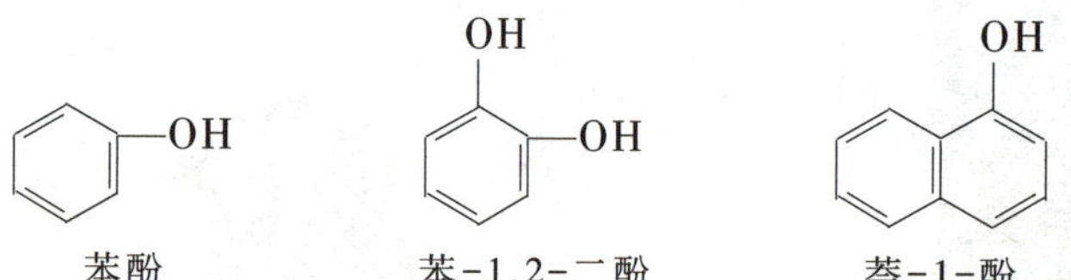

图 4-2-6 苯酚分子模型

【课堂讨论】

比较酚和芳香醇在结构上的异同点。

2. 酚的命名

简单酚的命名可在酚字前面加上芳环的名称作为母体，当芳环上连有取代基时，从芳环上连有酚羟基的碳原子开始编号，在母体名称前标明取代基的位次、数目及名称。

多元酚命名时，要标明酚羟基的数目和相对位置。例如：

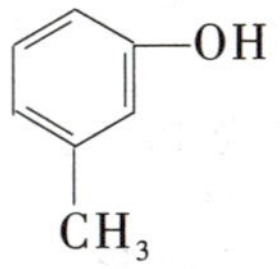

3-甲基苯-1-酚 （间甲基苯酚）	2-乙基苯-1-酚 （邻乙基苯酚）	苯-1,4-二酚 （对苯二酚）

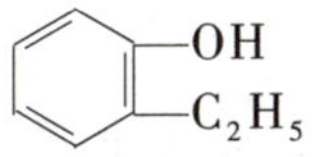

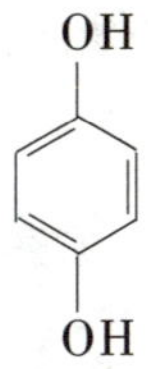

3. 酚的性质

常温下，多数酚为结晶性固体，仅少数酚（如甲基苯酚）为液体。酚的分子中含有羟基，能形成分子间氢键，故其沸点比相对分子质量相近的芳香烃高。酚具有特殊的气味，能溶于乙醇、乙醚和苯等有机溶剂，常温下在水中的溶解度不大，加热时易溶于水，多元酚在水中溶解度增大。

酚和醇都含有羟基，有着相似的化学性质，如与金属钠反应。由于酚羟基直接连在芳环上，所以酚和醇的化学性质有明显的差异。酚分子中的 C—O 键相对比较稳定，O—H 键比醇更容易断裂，具有弱酸性，酚羟基使苯环活化而易于发生取代反应。

（1）弱酸性。酚表现出弱酸性，能与强碱水溶液反应生成盐。如苯酚和氢氧化钠反应生成苯酚钠。

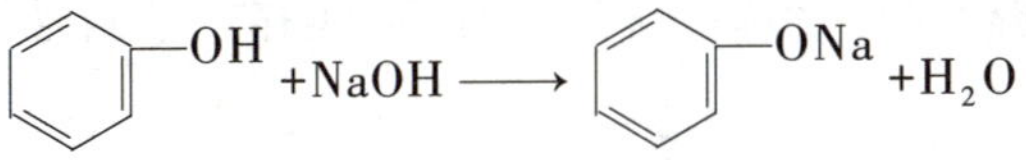

$$C_6H_5{-}OH + NaOH \longrightarrow C_6H_5{-}ONa + H_2O$$

苯酚钠

向苯酚钠溶液中通入二氧化碳，可游离出苯酚而使溶液变浑浊，说明苯酚的酸性比碳酸还要弱。苯酚只能溶于氢氧化钠或碳酸钠溶液，不溶于碳酸氢钠溶液。

视频：酚的弱酸性

（2）与三氯化铁的显色反应。大多数含酚羟基的化合物都能与三氯化铁溶液发生显色反应。不同的酚与三氯化铁反应会产生不同的颜色，苯酚、间苯二酚、1,3,5-苯三酚显紫色，甲基苯酚显蓝色，邻苯二酚、对苯二酚显绿色，1,2,3-苯三酚显红色。

此反应并不限于酚，具有烯醇式（—C=C—OH）结构的有机化合物都能与三氯化铁发生显色反应。

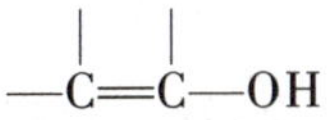

视频：酚与三氯化铁的反应

（3）苯环上的取代反应。羟基可以使苯环活化，受酚羟基的影响，苯酚的邻、对位易发生卤代、硝化和磺化等取代反应。

常温下苯酚水溶液与溴水反应，迅速产生白色沉淀。反应式为：

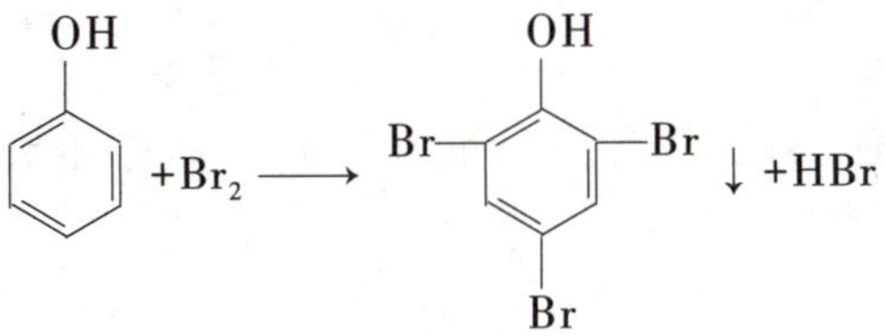

$$C_6H_5OH + Br_2 \longrightarrow C_6H_2Br_3OH \downarrow + HBr$$

2,4,6-三溴苯酚

该反应非常灵敏，常用于苯酚的定性和定量分析。

（4）氧化反应。酚很容易被氧化，空气中的氧就能使苯酚逐渐氧化而显红色或暗红色。若用重铬酸钾的硫酸溶液作氧化剂，苯酚可被氧化成对苯醌。

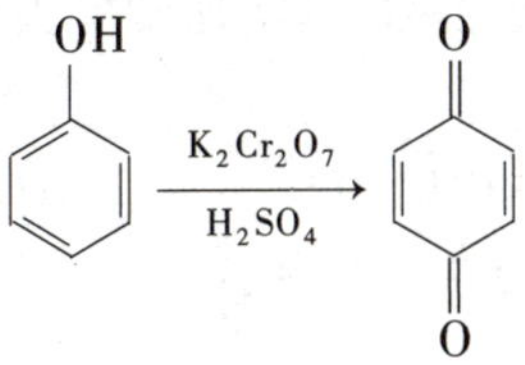

$$C_6H_5OH \xrightarrow[H_2SO_4]{K_2Cr_2O_7} O{=}C_6H_4{=}O$$

多元酚更易被氧化，因此保存含有酚羟基的药物时应避免与空气接触。

4. 重要的酚

(1) 苯酚(苯环—OH)。苯酚俗称石炭酸，常温下微溶于水，70 ℃以上时，能与水混溶，可溶于乙醇、乙醚、苯等有机溶剂。苯酚易于氧化，应装于棕色瓶中避光保存。苯酚对蛋白质有凝固作用，能够杀菌，是临床上使用最早的外科消毒剂。苯酚对皮肤有腐蚀性，使用时要小心。

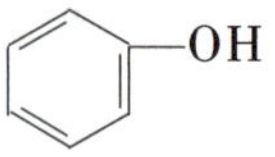

【查阅资料】

查阅苯酚在外科消毒史上的贡献，了解消毒剂的应用和发展。

(2) 甲基苯酚。甲基苯酚简称甲酚，有邻、间、对 3 种异构体，因来源于煤焦油，所以又称煤酚。它们的沸点相近，不易分离，在实际中常用其混合物。甲基苯酚的杀菌能力比苯酚强，毒性较小，常配成质量分数为 50% 的肥皂溶液使用，称为煤酚皂溶液(俗称“来苏尔”)，用作器械和环境消毒。

(3) 邻苯二酚(苯环上邻位两个—OH)。邻苯二酚俗名“儿茶酚”，为无色结晶，是重要的化工中间体，可用作橡胶硬化剂、皮肤防腐杀菌剂、显影剂等。多数以衍生物的形式存在于自然界中，其重要衍生物肾上腺素具有升高血压和止喘的作用。

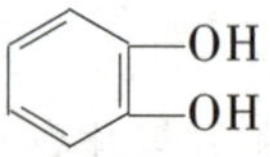

(三) 醚

1. 醚的结构和分类

醚是两个烃基通过氧原子连接而成的化合物，可看作是水分子中的两个氢原子，或者醇或酚分子中的羟基上的氢原子被烃基取代的产物。醚的通式为(Ar)R—O—R′(Ar)，烃基可以相同也可以不同，官能团是醚键(C—O—C)。

根据分子中与氧原子相连的烃基是否相同，醚可分为简单醚和混合醚，也称为单醚和混醚，2 个烃基相同的称为单醚，2 个烃基不相同的称为混醚。

根据分子中与氧原子相连的烃基种类不同，醚可分为脂肪醚和芳香醚，2 个烃基都是脂肪烃基的为脂肪醚，1 个或 2 个烃基是芳香烃基的则为芳香醚。

	单醚	混醚
脂肪醚	$CH_3CH_2—O—CH_2CH_3$	$CH_3CH_2—O—CH_3$
芳香醚	苯环—O—苯环	$CH_3CH_2—O—$苯环

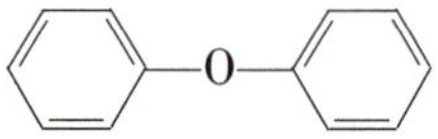

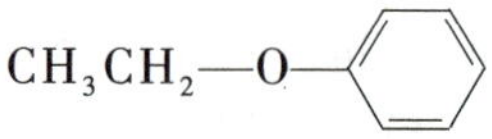

此外，也可根据醚键是否成环，将醚分为直链醚和环醚。具有环状结构的醚键称为环醚，例如环氧乙烷。

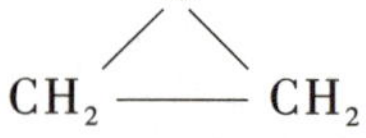

$$\overset{O}{CH_2—CH_2}$$（O 与两个 CH_2 相连成三元环）

环醚

2. 醚的命名

单醚的命名，直接写出与氧相连的烃基名称(基字通常省去)，再加上醚字即可，表示 2 个相同烃基的“二”字也可以省略。例如：

$CH_3CH_2—O—CH_2CH_3$ (二)乙醚

$CH_3—O—CH_3$ (二)甲醚

若是混醚，根据烃基英文首字母排序原则，分别写出烃基的名称。例如：

$CH_3CH_2—O—CH_2CH_2CH_3$

乙丙醚

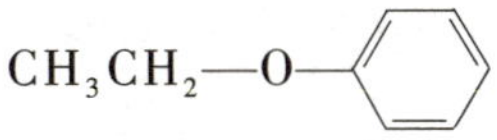

$CH_3CH_2—O—C_6H_5$

乙苯醚

3. 醚的性质

大多数醚是无色易燃液体，具有挥发性，有特殊气味，沸点比相对分子质量相同的醇低得多。少数醚能溶于水，多数醚难溶于水，醚能溶解许多有机物，是良好的有机溶剂。

醚的化学性质不活泼，稳定性仅次于烷烃，不易与氧化剂、还原剂、碱发生反应。金属钠与醚在常温下不反应，可以用作醚的干燥剂。醚的稳定性是相对的，由于醚键（C—O—C）的存在，也可以发生一些特有的反应。

（1）鉾盐的形成。醚与浓强酸（如浓盐酸或浓硫酸）作用时，能形成一种不稳定的盐，称鉾盐。

$$R—\ddot{O}—R + H^+Cl^- \longrightarrow [R—\overset{..}{\underset{H}{O^+}}—R]Cl^-$$

鉾盐不稳定，遇水又会分解为原来的醚，而烷烃不能发生上述反应，利用这一性质，可以鉴别醚和烷烃。

（2）过氧化物的生成。醚与空气长时间接触，可生成过氧化物，过氧化物不稳定，受热易分解发生爆炸。因此，使用乙醚前要用淀粉-碘化钾试纸检验是否有过氧化物存在，若试纸变蓝，说明有过氧化物存在，用硫酸亚铁或亚硫酸钠溶液等还原性物质洗涤乙醚可除去过氧化物。

醚类化合物应保存在密闭棕色玻璃瓶中，加入少量抗氧化剂以防止过氧化物的生成。

4. 重要的醚

（1）乙醚（$CH_3CH_2OCH_2CH_3$）。乙醚为无色、易挥发、具有香味的液体，沸点为 34.5 ℃，极易燃烧。乙醚蒸气与空气混合达到一定比例时，遇火就会猛烈爆炸，使用时要远离明火并采取必要的安全措施。乙醚性质稳定，微溶于水，可溶解许多有机物，是优良的有机溶剂。乙醚有麻醉作用，曾被用作吸入全身麻醉药。乙醚易燃易爆、使用不安全，还会引起恶心、呕吐等副作用，现已被更加安全、高效的麻醉药如异氟醚所代替。

【查阅资料】

查阅乙醚在手术麻醉中的应用，了解麻醉药的应用和发展。

（2）环氧乙烷（$\underset{CH_2——CH_2}{\overset{O}{/\ \ \backslash}}$）。环氧乙烷为无色气体，有毒性和致癌性，熔点为-111.3 ℃，沸点为 10.7 ℃，能与水混溶，也可溶于乙醇、乙醚等有机溶剂，易燃易爆，不宜长途运输。环氧乙烷穿透力强，常温下能杀灭各种微生物，可用于一些不耐受高温的医疗用品的消毒。环氧乙烷在化工生产中主要用于制造乙二醇（制涤纶纤维原料）、合成洗涤剂，以及缩乙二醇类产品，也可用于生产增塑剂、润滑剂、橡胶和塑料等。

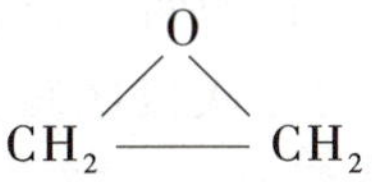

二、醛和酮

醛和酮广泛存在于自然界，有些是药物的有效成分，有些具有显著的生理活性，是参与生物代谢过程的中间体。许多醛和酮可以作为有机合成的重要原料或中间体。

（一）醛、酮的结构和分类

醛和酮都是含有羰基的化合物，碳原子与氧原子以双键相连构成的基团称为羰基（$\overset{O}{\overset{\|}{C}}$，$>C=O$）。羰基与 1 个烃基及 1 个氢原子直接相连的化合物称为醛（甲醛除外），羰基与 2 个烃基直接相连的称为酮。

$$\underset{\text{醛}}{\overset{\overset{\displaystyle O}{\|}}{(Ar)R-C-H}}\qquad \underset{\text{酮}}{\overset{\overset{\displaystyle O}{\|}}{(Ar)R-C-R'(Ar)}}$$

乙醛可由乙醇氧化得到，结构简式为 $CH_3-\overset{\overset{\displaystyle O}{\|}}{C}-H$，其官能团为醛基（$-\overset{\overset{\displaystyle O}{\|}}{C}-H$），乙醛的分子模型见图 4-2-7。

丙酮可由丙-2-醇氧化得到，其结构简式为 $CH_3\overset{\overset{\displaystyle O}{\|}}{C}CH_3$，其官能团为酮基（$-\overset{\overset{\displaystyle O}{\|}}{C}-$）。丙酮的分子模型见图 4-2-8。

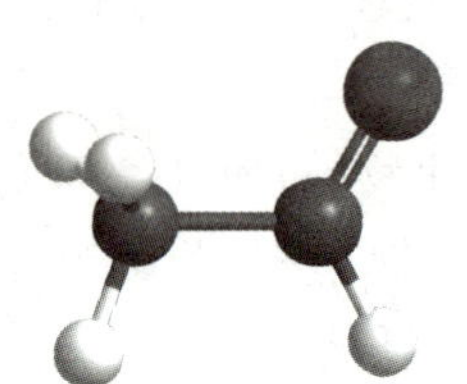
图 4-2-7 乙醛分子模型

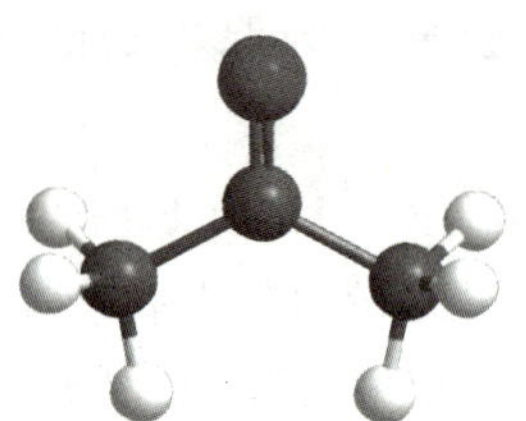
图 4-2-8 丙酮分子模型

根据羰基所连接烃基的种类不同，醛、酮可分为脂肪醛、酮，脂环醛、酮和芳香醛、酮。根据烃基中是否有不饱和键，脂肪醛、酮可分为饱和醛、酮和不饱和醛、酮。根据分子中羰基的数目，醛、酮可分为一元醛酮和多元醛、酮等。

（二）醛、酮的命名

结构简单的醛和酮可采用普通命名法，脂肪醛的命名按所含碳原子数称为“某醛”，脂肪酮按照羰基所连两个烃基的名称命名。

结构复杂的醛和酮可采用系统命名法。选择含有羰基的最长碳链作为主链。从靠近羰基的一端给主链编号，根据主链的碳原子数称为“某醛”或“某酮”。主链碳原子位次也可以用希腊字母表示，与羰基直接相连的碳原子为 α-碳原子，依次为 β、γ、δ…位；酮分子中与羰基直接相连的两个碳原子都是 α-碳原子，可分别用 α、α'表示，以此类推。将取代基的位次、数目、名称以及羰基的位次依次写在醛、酮母体名称之前。醛基总在碳链的首端，可不标明位次。

$$\underset{\text{2-甲基丙醛（或 }\alpha\text{-甲基丙醛）}}{CH_3-\underset{\underset{\displaystyle CH_3}{|}}{C}HCHO}\qquad \underset{\text{丙-2-酮（丙酮）}}{CH_3\overset{\overset{\displaystyle O}{\|}}{C}CH_3}\qquad \underset{\text{丁-2-酮}}{CH_3\overset{\overset{\displaystyle O}{\|}}{C}CH_2CH_3}$$

不饱和醛、酮命名时，使羰基的位次最小，同时标出不饱和键的位置。脂环醛、酮的命名将脂环烃基作为取代基，芳香醛、酮的命名把芳香烃基作为取代基。

$CH_3CH=CHCHO$ 丁-2-烯醛

C_6H_5-CHO 苯甲醛

3-甲基环己酮（环己酮环上 3 位连 CH_3）

【课堂讨论】

对下列醛酮进行命名或写出结构式，并指出各属于哪一类。

1. $CH_3COCH_2CH_3$　　2. 苯甲醛

3. $CH_3\underset{}{\overset{CH_3}{\overset{|}{C}}}HCH_2CH_2CHO$　　4. 丙酮

（三）醛、酮的性质

在常温常压下，甲醛为气体，其他的醛、酮为液体或固体。醛、酮是极性化合物，分子间不能形成氢键，所以醛、酮的沸点较相对分子质量相近的烷烃和醚高，但比分子量相近的醇低。醛和酮分子中羰基上的氧原子可以与水分子中的氢原子形成氢键，因此低级醛和酮易溶于水。随着分子中碳原子数的增加，醛和酮在水中溶解度也逐渐降低。醛和酮一般易溶于苯、乙醚等有机溶剂。

醛、酮都是羰基化合物，性质比较活泼，容易发生加成反应、α-氢原子的反应、还原反应等。醛还表现出一些特殊性质。醛、酮的化学性质主要表现在以下几个方面。

1. 加成反应

（1）与氢氰酸加成。醛、脂肪族甲基酮及 8 个碳原子以下的环酮能与氢氰酸发生加成反应，生成 α-羟基腈（α-氰醇）。

$$\underset{(CH_3)H}{\overset{R}{}}\!\!>C{=}O + H{-}CN \underset{}{\overset{OH^-}{\rightleftharpoons}} \underset{(CH_3)H}{\overset{R}{}}\!\!>C<\!\!\underset{CN}{\overset{OH}{}}$$

α-羟基腈（氰醇）

产物 α-羟基腈比原来的醛或酮增加了一个碳原子，此反应常用于增长碳链。氢氰酸极易挥发且有剧毒，所以一般不直接用其进行反应。实验操作应在通风橱内进行。

（2）与醇的加成。在干燥氯化氢的作用下，1 分子醛与 1 分子醇加成生成半缩醛。半缩醛分子中的羟基称为半缩醛羟基，较活泼。半缩醛一般不稳定，可继续与醇反应失去一分子水生成稳定的缩醛。

$$R{-}\overset{O}{\overset{\|}{C}}{-}H + R'OH \xrightleftharpoons{\text{干燥 HCl}} R{-}\underset{R'O}{\underset{|}{\overset{OH}{\overset{|}{C}}}}{-}H \underset{R'OH}{\overset{\text{干燥 HCl}}{\rightleftharpoons}} R{-}\underset{R'O}{\underset{|}{\overset{R'O}{\overset{|}{C}}}}{-}H + H_2O$$

半缩醛　　缩醛

缩醛在中性或碱性的条件下是稳定的，但在酸性溶液中容易水解成醛和醇，因此在药物合成中常用来保护醛基。

在同样条件下，酮也能发生类似的反应，但比醛要困难。

（3）与氨的衍生物加成。氨分子的氢原子被其他原子或基团取代后生成的化合物称为氨的衍生物。醛和酮能与羟胺、肼、苯肼、2,4-二硝基苯肼等氨的衍生物发生加成反应，但加成产物不稳定，脱水生成含有碳氮双键结构的化合物。反应过程可用下列通式表示：

$$\underset{(R')H}{\overset{R}{}}\!\!>C{=}O + H{-}\overset{H}{\overset{|}{N}}{-}Y \longrightarrow \underset{(R')H}{\overset{R}{}}\!\!>\overset{OH}{\overset{|}{C}}{-}\overset{H}{\overset{|}{N}}{-}Y \xrightarrow{-H_2O} \underset{(R')H}{\overset{R}{}}\!\!>C{=}N{-}Y$$

—Y：—OH　—NH_2　—NH—C_6H_5　—NH—C_6H_3-2,4-$(NO_2)_2$

几种常见氨的衍生物及其与醛、酮反应的产物见表 4-2-1。

表 4-2-1 氨的衍生物与醛、酮反应的产物

氨的衍生物名称	氨的衍生物的结构式	产物结构式	产物名称
羟胺	$H_2N—OH$	$R(R')HC=N—OH$	肟
肼	$H_2N—NH_2$	$R(R')HC=N—NH_2$	腙
苯肼	$H_2N—NH—C_6H_5$	$R(R')HC=N—NH—C_6H_5$	苯腙
2,4-二硝基苯肼	$H_2N—NH—C_6H_3(NO_2)_2$（2,4-位）	$R(R')HC=N—NH—C_6H_3(NO_2)_2$	2,4-二硝基苯腙
氨基脲	$H_2N—NH—\overset{O}{\overset{\|}{C}}—NH_2$	$R(R')HC=N—NH—\overset{O}{\overset{\|}{C}}—NH_2$	缩氨脲

氨的衍生物与醛、酮反应的产物多为固体结晶，具有特定的熔点，测定其熔点可推测它是由哪种醛或酮所生成的。特别是2,4-二硝基苯肼，几乎能与所有的醛、酮反应，生成橙黄色或橙红色的2,4-二硝基苯腙晶体，反应现象明显，常用于鉴别醛、酮。

在药物分析中，常用氨的衍生物鉴定具有羰基结构的药物，因此将氨的衍生物称为羰基试剂。此外，反应产物在稀酸作用下可分解成原来的醛或酮，故又可用于醛、酮的分离和提纯。

2. α-H 的反应

醛酮分子中，因受羰基的强吸电子作用，使得α-碳氢键的极性增强，α-H具有较大的活泼性，称为α-活泼氢，很容易发生反应。

(1) 羟醛缩合反应。在稀酸或稀碱的作用下，1分子醛的α-H原子加到另1分子醛的羰基氧原子上，α-C原子则加到羰基碳原子上，生成β-羟基醛，这是在有机合成中增长碳链的一种方法。生成的β-羟基醛仍有α-H原子，在加热的条件下易脱水生成α,β-不饱和醛。例如：

$$CH_3—\overset{O}{\overset{\|}{C}}—H + \overset{H}{\overset{|}{C}}H_2CHO \xrightarrow[5\ ℃]{10\%\,NaOH} \underset{\beta\text{-羟基丁醛}}{CH_3\overset{OH}{\overset{|}{C}H}—\overset{H}{\overset{|}{C}}HCHO} \xrightarrow[\triangle]{-H_2O} \underset{\text{丁-2-烯醛(巴豆醛)}}{CH_3CH=CHCHO}$$

(2) 卤代和卤仿反应。在酸性或碱性条件下，醛、酮的α-H原子易被卤原子取代，生成α-卤代醛、酮。醛或酮往往可以继续卤化为二卤代、三卤代产物。例如：

$$CH_3CHO \xrightarrow[H_2O]{Cl_2} CH_2ClCHO \xrightarrow{Cl_2} CHCl_2CHO \xrightarrow{Cl_2} \underset{\text{三氯乙醛}}{CCl_3CHO}$$

含有3个α-H原子的醛、酮（如乙醛、甲基酮等），和卤素的氢氧化钠溶液作用时，3个氢原子可全部被取代，生成三卤代醛、酮。三卤代物不稳定，易发生碳碳键的断裂，分解生成三卤代甲烷（卤仿）和羧酸

盐，故称为卤仿反应。若使用的卤素是碘，产物为碘仿，则称为碘仿反应。反应过程为：

$$CH_3-\overset{\overset{\displaystyle O}{\|}}{C}-H(R)+2I_2+2NaOH \longrightarrow H(R)COONa+CHI_3\downarrow+NaI+H_2O$$

碘与氢氧化钠反应生成的次碘酸钠有氧化性，可以把具有“$\overset{\displaystyle OH}{\underset{CH_3CH-}{|}}$”结构的醇氧化为乙醛或甲基酮，所以具有这类结构的醇也能发生碘仿反应。

碘仿为黄色晶体，难溶于水，并有特殊气味，容易识别，因此可利用碘仿反应来鉴别乙醛、甲基酮及乙醇和含有 $CH_3CH(OH)-R$ 构造的醇。

视频：碘仿反应

3. 还原反应

在催化剂的作用下，醛、酮分子中的羰基加氢还原生成相应的伯醇或仲醇，此反应称为催化加氢反应，常用的催化剂有 Ni、Pt、Pd 等。反应通式如下：

$$醛：R-\overset{\overset{\displaystyle O}{\|}}{C}-H+H_2 \xrightarrow{Ni} RCH_2OH(伯醇)$$

$$酮：R-\overset{\overset{\displaystyle O}{\|}}{C}-R'+H_2 \xrightarrow{Ni} R-\underset{\underset{\displaystyle H}{|}}{\overset{\overset{\displaystyle OH}{|}}{C}}-R'(仲醇)$$

4. 与弱氧化剂的反应

醛基上的氢原子易被氧化，即使弱的氧化剂也可以将醛氧化成羧酸。酮不易被弱氧化剂氧化，但在强氧化剂（如重铬酸钾加浓硫酸）存在下，会发生碳链的断裂，生成碳原子数较少的羧酸混合物。因此，可以利用弱氧化剂来区别醛和酮。常用的弱氧化剂有托伦试剂、费林试剂等。

（1）银镜反应。托伦试剂是硝酸银溶液与氨水配制的溶液，也称银氨溶液，具有弱氧化性，与醛共热时，醛被氧化为羧酸，而其自身被还原生成单质银，附着在玻璃器壁上，形成银镜，故此反应称为银镜反应。

$$RCHO+\underset{无色}{2[Ag(NH_3)_2]OH} \xrightarrow[(水浴)]{\triangle} RCOONH_4+\underset{银镜}{2Ag\downarrow}+3NH_3\uparrow+H_2O$$

醛均能发生银镜反应，酮则不能，故此反应可用于鉴别醛和酮。

视频：与托伦试剂反应

【观察体验】

观看甲醛、乙醛和丙酮分别加入托伦试剂的实验视频，思考如何用化学方法鉴别乙醛和丙酮？

（2）费林反应。费林试剂是由硫酸铜与酒石酸钾钠的碱溶液等体积混合而成的蓝色溶液。试剂中 Cu^{2+}（配离子）作为氧化剂，将脂肪醛氧化成相应的羧酸，而自身被还原为砖红色的氧化亚铜沉淀。

$$RCHO+Cu^{2+}(配离子) \xrightarrow[\triangle]{OH^-} RCOONa+Cu_2O\downarrow$$

甲醛的还原性较强，可以将氧化亚铜进一步还原为铜，在洁净的试管壁形成铜镜。芳香醛不能被费林试剂氧化，因此可用费林反应来区别脂肪醛和芳香醛。

视频：与费林试剂反应

【观察体验】

观看乙醛、丙酮和苯甲醛分别加入费林试剂的实验视频，思考如何用化学方法鉴别这 3 种有机化合物？

视频：与希夫试剂反应

【拓展应用】

醛与希夫试剂的显色反应

希夫试剂又称为品红亚硫酸试剂，是将二氧化硫通入品红水溶液中，使品红褪色后的无色溶液。醛与希夫试剂作用显紫红色，而酮不显色，故常用此反应鉴别醛和酮。甲醛与希夫试剂作用生成的紫红色物质遇硫酸不褪色，其他醛生成的紫红色物质遇硫酸后则褪色，用此方法也可区分甲醛和其他醛。

（四）重要的醛、酮

1. 甲醛

甲醛（HCHO）俗称蚁醛，常温下是具有强烈刺激性气味的无色气体，易溶于水。甲醛可使蛋白质变性，具有杀菌防腐能力。甲醛含量为35%～40%的水溶液俗称福尔马林，是常用的外科器械消毒剂和保存动物标本的防腐剂，还可以用于防止果树、蔬菜、谷物等农作物的腐烂和变质。

甲醛对健康危害较大，对皮肤黏膜有刺激性，高浓度吸入时会引起中毒。甲醛是室内环境污染的来源之一，保持空气流通是清除室内甲醛的有效方法。

【查阅资料】

查阅甲醛的应用和危害，思考生活中如何做到绿色环保。

2. 乙醛

乙醛（CH_3CHO）是一种无色透明、易挥发的液体，具有刺激性气味，易溶于乙醇、乙醚、苯等有机溶剂和水，是重要的化工原料。

乙醛的重要衍生物三氯乙醛，是一种无色易挥发油状液体，有刺激性气味。可溶于水和乙醇、乙醚、氯仿等有机溶剂，与水化合生成的三氯乙醛水合物，简称水合氯醛，具有催眠、镇静和麻醉的作用。

3. 丙酮

丙酮（CH_3COCH_3）是无色、易挥发、易燃的液体，有特殊气味，可与水混溶，能溶解甲醇、乙醇、乙醚等许多有机化合物，是常用的有机溶剂，可用于生产环氧树脂、有机玻璃等，是重要的有机合成原料。

健康人血液中丙酮含量较低，糖尿病患者由于糖代谢障碍，体内常有过量的丙酮产生，并随尿排出或经肺呼出体外。临床上常用亚硝酰铁氰化钠的氢氧化钠溶液检查糖尿病患者尿液中是否含有丙酮，如有丙酮存在，尿液呈鲜红色。此外，也可用碘仿反应来检查。

视频：与亚硝酰铁氰化钠反应

三、羧酸及其衍生物

分子中含有羧基（—COOH）的化合物称为羧酸。羧酸也可看作是烃分子中的氢原子被羧基取代而生成的衍生物（甲酸除外）。羧酸分子中羧基上的羟基被其他原子或基团取代后的产物称为羧酸衍生物，常见的羧酸衍生物有酰卤、酸酐、酯和酰胺等。

（一）羧酸

1. 羧酸的结构和分类

羧酸的官能团为羧基，一元羧酸的结构通式为（Ar）R—COOH（甲酸的 R 为 H）。

根据羧酸分子中烃基种类的不同，可将其分为脂肪酸和芳香酸，脂肪酸根据烃基是否饱和可分为饱和羧酸和不饱和羧酸。根据羧酸分子中所含羧基数目的不同，又可将其分为一元羧酸、二元羧酸和多元羧酸等。

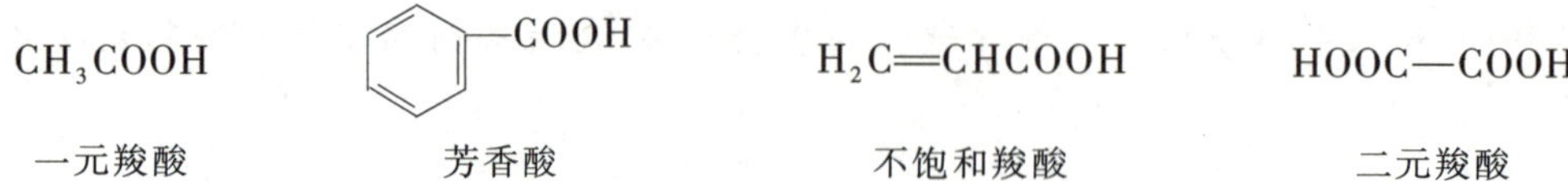

2. 羧酸的命名

羧酸常用俗名，通常根据来源而命名。甲酸、乙酸最初分别从蚂蚁、食醋中得到，故而得名蚁酸、醋酸。

羧酸的系统命名原则与醛相似，命名饱和脂肪酸时，选择含羧基的最长碳链作为主链，按主链碳原子数目称为某酸，从羧基碳原子开始用阿拉伯数字给主链编号，简单羧酸也可从与羧基相邻的碳原子开始依次用 α、β、γ…希腊字母编号。例如：

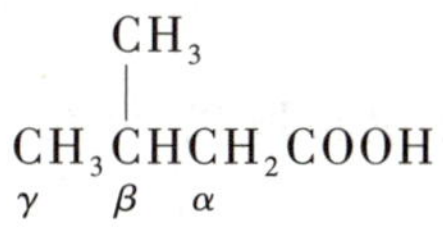

$$\underset{\gamma}{CH_3}\underset{\beta}{\overset{\overset{CH_3}{|}}{C}H}\underset{\alpha}{CH_2}COOH$$

3-甲基丁酸（β-甲基丁酸）

$$CH_3\overset{\overset{CH_3}{|}}{C}H\underset{\underset{CH_2CH_3}{|}}{C}HCH_2CH_2COOH$$

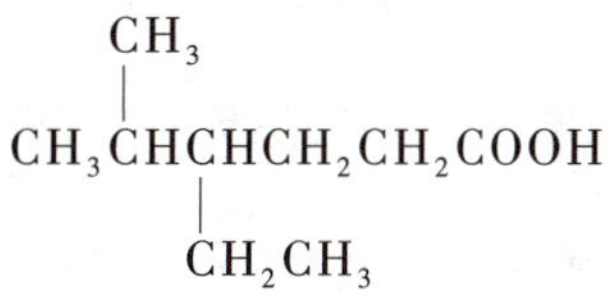

4-乙基-5-甲基己酸

二元脂肪酸的命名，选择含两个羧基在内的最长碳链作主链，称为某二酸。例如：

$$HOOC—CH_2CH_2COOH$$

丁二酸（琥珀酸）

$$HOOC—COOH$$

乙二酸（草酸）

不饱和脂肪酸的命名，与不饱和烃的命名方法相似选择含羧基的最长碳链为主链，如主链中包含不饱和键，则称为“某烯酸”或“某炔酸”，主链碳原子的编号从羧基碳开始，把不饱和键位置写在“烯酸”或“炔酸”名称之前；如主链中不包含不饱和键，则将其作为取代基，并称为“某酸”。碳原子如主链碳原子数大于 10 时，需要在中文数后加个“碳”字。例如：

$$CH_3CH_2CH=CHCOOH$$

戊-2-烯酸

$$CH_3(CH_2)_4CH=CHCH_2CH=CH(CH_2)_7COOH$$

Z,Z-十八碳-9,12-二烯酸（亚油酸）

含有碳环的羧酸命名时，将碳环看作取代基，以脂肪酸作为母体进行命名。

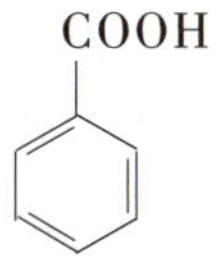

（苯环—COOH）

苯甲酸

（环戊基—CH_2COOH）

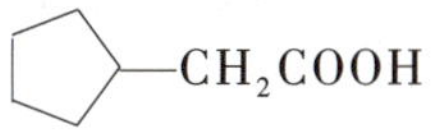

环戊基乙酸

3. 羧酸的性质

常温下，饱和一元脂肪酸中，含 1～9 个碳原子的羧酸是有刺激性气味的液体，含 10 个以上碳原子的高级脂肪酸是无味无臭的蜡状固体，二元脂肪酸和芳香酸都是结晶性固体。含 1～4 个碳原子的羧酸可与水混溶，但随着碳链的增长，水溶性明显降低。羧酸的熔点、沸点都随着相对分子质量的增加而升高，并且比相对分子质量相近的醇高，这是 2 个羧酸分子可通过 2 个氢键彼此缔合成二聚体的缘故。例如，甲酸的沸点（100.5 ℃）比乙醇的沸点（78.3 ℃）高。

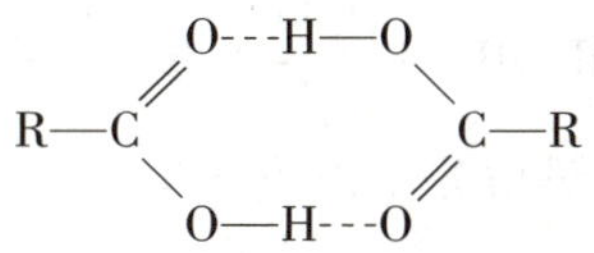

$$R—C\begin{matrix}\nearrow O\cdots H—O \searrow \\ \searrow O—H\cdots O \nearrow\end{matrix}C—R$$

羧酸的化学性质主要由羧基决定。羧基中羰基和羟基相互影响，使得羧酸具有不同于醇和醛、酮的独特性质，具体表现为下面几个方面。

（1）酸性。羧酸在水溶液中能给出质子，具有酸性。饱和一元羧酸的酸性比硫酸、盐酸等无机强酸弱，但强于碳酸和苯酚。羧酸能与 $NaHCO_3$ 反应，放出二氧化碳气体，而苯酚不能与 $NaHCO_3$ 反应，所以利用这个性质可鉴别羧酸和酚类化合物。

$$RCOOH+NaOH \longrightarrow RCOONa+H_2O$$

$$RCOOH+NaHCO_3 \longrightarrow RCOONa+CO_2\uparrow+H_2O$$

$$2RCOOH+Na_2CO_3 \longrightarrow 2RCOONa+CO_2\uparrow+H_2O$$

制药工业常把一些含羧基难溶于水的药物制成羧酸盐，增加其水溶性，如常用的青霉素 G 类药物就是制成其钾盐或钠盐，供临床注射用。

视频：苯酚、乙酸、甲酸、草酸的酸性比较

【观察体验】

观看苯酚、乙酸、甲酸、草酸的酸性比较的实验视频，对其酸性强弱进行排序，并思考如何用化学方法鉴别苯酚、乙酸和甲酸？

（2）羧酸衍生物的生成。羧酸分子中的羟基不易被取代，但在一定条件下，可以被卤素（—X）、酰氧基（$R-\overset{\overset{O}{\|}}{C}-O-$）、烃氧基（—OR）和氨基（$-NH_2$）取代，生成相应的酰卤、酸酐、酯和酰胺等衍生物。

酰卤是羧基中的羟基被卤素取代的产物，最常见的为酰氯，可由羧酸与三氯化磷、五氯化磷和氯化亚砜等反应制取。

$$RCOOH+PCl_3+H_2O \longrightarrow R-\overset{\overset{O}{\|}}{C}-Cl+H_3PO_3$$

酰氯很活泼，广泛用于药物合成中，是重要的化工原料。

酸酐是 2 分子羧酸（除甲酸外）在脱水剂（乙酸酐、五氧化二磷等）存在的情况下加热脱水生成的产物。例如：

$$R-\overset{\overset{O}{\|}}{C}-OH+HO-\overset{\overset{O}{\|}}{C}-R \xrightarrow[\triangle]{\text{脱水剂}} R-\overset{\overset{O}{\|}}{C}-O-\overset{\overset{O}{\|}}{C}-R+H_2O$$

二元羧酸受热发生分子内脱水生成较稳定的五元或六元的环状酸酐，如邻苯二甲酸酐可由邻苯二甲酸脱水得到。

$$C_6H_4\begin{cases}-\overset{\overset{O}{\|}}{C}-OH\\-\underset{\underset{O}{\|}}{C}-OH\end{cases} \longrightarrow C_6H_4\begin{cases}-\overset{\overset{O}{\|}}{C}\\-\underset{\underset{O}{\|}}{C}\end{cases}\!\!O+H_2O$$

酯是在强酸催化下，羧酸分子中的羟基被醇中的烃氧基取代生成的产物。羧酸和醇生成酯和水的反应称为酯化反应，酯在同样条件下又可以生成羧酸和醇，称为酯的水解反应。

$$RCOOH+R'OH \underset{\triangle}{\overset{\text{浓 } H_2SO_4}{\rightleftharpoons}} R-\overset{\overset{O}{\|}}{C}-OR'+H_2O$$

酰胺可由羧酸与氨反应生成铵盐，加热后分子内脱水生成。

$$R-\overset{\overset{O}{\|}}{C}-OH+NH_3 \longrightarrow RCOONH_4 \xrightarrow{\triangle} R-\overset{\overset{O}{\|}}{C}-NH_2+H_2O$$

（3）脱羧反应。羧酸分子脱去羧基，放出 CO_2 的反应称为脱羧反应。饱和一元羧酸比较稳定，一般不易发生脱羧反应。但在特殊条件下，如羧酸钠与碱石灰（NaOH—CaO）共热，生成比羧酸少 1 个碳原子的烃。

$$CH_3COONa+NaOH \xrightarrow[\triangle]{CaO} CH_4\uparrow+Na_2CO_3$$

二元羧酸比较容易发生脱羧反应，生成少 1 个碳原子的一元羧酸。

例如：

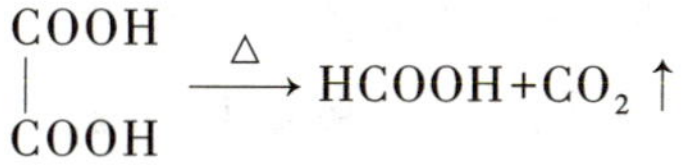

$$\begin{array}{l}COOH\\|\\COOH\end{array} \xrightarrow{\triangle} HCOOH+CO_2\uparrow$$

脱羧反应是生物体内的重要反应。在脱羧酶的作用下,脱羧反应可在正常体温下顺利进行。

4. 重要的羧酸

(1) 甲酸(HCOOH)。甲酸存在于蜂类、蚁类等昆虫的毒液中,是无色有刺激性气味的液体,易溶于水,有较强的腐蚀作用。甲酸具有杀菌能力,可用作消毒剂或防腐剂,在工业上用作还原剂和橡胶凝聚剂,也用来合成酯和某些染料。

甲酸中含有醛基,能发生银镜反应、费林反应,也能使高锰酸钾溶液褪色。甲酸的酸性比其他一元羧酸的强($pK_a=3.77$)。

(2) 乙酸(CH_3COOH)。乙酸俗称醋酸,是食醋的主要成分。乙酸为无色具有刺激性气味的液体,熔点为 16.6 ℃,能与水混溶。纯的无水乙酸在温度低于 16.6 ℃时很易凝成冰状固体,故又称冰醋酸。乙酸可作为食品调料,是重要的化工原料,在医药上也有重要用途。

(3) 苯甲酸(C_6H_5—COOH)。苯甲酸因最初从安息香中得到,俗称安息香酸,是最简单的芳香酸。苯甲酸为白色鳞片或针状结晶,熔点为 121.7 ℃,微溶于冷水,易溶于热水。苯甲酸是重要的有机合成原料,可用于制备染料、香料、药物等。苯甲酸具有杀菌防腐作用,无味,广泛用于食品、医药和日用化妆品的防腐。苯甲酸水溶性较差,通常使用其钠盐。

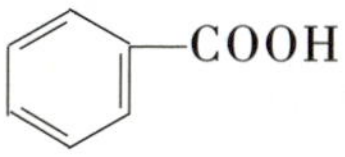

【拓展应用】

对映异构

实物与其镜像的关系如人的左右手一样,不能完全重合(图 4-2-9),这种性质称为手性,具有手性的分子称为手性分子。

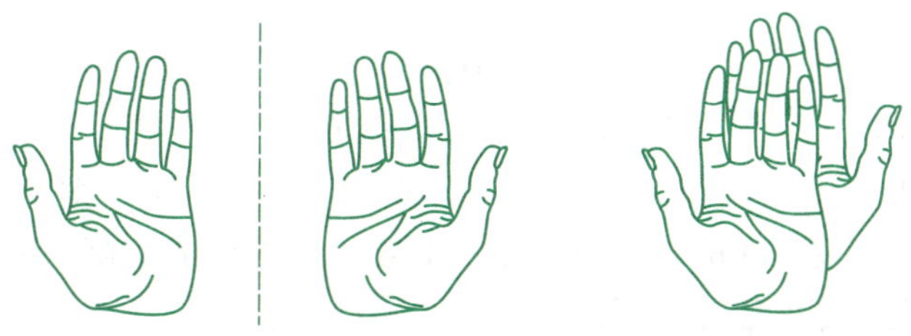

图 4-2-9 人的左手与其镜像(右手)不能完全重合

自然光可以在任意平面振动,只在一个平面内振动的光叫作平面偏振光,简称偏振光。能使偏振光的振动面发生偏转的性质称为旋光性,具有旋光性的物质称为旋光性物质或光学活性物质。手性分子都具有旋光性。当偏振光通过旋光性物质的溶液时,使偏振光的振动面发生顺时针旋转的,称为右旋体,以"+"或"d"表示,使偏振光的振动面发生逆时针旋转的,称为左旋体,以"-"或"l"表示。

乳酸分子是手性分子,具有实物与镜像关系的一对同分异构体称为对映异构体,简称对映体。一对对映体包括 1 个左旋体和 1 个右旋体。乳酸对映体的分子构型如图 4-2-10 所示。

分子的手性是由其结构决定的,最常见的手性分子是含手性碳原子的分子。手性碳原子连有 4 个不同的原子或基团,以"C*"表示。例如,乳酸分子中含有 1 个手性碳原子。

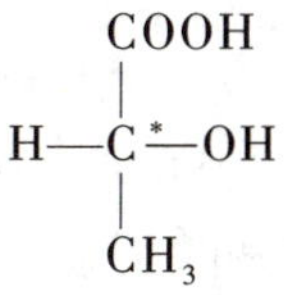

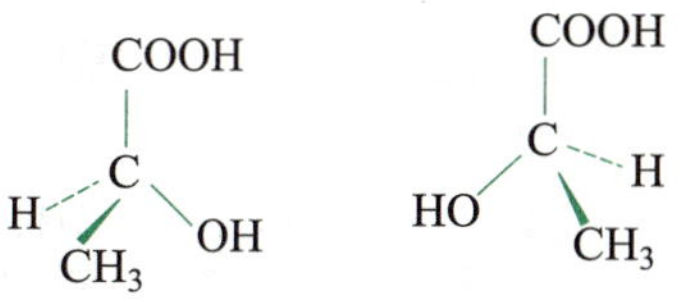

$$\begin{array}{c}COOH\\|\\H—\overset{*}{C}—OH\\|\\CH_3\end{array}$$

COOH / H、C、OH、CH_3 (+)-乳酸　　COOH / C、H、HO、CH_3 (-)-乳酸

图 4-2-10 (+)-乳酸和(-)-乳酸的分子构型

左、右旋化合物的等量混合体称为外消旋体，外消旋体无旋光性，其物理性质和对映体也有差异。例如，左、右旋乳酸的熔点为 53 ℃，而外消旋乳酸的熔点为 18 ℃。在生理作用方面，外消旋体仍发挥其左旋体和右旋体的相应效能。

（二）羧酸衍生物

1. 羧酸衍生物的结构和分类

羧酸衍生物是羧酸分子中的羟基被其他原子或基团取代后的产物，包括酰卤、酸酐、酯、酰胺等，它们都含有酰基（RCO—），又称为酰基化合物，可分别用通式表示为：

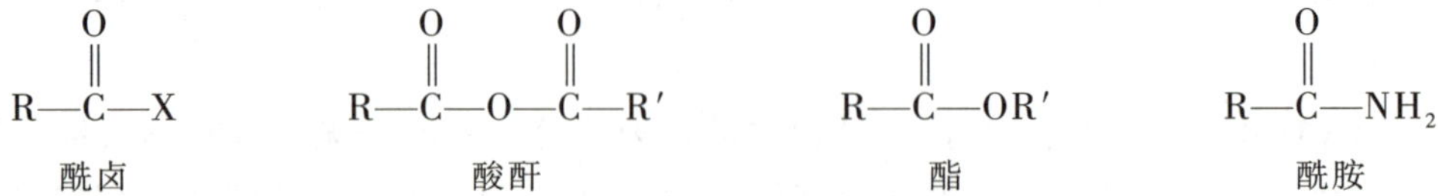

酰卤　　酸酐　　酯　　酰胺

羧酸衍生物广泛存在于自然界中，是许多中草药的有效成分。

2. 羧酸衍生物的命名

（1）酰卤。酰卤的命名是在酰基后面加卤素名称，称为“某酰卤”。例如：

$$CH_3-\overset{O}{\overset{\|}{C}}-Cl \qquad C_6H_5-\overset{O}{\overset{\|}{C}}-Br \qquad C_6H_5-\overset{O}{\overset{\|}{C}}-Cl$$

乙酰氯　　苯甲酰溴　　苯甲酰氯

（2）酸酐。酸酐命名时在羧酸名称后加“酐”字，“酸”字可省略。羧酸相同的为单酐，称“某（酸）酐”；羧酸不同的则为混酐，称“某某（酸）酐”，命名时依据取代基的英文名称首字母顺序进行排序。例如：

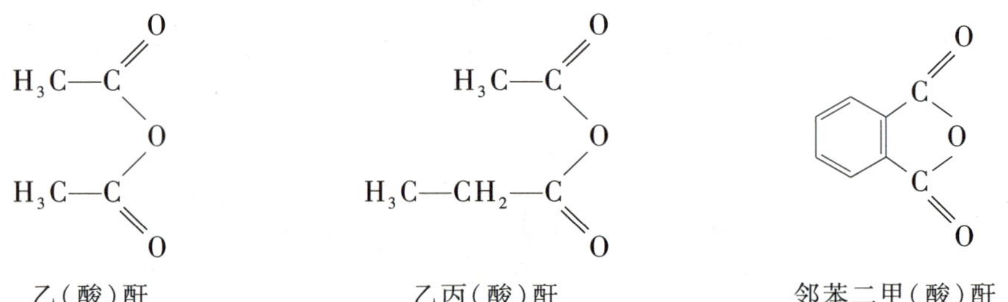

乙（酸）酐　　乙丙（酸）酐　　邻苯二甲（酸）酐

（3）酯。酯根据生成它的羧酸和醇进行命名，一元醇和羧酸形成的酯，羧酸的名称在前，醇的名称在后，将“醇”改为“酯”，称为“某酸某酯”。例如：

$$H_3C-\overset{O}{\overset{\|}{C}}-OCH_2CH_3 \qquad H_3C-\overset{O}{\overset{\|}{C}}-OCH_2-C_6H_5$$

乙酸乙酯　　乙酸苯甲酯

由多元醇和羧酸形成的酯，命名时醇的名称在前，羧酸的名称在后，称为“某醇某酸酯”。例如：

$$\begin{array}{l} CH_2-O-\overset{O}{\overset{\|}{C}}-(CH_2)_{14}CH_3 \\ |\\ CH-O-\overset{O}{\overset{\|}{C}}-(CH_2)_{14}CH_3 \\ | \\ CH_2-O-\overset{O}{\overset{\|}{C}}-(CH_2)_{14}CH_3 \end{array} \qquad \begin{array}{l} CH_2O-\overset{O}{\overset{\|}{C}}-CH_3 \\ | \\ CH_2O-\underset{O}{\underset{\|}{C}}-CH_3 \end{array}$$

甘油三软脂酸酯　　乙二醇二乙酸酯

（4）酰胺。酰胺的命名与酰卤相似，根据所含的酰基称为“某酰胺”；当酰胺氮原子上的氢原子被烃基取代时，将 *N*-加烃基名称写在母体“某酰胺”之前，或者叫作“某酰某胺”。例如

$$H_3C-\overset{\overset{\displaystyle O}{\|}}{C}-NH_2$$

乙酰胺

$$C_6H_5-NH-\overset{\overset{\displaystyle O}{\|}}{C}-CH_3$$

N-苯基乙酰胺
（乙酰苯胺）

3. 羧酸衍生物的性质

低级的酰卤与酸酐是具有强烈刺激性气味的液体，高级的酰卤和酸酐为固体，不溶于水。低级酯是易挥发的具有芳香气味的无色液体，高级酯是蜡状固体。酰胺中除甲酰胺常温下为液体外，其他多为固体。

酰卤与酸酐难溶于水，但低级的酰卤与酸酐遇水即分解；低级酯微溶于水，高级酯难溶于水；低级酰胺易溶于水。

酰卤、酸酐和酯分子间不能形成氢键，沸点比相应的羧酸低。酰胺除 *N*,*N*-二取代酰胺外，分子之间可以形成氢键，发生缔合，其沸点比相应的羧酸高。

常见的羧酸衍生物在一般的有机溶剂中有良好的溶解性。

羧酸衍生物的化学性质相似，主要发生水解、醇解和氨解等反应，但是反应活性有所不同，有些羧酸衍生物还表现出特殊的化学性质。

（1）水解反应。酰卤、酸酐、酯和酰胺发生水解反应，共同的产物是相应的羧酸。

$$R-\overset{\overset{\displaystyle O}{\|}}{C}-X+H-OH \longrightarrow R-\overset{\overset{\displaystyle O}{\|}}{C}-OH+HX$$

$$R-\overset{\overset{\displaystyle O}{\|}}{C}-O-\overset{\overset{\displaystyle O}{\|}}{C}-R'+H-OH \longrightarrow R-\overset{\overset{\displaystyle O}{\|}}{C}-OH+R'-\overset{\overset{\displaystyle O}{\|}}{C}-OH$$

$$R-\overset{\overset{\displaystyle O}{\|}}{C}-OR'+H-OH \longrightarrow R-\overset{\overset{\displaystyle O}{\|}}{C}-OH+R'OH$$

$$R-\overset{\overset{\displaystyle O}{\|}}{C}-NH_2+H-OH \longrightarrow R-\overset{\overset{\displaystyle O}{\|}}{C}-OH+NH_3$$

羧酸衍生物水解的活性大小次序为：酰卤>酸酐>酯>酰胺。

室温下，低级酰卤与水反应剧烈，酸酐一般需加热水解反应才容易进行，酯和酰胺需要加热并在酸或碱催化下才能发生水解反应。

（2）醇解反应。酰卤、酸酐和酯都能发生醇解反应，主要产物是酯。

$$R-\overset{\overset{\displaystyle O}{\|}}{C}-X+H-OR' \longrightarrow R-\overset{\overset{\displaystyle O}{\|}}{C}-OR'+HX$$

$$R-\overset{\overset{\displaystyle O}{\|}}{C}-O-\overset{\overset{\displaystyle O}{\|}}{C}-R''+H-OR' \longrightarrow R-\overset{\overset{\displaystyle O}{\|}}{C}-OR'+R''-\overset{\overset{\displaystyle O}{\|}}{C}-OH$$

$$R-\overset{\overset{\displaystyle O}{\|}}{C}-OR''+H-OR' \rightleftharpoons R-\overset{\overset{\displaystyle O}{\|}}{C}-OR'+R''OH$$

酰卤、酸酐和酯进行醇解反应的活性次序与水解反应相同。

酯的醇解反应又叫酯交换反应。酯交换反应需要催化剂，而且反应是可逆的。通过酯交换反应，可用结构简单且廉价的酯制备结构复杂的酯或用一般酯制备难以合成的酯。

$$CH_3COOCH_2CH_3+CH_3(CH_2)_3OH \xrightleftharpoons[\triangle]{H^+\text{或}OH^-} CH_3COO(CH_2)_3CH_3+CH_3CH_2OH$$

(3) 氨解反应。酰卤、酸酐和酯都能进行氨解反应,主要产物是酰胺。

$$R-\overset{O}{\overset{\|}{C}}-X+NH_3 \longrightarrow R-\overset{O}{\overset{\|}{C}}-NH_2+HX$$

$$R-\overset{O}{\overset{\|}{C}}-O-\overset{O}{\overset{\|}{C}}-R'+NH_3 \longrightarrow R-\overset{O}{\overset{\|}{C}}-NH_2+R'-\overset{O}{\overset{\|}{C}}-O-H$$

$$R-\overset{O}{\overset{\|}{C}}-OR'+NH_3 \longrightarrow R-\overset{O}{\overset{\|}{C}}-NH_2+R'OH$$

酰卤、酸酐和酯进行氨解反应的活性次序与水解、醇解相同。

在羧酸衍生物的水解、醇解和氨解反应中,可以看作是水、醇和氨分子的氢原子被酰基取代了,这种在化合物分子中引入酰基的反应称为酰化反应。能为其他分子提供酰基的化合物称为酰化剂,酰卤和酸酐是常用的酰化剂。

酰化反应在药物合成中具有重要意义。在某些药物中引入酰基,可降低毒性,增加药物的脂溶性,改善其在体内吸收,提高疗效。

(4) 还原反应。在一定条件下,与还原剂作用,酰卤、酸酐和酯被还原为伯醇,酰胺被还原为相应的胺。

$$R-\overset{O}{\overset{\|}{C}}-X \xrightarrow{LiAlH_4} RCH_2OH+HX$$

$$R-\overset{O}{\overset{\|}{C}}-O-\overset{O}{\overset{\|}{C}}-R' \xrightarrow{LiAlH_4} RCH_2OH+R'CH_2OH$$

$$R-\overset{O}{\overset{\|}{C}}-OR' \xrightarrow{LiAlH_4} RCH_2OH+R'OH$$

$$R-\overset{O}{\overset{\|}{C}}-NH_2 \xrightarrow{LiAlH_4} RCH_2NH_2$$

氢化铝锂作还原剂时,碳碳双键可不被还原。

$$H_2C=CHCH_2COOCH_3 \xrightarrow[H_3O^+]{LiAlH_4/EtOH} H_2C=CHCH_2CH_2OH$$

4. 重要的羧酸衍生物

(1) 乙酐。乙酐俗名醋酐,为无色略带刺激气味的液体,沸点为 140 ℃,微溶于水,并逐渐水解成醋酸。乙酐是重要的化工原料,用于制药、香料和染料等工业中。

(2) 乙酸乙酯。乙酸乙酯为无色透明、有水果香味的液体,沸点为 77 ℃,是应用最广的脂肪酸酯之一。乙酸乙酯具有优异的溶解能力,是极好的工业溶剂,可用作柱层析的洗脱剂,还可用于合成橡胶、香料、药物等的制造。

(3) 邻苯二甲酸二辛酯(DOP)。邻苯二甲酸二辛酯是重要的通用型增塑剂,主要用于聚氯乙烯树脂的加工,还可用于醋酸树脂、ABS[丙烯腈(A)-丁二烯(B)-苯乙烯(S)的三元共聚物]树脂及橡胶等高聚物的加工,此外,还可用作染料、分散剂等。

【查阅资料】

查阅邻苯二甲酸二辛酯在实际中的应用,思考如何安全使用增塑剂。

练习巩固

一、单选题

1. 醇的官能团是（ ）。

A. 羧基　B. 羰基　C. 羟基　D. 醛基　E. 醚键

2. 禁止用工业酒精兑制饮用酒，这是因为工业酒精中往往含有超标的、会使人中毒的（ ）。

A. 乙醇　B. 甲醇　C. 乙二醇　D. 丙三醇　E. 苯甲醇

3. 下列有关苯酚的叙述不正确的是（ ）。

A. 苯酚又名石炭酸　B. 苯酚易发生取代反应

C. 苯酚与三氯化铁溶液作用显紫色　D. 苯酚比碳酸的酸性强

E. 苯酚比碳酸的酸性弱

4. 下列物质不能与托伦试剂反应的是（ ）。

A. 甲醛　B. 乙醛　C. 苯甲醛　D. 丙酮　E. 甲酸

5. 下列物质不能发生碘仿反应的是（ ）。

A. 乙醛　B. 丙醛　C. 丙酮　D. 乙醇　E. 2-戊酮

6. “福尔马林”的主要成分是（ ）。

A. 40%甲醇水溶液　B. 35%～40%甲醛水溶液

C. 40%甲酸水溶液　D. 40%丙酮水溶液

E. 20%甲醛水溶液

7. 乙酰基（$CH_3CO—$）是哪种物质去掉—OH 后余下的基团（ ）。

A. 甲酸　B. 乙酸　C. 丙酸　D. 丁酸　E. 乙醛

8. 下列酸中，加热能脱羧生成甲酸的是（ ）。

A. 乙酸　B. 丙酸　C. 乙二酸　D. 丙二酸　E. 己二酸

9. 下列物质酸性最强的是（ ）。

A. 乙醇　B. 苯酚　C. 水　D. 碳酸　E. 乙酸

10. 羧酸衍生物水解的共同产物是（ ）。

A. 羧酸　B. 醇　C. 氨　D. 水　E. 醛

二、命名下列化合物或写出其结构简式

1. $CH_3CH(OH)CH_2CH_3$　2. $CH_3CH_2OCH_3$

3. 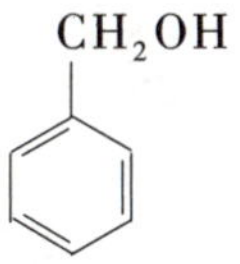 （苯环连 CH_2OH）　4. 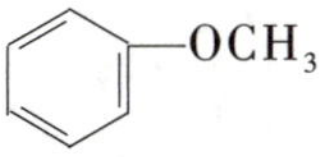 （苯环连 $—OCH_3$）

5. 邻甲苯酚　6. 3-甲基丁醛

7. CH_3COCH_3　8. 乙酸乙酯

9. 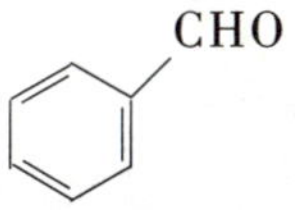 （苯环连 CHO）　10. 草酸

三、填空题

1. 乙醇俗称______，临床上使用时用水稀释成______作外用消毒剂。

2. $CH_3CH_2—O—CH_2CH_3$ 的名称是________，在临床上曾被用作________。

3. 甘油可与新制的________作用，生成________色的溶液。

4. 在患者的尿液中,滴加亚硝酰铁氰化钠的________溶液后呈现红色,说明有________存在。

5. 在药物分析中,常用氨的衍生物作为鉴定具有羰基结构药物的试剂,所以将氨的衍生物称为____________。

6. 一元羧酸的结构通式是____________,其官能团是____________。

7. 酯化反应是____________和____________生成酯和水的反应。

8. 甲酸的结构中既含有__________,又含有__________,故既具有羧酸的性质,又具有醛的还原性。

9. 手性碳原子是指连有________个________原子或基团的碳原子。

10. 丙三醇的俗称是________,临床上用作缓解心绞痛的药物是________。

四、完成下列反应式

1. $CH_3CH_2OH+Na \longrightarrow$

2. C_6H_5—OH $+NaOH \longrightarrow$

3. C_6H_5—OH $+Br_2 \longrightarrow$

4. $CH_3-\overset{\overset{\large O}{\|}}{C}-H+H_2 \xrightarrow{Ni}$

5. $CH_3COOH+CH_3CH_2CH_2OH \underset{\triangle}{\overset{浓硫酸}{\rightleftharpoons}}$

6. $\begin{array}{l}COOH\\|\\COOH\end{array} \xrightarrow{\triangle}$

第三节 含氮有机化合物

情境呈现

含氮有机化合物广泛存在于自然界，是一类非常重要的化合物。有些含氮有机化合物具有生物活性，如生物碱；有些是生活中常见的物质，如药物、染料等；有些是生命活动不可缺少的物质，如氨基酸等；有些是工业中广泛应用的工程材料，如聚酰亚胺。聚酰亚胺(polyimide，简称 PI)，是主链上含有酰亚胺环(—CO—NH—CO—)的一类含氮有机聚合物，是综合性能良好的有机高分子材料。不论是作为结构材料还是功能性材料，聚酰亚胺的巨大应用前景都已经被人们充分认识到，目前，它已广泛应用在航空、航天、微电子、纳米、液晶、分离膜、激光等领域，见图 4-3-1。

(a) 太阳能基板

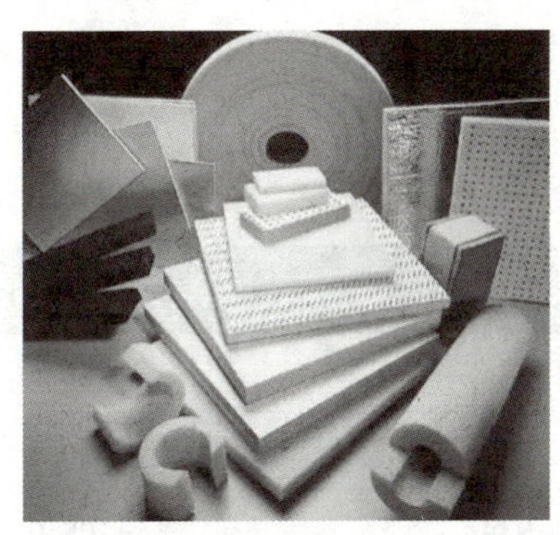

(b) 耐高温隔热泡沫材料

(c) 聚酰亚胺阻燃衣

(d) 航空航天及军事领域用复合材料

图 4-3-1 聚酰亚胺的应用

本节学习硝基化合物、胺和酰胺等含氮有机化合物。

一、硝基化合物

(一) 硝基化合物的分类与命名

烃分子中的一个或几个氢原子被硝基($—NO_2$)取代后的衍生物，称为硝基化合物。一元硝基化合物一般可写为 $R—NO_2$、$Ar—NO_2$，不能写成 R—ONO(亚硝酸酯)，硝基化合物与亚硝酸酯互为同分异构体。

硝基化合物分为脂肪族、脂环族及芳香族 3 类。根据硝基相连接的碳原子不同，可将其分为伯、仲、叔硝基化合物(或称 1°、2°、3°硝基化合物)；根据硝基的数目不同可将其分为一硝基和多硝基化合物。

硝基化合物命名与卤代烃相似，也是以烃作为母体，硝基作为取代基来命名。例如：

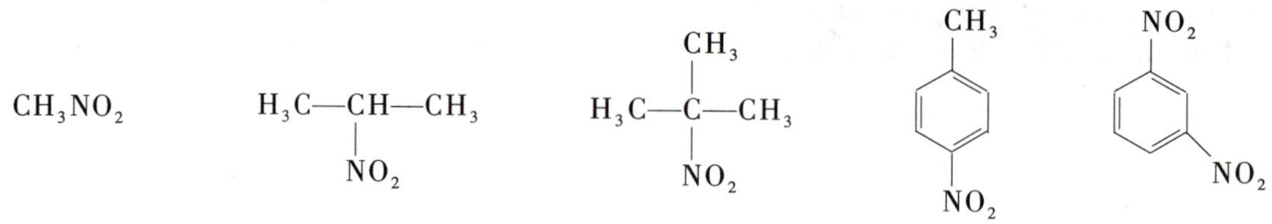

CH_3NO_2 硝基甲烷（伯硝基化合物）

$H_3C—CH(NO_2)—CH_3$ 2-硝基丙烷（仲硝基化合物）

$H_3C—C(CH_3)(NO_2)—CH_3$ 2-甲基-2-硝基丙烷（叔硝基化合物）

对硝基甲苯

间二硝基苯

（二）硝基化合物的性质

1. 物理性质

低级脂肪族硝基化合物是无色而具有香味的液体，难溶于水，易溶于醇和醚。除少数一元硝基化合物是高沸点液体外，大部分芳香族硝基化合物是淡黄色固体，具有苦杏仁味。硝基化合物的相对密度都大于1，不溶于水，而溶于有机溶剂。多硝基化合物在受热时一般易分解而发生爆炸，故可用作炸药。芳香族硝基化合物都有毒性，如硝基苯能把血红蛋白氧化成高铁血红蛋白，使它不能再携带氧而造成体内缺氧。硝基化合物的物理常数见表 4-3-1。

表 4-3-1 硝基化合物的物理常数

名称	熔点/℃	沸点/℃	相对密度/d_4^{20}
硝基甲烷	-28.5	101.5	1.138
硝基乙烷	-90.0	115.0	1.045
1-硝基丙烷	-108.0	132.0	1.022(25 ℃)
2-硝基丙烷	-93.0	120.3	1.024
硝基苯	5.7	210.8	1.205(18 ℃)
间二硝基苯	89.6	301.0	1.575(18 ℃)
1,3,5-三硝基苯	122.0	315	1.688
邻硝基甲苯	-9.5	222	1.163
对硝基甲苯	51.4	237.7	1.286
2,4-二硝基甲苯	70.0	300	1.321
2,4,6-三硝基甲苯	81.0	分解	1.654

2. 化学性质

芳香族硝基化合物的实用价值比脂肪族硝基化合物重要得多，所以主要学习芳香族硝基化合物的化学性质。

（1）α 氢原子的酸性。在硝基化合物中，硝基（$—NO_2$）是强的吸电子基，和硝基相连的碳原子上的氢原子（α 氢原子）在硝基的影响下，容易失去 α 氢原子显酸性。例如，RCH_2NO_2 的 $pK_a \approx 10$，与苯酚（$pK_a \approx 10$）基本相同。不溶于水的这类硝基化合物可以与氢氧化钠作用生成盐而溶于氢氧化钠水溶液。

$$RCH_2NO_2 + NaOH \longrightarrow [R\ddot{C}HNO_2]Na + H_2O$$

钠盐，溶于水

钠盐酸化后，重新生成硝基化合物。

$$[R\ddot{C}HNO_2]Na+HCl \longrightarrow RCH_2NO_2+NaCl$$

不含 α 氢原子的硝基化合物如硝基苯（Ph—NO_2），则没有这个性质。

（2）还原反应。硝基的还原是芳香族硝基化合物的重要性质。硝基是不饱和基团，与羰基相似，可以被还原。还原条件不同，芳香族硝基化合物可以被还原成不同产物，例如，硝基苯可以被还原为亚硝基苯、*N*-羟基苯胺、氧化偶氮苯、偶氮苯、氢化偶氮苯等，用强还原剂还原的最终产物是苯胺。常用的还原方法是催化加氢、金属与给质子剂还原、络合金属氢化物还原等。

① 催化加氢。在催化剂的作用下，硝基苯可液相或气相加氢，生成苯胺，例如：

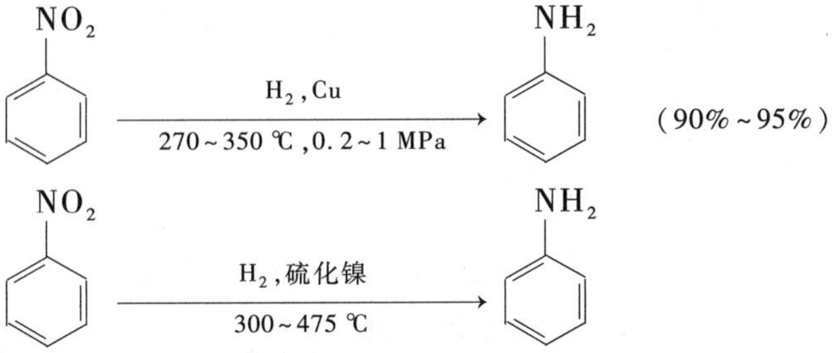

NO_2 $\xrightarrow[270\sim350\ ℃,0.2\sim1\ MPa]{H_2,Cu}$ NH_2 （90%～95%）

NO_2 $\xrightarrow[300\sim475\ ℃]{H_2,\text{硫化镍}}$ NH_2

这是工业上生产苯胺的方法。催化加氢是在中性条件下进行的，因此对于带有在碱性或酸性条件下水解基团的化合物可用此法还原。

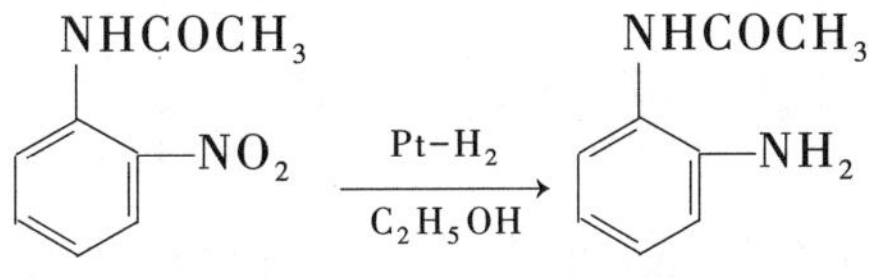

$NHCOCH_3$, NO_2 $\xrightarrow[C_2H_5OH]{Pt-H_2}$ $NHCOCH_3$, NH_2

邻硝基乙酰苯胺　　邻氨基乙酰苯胺　（90%）

② 金属与给质子剂还原。这种还原方法使用最早，应用范围也很广泛。凡是在金属活动性顺序表中处于氢以前的金属，如钾、钠、镁、铝、锌、铁、锡等，与给质子剂（酸、碱、醇、水等）组合成还原剂，在一定条件下都可以将硝基还原，例如：

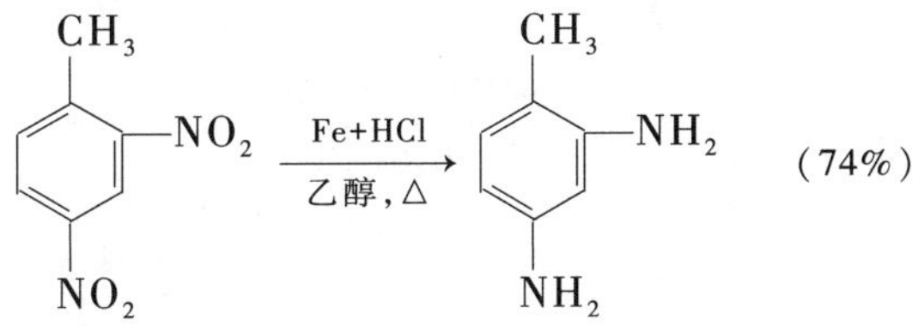

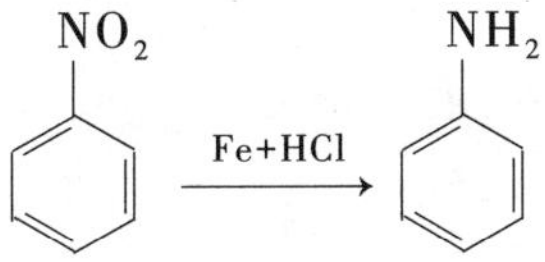

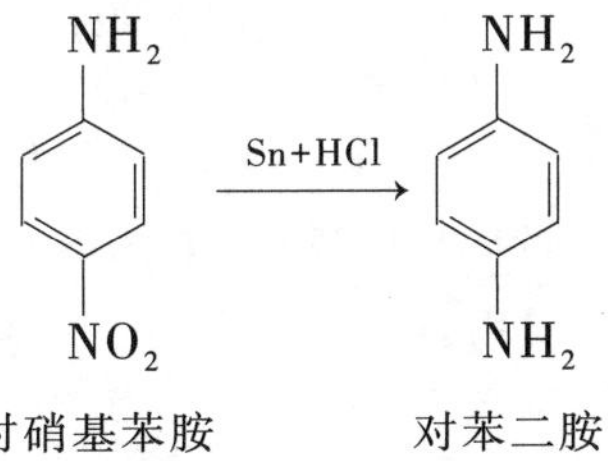

CH_3, NO_2, NO_2 $\xrightarrow[\text{乙醇},\triangle]{Fe+HCl}$ CH_3, NH_2, NH_2 （74%）

NO_2 $\xrightarrow{Fe+HCl}$ NH_2

NH_2, NO_2 $\xrightarrow{Sn+HCl}$ NH_2, NH_2

对硝基苯胺　　对苯二胺

③ 硫化物还原。多硝基芳香族化合物用硫氢化铵、硫化铵、多硫化铵（或钠）等还原剂，可选择性地将其中的一个硝基还原为氨基，例如：

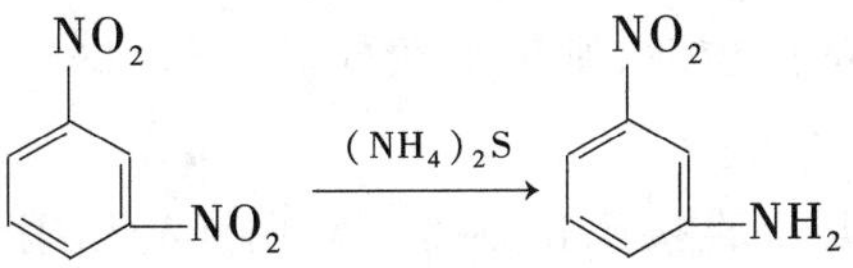

NO_2, NO_2 $\xrightarrow{(NH_4)_2S}$ NO_2, NH_2

④ 氢化铝锂还原。氢化铝锂是很强的还原剂，它能还原羰基、羧基、酯、酰胺、硝基、氰基等，但不能还原碳碳双键和三键，例如：

$$H_2C{=}CHCH_2{-}C_6H_4{-}NO_2 \xrightarrow[H_2O]{LiAlH_4,\text{干醚}} H_2C{=}CHCH_2{-}C_6H_4{-}NH_2$$

（3）硝基对苯环的影响。

① 对苯环亲电取代反应的影响。硝基是强吸电子基团，使苯环上的电子云密度降低，且邻对位降低得更多，因此为间位定位基、强钝化基团。只有在较剧烈的条件下，才能在其间位发生卤代、硝化和磺化反应，不能发生弗里德-克拉夫茨反应，例如：

$$C_6H_5NO_2 \xrightarrow[140\ ℃]{Br_2,Fe} m\text{-}BrC_6H_4NO_2$$

$$C_6H_5NO_2 \xrightarrow[95\ ℃]{\text{发烟}\ HNO_3,\text{浓}\ H_2SO_4} m\text{-}C_6H_4(NO_2)_2$$

$$C_6H_5NO_2 \xrightarrow[110\ ℃]{\text{发烟}\ H_2SO_4} m\text{-}HO_3SC_6H_4NO_2$$

② 对苯环上其他基团的影响。直接连在苯环上的卤原子，是较为稳定的。在卤代苯分子中，由于 p-π 共轭效应的影响，卤原子的活性非常低，一般条件下不能发生水解、醇解等亲核取代反应。当在氯原子的邻位和对位上连有硝基时，由于硝基的吸电子效应，苯环上的电子云密度降低，C—Cl 键极性增强，氯原子的活性明显提高，使亲核取代反应容易进行。例如：

$$p\text{-}ClC_6H_4NO_2 \xrightarrow[②\ H_2O,H^+]{①\ Na_2CO_3,H_2O,130\ ℃} p\text{-}HOC_6H_4NO_2$$

$$2,4\text{-}(O_2N)_2C_6H_3Cl \xrightarrow[②\ H_2O,H^+]{①\ Na_2CO_3,H_2O,100\ ℃} 2,4\text{-}(O_2N)_2C_6H_3OH$$

$$2,4,6\text{-}(O_2N)_3C_6H_2Cl \xrightarrow[②\ H_2O,H^+]{①\ Na_2CO_3,H_2O,35\ ℃} 2,4,6\text{-}(O_2N)_3C_6H_2OH$$

从以上例子可以看出，随着硝基的增多，反应越来越容易进行。这是由于硝基通过强吸电子的诱导效应和共轭效应，使苯环的邻对位电子云密度降低得更多，与氯原子相连的碳原子显一定的电正性，有利于亲核试剂的进攻。硝基处于卤原子的间位时，则影响较弱。

（三）硝基化合物的制备

芳香族硝基化合物一般可在芳环上直接硝化制得。常用混酸作硝化剂，例如：

$$C_6H_5CH_3 \xrightarrow[30\ ℃]{HNO_3,H_2SO_4} o\text{-}CH_3C_6H_4NO_2 + p\text{-}CH_3C_6H_4NO_2$$

$$C_6H_5Cl \xrightarrow[100\sim110\ ℃]{HNO_3,H_2SO_4} o\text{-}ClC_6H_4NO_2 + p\text{-}ClC_6H_4NO_2$$

（四）重要的硝基化合物

1. 硝基苯

硝基苯是淡黄色油状液体，熔点为 5.7 ℃，沸点为 210.9 ℃，相对密度为 1.205（25 ℃），有苦杏仁味，难溶于水，能溶于苯、乙醚及乙醇。它能通过呼吸道和皮肤进入血液中，破坏血红素输送氧的能力，有很大的毒性。硝基苯在空气中的爆炸极限为体积分数 1.8%（下限）。

硝基苯由苯与混酸直接硝化制得。硝基苯还原可制苯胺，这是生产苯胺的主要方法之一。

2. 2,4,6-三硝基甲苯

2,4,6-三硝基甲苯简称 TNT，是淡黄色针状晶体，熔点为 80.6 ℃，几乎不溶于水，微溶于乙醇，溶于苯、甲苯和丙酮，有毒，在空气中最大允许质量浓度为 1.5 $mg\cdot m^{-3}$。TNT 由甲苯与混酸经过分步硝化制得。

TNT 是一种重要的炸药，它的熔点较低，熔融方便，易同其他成分混合，易灌注弹壳内，是一种既便宜又安全的猛烈炸药，亦称黄色炸药。它也可用于民用筑路、开山、采矿等爆破工程中。

3. 2,4,6-三硝基苯酚

2,4,6-三硝基苯酚又名苦味酸，是黄色针状或块状晶体，熔点为 121.8 ℃，有毒，味极苦，能溶于热水、乙醇、苯及乙醚，难溶于冷水，水溶液呈酸性。

工业上用 2,4-二硝基氯苯或 2,6-二硝基氯苯经氢氧化钠水解，得到 2,4-二硝基苯酚钠或 2,6-二硝基苯酚钠，酸化后再用混酸硝化而得 2,4,6-三硝基苯酚。

$$ClC_6H_3(NO_2)_2 + 2NaOH \xrightarrow[100\ ℃]{H_2O} NaOC_6H_3(NO_2)_2 + NaCl + H_2O$$

$$2\,NaOC_6H_3(NO_2)_2 + H_2SO_4 \longrightarrow 2\,HOC_6H_3(NO_2)_2 + Na_2SO_4$$

$$HOC_6H_3(NO_2)_2 + HNO_3 \xrightarrow[60\sim65\ ℃]{H_2SO_4} HOC_6H_2(NO_2)_3 + H_2O$$

苦味酸用来制造硫化染料和炸药，也是检验生物碱的重要试剂。由于它具有酸性，会腐蚀弹壳，且生成的铁盐对震动和摩擦特别敏感，作炸药使用很不安全，在弹药中很少用到。

二、胺

（一）胺的分类与命名

1. 胺的分类

胺是指烃分子中的氢原子被氨基取代而生成的一类化合物。根据胺分子氮上连接的烃基种类可以分为脂肪胺和芳香胺。例如：

$CH_3CH_2CH_2NH_2$　脂肪胺（丙胺）

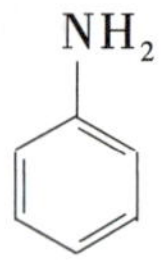

$C_6H_5NH_2$　芳香胺（苯胺）

根据分子中氨基的数目可将其分为一元胺、二元胺和多元胺。例如：

CH_3NH_2　甲胺（一元胺）

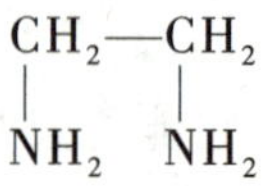

$H_2N—CH_2—CH_2—NH_2$　乙二胺（二元胺）

根据胺分子中氮上相连的烃基的数目，可将其分为伯胺（一级）、仲胺（二级）、叔胺（三级）。例如：

NH_3	RNH_2	R_2NH	R_3N
氨	伯胺	仲胺	叔胺

与无机铵类（$H_4N^+X^-$、$H_4N^+OH^-$）相似，4 个相同或不同的烃基与氮原子相连的化合物称为季铵化合物，其中 $R_4N^+X^-$ 称为季铵盐、$R_4N^+OH^-$ 称为季铵碱。

【课堂讨论】

伯、仲、叔胺和伯、仲、叔醇中伯、仲、叔的含义一样吗？

2. 胺的命名

结构简单的胺一般用衍生命名法命名。此时，把氨看作母体，烃基看作取代基。其名称在烃基后加上“胺”字即可。当烃基相同时，应在其前面用数字表示烃基的数目，当烃基不同时，则按取代基英文名称的第一个字母先后顺序排列。在命名时通常省去“基”字。例如：

$(CH)_3C—NH_2$　叔丁胺

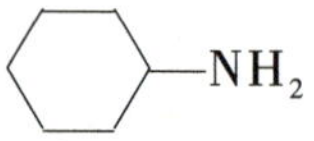

$C_6H_{11}—NH_2$　环己胺

$CH_3NHC_2H_5$　乙甲胺

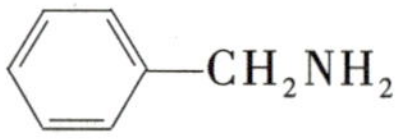

$C_6H_5—CH_2NH_2$　苯甲胺（苄胺）

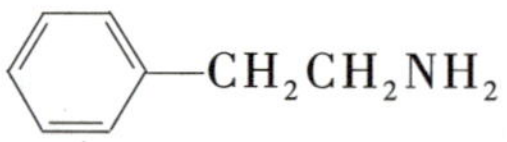

$C_6H_5—CH_2CH_2NH_2$　2-苯乙胺

$(C_2H_5)_3N$　三乙胺

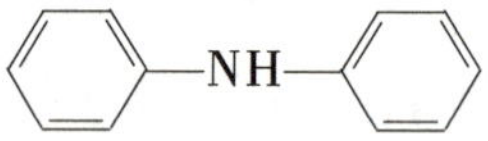

$C_6H_5—NH—C_6H_5$　二苯胺

对于芳胺，如果苯环上有别的取代基，按照多官能团化合物的命名原则，选择次序靠前的主体基团作为后缀基团，其他官能团都作为取代基来命名，并应表示出取代基的相对位置。例如：

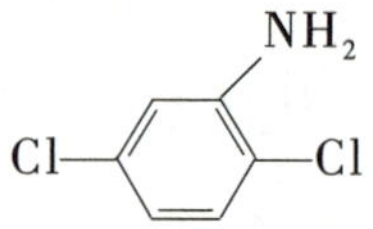

2,5-二氯苯胺（NH_2；Cl—苯环—Cl）

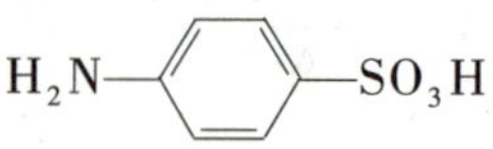

对氨基苯磺酸（H_2N—苯环—SO_3H）

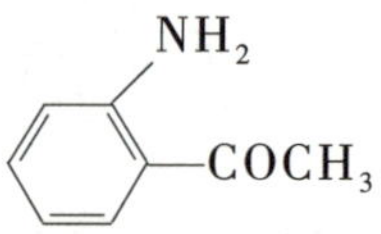

邻氨基苯乙酮（NH_2；苯环—$COCH_3$）

当氮上同时连有芳基和脂肪烃基时，将所有的取代基团的名称加以相应的数字前缀后紧接着加上类名“胺”字，取代基团按英文名称首字母顺序排列，并用括号分开。另外，“苯胺”这一俗名通常也可以保留，此时需在芳胺名称前冠以“*N*”，以表示脂肪烃基连在氨基氮原子上。例如：

$C_6H_5NHCH_3$　苯基(甲基)胺（*N*-甲基苯胺）

$C_6H_5N(CH_3)_2$　苯基(二甲基)胺（*N*,*N*-二甲基苯胺）

$C_6H_5N(CH_3)CH_2CH_3$　苯基(乙基)甲基胺（*N*-乙基-*N*-甲基苯胺）

对于构造比较复杂的胺常采用系统命名法。命名时，选择最长碳链作为主链，将胺作为母体，其他基团为取代基用阿拉伯数字标明氨基的位次来命名。例如：

$CH_3—CH(CH_3)—CH(NH_2)—CH_2—CH(CH_3)—CH_3$

2,5-二甲基己-3-胺

$CH_3—CH(NHCH_3)—CH_2—CH_2—CH_3$

N-甲基戊-2-胺

季铵盐的命名是在卤化与铵的中间写出 4 个烃基的名称（烃基按取代基英文字母先后顺序排列）。例如：

$[(CH_3)_4N]^+I^-$　碘化四甲铵

$[CH_3(CH_2)_{11}N(CH_3)_3]^+Br^-$　溴化十二烷基(三甲基)铵

(二) 胺的性质

1. 物理性质

常温下，低级脂肪胺是气体或易挥发的液体，气味与氨相似，有的有鱼腥味，高级脂肪胺为固体。芳香胺为高沸点的液体或低熔点的固体，具有特殊的气味，而且毒性很大，无论吸入其蒸气还是皮肤与之接触都能引起中毒。有些芳香胺（如萘胺、联苯胺等）还能致癌。

胺分子中的氮原子与水能形成氢键，一级和二级胺亦能形成分子内氢键。由于氮的电负性不如氧强，胺的氢键不如醇的氢键强，因此，胺的沸点比具有相同相对分子质量的非极性化合物高，而比相对分子质量相同的醇的沸点低。一些胺的物理常数见表 4-3-2。

表 4-3-2　一些常见胺的物理性质

化合物	熔点/℃	沸点/℃	溶解度 g·(100 g 水)$^{-1}$	化合物	熔点/℃	沸点/℃	溶解度 g·(100 g 水)$^{-1}$
甲胺	-92	-7.5	易溶	苯甲胺		185	∞
二甲胺	-96	7.5	易溶	苯胺	-6	184	3.7
三甲胺	-117	3	91	*N*-甲基苯胺	-57	196	难溶
乙胺	-80	16.6	∞	*N*,*N*-二甲基苯胺	3	194	1.4
二乙胺	-39	55	易溶	二苯胺	53	302	不溶
三乙胺	-115	89	14	三苯胺	127	365	不溶
正丙胺	-83	48.7	∞	邻甲苯胺	28	200	1.7
正丁胺	-50	77.8	易溶	间甲苯胺	-30	203	微溶
环己胺		134	微溶	对甲苯胺	44	200	0.7
乙二胺	8	117	溶				

2. 化学性质

胺分子中的官能团是氨基（—NH_2），它决定了胺的化学性质，包括与它相连的烃基受氨基的影响所表现出的一些性质。

(1) 胺的碱性。和氨相似，分子中的氮原子上含有未共用电子对，能与 H^+ 结合，其水溶液呈碱性。在水溶液中，胺的碱性强弱次序为：脂肪胺（仲胺>伯胺>叔胺）>氨>芳香胺。

脂肪胺碱性取决于氮原子上未共用电子对与质子结合的能力。以氨为标准，脂肪胺因烷基是供电子基，使氮上的电子密度增加，增强了对质子的吸引能力，故其碱性比氨强，且氮上所连烷基越多，其碱性也相应地越强。

芳胺在水溶液中的碱性一般比脂肪胺弱，这是因为氮上的未共用电子对与苯环共轭，使其电子云部分地移向苯环，而相应地削弱了它与质子结合的能力。此外，在芳胺分子中，当取代基处于氨基的对位或间位（间位影响较小）时，供电子基使其碱性增强，吸电子基使其碱性减弱。不同芳胺的碱性强弱顺序为：

N,*N*-二甲基苯胺>*N*-甲基苯胺>苯胺>二苯胺>三苯胺

苄胺>对甲基苯胺>苯胺>对氯苯胺>对硝基苯胺

胺和无机酸反应生成盐，铵盐易溶于水而不溶于醚、烃等有机溶剂。铵盐是弱碱生成的盐，若加较强的碱，就会使胺游离出来，这可用来精制和鉴别胺类。

(2) 胺的烷基化反应。胺是一种有机亲核试剂，与卤代烃（通常为伯卤代烷）或具有活泼卤素原子的芳卤化合物发生亲核取代反应，会在胺的氮原子上引入烷基，该反应称为胺的烷基化反应。生成的仲胺继续与卤代烷反应会生成叔胺和季铵盐。

$$RNH_2 + R'X \longrightarrow RR'\overset{+}{N}H_2X^- \xrightarrow{NaOH} RR'NH \xrightarrow[②NaOH]{①R'X} RR'_2N \xrightarrow{R'X} R—\overset{+}{N}R'_3X^-$$

反应中使用的卤代烃一般是伯卤代烃，仲卤代烃产率较低，而叔卤代烃与氨发生的主要是消除反应，而不是取代反应。例如：

$$H_3C—C(CH_3)_2—Cl + NH_3 \longrightarrow H_3C—C(CH_3)=CH_2 + NH_4Cl$$

(3) 胺的酰基化反应。伯胺或仲胺作为亲核试剂与酰卤、酸酐等酰基化试剂反应，可生成 *N*-取代酰胺和 *N*,*N*-二取代酰胺。叔胺氮上没有氢原子，不能发生酰基化反应。例如：

$$RNH_2 + CH_3COCl \longrightarrow RNHCOCH_3 + HCl$$

$$RR'NH + CH_3COCl \longrightarrow RR'NCOCH_3 + HCl$$

在芳胺的氮原子上引入酰基，在有机合成上具有重要的意义，引入暂时性的酰基可以起到保护氨基或降低氨基对芳环的致活能力的作用。例如：

$$p\text{-}CH_3C_6H_4NH_2 \xrightarrow{(CH_3CO)_2O} p\text{-}CH_3C_6H_4NHCOCH_3 \xrightarrow[H^+]{KMnO_4} p\text{-}HOOCC_6H_4NHCOCH_3 \xrightarrow[H^+]{H_2O} p\text{-}HOOCC_6H_4NH_2$$

N-对甲苯基乙酰胺　对乙酰氨基苯甲酸　对氨基苯甲酸

(4) 胺的磺酰化反应。伯胺和仲胺在氢氧化钠或氢氧化钾溶液中可与磺酸化试剂（如苯磺酰氯或对甲苯磺酰氯）作用，生成相应的磺酸胺，称为磺酰化反应，又称兴斯堡（Hinsberg）反应。

伯胺磺酰化后的产物，能与氢氧化钠生成盐而使磺酰胺溶于碱液中。仲胺生成的磺酰胺，不与氢氧化钠成盐，也就不溶于碱液中而呈固体析出。叔胺的氮原子上没有可与磺酰基置换的氢，故与磺酰氯不起反应。这样，将三种胺与苯磺酰氯反应后的混合液蒸馏，则叔胺被蒸出。将余下的蒸馏液过滤，滤出的固体为仲胺的磺酰胺，滤液酸化后，可得伯胺的磺酰胺。磺酰胺在酸的作用下可水解为原来的胺，从而达到分离和鉴别伯、仲、叔胺的目的。例如：

$$CH_3CH_2NH_2 + C_6H_5SO_2Cl \longrightarrow C_6H_5SO_2NHCH_2CH_3 \xrightarrow{NaOH} \text{溶解}$$

苯磺酰氯　　N-乙基苯磺酰胺

$$(CH_3CH_2)_2NH + C_6H_5SO_2Cl \longrightarrow C_6H_5SO_2N(CH_2CH_3)_2 \xrightarrow{NaOH} \text{不溶解}$$

N,N-二乙基苯磺酰胺

$$(CH_3CH_2)_3N + C_6H_5SO_2Cl \longrightarrow \text{不反应}$$

(5) 与亚硝酸反应。各类胺与亚硝酸反应时可生成不同产物。亚硝酸不稳定，通常用无机酸(如盐酸、硫酸)与亚硝酸钠来代替。脂肪族伯胺生成的重氮盐很不稳定，易分解，定量放出氮而生成碳正离子。生成的碳正离子可以发生各种反应，生成卤代烃、醇、烯等混合物。此反应产物比较复杂，没有合成价值，但能定量放出氮气，可用于伯胺的测定。

$$RNH_2 + HNO_2 \longrightarrow {}^{+}RN{-}NOH^{-} + H_2O$$

$$\downarrow -N_2$$

$$\text{醇、烯等重排产物} \longleftarrow R^{+} + OH^{-} + N_2\uparrow$$

芳香族伯胺与亚硝酸在低温及强酸条件下发生反应，生成重氮盐，该反应称为重氮化反应。例如：

$$H_3C{-}C_6H_4{-}NH_2 + NaNO_2 + 2HCl \xrightarrow{0\sim5\ ℃} H_3C{-}C_6H_4{-}N_2Cl + 2H_2O + NaCl$$

脂肪族和芳香族仲胺与亚硝酸作用都生成难溶于水的黄色油状或固体的 N-亚硝基胺。例如：

$$(CH_3CH_2)_2NH + HNO_2 \longrightarrow (CH_3CH_2)_2N{-}N{=}O + H_2O$$

N-亚硝基二乙胺

$$C_6H_5{-}NHC_2H_5 + HNO_2 \longrightarrow C_6H_5{-}N(C_2H_5){-}N{=}O + H_2O$$

N-乙基-N-亚硝基苯胺

N-亚硝基胺与稀盐酸共热，会水解而得到原来的仲胺，可以用来分离或提纯仲胺。

脂肪族叔胺与亚硝酸无类似反应。根据上述不同反应，可以用来鉴别伯、仲、叔胺。

芳香族叔胺与亚硝酸作用，发生亚硝化反应。例如：

$$C_6H_5{-}N(CH_3)_2 + HNO_2 \longrightarrow ON{-}C_6H_4{-}N(CH_3)_2$$

对亚硝基-N,N-二甲苯胺

(6) 胺的氧化。胺易氧化，尤其芳胺，很容易被各种氧化剂氧化。例如，苯胺在空气中放置，会被氧化而颜色逐渐变深。氧化产物很复杂，其中包含了聚合、氧化水解等反应的产物。胺的氧化反应因氧化剂的不同而生成不同的产物。例如，在酸性条件下，苯胺用二氧化锰氧化生成对苯醌，对苯醌还原后生成对苯二酚。

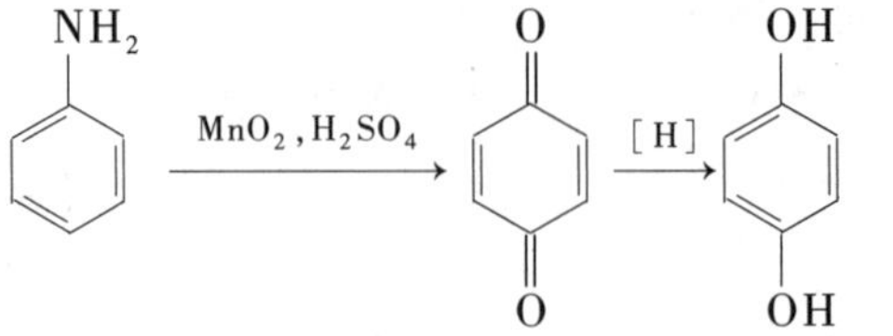

$$C_6H_5NH_2 \xrightarrow{MnO_2, H_2SO_4} O{=}C_6H_4{=}O \xrightarrow{[H]} HO{-}C_6H_4{-}OH$$

对苯醌 对苯二酚

(7) 芳环上的取代反应。由于氨基是邻、对位定位基，具有较强的致活性，因此苯胺容易发生卤化、硝化、磺化等亲电取代反应。

① 卤化反应。芳胺与卤素(氯或溴)反应很快。例如，在苯胺的水溶液中滴加溴水，则立即生成白色的2,4,6-三溴苯胺沉淀。

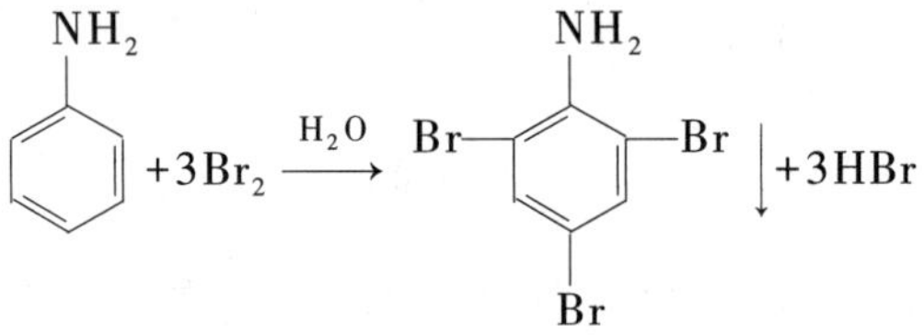

$$C_6H_5NH_2 + 3Br_2 \xrightarrow{H_2O} 2,4,6\text{-}Br_3C_6H_2NH_2\downarrow + 3HBr$$

(白色)

该反应常被用来检验苯胺的存在，也用作苯胺的定量分析。

若要制备芳胺的一元溴代物，必须先将苯胺乙酰化，以降低其活化能力，再溴化，得到主要产物对溴乙酰苯胺，水解即得到对溴苯胺。由于乙酰氨基是比氨基活性较弱的邻、对位定位基且空间障碍大，因此取代主要发生在乙酰氨基的对位。

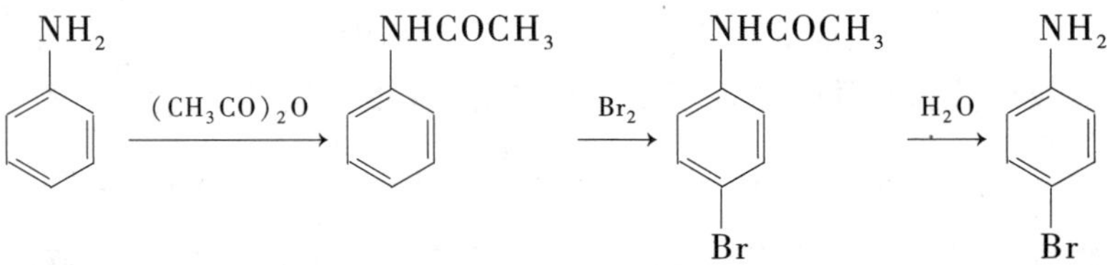

$$C_6H_5NH_2 \xrightarrow{(CH_3CO)_2O} C_6H_5NHCOCH_3 \xrightarrow{Br_2} p\text{-}BrC_6H_4NHCOCH_3 \xrightarrow{H_2O} p\text{-}BrC_6H_4NH_2$$

② 硝化反应。芳胺硝化时，因硝酸具有氧化性，常有氧化反应发生。为了避免芳胺被氧化，可先将芳胺溶于浓硫酸中，使之生成苯胺硫酸氢盐后再硝化，硝化产物主要是间位取代物，因为—NH_3^+ 是钝化芳环的间位定位基。例如：

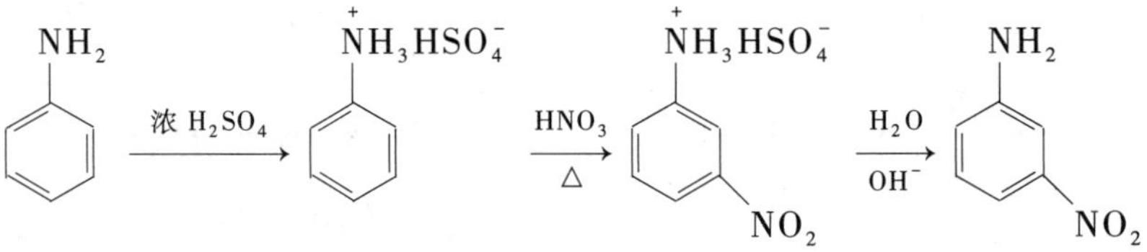

$$C_6H_5NH_2 \xrightarrow{浓H_2SO_4} C_6H_5\overset{+}{N}H_3HSO_4^- \xrightarrow[\triangle]{HNO_3} m\text{-}O_2NC_6H_4\overset{+}{N}H_3HSO_4^- \xrightarrow[OH^-]{H_2O} m\text{-}O_2NC_6H_4NH_2$$

这里也可以用氨基的乙酰化来保护氨基以免苯胺被氧化。

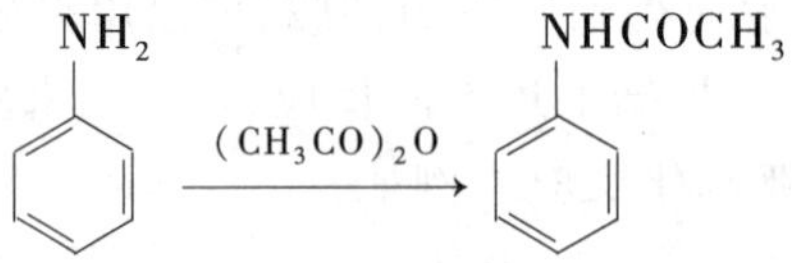

$$C_6H_5NH_2 \xrightarrow{(CH_3CO)_2O} C_6H_5NHCOCH_3$$

乙酰化后若先硝化，然后水解，则主要得到对位取代物；若先磺化，再硝化、水解，则主要得到邻位取代物。例如：

$$C_6H_5NHCOCH_3 \xrightarrow[\triangle]{HNO_3} p\text{-}O_2NC_6H_4NHCOCH_3 \xrightarrow[H_2O]{H^+(OH^-)} p\text{-}O_2NC_6H_4NH_2$$

$$C_6H_5NHCOCH_3 \xrightarrow[\triangle]{H_2SO_4} p\text{-}HO_3SC_6H_4NHCOCH_3 \xrightarrow[H_2SO_4]{HNO_3} \text{(2-}NO_2\text{, 4-}SO_3H)C_6H_3NHCOCH_3 \xrightarrow[H_2O]{H^+} o\text{-}O_2NC_6H_4NH_2$$

③ 磺化反应。苯胺与浓硫酸作用，先生成苯胺硫酸氢盐，加热脱水生成磺基苯胺，再重排成对氨基苯磺酸。

$$C_6H_5NH_2 \xrightarrow{\text{浓 } H_2SO_4} C_6H_5\overset{+}{N}H_3HSO_4^- \xrightarrow{180\sim190\ ℃} p\text{-}HO_3SC_6H_4NH_2$$

这是工业上生产对氨基苯磺酸的方法。对氨基苯磺酸俗称磺胺酸，白色晶体，熔点为 288 ℃，微溶于冷水，几乎不溶于乙醇、乙醚、苯等有机溶剂，是制备偶氮染料和磺胺药物的原料。对氨基苯磺酸的分子中同时具有酸性的磺酰基和碱性的氨基，它们之间可以中和成盐，这种在分子内形成的盐称为内盐。

（三）胺的制备

1. 氨或胺的烷基化

氨或胺作为亲核试剂可与卤代烃、磺酸酯等烷基化试剂起反应，最终得到的是伯、仲、叔胺和季铵盐的混合物，反应式如下：

$$NH_3+RX \xrightarrow[-HX]{} \underset{\text{伯胺}}{RNH_2} \xrightarrow[-HX]{RX} \underset{\text{仲胺}}{R_2NH} \xrightarrow[-HX]{RX} \underset{\text{叔胺}}{R_3N} \xrightarrow{RX} \underset{\text{季铵盐}}{R_4N^+X^-}$$

芳香族卤代物因卤素原子活性较低，一般不与氨或胺发生反应。氯苯在高温、高压和铜催化剂（如 Cu_2O）存在下，才能与氨作用而生成苯胺。

$$C_6H_5Cl+2NH_3 \xrightarrow[200\ ℃,6\sim10\ MPa]{Cu_2O} C_6H_5NH_2+NH_4Cl$$

在工业生产中，常用醇的氨解来制备脂肪族胺类，这是因为原料来源方便，生产过程中的腐蚀问题不大，对生产较为有利。工业上，甲胺、二甲胺、三甲胺就是用此法生产的。

$$CH_3OH+NH_3 \xrightarrow[380\sim450\ ℃,5\ MPa]{Al_2O_3} CH_3NH_2 \xrightarrow[380\sim450\ ℃,5\ MPa]{CH_3OH,Al_2O_3} (CH_3)_2NH \xrightarrow[380\sim450\ ℃,5\ MPa]{CH_3OH,Al_2O_3} (CH_3)_3N$$

2. 硝基化合物还原

将硝基化合物还原可以得到伯胺。由于脂肪族硝基化合物不容易用直接硝化法得到，因此硝基化合物的还原主要用于制备芳胺（见硝基化合物的性质）。

3. 酰胺的霍夫曼重排反应

伯酰胺与次卤酸钠的强碱溶液共热时，会脱去羰基，生成比原来的酰胺少一个碳原子的伯胺，此反应称为霍夫曼重排反应。

$$RCONH_2+NaOX+2NaOH \longrightarrow RNH_2+NaX+Na_2CO_3+H_2O$$

$$C_6H_5-\overset{O}{\overset{\|}{C}}-NH_2 \xrightarrow[\sim 90\ ℃]{NaOH,Br_2} C_6H_5-NH_2$$

4. 腈和酰胺还原

腈易被催化加氢或用氢化铝锂还原得到伯胺。例如：

$$\underset{\text{苯基乙腈（苄腈）}}{C_6H_5-CH_2CN} \xrightarrow[\text{或 } LiAlH_4]{H_2,Ni,140\ ℃} \underset{\beta\text{-苯基乙胺}}{C_6H_5-CH_2CH_2NH_2}$$

酰胺可以用氢化铝锂还原为胺，此法特别适合制备仲胺和叔胺。例如：

$$\underset{N\text{-甲基-}N\text{-乙酰苯胺}}{C_6H_5-\overset{CH_3}{\overset{|}{N}}-\underset{O}{\underset{\|}{C}}-CH_3} \xrightarrow[②LiAlH_4]{①H_2O} \underset{N\text{-乙基-}N\text{-甲基苯胺}}{C_6H_5-\overset{CH_3}{\overset{|}{N}}-CH_2CH_3}$$

5. 盖布瑞尔合成法

盖布瑞尔（Gabriel）合成法是使用酰酞亚胺（琥珀酰亚胺，邻苯二甲酰亚胺）将卤代烷转变为一级胺的反应。它是制备纯净伯胺的重要方法之一，经典的盖布瑞尔合成法是用卤代烃与邻苯二甲酰胺盐作用，形成相应的中间体 N-烷基化产物，接着水解得到伯胺。

$$C_6H_4(CO)_2O \xrightarrow[\triangle]{NH_3} C_6H_4(CO)_2NH \xrightarrow[C_2H_5OH]{KOH} C_6H_4(CO)_2N^-K^+ \xrightarrow[DMF]{CH_3CH_2CH_2Br}$$

$$C_6H_4(CO)_2NCH_2CH_2CH_3 \xrightarrow[H_2O,C_2H_5OH]{H^+\text{或 }NaOH} C_6H_4(COOH)_2 + CH_3CH_2CH_2NH_2$$

（四）重要的胺

1. 甲胺、二甲胺与三甲胺

甲胺是最简单的脂肪胺。它是无色气体，有氨味，有毒，空气中允许质量浓度为 10 mg · m^{-3}，熔点为 -92 ℃，沸点为-7.5 ℃，溶于水、乙醇和乙醚，可燃，其蒸气能与空气形成爆炸性混合物，爆炸极限体积分数为 4.95%～20.75%。

二甲胺是无色可燃气体，有毒，空气中允许质量浓度为 10 mg · m^{-3}，爆炸极限体积分数为 2.80%～14.40%，熔点为-96 ℃，沸点为 7.5 ℃，具有令人不愉快的氨味，溶于水、乙醇和乙醚。

三甲胺是无色气体，浓度高时有氨味，浓度低时有鱼腥味，熔点为-117 ℃，沸点为 3 ℃，溶于水、乙醇和乙醚，空气中允许质量浓度为 5 mg · m^{-3}；爆炸极限体积分数为 2.00%～11.60%。

甲胺主要用于制造农药、医药等，二甲胺主要用于制造燃料中间体、农药、橡胶硫化促进剂等，三甲胺是强碱性阴离子交换树脂的胺化剂，也用于制造表面活性剂等。

2. 乙二胺

乙二胺是无色液体，有氨味，呈碱性，沸点为 117 ℃，比乙胺的沸点（16.6 ℃）高得多，可与水或乙醇混溶。

乙二胺是制备药物、乳化剂和杀虫剂的原料，还可作为环氧树脂的固化剂。以乙二胺与氯乙酸钠（氯乙酸和碳酸钠）作原料，可以合成乙二胺四乙酸二钠，经酸化后可制得乙二胺四乙酸（EDTA）。EDTA 及其盐是分析化学上常用的金属离子络合剂。

3. 己-1,6-二胺

工业上己-1,6-二胺可由己二酸为原料制得。己二酸与氨作用生成铵盐，以磷酸为催化剂，脱水后得到己二腈，再以 Raney 镍为催化剂，加氢还原己二腈即可制得己-1,6-二胺。己-1,6-二胺也可用丁-1,3-二烯为原料，经过加氯、氰代和加氢等反应而得。

己-1,6-二胺是无色片状晶体，熔点为 40 ℃，沸点为 196 ℃，微溶于水，溶于乙醇、乙醚、苯等有机溶剂。己-1,6-二胺是工业上制备聚酰胺的主要原料，其与己二酸发生缩合反应，生成聚酰胺，商品名称为尼龙-66。它具有耐磨、耐碱、抗有机溶剂的特点，常用于制造轮胎帘子线、渔网和日用织物等。

4. 苯胺

苯胺是无色油状液体，露置在空气中会逐渐变为深棕色，久之则变为棕黑色，有特殊气味，熔点为 -6 ℃，沸点为 184 ℃，微溶于水，能溶于醇及醚。苯胺有毒，能被皮肤吸收引起中毒，在空气中的允许质量浓度为 $5\ mg \cdot m^{-3}$，爆炸极限体积分数为 1.3%～11%。苯胺主要由硝基苯还原制得。

苯胺是有机化工原料。苯胺可用于制备染料和染料中间体，也用于制造橡胶促进剂、磺胺类药物、农药和导电聚合物聚苯胺等。

三、酰胺

（一）酰胺的结构与命名

1. 结构

酰胺从结构上可以看作是羧酸中的羟基被氨基（$-NH_2$）或烃氨基（$-NHR$、$-NR_2$）取代后的产物，也可以认为是氨（NH_3）或胺（RNH_2、R_2NH）分子中氮原子上的氢原子被酰基取代后的产物。通式为：

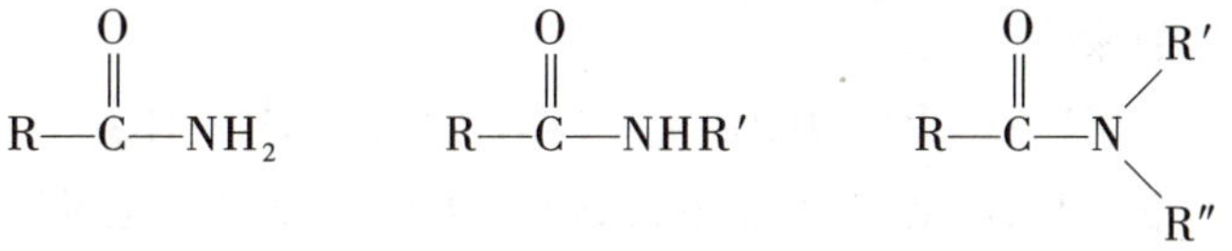

$$R-\overset{\overset{\displaystyle O}{\|}}{C}-NH_2 \qquad R-\overset{\overset{\displaystyle O}{\|}}{C}-NHR' \qquad R-\overset{\overset{\displaystyle O}{\|}}{C}-N\begin{matrix}R'\\R''\end{matrix}$$

式中 R、R′、R″可以相同，也可以不同。

2. 命名

（1）氮原子上没有烃基的简单酰胺，根据氨基（$-NH_2$）所连的酰基名称来命名，称为某酰胺。例如：

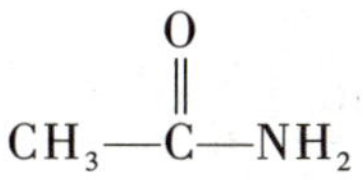

$$CH_3-\overset{\overset{\displaystyle O}{\|}}{C}-NH_2 \qquad C_6H_5-\overset{\overset{\displaystyle O}{\|}}{C}-NH_2$$

乙酰胺 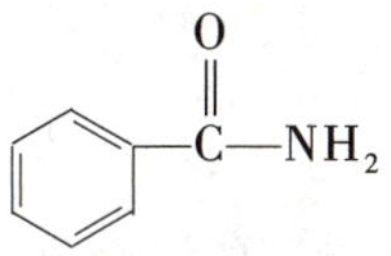　　苯甲酰胺

（2）氮原子上连有烃基的酰胺，则将烃基的名称写在某酰胺之前，并冠以"*N*-"或"*N*,*N*-"，以表示该烃基是与氮原子相连接的。例如：

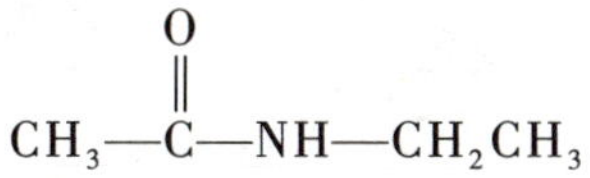

$$CH_3-\overset{\overset{\displaystyle O}{\|}}{C}-NH-CH_2CH_3 \qquad C_6H_5-\overset{\overset{\displaystyle O}{\|}}{C}-NH-CH_3 \qquad CH_3CH_2-\overset{\overset{\displaystyle O}{\|}}{C}-N\begin{matrix}CH_3\\CH_3\end{matrix}$$

N-乙基乙酰胺 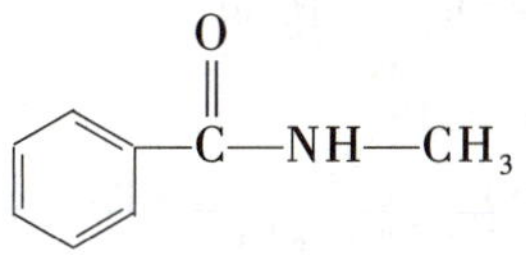　　*N*-甲基苯甲酰胺 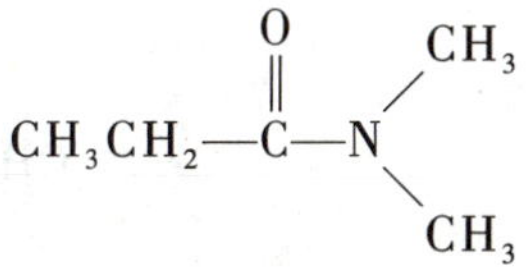　　*N*,*N*-二甲基丙酰胺

（二）酰胺的性质

1. 物理性质

除甲酰胺是液体外，其他酰胺多为无色晶体，一烷基取代酰胺常为液体。酰胺分子的极性较大，分子

间氢键缔合能力较强，因此其熔沸点甚至比相对分子质量相近的羧酸还高。当氨基上的氢原子被烃基取代后，其分子间的氢键缔合作用减小，熔沸点也降低。表 4-3-3 所示为一些常见酰胺的物理常数。

表 4-3-3 一些常见酰胺的物理常数

名称	熔点/℃	沸点/℃
甲酰胺	2.5	111(20 mmHg)
乙酰胺	82.3	221.2
丙酰胺	81.3	213
N,*N*-二甲基甲酰胺	-60.5	149~156
苯甲酰胺	132~133	290
丁二酰亚胺	126~127	287~288(分解)
邻苯二甲酰亚胺	238	—

液体酰胺不但可以溶解有机化合物，而且也可以溶解许多无机化合物，是良好的溶剂。如 *N*,*N*-二甲基甲酰胺和 *N*,*N*-二甲基乙酰胺可与水和大多数有机溶剂及许多无机液体以任意比例混合，是很好的非质子极性溶剂。

2. 化学性质

(1) 酸碱性。酰胺一般认为是中性化合物，有时也表现出弱酸性和弱碱性。例如，将氯化氢气体通入乙酰胺的乙醚溶液中，则生成不溶于乙醚的盐。

$$CH_3CONH_2+HCl \xrightarrow{\text{乙醚}} CH_3CONH_2 \cdot HCl\downarrow$$

形成的盐不稳定，遇水即分解为乙酰胺和盐酸。这说明酰胺的碱性非常弱。另一方面，乙酰胺的水溶液能与氧化汞作用生成稳定的汞盐。

$$2CH_3CONH_2+HgO \longrightarrow (CH_3CONH)_2Hg+H_2O$$

酰胺与金属钠在乙醚溶液中作用，也能生成钠盐，但它遇水即分解。这说明酰胺具有弱酸性。

在酰胺分子中，氮原子与酰基直接相连，受酰基的影响，氮原子上的未共用电子对离域，电子云向酰基偏移，使得它与质子结合成盐的能力低于氨或胺，碱性因此减弱。若氨分子中两个氢原子被两个酰基取代：

$$R-\overset{\overset{\displaystyle O}{\|}}{C}-\underset{\underset{\displaystyle H}{|}}{\ddot{N}}-\overset{\overset{\displaystyle O}{\|}}{C}-R$$

氮原子受两个酰基的影响，氮上剩下的一个氢原子易于以质子的形式被碱夺去。因此酰亚胺的酸性较酰胺强，形成的盐也较稳定。例如，邻苯二甲酰亚胺可与氢氧化钾的乙醇溶液作用生成钾盐。

(2) 酰胺脱水反应。酰胺与强脱水剂共热或高温加热，则分子内脱水生成腈。这是合成腈常用的方法。常用的脱水剂有五氧化二磷和二氯亚砜等。例如：

$$(CH_3)_2CH-\overset{\overset{\displaystyle O}{\|}}{C}-NH_2 \xrightarrow[200\sim280\ ℃]{P_2O_5} \underset{85\%}{(CH_3)_2CH-CN}$$

$$CH_3CH_2CH_2CH_2\overset{\overset{\displaystyle CH_2CH_3}{|}}{C}HCONH_2 \xrightarrow[70\sim80\ ℃]{SOCl_2,\text{苯}} CH_3CH_2CH_2CH_2\overset{\overset{\displaystyle CH_2CH_3}{|}}{C}HCN$$

(3) 霍夫曼重排反应。利用此反应可由伯酰胺制备少一个碳原子的伯胺，产率较高，产品较纯。

例如：

$$(CH_3)_3CCH_2\overset{\overset{O}{\|}}{C}NH_2+Br_2+4NaOH \longrightarrow \underset{94\%}{(CH_3)_3CCH_2NH_2}+2NaBr_2+Na_2CO_3+2H_2O$$

其反应机理是，首先在酰胺氮原子上发生碱催化的溴化，得到 N-溴代酰胺中间体：

$$R-\overset{\overset{O}{\|}}{C}-NH_2+{}^{-}OH+Br_2 \longrightarrow R-\overset{\overset{O}{\|}}{C}-\underset{\underset{H}{|}}{N}-Br+Br^-+H_2O$$

然后在碱的作用下失去质子，形成 N-溴代酰胺负离子，接着溴负离子带着键合电子离去，同时烷基负离子迁移至氮原子上形成异氰酸酯：

$$R-\overset{\overset{O}{\|}}{C}-\underset{\underset{H}{|}}{N}-Br \xrightleftharpoons{{}^{-}OH,-H_2O} R-\overset{\overset{O}{\|}}{C}-\overset{-}{N}-Br \xrightarrow[-Br^-]{} R-N{=}C{=}O$$

异氰酸酯含有累积双键，很容易与水和醇等发生反应。与水的加成产物不稳定，很快脱去二氧化碳得到伯胺。

$$R-N{=}C{=}O+H_2O \longrightarrow \left[R-NH-\overset{\overset{O}{\|}}{C}-OH\right] \longrightarrow R-NH_2+CO_2$$

（三）重要的酰胺——尿素

尿素（简称脲），从结构上可看作是碳酸中的 2 个羟基被 2 个氨基取代而成的碳酰二胺，是重要的酰胺衍生物。其结构式如下：

$$H_2N-\overset{\overset{O}{\|}}{C}-NH_2$$

尿素具有酰胺的结构，有酰胺的一般化学性质。尿素分子中两个氨基连在一个羰基上，又表现出某些特殊的性质。

1. 弱碱性

尿素分子中有两个氨基，其中一个氨基可与强酸成盐，故呈弱碱性。尿素的硝酸盐、草酸盐均难溶于水而易结晶。利用这种性质，可从尿液中提取尿素。

2. 水解反应

尿素是酰胺类化合物，在酸、碱或尿素酶的作用下很易水解。

$$H_2N-\overset{\overset{O}{\|}}{C}-NH_2+H_2O\begin{cases}\xrightarrow{H^+} NH_4^++CO_2\uparrow \\ \xrightarrow{OH^-} NH_3\uparrow+CO_3^{2-} \\ \xrightarrow{\text{尿素酶}} NH_3\uparrow+CO_2\uparrow\end{cases}$$

3. 缩二脲的生成及缩二脲反应

固体尿素缓缓加热至 150～160 ℃左右，2 分子尿素失去 1 分子氨，缩合生成缩二脲（或称双缩脲）。

$$H_2N-\overset{\overset{O}{\|}}{C}-NH_2+H_2N-\overset{\overset{O}{\|}}{C}-NH_2 \xrightarrow[\triangle]{150\sim160\ ℃} H_2N-\overset{\overset{O}{\|}}{C}-NH-\overset{\overset{O}{\|}}{C}-NH_2+NH_3\uparrow$$

缩二脲是无色针状晶体，熔点为 190 ℃，难溶于水，能溶于碱性溶液中。它在碱性溶液中与少量的硫酸铜（$CuSO_4$）溶液作用，即显紫红色，这个颜色反应叫作缩二脲反应。凡分子中含有两个及以上酰胺键

(肽键)的化合物如多肽、蛋白质等都能发生这种颜色反应。

【拓展应用】

"氨""胺"与"铵"的区别

很多人分不清"氨""胺"与"铵"的区别,也读不准这几个字的读音,下面我们来看看他们怎么区分。

氨(ān):无机物,常温下为气体,化学式为 NH_3,极易溶于水。这个氨字通常用在氨气、氨水、合成氨、液氨、氨基酸中,这里有人不免要问,氨基酸为何是这个氨,而非胺。实际上按照定义,氨基酸本就应该是"胺基酸",但由于该词从一开始就被写(译)作"氨基酸",一直沿用至今,形成惯例。

胺(àn,四声):有机物,NH_3 中的一个或多个氢原子被其他基团(多为烃基)取代后的一类产物,常温下多为液体,有多个氮原子的物质也属于胺类,大多数不溶于水。根据胺分子中氢原子被取代的数目,可将胺分成伯胺、仲胺、叔胺。

按照中国的文化传统,伯、仲、叔、季是指排行的,前 3 个用"胺",第 4 个用"铵"。农业中常见的有乙草胺(除草剂),分子式 $C_{14}H_{20}ClNO_2$,属于叔胺;乙二胺四乙酸(EDTA),分子式 $C_{10}H_{16}N_2O_8$,同样属于叔胺,EDTA 是阳离子螯合剂,通常螯合植物吸收的微量元素,能大幅提高微量元素的利用效率。常见的有 EDTA 钙、EDTA 铁、EDTA 锌等。

铵(ǎn):无机物,铵盐,含铵根离子(NH_4^+)的化合物,常温下多为固体,易溶于水。例如,磷酸一铵、磷酸二铵、氯化铵、碳铵、硫酸铵等都应该用此铵。此外,很多杀菌剂、生长调节剂里面也含有季铵盐,也用此铵。例如,矮壮素(化学式为 $C_5H_{13}Cl_2N$)是一种季铵盐类植物生长调节剂,氯化苄基三乙基铵和硫酸氢四丁基铵都是优良的相转移催化剂。在相转移催化反应中,四级铵盐可与水相中的亲核试剂组成离子对,进入有机相,从而加快反应速率,减少副反应并提高收率。

练习巩固

一、命名下列化合物。

1. $CH_3CH_2CHCH(CH_3)_2$(3 位 C 上连 NO_2)

2. $(CH_3)_2CHNH_2$

3. C_6H_5—$NHCH_2CH_3$

4. C_6H_5—$NHCCH_3$(C 上连 =O)

二、写出下列化合物的结构式。

1. 对硝基苯胺

2. 2-硝基乙基苯

3. 对氨基苯甲酰胺

4. 1,6-己二胺

三、将下列各组化合物按碱性强弱次序排列。

1. 苯胺、乙胺、二苯胺、氨和 *N*-甲基苯胺

2. 甲酰胺、甲胺、苯胺、对硝基苯胺、对甲苯胺和二甲胺

综合提高

一、用化学方法鉴别下列各组化合物

1. 丙烷、丙烯、丙炔
2. 苯、甲苯、己-1-炔
3. 1-溴丙烷、2-溴丙烷、2-溴-2-甲基丙烷
4. 2-氯丁烷、2-溴丁烷
5. 乙醇、甘油、苯酚
6. 丙醛、丙酮、苯甲醛
7. 乙醛、甲酸、乙酸
8. 丙醇、丙酮、丙酸
9. 苯酚、苯甲醇、苯甲酸
10. 环己胺、苯胺、*N*,*N*-二甲基苯胺、*N*-甲基环己胺

二、推断题

1. 分子式为 C_6H_{12} 的化合物，在室温下能迅速使溴水褪色，催化加氢生成正己烷，用过量 $KMnO_4$ 溶液氧化可生成两种稳定存在的羧酸。写出这个化合物的结构简式及各步反应式。

2. 分子式为 C_5H_8 的化合物，能与酸性 $KMnO_4$ 溶液作用，能使溴水褪色，且能与硝酸银的氨溶液作用生成白色沉淀。试写出该化合物可能的结构。

3. 芳香烃 A 的分子式为 C_9H_{12}，用酸性高锰酸钾氧化后可得一种二元酸。将 A 进行硝化时只得到两种一元硝基化合物。写出 A 的结构式并说明理由。

4. 化学式都为 $C_5H_{11}Cl$ 的化合物 A、B，当它们与 KOH-C_2H_5OH 溶液作用时，生成的主要产物都是 C。C 可使 $KMnO_4$ 溶液褪色，并生成乙酸和丙酮。C 与氯化氢加成又生成 A。试写出 A、B 和 C 的结构简式及各步反应方程式。

5. 分子式为 C_4H_8O 的化合物 A，能与托伦试剂发生银镜反应。A 经还原后得到化合物 B（$C_4H_{10}O$）。B 可在浓硫酸的作用下脱水生成化合物 C（C_4H_8）。C 经高锰酸钾酸性溶液氧化后得到化合物 D（$C_3H_6O_2$）并放出 CO_2。推测 A、B、C、D 的结构。

三、以苯、甲苯及无机试剂为原料，制备下列化合物

1. 3-硝基-4-溴苯甲酸
2. 对硝基苯胺

主题五

化学实验技能训练

学习目标

知识目标：

1. 了解并严格遵守实验室各项规章制度；
2. 熟悉常用玻璃仪器，能熟练辨认各类常见玻璃仪器，熟悉常用玻璃仪器的用途和规格；
3. 学会洗涤常用玻璃仪器，学会使用托盘天平和电子天平；
4. 掌握容量仪器的洗涤方法，掌握标定溶液的基本方法；
5. 掌握常见无机阴、阳离子的特征反应，明确化学反应与鉴定反应的关系；
6. 掌握温度、浓度、压强对化学平衡的影响；
7. 掌握复盐硫酸亚铁铵制备的原理和方法，以及硫酸亚铁铵产品纯度的检验方法；
8. 掌握 3 种典型有机化学品的合成与鉴别方法。

能力目标：

1. 培养理论联系实际和分析问题、解决问题的能力；
2. 学会正确观察和记录实验现象，根据原始记录书写实验报告，并逐步学会分析、解释实验现象。

素养目标：

1. 体会化学实验的乐趣，激发探索物质世界的兴趣；
2. 培养实事求是的科学态度和严谨的工作作风；
3. 培养安全意识、生态文明意识，增强社会责任感；
4. 培养科学精神和科学态度，关注与化学有关的可持续发展问题。

思维导图

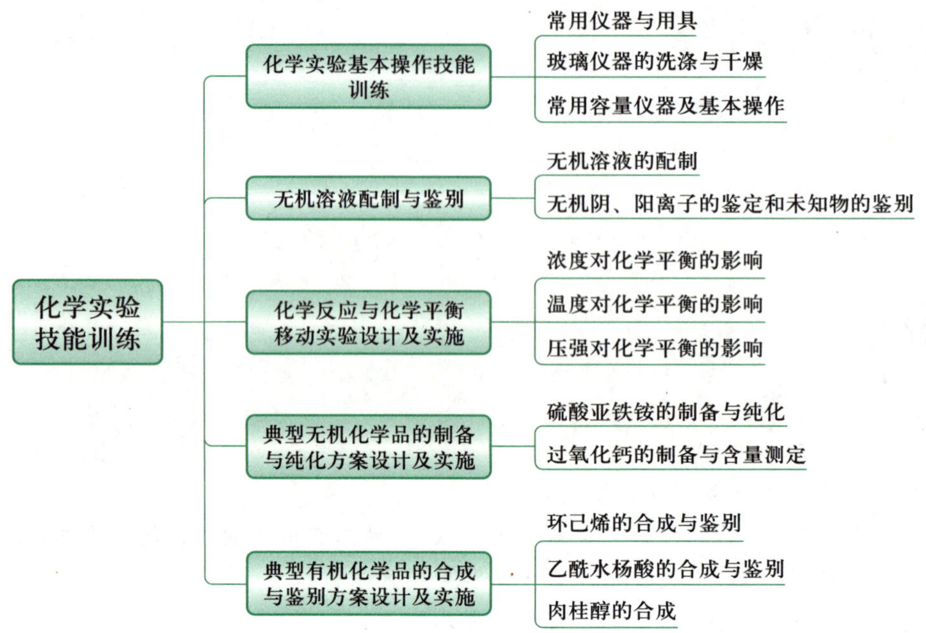
化学实验技能训练
化学实验基本操作技能训练
常用仪器与用具
玻璃仪器的洗涤与干燥
常用容量仪器及基本操作
无机溶液配制与鉴别
无机溶液的配制
无机阴、阳离子的鉴定和未知物的鉴别
化学反应与化学平衡移动实验设计及实施
浓度对化学平衡的影响
温度对化学平衡的影响
压强对化学平衡的影响
典型无机化学品的制备与纯化方案设计及实施
硫酸亚铁铵的制备与纯化
过氧化钙的制备与含量测定
典型有机化学品的合成与鉴别方案设计及实施
环己烯的合成与鉴别
乙酰水杨酸的合成与鉴别
肉桂醇的合成

第一节　化学实验基本操作技能训练

一、常用仪器与用具

无机化学实验常用仪器和用具见表 5-1-1。

表 5-1-1　无机化学实验常用仪器和用具

仪器	规格	主要用途	使用注意事项
普通试管　离心试管	10 mL、20 mL、50 mL 等	普通试管用作少量试剂的反应容器，离心试管用于分离沉淀	普通试管可加热，盛装反应液体不能超过其容量的 1/2
烧杯	10 mL、50 mL、100 mL、500 mL等	反应物较多时的反应容器，还可用于配制溶液	加热时底部需垫石棉网，使其受热均匀
试剂瓶	玻璃或塑料材质，无色或棕色，广口或细口，50 mL、100 mL、500 mL 等	广口瓶盛装固体试剂，细口瓶盛装液体试剂	取用试剂时瓶盖倒放在桌上，碱性物质用橡胶塞或塑料瓶，见光易分解的试剂用棕色瓶
锥形瓶	100 mL、250 mL、500 mL 等	反应容器，摇荡方便，适用于滴定操作	可加热，加热时底部需垫石棉网，使其受热均匀
洗瓶	250 mL、500 mL 等	装蒸馏水用于洗涤	塑料洗瓶不能加热
干燥器	10 cm、15 cm、18 cm 等	存放样品保持干燥	使用时应检查干燥剂是否失效

续表

仪器	规格	主要用途	使用注意事项
石棉网	以边长表示:如 5 cm、15 cm、20 cm 等	支撑受热容器,使受热均匀	不能与水接触
铁架台		用于固定反应容器	可根据情况适当调整铁圈、铁夹高度
表面皿	以直径表示:7 cm、9 cm、12 cm等	盖在烧杯上以防液体溅出	不能直接加热
蒸发皿	瓷质,以容积表示:50 mL、100 mL 等	用于蒸发、浓缩	能直接加热,可耐高温,注意高温时不能骤冷
坩埚	坩埚有瓷、石英、镍、铂等材质,以容积表示:30 mL、50 mL 等	用于灼烧固体,坩埚钳用于夹持坩埚	坩埚能直接加热,可耐高温,高温时不能骤冷
泥三角	有不同大小	用于放置坩埚和蒸发皿	高温时不能骤冷
研钵	有瓷、玻璃、玛瑙材质,以口径表示:9 cm、12 cm 等	用于研磨固体物质	不能直接加热,大块物质只能压碎,不能敲击
滴瓶	有无色和棕色之分,以容积表示:60 mL、125 mL 等	盛放少量液体试剂	见光易分解的试剂用棕色瓶,碱性物质用带橡胶塞的滴瓶

续表

仪器	规格	主要用途	使用注意事项
称量瓶	有扁形和高形之分，以外径 * 高表示：25 mm * 40 mm、50 mm * 30 mm 等	用于准确称量固体样品	不能直接加热，盖与瓶配套，不能互换
点滴板	瓷质，按凹穴数目分六穴、九穴、十二穴等	用于点滴反应，特别是显色反应	不能直接加热
量筒　量杯	以最大容积表示：10 mL、100 mL、250 mL、500 mL 等	液体体积计量	不能直接加热
移液管　吸量管	以最大容积表示：1 mL、2 mL、5 mL 及 10 mL、25 mL、50 mL等	精确量取一定体积的液体	不能直接加热，一般与容量瓶配合使用
容量瓶	以最大容积表示：如 25 mL、100 mL、250 mL 及 1 000 mL 等	配制准确浓度的溶液	不能直接加热，不能在其中溶解固体，一般与移液管配合使用
滴定管、滴定管架	分酸式和碱式滴定管，有无色和棕色之分。25 mL、50 mL 等	滴定管用于滴定操作或精确量取一定体积的液体，滴定管架用于夹持滴定管	酸式滴定管盛装酸性溶液或氧化性溶液，碱式滴定管盛装碱性溶液或还原性溶液，二者不能混用，见光易分解的滴定液应用棕色滴定管
漏斗	以口径大小表示：4 cm、6 cm等	用于过滤操作	不能直接加热

续表

仪器	规格	主要用途	使用注意事项
漏斗架	木制或铁制	过滤时盛放漏斗	漏斗板高度可调
布氏漏斗、吸滤瓶	布氏漏斗以直径表示:4 cm、8 cm、10 cm 等,吸滤瓶以容积表示:250 mL、500 mL等	用于真空抽滤	不能直接加热

二、玻璃仪器的洗涤与干燥

(一)玻璃仪器的洗涤

化学实验所用玻璃仪器的干净程度,通常会影响实验结果,甚至导致实验失败。这里所说的干净主要指不含影响实验结果准确性的杂质。实验结束后,要及时清洗仪器。玻璃仪器洗净的标准是用水冲洗后,其内壁能均匀地被水润湿而无水珠附着。凡是已经洗净的仪器,绝不能用布或纸擦干,否则,布或纸上的纤维将会附着在仪器上。

玻璃仪器的洗涤方法很多,一般来说,应根据实验的要求、污物的性质和沾污程度来选择方法。附着在仪器上的污物通常有尘土、有机污染物和无机溶剂等。可分别采用下列方法洗涤。

(1) 用自来水冲洗。用毛刷蘸水刷洗仪器,可以去掉仪器表面的尘土、可溶性物质和黏附的污染物。自来水洗涤后的仪器,往往还残留一些 Ca^{2+}、Mg^{2+}、Cl^{-} 等,可用去离子水冲洗 3 次,遵循“少量多次”原则,一般使用洗瓶冲洗。

(2) 用去污粉、肥皂、合成洗涤剂洗涤。去污粉是由碳酸钠、白土、细沙等混合而成的。使用时,首先用水湿润仪器,然后用湿的毛刷蘸取少量去污粉,由里向外刷仪器各个部位,再用自来水冲洗,直到洗净为止。必要时,用蒸馏水冲洗 3 次。

(3) 用铬酸洗液洗涤。铬酸洗液是由浓硫酸和重铬酸钾配制而成的(通常将 25 g 重铬酸钾放于烧杯中,加 50 mL 水溶解,然后在不断搅拌下慢慢加入 450 mL 浓硫酸),呈深红褐色,具有强酸性和很强的去污能力。一些较精密的玻璃仪器,如滴定管、容量瓶、移液管等,口小、管细,难以用刷子刷洗,且容量准确,不宜用刷子摩擦内壁,常用铬酸洗液来洗。洗涤时装入少量洗液,倾斜转动仪器,使管壁全部被洗液湿润。随后将洗液倒回原洗液瓶中,再用自来水冲洗表面残留洗液,最后用去离子水冲洗 3 次。沾污程度严重的玻璃仪器可用铬酸洗液浸泡。

使用铬酸洗液时,应注意以下几点:

① 仪器内部无残留水,以免将洗液稀释,影响洗涤效果。

② 洗液具有强的腐蚀性,会灼伤皮肤、破坏衣物。如不慎把洗液洒在皮肤、衣物和桌面上,应立即用水冲洗。

③ 洗液用完应倒回原瓶内,可重复使用。

(4) 特殊污垢的洗涤。用上述方法无法洗去的污垢,要依其性质采取适当的化学试剂来处理。如 MnO_2、$Fe(OH)_3$ 污垢,要用盐酸处理。

(5) 超声波清洗。超声波清洗器的原理:由超声波发生器发出的高频振荡信号,通过换能器转换成高频机械振荡而传播到介质——清洗液中,超声波在清洗液中疏密相间地向前辐射,使液体流动而产生数以万计的直径为 50~500 μm 的微小气泡,这些气泡在超声波纵向传播的负压区形成、生长,而在正压区迅速闭合,在这种被称为"空化"效应的过程中,气泡闭合可形成几百摄氏度的高温和超过 1 000 atm(1 atm 即 1 个标准大气压,1 atm = 101. 325 kPa)的瞬间高压,连续不断地产生的瞬间高压就像一连串小"爆炸"不断地冲击物体表面,使物体的表面及缝隙中的污垢迅速剥落,从而达到清洗净化物体表面的目的。

(二) 仪器的干燥

有些实验所用仪器必须是干燥的,仪器干燥方法如下:

(1) 晾干。让仪器在空气中自然干燥,即把洗净的仪器倒置于干净的仪器柜中或木钉上。

(2) 烘干。将洗净的仪器放在电热恒温干燥箱内(图 5-1-1)加热烘干(控制干燥箱温度在 75 ℃左右)。仪器放进干燥箱前应尽量把水沥干,平放或将仪器口朝下,并在干燥箱的最下层放一个搪瓷盘,接收从容器上滴下的水珠,以免直接滴在电炉丝上损坏炉丝。放仪器的顺序应为从上往下,从里向外;干燥好后拿出的顺序应为从外向里,从下往上。

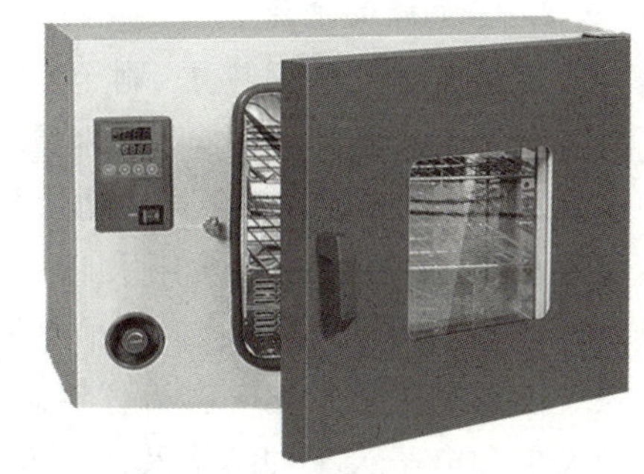

图 5-1-1 电热恒温干燥箱

(3) 烤干。不同的仪器选用不同的烤干设备,如煤气灯、酒精灯、电炉等。烤前应将仪器外壁水珠擦干。若是试管,管口应向下倾斜,以防水珠倒流炸裂试管。烤时应从管底开始,慢移至管口,无水珠后再将管口向上,把水汽赶尽。

(4) 吹干。利用热或冷的空气流将玻璃仪器干燥。常用工具是吹风机、气流干燥器。

(5) 有机溶剂的快速干燥。利用有机溶剂的挥发性干燥仪器,即先用少量酒精、丙酮等有机溶剂淋洗一遍,然后晾干。

三、常用容量仪器及基本操作

(一) 量筒

用于量取一定体积的液体,可根据需要选用不同容量的量筒。量筒有 5 mL、10 mL、50 mL 和 100 mL 等规格。取液时,如图 5-1-2 所示,先取下试剂瓶塞并将其倒置在桌上,一手拿量筒,一手拿试剂瓶(标签朝手心),然后倒出所需的试剂,最后将瓶口在量筒上靠一下,再竖起试剂瓶,以免留在瓶口的液滴流到瓶的外壁。观看量筒内液体的体积时按图 5-1-3 所示,使视线与量筒内液体的弯月面的最低处保持水平,偏高和偏低都会读不准而造成较大的误差。

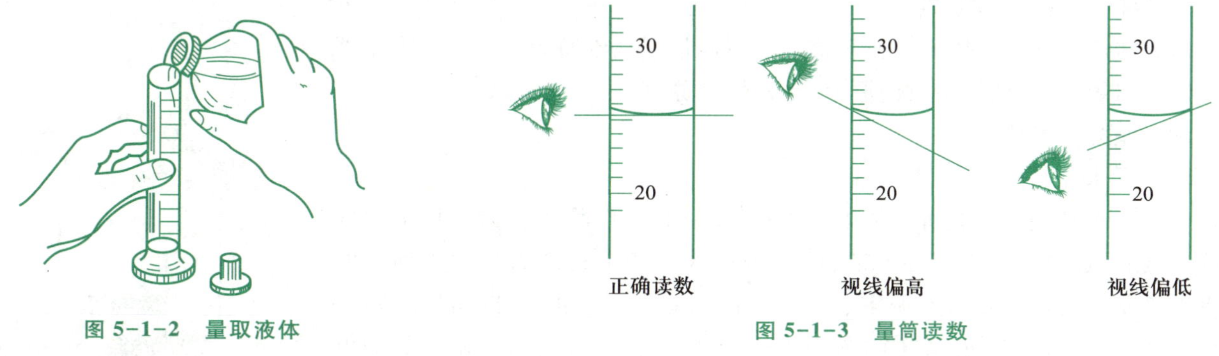

图 5-1-2 量取液体

图 5-1-3 量筒读数

(二) 容量瓶

容量瓶是一种细颈梨形的平底玻璃瓶,由无色或棕色玻璃制成,带有玻璃磨口塞,颈上有一环形标线,一般表示常温常压下,当液体充满到标线时,液体体积与瓶上标明的体积相等。容量瓶主要用来配制标准溶液或样品溶液。通常有 10 mL、50 mL、100 mL、250 mL、500 mL、1 000 mL 等规格。

1. 容量瓶的检查

容量瓶在使用之前首先要检查是否漏水。检查的方法是：在瓶中加水至标线附近，盖好瓶塞，将瓶外水珠擦拭干净，用左手按住塞子，其余手指拿住瓶颈标线以上部分，右手托住瓶底，把瓶倒立 2 min（图 5-1-4），观察容量瓶口是否有水渗出，如果不漏水，将瓶直立，把瓶塞转动约 180°，再将瓶倒立 2 min 检查。检查两次很有必要，因为有时瓶口与瓶塞不是任何位置都密合。经检查合格的容量瓶，应用橡皮筋将瓶塞系在瓶颈上，防止玻璃磨口塞被沾污或搞错。

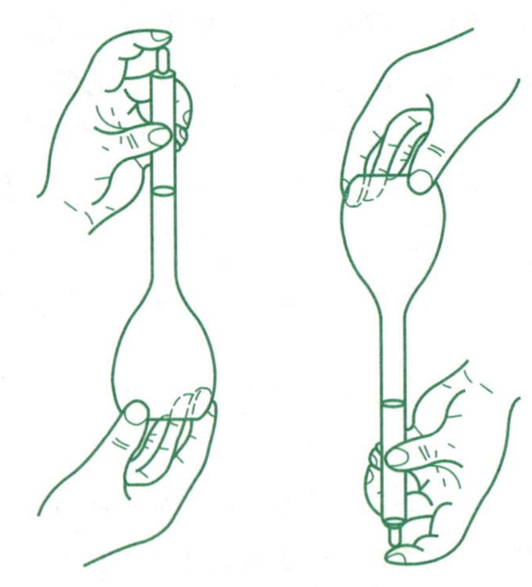

图 5-1-4 容量瓶的检查

2. 容量瓶的洗涤

容量瓶不允许用热水、刷子、去污粉等洗涤。小容量瓶可装满铬酸洗液浸泡一段时间，大容量瓶则可加 10 mL 铬酸洗液，塞紧瓶塞摇动片刻，停一会再摇动片刻，如此反复数次。然后用自来水冲洗，倒出水后内壁不挂水珠，即可用蒸馏水润洗 2~3 次，每次用水 15~20 mL。

（三）天平

天平是常用的化学实验仪器。实验中根据不同的称量要求，选用托盘天平或电子天平。下面介绍托盘天平和电子天平的结构及使用方法。

1. 托盘天平（台秤）

台秤（图 5-1-5）用于精度要求不高的称量，一般能称准至 0.1 g 或 0.01 g。它主要由托盘、横梁、刻度盘、刻度尺、指针、底座、砝码等部分组成。横梁以一个支点架在台秤座上，左右各有一个托盘，中部有指针与刻度盘相对，依指针在刻度盘前的摆动情况，看台秤的平衡状态。

在称量前，首先调整台秤的零点。将游码拨到游码尺的“0”位处，指针应停在刻度盘上中间的位置。否则，须调节托盘下面的螺丝，使指针正好停在中间的位置上。

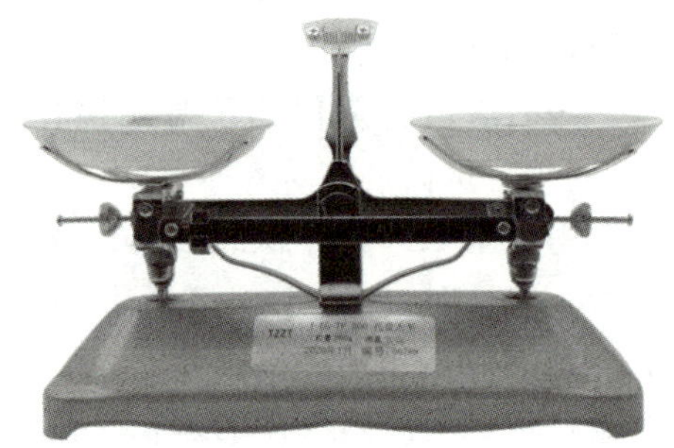

图 5-1-5 台秤

称量时，遵循“左物右码”原则，左盘放称量物，右盘放砝码。砝码放在砝码盒内，10 g 以下的砝码可由移动游码尺上的游码来添加。当两边平衡时，指针停留位置和零点之间允许偏差 1 格。此时砝码和游码所示质量之和即为称量物的质量。

称量时注意事项：

（1）称量物应该为常温。

（2）称量物不能直接放在托盘上。依不同情况放在称量纸上或其他容器内。

（3）称量完毕，砝码要放回原处，台秤恢复原状。

（4）保持台秤整洁。

2. 电子天平

电子天平利用电子装置完成电磁力补偿的调节，使物体在重力场中实现力的平衡，或通过电磁力矩的调节，使物体在重力场中实现力矩的平衡。电子天平最基本的功能是自动调零、自动校准、自动扣除空白和自动显示称量结果。电子天平（0.1 mg 精度）（图 5-1-6）是实验室经常用来准确称量的仪器，一般应放在专门的实验室稳定的台面上。电子天平在使用前需注意以下几点。

图 5-1-6 电子天平

（1）水平调节。使用前观察水平仪是否水平（水泡应位于水平仪中心），若不水平，调整水平调节脚。

（2）校准。天平如长时间不使用、位置移动或环境变化，应进行校准。SFA 型电子天平（最大称量值 220 g，精度 0.1 mg）是内校砝码，因为气候或其他条件的变化，天平会自动校准。自动校准时，显示器显示“CAL”开始校正，等到显示器出现“CAL DONE”状态，最后显示“0.000 0 g”表示自动校正完成。

3. 称量方法

要根据不同的称量物和称量要求，选用不同的称量方法。通常分为直接称量法、固定质量称量法和差减法。

（1）直接称量法。对某些在空气中无吸湿性的物质，如洁净干燥的器皿、无腐蚀性的金属（或合金）等，可用直接称量法。例如，称取镁条时，先开启天平，待其稳定后，先用镊子夹取一片称量纸称其质量，清零，再取一片镁条称其质量，待数显稳定后，读数即为镁条质量。

（2）固定质量称量法。此法可用于称量一定质量的试样或基准物质，通常这些样品或基准物质不易吸潮、较稳定。例如，称取一定质量的固体粉末时，先开启天平，待其稳定后，放入称量瓶，按清零键归零，随后用药匙称取该粉末，直至达到所需质量。

（3）差减法。又称减重法，是常用的称量方式之一。用于称量一定质量范围内的样品和试剂。这种方法称取的质量是由两次称量之差求得的，故称为差减法。差减法称量样品的具体操作如下。

首先，用洁净纸条套在称量瓶上，从干燥器中取出装有样品的称量瓶，放在分析天平上，称出倾倒前称量瓶+样品的质量（m_1）。随后，左手拿纸条套住称量瓶，将其从天平中取出，并移至接收容器（烧杯）的上方，右手拿小纸片夹住瓶盖，向下倾斜瓶身，用称量瓶盖轻敲瓶口上部，使样品慢慢落入容器中，瓶盖始终不要离开接收容器上方。估计敲出的样品接近所需量时，边轻敲瓶口，边慢慢竖起称量瓶，使黏附在瓶口上的样品全部落回称量瓶内，然后盖好瓶盖，准确称其质量（m_2）。前后两次质量之差就是样品的质量（m_s），$m_s=m_1-m_2$。如果一次倾出的样品质量不够，可再次倾倒样品，直至倾出样品的质量满足要求后，再记录天平称量的读数。如此重复操作，可连续称取多份样品。

第二节 无机溶液配制与鉴别

【实验目的】

1. 掌握实验室常用溶液的配制方法和基本操作。

2. 学习移液管和容量瓶的使用方法。

3. 巩固天平的操作,练习差减法称量操作。

4. 掌握常见无机阴、阳离子的特征反应和鉴定反应的操作。

5. 明确化学反应与鉴定反应的关系。

6. 了解未知物定性分析的实验流程。

【实验原理】

在实验中,经常因化学反应的性质和要求的不同而配制不同的溶液。有的仅为一定范围内的浓度就能满足要求,有的则比较严格,要求准确浓度,有的甚至需配制特殊试剂的溶液。

1. 溶液的分类

溶液依所含溶质浓度是否准确已知分为两种:一般溶液和标准溶液。

一般溶液:浓度不是准确已知的,常用 1~2 位有效数字表示。适用于一般物质化学性质实验。标准溶液:浓度准确已知的溶液,其浓度表示常为 4 位或 4 位以上的有效数字,适用于定量测定实验。

2. 溶液的配制

(1) 一般溶液的配制所需仪器:台秤、量筒、烧杯。不需使用测量准确度较高的仪器。

所需用水:一次蒸馏水或去离子水。

配制方法:直接水溶法、介质水溶法、稀释法。

(2) 标准溶液的配制所需仪器:分析天平、移液管、容量瓶。需要使用准确度高的测量仪器。

所需用水:去离子水。

配制方法:直接法、间接法(标定法)。

3. 溶液中离子的鉴定

利用加入试剂,使其与溶液中某种无机离子产生特征化学反应,鉴定溶液中该离子存在与否的试验称为离子的鉴定。鉴定反应须具有下述特征之一:① 沉淀的生成或沉淀的溶解;② 溶液或沉淀颜色的变化;③ 特殊气体的生成并逸出;④ 产生其他特殊现象等。结晶反应、焰色反应、气室反应常被用作鉴定反应。有机试剂的应用常能提高离子鉴定反应的特效性和灵敏度。

【仪器和试剂】

台秤,分析天平,称量瓶(25 mm×25 mm、50 mm×30 mm),容量瓶(250 mL、500 mL),吸量管(10 mL),量筒,烧杯,试管,铂丝,玻璃棒,离心机,酒精灯,试管夹,点滴板,表面皿,浓 HCl,浓 H_2SO_4,浓 HNO_3,KOH(AR),无水 Na_2CO_3(AR),$H_2C_2O_4 \cdot 2H_2O$(AR),2 mol · L^{-1} 氨水,K^+、Na^+、NH_4^+、Mg^{2+}、Fe^{2+}、Ca^{2+}、Ba^{2+}、Al^{3+}、NO_3^-、Cl^-、Br^-、I^-、SO_3^{2-} 溶液,硼砂晶体,3 mol · L^{-1} NH_4Ac,饱和 $FeSO_4$,1 mol · L^{-1} Na_2S,1 mol · L^{-1} $NaNO_2$,H_2S 气体,锌粉,四苯硼酸钠,钴亚硝酸钠,醋酸铀酰锌,邻菲罗啉乙醇溶液,镁试剂,铝试剂,玫瑰红酸钠,奈斯勒试剂,甲醇。

【实验内容】

一、无机溶液的配制

1. 一般溶液的配制

(1) 配制 500 mL 0.1 mol · L^{-1} KOH 溶液。计算出所需 KOH 固体的质量,按固体试剂取用规则,在台秤上用烧杯称量。加少量蒸馏水，搅拌使其全部溶解。加水稀释至 500 mL，待溶液冷却后，转移至已贴好标签的试剂瓶，备用。

（2）配制 500 mL 0.1 mol·L^{-1} 硝酸溶液。计算出所需浓硝酸的体积，按液体试剂取用规则，用量筒量取，缓缓加入盛少量蒸馏水的烧杯或量杯中，并不断搅拌，再加水稀释至刻度，混匀。待溶液冷却后，倒入已贴好标签的试剂瓶中，备用。

2. 标准溶液的配制

（1）配制 250 mL 0.050 0 mol·L^{-1} 草酸溶液。计算出所需草酸的质量，按固体试剂取用规则，采用差减法，在电子天平上，使用称量瓶准确称量。然后倒入烧杯中，加少量去离子水，搅拌使其完全溶解，将溶液转移到 250 mL 容量瓶中，再用少量水淋洗烧杯及玻璃棒数次，并将每次淋洗的水全部转入容量瓶，最后以水稀释至刻度，摇匀。然后倒入已贴好标签的试剂瓶中，备用。计算其准确浓度。

（2）配制 250 mL 0.050 0 mol·L^{-1} 碳酸钠溶液。步骤同（1）的操作。

3. 实验数据记录及处理

将实验结果记录在表 5-2-1 中。

表 5-2-1 标准溶液的配制

基准试剂		Na_2CO_3	$H_2C_2O_4 \cdot 2H_2O$
（称量瓶+样品）质量/g	初始读数		
	最终读数		
样品质量/g			
标准溶液浓度/（mol·L^{-1}）			

注：固体 NaOH 易吸收空气中的 CO_2，使 NaOH 表面形成一薄层碳酸盐。实验室配制不含 CO_2 的 NaOH 溶液一般有两种方法：

① 以少量蒸馏水漂洗固体表面，除去表面生成的碳酸盐后，将 NaOH 固体溶解于加热至沸且冷至室温的蒸馏水中。

② 利用 Na_2CO_3 在浓 NaOH 溶液中溶解度下降的性质，配制近于饱和的 NaOH 溶液，静置，待 Na_2CO_3 沉淀析出后，吸取上层澄清溶液，即为不含 CO_2 的 NaOH 溶液。

二、无机阴、阳离子的鉴定和未知物的鉴别

1. 无机阴、阳离子的特征反应

（1）试管法。将一定量的待鉴定样品试液转移至试管中，并向试管中滴加某种试剂，从而产生沉淀或颜色变化的方法叫试管法。用试管法进行离子特征反应时，每加一滴试剂都要充分摇匀，直到现象产生。

① Na^+盐。取 Na^+盐的中性溶液 10 滴于小试管中，加醋酸铀酰锌试剂 3~4 滴，不断搅拌并摩擦试管壁，即有黄色沉淀生成，写出离子反应方程式。

② K^+盐。取 K^+盐的中性溶液 10 滴于小试管中，加钴亚硝酸钠试剂 3 滴，摇匀后有黄棕色沉淀产生，写出离子反应方程式。或在另一试管中加入 K^+盐的中性溶液 10 滴，滴加四苯硼酸钠 3~4 滴，摇匀后观察沉淀的生成，写出离子反应方程式。

③ 硝酸盐。取硝酸盐溶液 10 滴于小试管中，加入饱和 $FeSO_4$ 溶液 8~12 滴，然后沿着管壁小心加入浓 H_2SO_4 10 滴使成两液层，不要搅动，稍待片刻，观察两液层交界处的颜色并记录。

④ 硼酸盐。取硼砂晶体约 0.5 g 于小试管中，加蒸馏水 3 mL，加热溶解。稍冷却后加浓 H_2SO_4 少许，观察有何变化。加甲醇 5~10 mL 后点火燃烧，观察火焰边缘的颜色。

（2）点滴板反应法。将少量试液、试剂均滴在点滴板上使其发生反应的方法叫点滴板反应法，该法的试液、试剂用量较少。

① Fe^{2+}盐。取 Fe^{2+}盐溶液少许，加 1%邻菲罗啉乙醇溶液数滴，观察颜色的变化。化学反应为：

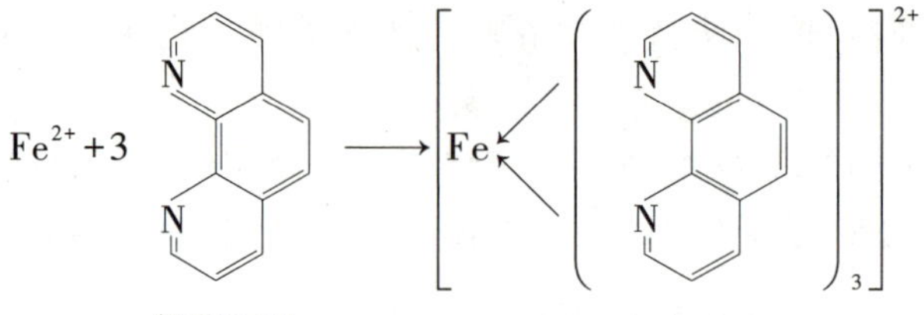

$Fe^{2+}+3$ 邻菲罗啉 ⟶ 橘红色螯合物

邻菲罗啉　　橘红色螯合物

② Mg^{2+}盐。取 Mg^{2+}盐溶液少许，加 NaOH 试液和镁试剂各数滴，观察沉淀的生成。镁试剂的化学名为对硝基苯偶氮间苯二酚，结构式为：

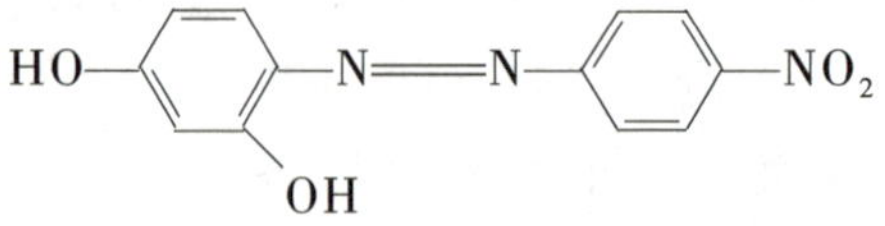

HO—⟨⟩—N═N—⟨⟩—NO_2（间位 OH）

③ Al^{3+}盐。取 Al^{3+}盐溶液少许，加数滴 3 mol · L^{-1} NH_4Ac 溶液和 1~2 滴铝试剂，观察沉淀的生成。化学反应为：

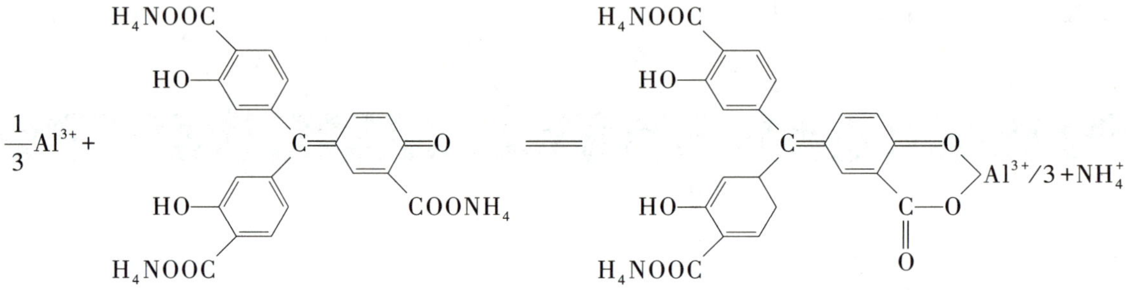

$\frac{1}{3}Al^{3+}$ + 铝试剂 ══ 鲜红色沉淀 $+NH_4^+$

鲜红色沉淀

(3) 纸上滴定法。将试液、试剂放在滤纸上进行沉淀反应，由于滤纸的毛细管作用，除沉淀外，其他离子会均匀扩散至沉淀区域之外，沉淀观察比较明显，这种方法称为纸上滴定法。

Ba^{2+}盐：取 Ba^{2+}盐溶液少许置滤纸上，加玫瑰红酸钠试液，观察沉淀的生成。用稀 HCl 处理后注意滤纸颜色的变化。

(4) 焰色法。将铂丝（或镍铬丝）做成环状，取数滴浓盐酸置点滴板上，将金属环插进盐酸中浸湿，在灯焰上灼烧，如此反复数次，直至火焰不染色，表明金属丝已处理洁净。用洁净的金属丝蘸取试液在氧化焰中灼烧，通过火焰特征颜色来鉴定无机离子的方法称为焰色法。

① Na^{+}盐：火焰中显鲜黄色。

② K^{+}盐：火焰中显紫色（当有钠盐混存时，可用蓝玻璃透视）。

③ Ca^{2+}盐：火焰中显砖红色。

④ Ba^{2+}盐：火焰中显黄绿色。

记录每种盐在火焰中呈现的颜色。每次实验前应将金属丝洁净，方法同上。千万不可将铂丝放在还原焰中灼烧，否则生成碳化铂，铂丝会发生脆断。

2. 未知物的鉴别法

【观察体验】

领取未知溶液 1 份，其中可能含有的离子是：Na^{+}、K^{+}、NH_4^{+}、Mg^{2+}、Ca^{2+}、Ba^{2+}、Cl^{-}、Br^{-}、I^{-}，参照以上实验，自己拟定分析步骤，确定未知溶液中含有哪些离子？

【思考题】

1. 配制有明显热效应的溶液时，应注意什么问题？
2. 用容量瓶配制标准溶液时，可否用托盘天平称取基准试剂？
3. 用容量瓶配制溶液时，是否需要干燥的容量瓶？为什么？

4. 哪些方法被用来进行常见无机离子的鉴定反应？

5. 进行离子“一般鉴定反应”应具有什么前提？

【拓展应用】

绚丽的烟花——焰色反应

彩图 5-2-1 是浪漫的烟花秀，为什么烟花是五颜六色的呢？这就涉及焰色反应。

焰色反应，也称作焰色测试及焰色试验，是某些金属或它们的化合物在热火焰中灼烧时火焰呈现特殊颜色的反应。利用焰色反应可检验某些用常规化学方法不能鉴定的金属元素。

金属离子在热火焰中会激发电子跃迁，即当金属离子进入热火焰中时，其外层电子会被激发到高能级，随后电子会跃迁回到低能级发出能量，这个能量就以光的形式发出。不同金属离子的电子跃迁所产生的光的波长是不同的，因此热火焰的颜色也不同。

基态原子是处于最低能量下的原子，一般情况下，自然界中的大部分原子都处于基态，但是当原子吸收能量后就会从基态到激发态。激发态的原子特别不稳定，若回到稳定的基态，就会选择以光的形式释放能量。在这一过程中，释放的能量与波长存在一定关系（$\Delta E = hc/\lambda$）。不同金属元素的基态与激发态之间的能量差一般不同，因此释放的光的波长也是不同的，进而呈现不一样的烟花颜色。不同光的波长如彩图 5-2-2 所示。

第三节 化学反应与化学平衡移动实验设计及实施

【实验目的】

1. 掌握实验室操作的防护措施，培养安全意识、生态文明意识，增强社会责任感。
2. 掌握实验室一般溶液的配制方法和基本操作。
3. 掌握一般实验玻璃器皿的选择。
4. 巩固量筒和天平的使用操作。
5. 通过实验验证化学反应平衡移动原理，培养科学态度。

【实验原理】

化学反应平衡移动原理：化学平衡是在一定条件下建立的，如果改变外界条件（如浓度、温度、压强等），可逆反应的平衡会向减弱这种改变的方向移动。即增加反应物浓度或减少生成物浓度，平衡向正反应方向移动，增加生成物浓度或减少反应物浓度，平衡向逆反应方向移动；升高环境温度，平衡向吸热反应方向移动，降低环境温度，平衡向放热反应方向移动；有气体参与的可逆反应，增大压强，反应向气体体积减小的方向移动；降低压强，反应向气体体积增大的方向移动。

【仪器和试剂】

移液管（1 mL），容量瓶（100 mL），具塞试剂瓶（100 mL），量筒（50 mL），烧杯（100 mL），洗耳球，试管，试管架，滴管，制冰机，注射器，橡胶塞，装有 NO_2 和 N_2O_4 的平衡球，1 mol · L^{-1} $FeCl_3$ 溶液，1 mol · L^{-1} KSCN 溶液，NO_2，蒸馏水。

【实验内容】

一、浓度对化学平衡的影响

1. 溶液的配制

（1）配制 100 mL 0.01 mol · L^{-1} $FeCl_3$ 溶液。精密量取 1 mol · L^{-1} $FeCl_3$ 溶液 1 mL，按容量瓶使用规则，加水稀释至 100 mL，转移至已贴好标签的试剂瓶，备用。

（2）配制 100 mL 0.01 mol · L^{-1} KSCN 溶液。精密量取 1 mol · L^{-1} KSCN 溶液 1 mL，其他操作同（1）。

动画：移液管基本操作

视频：移液管定量量取溶液

动画：浓度对化学平衡的影响

2. $FeCl_3$ 与 KSCN 反应初始平衡的建立

在烧杯中加入 10 mL 0.01 mol · L^{-1} $FeCl_3$ 溶液和 10 mL 0.01 mol · L^{-1} KSCN 溶液，得到血红色溶液，反应方程式如下。

$$Fe^{3+}+2SCN^- \rightleftharpoons \underset{\text{血红色}}{[Fe(SCN)_2]^+}$$

3. $FeCl_3$ 与 KSCN 反应平衡的移动

如图 5-3-1 所示，将所得溶液平均分装于 3 支试管中，向 1 号试管中滴入 4 滴 1 mol · L^{-1}

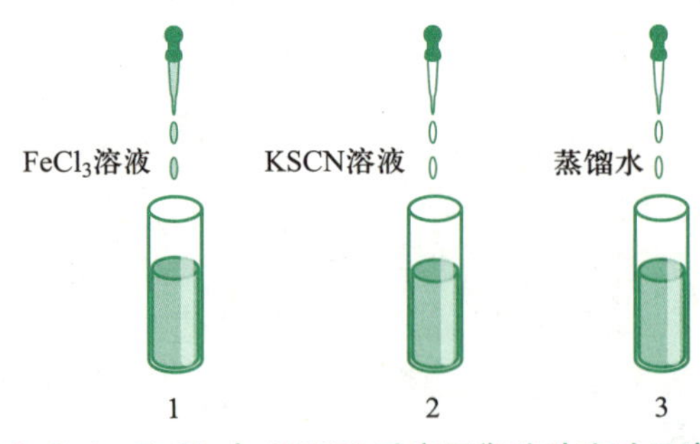

图 5-3-1 $FeCl_3$ 与 KSCN 反应平衡移动实验示意图

$FeCl_3$ 溶液，向 2 号试管中滴入 4 滴 1 mol·L^{-1} KSCN 溶液，向 3 号试管滴入 4 滴蒸馏水，作为对照。观察实验现象并填写表 5-3-1。

表 5-3-1　浓度对化学平衡的影响实验记录表

编号	1 mol·L^{-1} $FeCl_3$ 溶液	1 mol·L^{-1} KSCN 溶液	蒸馏水	实验现象（溶液颜色变化）
1	4 滴	—	—	
2	—	4 滴	—	
3	—	—	4 滴	═══

观察实验现象，可得出什么结论？

二、温度对化学平衡的影响

取有 NO_2 和 N_2O_4 的平衡球两对，一对的两端放置在装有常温蒸馏水的烧杯中（如图 5-3-2a 所示），另一对的两端分别放在装有热水和冰水的烧杯中（如图 5-3-2b 所示，左侧为热水，右侧为冰水），观察平衡球两侧气体颜色的变化，并将实验现象填入表 5-3-2 中。

$$\underset{\text{红棕色}}{2NO_2} \rightleftharpoons \underset{\text{无色}}{N_2O_4} \qquad \Delta H = -56.9\ kJ \cdot mol^{-1}$$

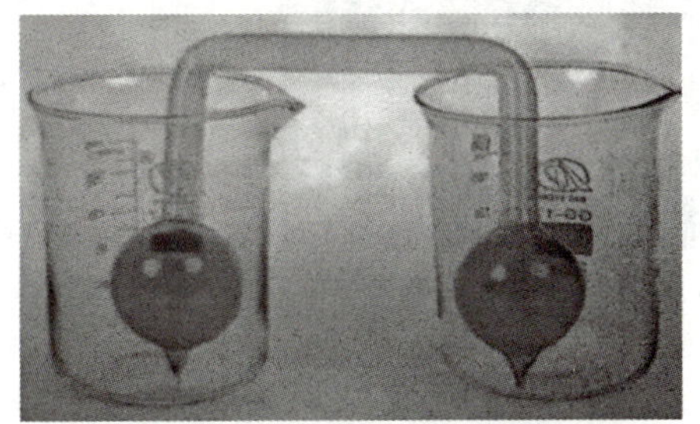

(a) 常温下NO_2和N_2O_4的混合气体

(b) 热水和冰水中NO_2和N_2O_4的混合气体

图 5-3-2　NO_2 和 N_2O_4 的平衡球

表 5-3-2　温度对化学平衡的影响实验记录表

	热水（左侧）	冰水（右侧）
气体颜色的变化		

观察实验现象，可得出什么结论？

三、压强对化学平衡的影响

取装有适量 NO_2 和 N_2O_4 的混合气体并封闭细管端的注射器，推拉注射器活塞，观察注射器内气体颜色的变化（图 5-3-3），并将实验现象填入表 5-3-3 中。

动画：压强对化学平衡的影响

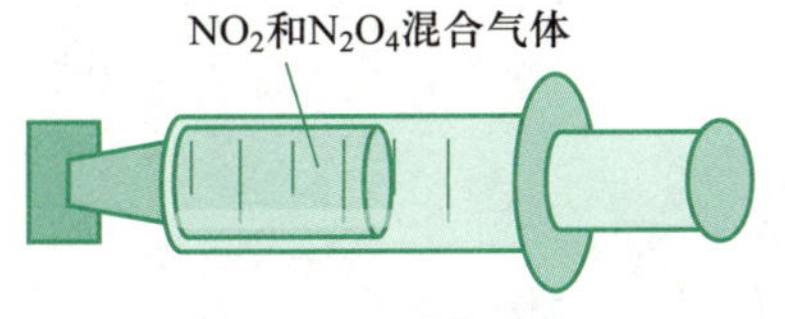

图 5-3-3　压强对化学平衡的影响实验示意图

表 5-3-3　压强对化学平衡的影响实验记录表

	压强增大（推活塞）	压强减小（拉活塞）
气体颜色的变化		

观察实验现象,可得出什么结论?

【注意事项】

① NO_2 为有毒气体,接触时需做好防护:佩戴全面罩防毒面具、穿胶布防毒衣、戴橡胶手套。若不慎接触,接触部位需用大量流水冲洗;若不慎吸入,需迅速脱离现场至空气新鲜处。

② 实验结束后,NO_2 气体不得直接排放,需混入空气并用水溶解后置于酸性废液桶处理。

$$4NO_2+2H_2O+O_2 = 4HNO_3$$

【化学史话】

勒夏特列(1850—1936),法国化学家,研究过水泥的煅烧和凝固、陶器的退火、磨蚀剂的制造及玻璃、燃料和炸药的发展等问题。他发明了氧炔焰发生器(图 5-3-4),迄今仍用于金属的切割和焊接。他最主要的成就是发现了平衡移动原理,即勒夏特列原理,能定性预测化学平衡的移动。后续研究发现,勒夏特列原理不仅适用于化学反应,还适用于其他平衡体系,如物理、生物甚至社会上各种平衡系统。

图 5-3-4 氧炔焰发生器

【拓展应用】

化学反应平衡移动原理在工业生产中的应用非常广泛。例如,在纺织品的染整工艺中,纺织品的染色工序就运用了化学反应平衡移动原理。纺织品染色常用的一类染料为活性染料(彩图 5-3-1),活性染料一般需要在碱性条件下与纺织品的纤维发生反应,使纤维染上颜色。评价染色效率的一个重要指标为固色率,它是指与纤维结合的染料量占总染料量的百分比。染色时,需要根据染料的反应性选择适当的 pH。pH 太低,染料与纤维的反应速率慢,即固色速率慢,对生产不利;pH 太高,染料与纤维的反应速率提高,但染料自身的水解反应速率也提高,会导致固色率降低。因此,应选择适当的 pH,考虑工序时长与固色率的平衡,得到最佳的产出效益。

第四节　典型无机化学品的制备与纯化方案设计及实施

实验一　硫酸亚铁铵的制备与纯化

【实验目的】

1. 了解复盐的性质。
2. 掌握复盐硫酸亚铁铵制备的原理和方法。
3. 掌握水浴加热、抽滤、蒸发、结晶等基本实验操作。
4. 掌握硫酸亚铁铵产品纯度的检验方法。
5. 了解比色法检验产品的质量等级。

【实验原理】

1. 硫酸亚铁铵的制备

铁屑溶于稀硫酸，生成硫酸亚铁。

$$Fe+H_2SO_4 \xlongequal{} FeSO_4+H_2\uparrow$$

硫酸亚铁与硫酸铵以等物质的量在水溶液中发生反应，生成硫酸亚铁铵。

$$FeSO_4+(NH_4)_2SO_4+6H_2O \xlongequal{} (NH_4)_2SO_4\cdot FeSO_4\cdot 6H_2O$$

硫酸亚铁铵是一种蓝绿色的无机复盐，又名莫尔盐，易溶于水，几乎不溶于乙醇。一般复盐在水中的溶解度比组成它的成分的溶解度都要小，硫酸亚铁铵的溶解度比硫酸亚铁与硫酸铵的溶解度小。一般亚铁盐在空气中易被氧化，但形成复盐后就比较稳定，不易被氧化。

2. 比色法检验硫酸亚铁铵产品的质量等级

用比色法可估计硫酸亚铁铵产品中所含杂质 Fe^{3+} 的量。Fe^{3+} 与 SCN^- 可生成红色产物，红色的深浅与 Fe^{3+} 的量成正相关。将制备所得的硫酸亚铁铵产品与 KSCN 溶液在比色管中配制待测溶液，再将其呈现的红色与标准 Fe^{3+} 溶液和 KSCN 溶液配制成的标准比色溶液的红色进行比较，可确定待测溶液中杂质 Fe^{3+} 的量的范围，即能确定硫酸亚铁铵产品的质量等级。

$$Fe^{3+}+2SCN^- \rightleftharpoons \underset{\text{血红色}}{[Fe(SCN)_2]^+}$$

【仪器和试剂】

天平，药匙，量筒（10 mL、50 mL），锥形瓶（100 mL），烧杯（50mL、250 mL），布氏漏斗（20 mm），抽滤瓶（250 mL），比色管（25 mL），移液管（1 mL、2 mL），滴管，真空泵，滤纸，玻璃棒，洗耳球，恒温水浴锅，电炉，石棉网，蒸发皿，烘箱，制冰机，通风橱，pH 试纸，铁屑，硫酸铵（AR），无水乙醇（AR），3 mol · L^{-1} 稀硫酸，3 mol · L^{-1} 稀盐酸，10%碳酸钠溶液，标准 Fe^{3+} 溶液，1 mol · L^{-1} KSCN 溶液，蒸馏水。

【实验内容】

一、硫酸亚铁铵的制备与纯化

1. 铁屑的净化

称取适量铁屑，置于烧杯中，加入 15 mL 10%碳酸钠溶液，小火加热煮沸约 10 min 以去除油污。随后倾去碱液，用蒸馏水将铁屑洗净，干燥。

2. 硫酸亚铁的制备

称取约 2.0 g 净化干燥后的铁屑（质量为 m_1），置于锥形瓶中，加入 20 mL 3 mol · L^{-1} 稀硫酸，水浴加热至不再有气泡排出。趁热抽滤，用少量热水洗涤锥形瓶及漏斗，抽干。取滤液，置于洁净的蒸发皿中待用。将滤纸上的固体干燥后，记录其质量 m_2，即为未反应的铁屑质量。

3. 所需硫酸铵质量的计算

生成的 $FeSO_4$ 的物质的量与已经反应的铁屑的物质的量相等，即 $n=(m_1-m_2)/56\ g\cdot mol^{-1}$。所需 $(NH_4)_2SO_4$ 的物质的量与生成的 $FeSO_4$ 的物质的量相等，也为 n。所需 $(NH_4)_2SO_4$ 的质量 m 为 $132\ g\cdot mol^{-1}\times n$，即 $m=[(m_1-m_2)/56\ g\cdot mol^{-1}]\times 132\ g\cdot mol^{-1}$。

4. 硫酸亚铁铵的制备与纯化

称取质量为 m 的 $(NH_4)_2SO_4$，加入盛有步骤 2 所得滤液的蒸发皿中，水浴加热，使 $(NH_4)_2SO_4$ 溶解。加入 $3\ mol\cdot L^{-1}$ 稀硫酸，调节溶液 pH 至 1~2。蒸发、浓缩至表面出现结晶薄膜（蒸发时不宜搅拌）。静置，自然冷却（必要时可用冰浴），待结晶析出。抽滤除去母液，并用少量无水乙醇洗涤结晶，抽干。观察生成的晶体的颜色及形状。干燥，称量，计算产率，填写表 5-4-1 和表 5-4-2。

表 5-4-1 硫酸亚铁铵的制备与纯化实验记录表

	颜色	形状
生成的结晶		

表 5-4-2 硫酸亚铁铵产率记录表

初始铁屑质量/g	反应后铁屑质量/g	$(NH_4)_2SO_4$ 的物质的量/mol	$(NH_4)_2SO_4$ 的质量/g
产品名称	**理论产量/g**	**实际产量/g**	**产率/%**

二、硫酸亚铁铵质量等级的评估

取 3 支 25 mL 比色管，在 1、2 号比色管中分别加入 1.00 mL、2.00 mL 标准 Fe^{3+} 溶液（相当于含 Fe^{3+} 质量分数分别为 0.01%、0.02%）。称取制得的硫酸亚铁铵产品 1.0 g 置于 3 号比色管中，并用 15 mL 水溶解。再向 3 支比色管中加入 $3\ mol\cdot L^{-1}$ 稀盐酸 2 mL 和 $1\ mol\cdot L^{-1}$ KSCN 溶液 1 mL，加水稀释至 25 mL，摇匀，目测比色。记录实验现象，确定产品级别，填写表 5-4-3。

表 5-4-3 硫酸亚铁铵质量等级的评估实验记录表

产品名称	比色实验现象	质量等级

【注意事项】

1. 硫酸亚铁的制备，铁屑不必全部溶解，溶解大部分即可。
2. 硫酸亚铁制备时，注意分次补充少量热水，防止生成的 $FeSO_4$ 析出。
3. 硫酸亚铁铵制备时，蒸发、浓缩也通过水浴加热进行，防止失去结合水。
4. 蒸发、浓缩初期需不停搅拌，但要注意观察，当液体表面出现结晶薄膜时立即停止搅拌，防止晶膜被破坏，影响结晶的形成。
5. 硫酸亚铁铵产品的抽滤一定要抽干，将滤饼压实。不能用蒸馏水或母液洗涤晶体。

【思考题】

1. 本实验制备硫酸亚铁铵的原理是什么？
2. 铁屑加入稀硫酸，水浴加热至不再有气泡排出，为什么要趁热抽滤？
3. $FeSO_4$ 滤液加入 $(NH_4)_2SO_4$，水浴加热溶解后，为什么要调节溶液 pH 至 1~2？
4. 为什么不能用蒸馏水或母液洗涤硫酸亚铁铵晶体？

【拓展应用】

硫酸亚铁铵呈淡蓝绿色，是一种重要的化工原料，用途十分广泛（图 5-4-1）。它可以用作净水剂、印染工业的媒染剂、制革工业中的鞣革剂、木材工业中的防腐剂，还是制取其他铁化合物的原料，如用于制造氧化铁系颜料、磁性材料等，还可在医药中用于治疗缺铁性贫血、农业中施用于缺铁性土壤、畜牧业中用作饲料添加剂等。它还是一个重要的化学分析试剂，由于复盐的特性，不易被氧化，在空气中比一般亚铁盐更稳定，在定量分析中常用作标定重铬酸钾、高锰酸钾等溶液的标准物质。

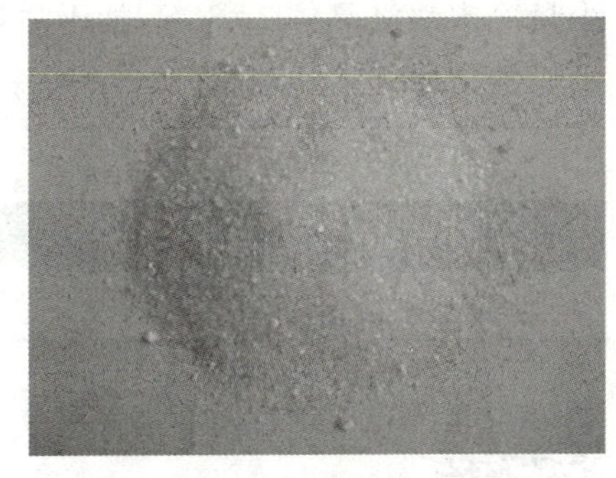

图 5-4-1　硫酸亚铁铵

实验二　过氧化钙的制备与含量测定

【实验目的】

1. 掌握过氧化钙制备的原理和方法。
2. 巩固无机制备的基本实验操作。
3. 掌握过氧化钙含量测定的原理和方法。

【实验原理】

1. 过氧化钙的制备

$CaCl_2$ 在碱性条件下与 H_2O_2 反应得到 $CaO_2 \cdot 8H_2O$ 沉淀，反应方程式如下：

$$CaCl_2+H_2O_2+2NH_3 \cdot H_2O+6H_2O = CaO_2 \cdot 8H_2O+2NH_4Cl$$

$CaO_2 \cdot 8H_2O$ 加热干燥后失去结合水，得到 CaO_2。

2. 过氧化钙的含量测定

在酸性条件下，过氧化钙与酸反应生成过氧化氢，再用 $KMnO_4$ 标准溶液滴定，而测得其含量。为加速反应，可加入微量 $MnSO_4$ 作为催化剂。离子反应方程式如下：

$$5CaO_2+2MnO_4^-+16H^+ = 5Ca^{2+}+2Mn^{2+}+5O_2\uparrow+8H_2O$$

CaO_2 的质量分数计算式如下：

$$w(CaO_2)=\frac{5/2c(KMnO_4)\cdot V(KMnO_4)\cdot M(CaO_2)}{m(CaO_2)}\times100\%$$

式中，$c(KMnO_4)$——$KMnO_4$ 标准溶液的物质的量浓度，$mol \cdot L^{-1}$；

$V(KMnO_4)$——滴定时消耗 $KMnO_4$ 标准溶液的体积，L；

$M(CaO_2)$——CaO_2 的摩尔质量，$72.08\ g \cdot mol^{-1}$；

$m(CaO_2)$——产品 CaO_2 的质量，g。

【仪器和试剂】

天平，药匙，量筒（10 mL、50 mL），锥形瓶（250 mL），烧杯（500 mL、250 mL），布氏漏斗（20 mm），抽滤瓶（250 mL），移液管（1 mL），酸式滴定管，真空泵，滤纸，玻璃棒，洗耳球，恒温烘箱，制冰机，通风橱，氯化钙（AR），氯化铵（AR），浓 $NH_3 \cdot H_2O$（AR），$2\ mol \cdot L^{-1}$ 稀盐酸，30%过氧化氢溶液，$0.02\ mol \cdot L^{-1}$ $KMnO_4$ 标准溶液，$0.05\ mol \cdot L^{-1}$ $MnSO_4$ 溶液，蒸馏水。

【实验内容】

1. CaO_2 的制备

将 5 mL 浓 $NH_3 \cdot H_2O$ 与 20 mL 水配制成稀氨水。称取 7.5 g $CaCl_2 \cdot 2H_2O$，用 5 mL 水溶解，置于冰水浴中，加入 25 mL 30%的 H_2O_2 溶液，边搅拌边滴加全部稀氨水。在冰水浴冷却半小时。抽滤留结晶，并用少量冷水洗涤晶体 2~3 次，抽干。再置于恒温烘箱，先在 60 ℃下烘 0.5 h，然后于 150 ℃下烘 0.5 h。转入干燥器中冷却后称量，计算产率，并将结果记录于表 5-4-4 中。

表 5-4-4 过氧化钙产率记录表

产品名称	理论产量/g	实际产量/g	产率/%

动画：滴定基本操作

2. CaO_2 的含量测定

称取产品 CaO_2 0.2 g，精密称定，置于锥形瓶中，加水 50 mL 和 2 mol · L^{-1} 稀盐酸 15 mL，振荡溶解，再加入 0.05 mol · L^{-1} $MnSO_4$ 溶液 1 mL。立即用 0.02 mol · L^{-1} $KMnO_4$ 标准溶液滴定至液体呈淡粉红色并在半分钟内不褪色，平行测定 3 次，计算 CaO_2 的质量分数，填写表 5-4-5。

表 5-4-5 过氧化钙质量分数记录表

序号	产品 CaO_2 的质量/g	消耗 $KMnO_4$ 标准溶液的体积/mL	产品 CaO_2 的质量分数/%	产品 CaO_2 的平均质量分数/%
1				
2				
3				

【注意事项】

1. CaO_2 的制备反应温度宜为 0~8 ℃。低于 0 ℃，液体易冻结，不利于反应进行。

2. CaO_2 的制备反应须在冰水浴条件下不断剧烈搅拌。

3. 抽滤得到的晶体为 CaO_2 的八水合物，在 60 ℃下烘 0.5 h 失去部分结合水，再于 150 ℃下烘 0.5 h 得到无水 CaO_2。

【思考题】

1. 本实验制备 CaO_2 的原理是什么？

2. 为什么滴定前要加入 1 mL 0.05 mol · L^{-1} $MnSO_4$ 溶液？

3. $KMnO_4$ 标准溶液滴定常用稀硫酸调节溶液酸度，本次实验为何选用稀盐酸？若用稀硫酸，对实验结果有什么影响？

【拓展应用】

过氧化钙为白色或淡黄色结晶性粉末（图 5-4-2），无臭，几乎无味，难溶于水，不溶于乙醇、乙醚等有机溶剂。常温下干燥品很稳定，能溶于稀酸生成过氧化氢，在潮湿的空气或水中会逐渐缓慢地分解，长时间放出氧气。由于过氧化钙遇水具有释放氧气的特性，且本身无毒，不污染环境，是一种用途广泛的优良供氧剂。过氧化钙可用于改善地表水质、处理重金属离子废水、治理赤潮、植物根系供氧、生化改良土壤土质，可用作氧肥及生物复合肥，还可作为释氧剂增加水中溶解氧、调节水的 pH、消灭水中病原菌等。在食品工业上可用于食品保鲜、饲料添加、面团改良、食品消毒等，在冶金工业上可以用于脱磷和贵重金属提取、改善橡胶性能，在日化行业可用作牙齿清洁剂、家用消毒除臭剂等。

图 5-4-2 过氧化钙

第五节 典型有机化学品的合成与鉴别方案设计及实施

实验一 环己烯的合成与鉴别

【实验目的】

1. 掌握用环己醇制取环己烯的原理和方法。
2. 掌握分馏的基本操作。
3. 巩固干燥液体的方法。
4. 掌握使用分液漏斗洗涤液体的基本实验操作。
5. 掌握环己烯的鉴别原理。

【实验原理】

1. 环己烯的合成

环己醇在 85%的磷酸催化下,脱水生成环己烯。

$$\text{C}_6\text{H}_{11}\text{—OH} \xrightarrow[\triangle]{85\%\,H_3PO_4} \text{C}_6\text{H}_{10} + H_2O$$

2. 环己烯的鉴别

① 环己烯与溴发生加成反应,使溴褪色。

$$\underset{\text{棕红色}}{C_6H_{10}+Br_2} = \underset{\text{无色}}{C_6H_{10}Br_2}$$

② 环己烯具有还原性,可使高锰酸钾溶液褪色。

【仪器和试剂】

天平,圆底烧瓶(50 mL),量筒(10 mL),锥形瓶(250 mL),烧杯(100 mL、1 000 mL),分液漏斗(50 mL),分馏柱,直型冷凝管,试管,温度计,电热套,制冰机,注射器,沸石,环己醇(AR),85% H_3PO_4(AR),无水 $CaCl_2$(AR),饱和 NaCl 溶液,蒸馏水,溴的四氯化碳溶液,0.5%的高锰酸钾溶液。

【实验内容】

一、环己烯的合成

在干燥的 50 mL 圆底烧瓶中加入 10 mL(9.6 g)环己醇和 5 mL 85%的磷酸,充分振荡烧瓶,使其混合均匀。加入几粒沸石后,在烧瓶上装接 1 个分馏柱,分馏柱连接直形冷凝管,用小锥形瓶作为接收器,置于冰水浴中。

将圆底烧瓶用电热套加热混合物至沸腾,慢慢蒸出带水的混浊液体,分馏柱顶部温度不得超过 73 ℃,直至无馏出液蒸出。调大电热套功率,继续蒸馏,当温度计显示 85 ℃时,停止加热。馏出液为环己烯和水的混浊液。

将馏出液转移到 50 mL 分液漏斗中,加入 5 mL 饱和氯化钠溶液,振荡分液漏斗,静置分层,弃去下层水层,上层为粗产物。将粗产物移至干燥的小锥形瓶中,加入 12 g 无水氯化钙,用塞子将锥形瓶塞好,间歇性振荡约 0.5 h,液体变得澄清透明。

将干燥的粗产物滤入干燥的 30 mL 烧瓶中,加入几粒沸石,水浴中加热蒸馏,收集 81~85 ℃馏分。称量,计算产率,填写表 5-5-1。

产量:4.5~5.5 g。产率:57%~70%。

常温下,纯环己烯为无色透明液体,$d=0.801\ 2\ g\cdot mL^{-1}$。

动画:环己烯的制备

表 5-5-1 环己烯产率记录表

产品名称	理论产量/g	实际产量/g	产率/%

二、环己烯的鉴别

1. 溴的四氯化碳溶液实验

在试管中加入少许制备得到的环己烯，再加入少许溴的四氯化碳溶液，振摇试管，观察并记录试管中溶液颜色的变化，填写表 5-5-2。

表 5-5-2 环己烯的鉴别——溴的四氯化碳溶液实验记录表

	振摇前	振摇后
溶液颜色的变化		

2. 高锰酸钾溶液实验

在试管中加入少许制备得到的环己烯，再加入少许 0.5%的高锰酸钾溶液，振摇试管，观察并记录试管中溶液颜色的变化，填写表 5-5-3。

表 5-5-3 环己烯的鉴别——高锰酸钾溶液实验记录表

	振摇前	振摇后
溶液颜色的变化		

【注意事项】

① 本次实验应在通风橱内进行，实验操作人员需做好防护：佩戴护目镜、实验口罩、橡胶手套。

② 实验结束后，废液不得弃入下水道，需置于有机废液桶处理。

【思考题】

1. 环己醇在常温下为黏稠液体，用量筒量取时会黏附于量筒内壁，从而造成损失。为了避免损失，可采取什么方法？

2. 分馏加热之前，环己醇和 85%磷酸需要充分混合。若没有充分混合，会造成什么不良后果？

3. 85%磷酸在环己烯的合成反应中只起到脱水作用，浓硫酸也能脱水。是否能用浓硫酸代替 85%磷酸参与环己烯的合成呢？

4. 在环己烯的合成过程中，为什么要控制分馏柱顶部温度不超过 73 ℃？

5. 为什么用饱和氯化钠溶液处理馏出液？

6. 环己烯合成粗产物用无水氯化钙进行干燥处理。为了干燥更充分，能否加入大量的无水氯化钙？

【拓展应用】

环己烯是一种有机化合物，在化工、医药、农药、润滑油、溶剂、催化剂和燃料等领域都有广泛的用途，如图 5-5-1 所示。可以用于制备环己醇、环己酮、己内酰胺等，这些化工原料广泛应用于塑料、橡胶、涂料等行业；可以用于合成多种抗病毒药物、抗菌药物和杀虫剂；可通过磺化反应制备润滑油添加剂；可作为一些高分子化合物有机合成的原料或溶剂；可被用作制备催化剂的载体，特别是在一些需要耐高温和耐腐蚀的化学反应中；可以用于制备汽油、柴油和航空燃料等。

早在 19 世纪末期，人们就开始化学合成环己烯。最早的合成方法是以苯为原料，通过二苯乙烷脱氢制备得到环己烯。之后，出现了以乙炔为原料的银催化法、以苯酚为原料的二氧化钛催化法、以丙烯为原料的齐格勒-纳塔催化法及以烯醇基芳基砜为原料的重整烯法等合成工艺。环己烯的合成经历了多个阶

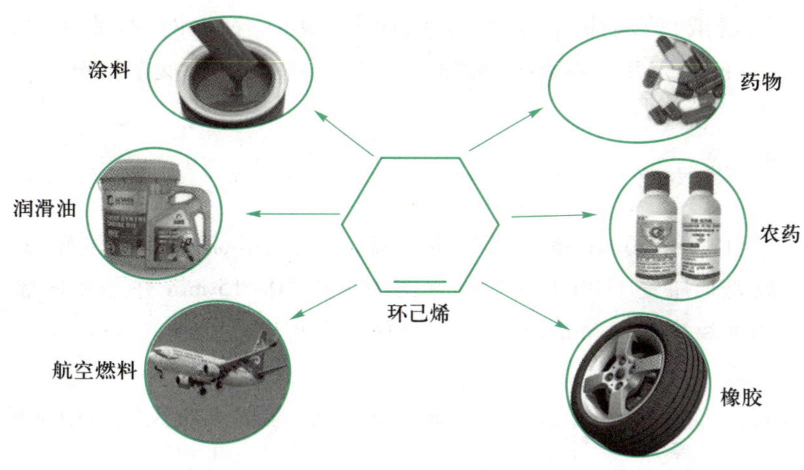

图 5-5-1　环己烯的用途

段的发展，目前已经有许多成熟的方案可供选择。随着科技的不断进步，相信未来还会有更多更高效、更环保、更经济的合成方法被研发出来。

实验二　乙酰水杨酸的合成与鉴别

【实验目的】

1. 掌握酰化反应的原理和乙酰水杨酸的制备方法。
2. 巩固水浴加热、抽滤、重结晶等基本实验操作。
3. 掌握乙酰水杨酸的鉴别原理。

【实验原理】

1. 乙酰水杨酸的合成

水杨酸和乙酸酐在浓硫酸催化下，发生酰化反应生成乙酰水杨酸。室温下，乙酰水杨酸微溶于水，能溶于乙醇。

$$\underset{\text{水杨酸}}{C_6H_4(COOH)-OH} + \underset{\text{乙酸酐}}{(CH_3CO)_2O} \xrightarrow[\triangle]{\text{浓硫酸}} \underset{\text{乙酰水杨酸}}{C_6H_4(COOH)-O-\overset{\overset{\displaystyle O}{\|}}{C}-CH_3} + \underset{\text{乙酸}}{CH_3COOH}$$

2. 乙酰水杨酸的鉴别

（1）乙酰水杨酸能发生水解反应，生成水杨酸和乙酸。水杨酸在中性或弱酸性条件下，与三氯化铁反应，生成紫堇色配合物。

$$C_9H_8O_4+H_2O = C_7H_6O_3+CH_3COOH$$

$$6\,C_6H_4(COOH)-OH + 4FeCl_3 \longrightarrow \underset{\text{紫堇色}}{\left[\left(C_6H_4(COO^-)-O^-\right)_2 Fe\right]_3 Fe} + 12HCl$$

（2）乙酰水杨酸在碱性条件下，水解反应较为完全，生成水杨酸盐和乙酸盐，再与强酸发生酸碱中和反应，生成强酸盐、水杨酸和乙酸。水杨酸在水中溶解度较小，乙酸有刺激性气味。

【仪器和试剂】

天平，药匙，量筒（10 mL、50 mL），锥形瓶（50 mL，配胶塞），烧杯（100 mL），布氏漏斗（40 mm），抽滤瓶

(250 mL),真空泵,试管,滤纸,玻璃棒,恒温水浴锅,烘箱,电炉,石棉网,制冰机,水杨酸(AR),乙酸酐(AR),浓硫酸(AR),无水乙醇(AR),稀硫酸,蒸馏水,三氯化铁试液,碳酸钠试液。

【实验内容】

一、乙酰水杨酸的合成

1. 酰化反应

取 3.0 g 水杨酸置于干燥的 50 mL 锥形瓶中,加入 5 mL 乙酸酐,滴加 5 滴浓硫酸,塞紧胶塞,小心振摇混匀,使水杨酸溶解。将锥形瓶置于 80 ℃左右的水浴中加热 10~15 min 并不断振摇。取出锥形瓶冷却,加入 20 mL 蒸馏水,并用冰块冷却 10 min,直至白色晶体完全析出。

2. 分离

抽滤上述溶液,并将锥形瓶用 5 mL 蒸馏水洗涤 3 次,洗涤液倒入布氏漏斗中抽滤,压紧结晶,即得乙酰水杨酸粗品。

3. 精制

将粗品置于 100 mL 烧杯中,加入 10 mL 无水乙醇,水浴加热至乙酰水杨酸全部溶解,趁热抽滤,留滤液。在滤液中加入 30 mL 蒸馏水,用冰浴冷却至白色结晶完全析出后,再次抽滤,留结晶。用少量蒸馏水洗涤结晶 2 次,抽干,即得纯化的乙酰水杨酸。

4. 计算产率

干燥后称量,计算产率(产率一般为 62%~64%),填写表 5-5-4。

$$产率=\frac{实际产量}{理论产量}\times 100\%$$

表 5-5-4 乙酰水杨酸产率记录表

产品名称	理论产量/g	实际产量/g	产率/%

二、乙酰水杨酸的鉴别

1. 三氯化铁反应实验

取实验所得的乙酰水杨酸约 0.1 g,加水 10 mL,煮沸,放冷,加三氯化铁试液 1 滴,观察颜色变化,填写表 5-5-5。

表 5-5-5 乙酰水杨酸的鉴别——三氯化铁反应实验记录表

	加三氯化铁试液前	加三氯化铁试液后
溶液颜色的变化		

2. 水解反应实验

取实验所得的乙酰水杨酸约 0.5 g,加碳酸钠试液 10 mL,煮沸 2 min 后,放冷,加过量的稀硫酸,观察实验现象,填写表 5-5-6。

表 5-5-6 乙酰水杨酸的鉴别——水解反应实验记录表

	加过量的稀硫酸前	加过量的稀硫酸后
溶液颜色的变化		
气味的变化		

【注意事项】

1. 酰化反应所使用的仪器、量具必须干燥无水。

2. 酰化反应前水杨酸需预先干燥，乙酸酐需重新蒸馏，收集 139~140 ℃的馏分。

3. 酰化反应的温度不宜太高，否则会增加副产物的生成，副产物主要是水杨酰水杨酸酯和乙酰水杨酰水杨酸酯。故需用水浴加热并不断搅拌。

4. 分离步骤中抽滤得到的固体，在洗涤时应该先停止减压，用玻璃棒将滤饼刮松并用水湿润洗涤后，再继续减压抽滤。

【思考题】

1. 乙酸酐为什么需重新蒸馏后才能使用？

2. 合成实验中加浓硫酸的作用是什么？不加浓硫酸对实验有何影响？

3. 酰化反应如果有水进入会产生什么后果？为什么？

4. 请复述化学反应鉴别乙酰水杨酸的原理。

【拓展应用】

乙酰水杨酸，又名阿司匹林（aspirin），是一种白色结晶或结晶性粉末，无臭或微带醋酸臭，微溶于水，易溶于乙醇，可溶于乙醚、氯仿。阿司匹林属于解热镇痛药，可缓解轻度或中度疼痛，如牙痛、头痛、神经痛、肌肉酸痛及痛经等，亦可用于发热疾病的退热、治疗风湿性及类风湿性关节炎等。此外，阿司匹林有抑制血小板聚集的作用，能阻碍血栓形成，临床上小剂量长期使用能预防短暂脑缺血发作、心肌梗死、人工心脏瓣膜和静脉瘘或其他手术后血栓的形成。阿司匹林对心血管危险因素者有益，但需长期服用才有效。长期服用阿司匹林可能产生消化道出血和脑出血的不良反应，而且随着年龄的增加，出血的风险也增加。长期服用阿司匹林须在医师指导下进行，切勿随意使用，并定期复查。

【化学史话】

乙酰水杨酸是一种历史悠久的药物。早在 2000 多年前的古埃及，人们就利用柳树叶来治疗疼痛。古苏美尔人的泥板上就有用柳树叶治疗关节炎的记载。在 1763 年，英国的爱德华·斯通首次从柳树皮中提炼出了有效成分水杨酸（图 5-5-2）。到了 1853 年，化学家查尔斯·格哈特（C. Gerhardt）将水杨酸钠用乙酰氯处理，首次合成出乙酰水杨酸。1897 年，德国医药公司拜耳开始研究乙酰水杨酸的医疗用途，并在两年后获得专利权，以阿司匹林为商品名，乙酰水杨酸才成为世界上广泛使用的药物，其最初的商品名阿司匹林现已成为国际范围的通用名称。

图 5-5-2　从柳树中发现阿司匹林

实验三 肉桂醇的合成

【实验目的】

1. 掌握用肉桂醛还原法制备肉桂醇的方法。
2. 掌握回流、萃取等基本实验操作。

【实验原理】

用金属氢化物硼氢化钠还原肉桂醛的醛基而得肉桂醇。

$$4C_6H_5CH{=\!=}CHCHO+NaBH_4 \xrightarrow{NaOH+CH_3OH} \left(C_6H_5CH{=\!=}CH{-}CH{-}O\right)_4BNa$$

$$\xrightarrow[\triangle]{CH_3OH} 4C_6H_5CH{=\!=}CH{-}CH_2OH+NaB(OCH_3)_4$$

【仪器和试剂】

天平，药匙，量筒（10 mL、100 mL），三颈圆底烧瓶（250 mL，带胶塞），圆底烧瓶（250 mL），烧杯（500 mL、250 mL），布氏漏斗（20 mm），抽滤瓶（250 mL），移液管（1 mL），分液漏斗（250 mL），回流冷凝管，滴管，玻璃蒸馏头，直型冷凝管，真空泵，滤纸，pH 试纸，玻璃棒，洗耳球，恒温水浴锅，磁力搅拌机，制冰机，通风橱，肉桂醛（AR），硼氢化钠（AR），氯化钠（CR），甲醇（AR），乙醚（AR），0.2 $mol \cdot L^{-1}$ 氢氧化钠-甲醇溶液，稀盐酸，蒸馏水。

【实验内容】

取三颈圆底烧瓶，放入磁力搅拌子，中间颈口装上回流冷凝管，塞住左侧颈口，右侧颈口插入装有 5.0 g 肉桂醛的滴管。加入 1.0 g 硼氢化钠和 10 mL 0.2 $mol \cdot L^{-1}$ 氢氧化钠-甲醇溶液，置于 60 ℃水浴中。完全溶解后，用滴管缓慢滴加 5.0 g 肉桂醛，并不断搅拌，加热回流约 30 min。冷却，加入 10 mL 水并摇匀，用稀盐酸调节 pH 至 6~7。转移至分液漏斗中，用 100 mL 乙醚分两次萃取，合并乙醚层，并用水洗涤 1 次。将乙醚层置于圆底烧瓶中，装上蒸馏头和直型冷凝管，水浴蒸馏除去乙醚，得黄色油状物。用冰盐浴冷却得肉桂醇晶体。

【注意事项】

1. 蒸馏除去乙醚不能用明火加热。
2. 肉桂醇熔点为 31~35 ℃，用冰盐浴冷却才能形成固体。

【思考题】

1. 蒸馏除去乙醚为什么不能用明火加热？
2. 请叙述用分液漏斗萃取操作的过程。

【拓展应用】

肉桂醇是一种有机化合物，有顺反两种构象，顺式为无色液体，反式为无色或微黄色长型细小针状结晶。有类似风信子与膏香香气，有甜味。溶于乙醇、丙二醇和大多数非挥发性有机溶剂，难溶于水和石油醚。肉桂醇可用于配制杏、桃、树莓、李等香型香精，香味温和、优雅而持久，可添加至日化产品中，也是我国《食品安全国家标准 食品添加剂使用标准》（GB 2760—2024）规定允许使用的食品香料。还能作为有机合成中间体，用来制备肉桂基氯、桂酸桂酯等。

实验报告参考格式

班级________ 组号________ 姓名________ 学号________________

实验日期________________ 实验地点________________

实验名称

实验目的

实验原理

仪器和试剂

实验内容（含合成仪器装置图、实验步骤流程图）

实验记录

实验结果

总结和讨论

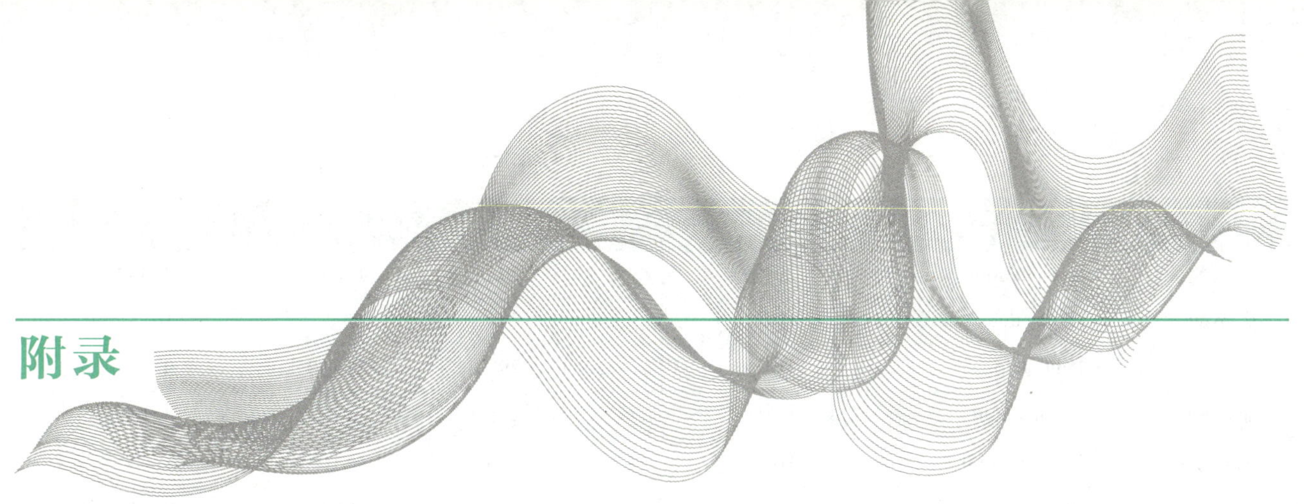

附录

附录 1　一些弱酸和弱碱的解离平衡常数

附表 1-1　一些弱酸的解离平衡常数

中文名称	英文名称	化学式	级数	温度/K	$K_a^\ominus$	$pK_a^\ominus$
砷酸*	Arsenic acid	H_3AsO_4	1	298	5.50×10^{-3}	2.26
			2	298	1.74×10^{-7}	6.76
			3	298	5.13×10^{-12}	11.29
硼酸	Boric acid	H_3BO_3	1	293	5.81×10^{-10}	9.236
碳酸	Carbonic acid	H_2CO_3	1	298	4.45×10^{-7}	6.352(11)
			2	298	4.69×10^{-11}	10.329
亚氯酸	Chlorous acid	$HClO_2$		298	1.1×10^{-2}	1.94
氰酸	Cyanic acid	HCNO		298	3.5×10^{-4}	3.46
叠氮酸	Hydrazoic acid	HN_3		298	2.4×10^{-5}	4.62
氢氰酸	Hydrocyanic acid	HCN		298	6.2×10^{-10}	9.21
氢氟酸	Hydrofluoric acid	HF		298	6.3×10^{-4}	3.20(4)
过氧化氢	Hydrogen peroxide	H_2O_2	1	298	2.3×10^{-12}	11.64(2)
次磷酸	Hydrogen phosphinate	H_3PO_2		298	5.9×10^{-2}	1.23
硒化氢	Hydrogen selenide	H_2Se	1	298	1.3×10^{-4}	3.89
			2	298	1.0×10^{-11}	11.0
硫化氢	Hydrogen sulfide	H_2S	1	298	1.1×10^{-7}	6.97
			2	298	1.3×10^{-13}	12.90
碲化氢	Hydrogen telluride	H_2Te	1	291	2.3×10^{-3}	2.64
			2	291	$10^{-12}\sim10^{-11}$	11~12
次溴酸	Hypobromous acid	HBrO		298	2.8×10^{-9}	8.55

续表

中文名称	英文名称	化学式	级数	温度/K	$K_a^{\ominus}$	$pK_a^{\ominus}$
次氯酸	Hypochlorous acid	$HClO$		298	2.90×10^{-8}	7.537
次碘酸	Hypoiodous acid	HIO		298	3×10^{-11}	10.5(5)
碘酸	Iodic acid	HIO_3		298	1.57×10^{-1}	0.804
亚硝酸	Nitrous acid	HNO_2		298	7.2×10^{-4}	3.14(1)
偏高碘酸	Periodic acid	HIO_4		298	2.3×10^{-2}	1.64
磷酸	Phosphoric acid	H_3PO_4	1	298	7.11×10^{-3}	2.148(20)
			2	298	6.34×10^{-8}	7.198(10)
			3	298	4.8×10^{-13}	12.32(6)
亚磷酸	Phosphorous acid	H_3PO_3	1	293	3.7×10^{-2}	1.43
			2	293	2.1×10^{-7}	6.68(14)
焦磷酸	Pyrophosphoric acid	$H_4P_2O_7$	1	298	1.2×10^{-1}	0.91
			2	298	7.9×10^{-3}	2.10
			3	298	2.0×10^{-7}	6.70
			4	298	4.5×10^{-10}	9.35
硒酸	Selenic acid	H_2SeO_4	2	298	2.2×10^{-2}	1.66
亚硒酸	Selenious acid	H_2SeO_3	1	298	2.4×10^{-3}	2.62
			2	298	5.0×10^{-9}	8.30(15)
硅酸	Silicic acid	H_4SiO_4	1	303	2.5×10^{-10}	9.60(10)
			2	303	1.6×10^{-12}	11.8(1)
硫酸	Sulfuric acid	H_2SO_4	2	298	1.0×10^{-2}	1.99(1)
亚硫酸	Sulfurous acid	H_2SO_3	1	298	1.3×10^{-2}	1.89
			2	298	6.24×10^{-8}	7.205
碲酸	Telluric acid	H_6TeO_6	1	298	2.2×10^{-8}	7.65(5)
			2	298	1.0×10^{-11}	11.00(5)
亚碲酸	Tellurous acid	H_2TeO_3	1	293	5.4×10^{-7}	6.27
			2	293	3.7×10^{-9}	8.43
四氟硼酸	Tetrafluoroboric acid	HBF_4		298	3.2×10^{-1}	0.50
乙酸	Acetic acid	CH_3COOH		298	1.75×10^{-5}	4.756
柠檬酸	Citric acid	$C_6H_8O_7$	1	298	7.45×10^{-4}	3.128
			2	298	1.73×10^{-5}	4.761
			3	298	4.02×10^{-7}	6.396
乙二胺四乙酸	Ethylenediamine *N,N,N′,N′*-tetraacetic acid	$C_{10}H_{16}N_2O_8$ (edta)	1	298	1.0×10^{-2}	1.99
			2	298	2.1×10^{-3}	2.67
			3	298	6.9×10^{-7}	6.16
			4	398	5.5×10^{-11}	10.26
甲酸	Formic acid	$HCOOH$		298	1.77×10^{-4}	3.751

续表

中文名称	英文名称	化学式	级数	温度/K	$K_a^\ominus$	$pK_a^\ominus$
乳酸	Lactic acid	$C_3H_6O_3$		298	1.39×10^{-4}	3.858
草酸	Oxalic acid	$H_2C_2O_4$	1	298	5.36×10^{-2}	1.271
			2	298	5.35×10^{-5}	4.272
苯酚	Phenol	C_6H_5OH		298	1.0×10^{-10}	9.99
α-酒石酸	Tartaric acid	$C_4H_6O_6$	1	298	9.20×10^{-4}	3.036
			2	298	4.31×10^{-5}	4.366

* 砷酸的数据摘自 J R Rumble. CRC Handbook of Chemistry and Physics. 101st ed. Boca Raton:CRC Press Inc,2020—2021:5-107.

附表 1-2　一些弱碱的解离平衡常数

中文名称	英文名称	化学式	级数	温度/K	$K_b^\ominus$	$pK_b^\ominus$
氨	Ammonia	NH_3		298	1.76×10^{-5}	4.754
苯胺	Aniline	$C_6H_5NH_2$		298	4.0×10^{-10}	9.40
1,4-丁二胺	1,4-Butanediamine	$C_4H_{12}N_2$	1	298	6.6×10^{-4}	3.18
			2	298	2.2×10^{-5}	4.65
二甲胺	Dimethylamine	$(CH_3)_2NH$		298	5.9×10^{-4}	3.23
二乙胺	Diethylamine	$(C_2H_5)_2NH$		298	6.3×10^{-4}	3.20
乙胺	Ethylamine	$C_2H_5NH_2$		298	4.3×10^{-4}	3.37
1,6-己二胺	1,6-Hexanediamine	$C_6H_{16}N_2$	1	298	8.51×10^{-4}	3.070
			2	298	6.76×10^{-5}	4.170
肼	Hydrazine	N_2H_4	1	298	8.7×10^{-7}	6.06
			2	298	1.9×10^{-14}	13.73
胲	Hydroxylamine	NH_2OH		298	8.7×10^{-9}	8.06
甲胺	Methylamine	CH_3NH_2		298	4.2×10^{-4}	3.38
吡啶	Pyridine	C_5H_5N		298	1.5×10^{-9}	8.83

注:本表数据摘自 James G Speight. Lange's Handbook of Chemistry. 16th ed. New York:McGraw-Hill Companies Inc,2005:Table 1.74,Table 2.59. 其中 $pK_b^\ominus$ 数据根据相应的质子化的化合物的 $pK_a^\ominus$ 数据计算得出。

附录 2　常见难溶电解质的溶度积常数

附表 2-1　常见难溶电解质的溶度积常数

英文名称	化学式	$K_{sp}^{\ominus}$	$pK_{sp}^{\ominus}$
Aluminum hydroxide	$Al(OH)_3$	1.3×10^{-33}	32.89
Aluminum phosphate	$AlPO_4$	9.84×10^{-21}	20.01
Aluminum sulfide	Al_2S_3	2×10^{-7}	6.7
Arsenic(Ⅲ) sulfide	As_2S_3	2.1×10^{-22}	21.68
Barium arsenate	$Ba_3(AsO_4)_2$	8.0×10^{-51}	50.11
Barium bromate	$Ba(BrO_3)_2$	2.43×10^{-4}	5.50
Barium carbonate	$BaCO_3$	2.58×10^{-9}	8.59
Barium chromate	$BaCrO_4$	1.17×10^{-10}	9.93
Barium fluoride	BaF_2	1.84×10^{-7}	6.74
Barium hexafluorosilicate	$BaSiF_6$	1×10^{-6}	6
Barium hydroxide 8-hydrate	$Ba(OH)_2\cdot8H_2O$	2.55×10^{-4}	3.59
Barium iodate hydrate	$Ba(IO_3)_2\cdot H_2O$	4.01×10^{-9}	8.40
Barium oxalate hydrate	$BaC_2O_4\cdot H_2O$	2.3×10^{-8}	7.64
Barium phosphate	$Ba_3(PO_4)_2$	3.4×10^{-23}	22.47
Barium pyrophosphate	$Ba_2P_2O_7$	3.2×10^{-11}	10.5
Barium sulfate	$BaSO_4$	1.08×10^{-10}	9.97
Barium sulfite	$BaSO_3$	5.0×10^{-10}	9.30
Barium thiosulfate	BaS_2O_3	1.6×10^{-5}	4.79
Beryllium carbonate 4-hydrate	$BeCO_3\cdot4H_2O$	1×10^{-3}	3
Beryllium hydroxide(amorphous)	$Be(OH)_2$	6.92×10^{-22}	21.16
Bismuth arsenate	$BiAsO_4$	4.43×10^{-10}	9.35
Bismuth hydroxide	$Bi(OH)_3$	6.0×10^{-31}	30.4
Bismuth iodide	BiI_3	7.71×10^{-19}	18.11
Bismuth oxide bromide	$BiOBr$	3.0×10^{-7}	6.52
Bismuth oxide chloride	$BiOCl$	1.8×10^{-31}	30.75
Bismuth oxide hydroxide	$BiO(OH)$	4×10^{-10}	9.4
Bismuth oxide nitrate	$BiO(NO_3)$	2.82×10^{-3}	2.55
Bismuth oxide nitrite	$BiO(NO_2)$	4.9×10^{-7}	6.31
Bismuth phosphate	$BiPO_4$	1.3×10^{-23}	22.89
Bismuth sulfide	Bi_2S_3	1×10^{-97}	97

续表

英文名称	化学式	$K_{sp}^{\ominus}$	$pK_{sp}^{\ominus}$
Cadmium carbonate	$CdCO_3$	1.0×10^{-12}	12.0
Cadmium cyanide	$Cd(CN)_2$	1.0×10^{-8}	8.0
Cadmium fluoride	CdF_2	6.44×10^{-3}	2.19
Cadmium hydroxide	$Cd(OH)_2$(新生成)	7.2×10^{-15}	14.14
Cadmium iodate	$Cd(IO_3)_2$	2.5×10^{-8}	7.60
Cadmium phosphate	$Cd_3(PO_4)_2$	2.53×10^{-33}	32.60
Cadmium sulfide	CdS	8.0×10^{-27}	26.10
Calcium arsenate	$Ca_3(AsO_4)_2$	6.8×10^{-19}	18.17
Calcium carbonate	$CaCO_3$	2.8×10^{-9}	8.54
Calcium carbonatomagensium	$Ca[Mg(CO_3)_2]$(白云石)	1×10^{-11}	11
Calcium chromate	$CaCrO_4$	7.1×10^{-4}	3.15
Calcium fluoride	CaF_2	5.30×10^{-9}	8.28
Calcium hexafluorosilicate	$Ca[SiF_6]$	8.1×10^{-4}	3.09
Calcium hydroxide	$Ca(OH)_2$	5.5×10^{-6}	5.26
Calcium iodate 6-water	$Ca(IO_3)_2\cdot6H_2O$	7.10×10^{-7}	6.15
Calcium oxalate hydrate	$CaC_2O_4\cdot H_2O$	2.32×10^{-9}	8.63
Calcium phosphate	$Ca_3(PO_4)_2$	2.07×10^{-29}	28.68
Calcium silicate, *meta*	$CaSiO_3$	2.5×10^{-8}	7.60
Calcium sulfate	$CaSO_4$	4.93×10^{-5}	4.31
Calcium sulfate 2-water	$CaSO_4\cdot2H_2O$	3.14×10^{-5}	4.50
Calcium sulfite	$CaSO_3$	6.8×10^{-8}	7.17
Cerium(Ⅲ) fluoride	CeF_3	8×10^{-16}	15.1
Cerium(Ⅲ) hydroxide	$Ce(OH)_3$	1.6×10^{-20}	19.8
Cerium(Ⅲ) phosphate	$CePO_4$	1×10^{-23}	23
Cerium(Ⅲ) sulfide	Ce_2S_3	6.0×10^{-11}	10.22
Cerium(Ⅳ) hydroxide	$Ce(OH)_4$	2×10^{-48}	47.7
Cesium cobaltihexanitrite	$Cs_3[Co(NO_2)_6]$	5.7×10^{-16}	15.24
Cesium hexachloroplatinate(Ⅳ)	$Cs_2[PtCl_6]$	3.2×10^{-8}	7.50
Cesium hexafluoroplatinate(Ⅳ)	$Cs_2[PtF_6]$	2.4×10^{-6}	5.62
Cesium hexafluorosilicate	$Cs_2[SiF_6]$	1.3×10^{-5}	4.90
Cesium perchlorate	$CsClO_4$	3.95×10^{-3}	2.40
Cesium periodate	$CsIO_4$	5.16×10^{-6}	5.29
Cesium permanganate	$CsMnO_4$	8.2×10^{-5}	4.08
Cesium perrhanate	$CsReO_4$	4.0×10^{-4}	3.40

续表

英文名称	化学式	$K_{sp}^{\ominus}$	$pK_{sp}^{\ominus}$
Cesium tetrafluoroborate	$Cs[BF_4]$	5×10^{-5}	4.7
Chromium(Ⅱ) hydroxide	$Cr(OH)_2$	2×10^{-16}	15.7
Chromium(Ⅲ) arsenate	$CrAsO_4$	7.7×10^{-21}	20.11
Chromium(Ⅲ) fluoride	CrF_3	6.6×10^{-11}	10.18
Chromium(Ⅲ) hydroxide	$Cr(OH)_3$	6.3×10^{-31}	30.20
Chromium(Ⅲ) phosphate 4-water	$CrPO_4\cdot4H_2O$ (绿色)	2.4×10^{-23}	22.62
	(紫罗兰色)	1.0×10^{-17}	17.00
Cobalt(Ⅱ) arsenate	$Co_3(AsO_4)_2$	6.80×10^{-29}	28.17
Cobalt(Ⅱ) carbonate	$CoCO_3$	1.4×10^{-13}	12.84
Cobalt(Ⅱ) hydroxide	$Co(OH)_2$(新生成)	5.92×10^{-15}	14.23
Cobalt(Ⅱ) phosphate	$Co_3(PO_4)_2$	2.05×10^{-35}	34.69
Cobalt(Ⅱ) sulfide	α-CoS	4.0×10^{-21}	20.40
	β-CoS	2.0×10^{-25}	24.70
Cobalt(Ⅲ) hydroxide	$Co(OH)_3$	1.6×10^{-44}	43.8
Copper(Ⅰ) azide	CuN_3	4.9×10^{-9}	8.31
Copper(Ⅰ) bromide	CuBr	6.27×10^{-9}	8.20
Copper(Ⅰ) chloride	CuCl	1.72×10^{-7}	6.76
Copper(Ⅰ) cyanide	CuCN	3.47×10^{-20}	19.46
Copper(Ⅰ) hydroxide	CuOH	1×10^{-14}	14
Copper(Ⅰ) iodide	CuI	1.27×10^{-12}	11.90
Copper(Ⅰ) sulfide	Cu_2S	2.5×10^{-48}	47.60
Copper(Ⅰ) thiocyanate	CuSCN	1.77×10^{-13}	12.75
Copper(Ⅱ) arsenate	$Cu_3(AsO_4)_2$	7.95×10^{-36}	35.10
Copper(Ⅱ) azide	$Cu(N_3)_2$	6.3×10^{-10}	9.20
Copper(Ⅱ) carbonate	$CuCO_3$	1.4×10^{-10}	9.86
Copper(Ⅱ) chromate	$CuCrO_4$	3.6×10^{-6}	5.44
Copper(Ⅱ) hydroxide	$Cu(OH)_2$	2.2×10^{-20}	19.66
Copper(Ⅱ) iodate	$Cu(IO_3)_2$	6.94×10^{-8}	7.16
Copper(Ⅱ) oxalate	CuC_2O_4	4.43×10^{-10}	9.35
Copper(Ⅱ) phosphate	$Cu_3(PO_4)_2$	1.40×10^{-37}	36.85
Copper(Ⅱ) sulfide	CuS	6.3×10^{-36}	35.20
Gallium hydroxide	$Ga(OH)_3$	7.28×10^{-36}	35.14
Germanium oxide	GeO_2	1.0×10^{-57}	57.0
Gold(Ⅲ) chloride	$AuCl_3$	3.2×10^{-25}	24.50

续表

英文名称	化学式	$K_{sp}^{\ominus}$	$pK_{sp}^{\ominus}$
Gold(Ⅲ) hydroxide	$Au(OH)_3$	5.5×10^{-46}	45.26
Gold(Ⅲ) iodide	AuI_3	1×10^{-46}	46
Indium hydroxide	$In(OH)_3$	6.3×10^{-34}	33.2
Indium sulfide	In_2S_3	5.7×10^{-74}	73.24
Iron(Ⅱ) carbonate	$FeCO_3$	3.13×10^{-11}	10.50
Iron(Ⅱ) fluoride	FeF_2	2.36×10^{-6}	5.63
Iron(Ⅱ) hydroxide	$Fe(OH)_2$	4.87×10^{-17}	16.31
Iron(Ⅱ) sulfide	FeS	6.3×10^{-18}	17.20
Iron(Ⅲ) arsenate	$FeAsO_4$	5.7×10^{-21}	20.24
Iron(Ⅲ) hydroxide	$Fe(OH)_3$	2.79×10^{-39}	38.55
Iron(Ⅲ) phosphate dihydrate	$FePO_4\cdot2H_2O$	9.91×10^{-16}	15.00
Lanthanum hydroxide	$La(OH)_3$	2.0×10^{-19}	18.70
Lanthanum phosphate	$LaPO_4$	3.7×10^{-23}	22.43
Lanthanum sulfide	La_2S_3	2.0×10^{-13}	12.70
Lead acetate	$Pb(OAc)_2$	1.8×10^{-3}	2.75
Lead azide	$Pb(N_3)_2$	2.5×10^{-9}	8.59
Lead carbonate	$PbCO_3$	7.4×10^{-14}	13.13
Lead chloride	$PbCl_2$	1.70×10^{-5}	4.77
Lead chromate	$PbCrO_4$	2.8×10^{-13}	12.55
Lead fluoride	PbF_2	3.3×10^{-8}	7.48
Lead hydroxide	$Pb(OH)_2$	1.43×10^{-15}	14.84
Lead iodate	$Pb(IO_3)_2$	3.69×10^{-13}	12.43
Lead iodide	PbI_2	9.8×10^{-9}	8.01
Lead oxalate	PbC_2O_4	4.8×10^{-10}	9.32
Lead phosphate	$Pb_3(PO_4)_2$	8.0×10^{-43}	42.10
Lead sulfate	$PbSO_4$	2.53×10^{-8}	7.60
Lead sulfide	PbS	8.0×10^{-28}	27.10
Lithium carbonate	Li_2CO_3	2.5×10^{-2}	1.60
Lithium fluoride	LiF	1.84×10^{-3}	2.74
Lithium phosphate	Li_3PO_4	2.37×10^{-11}	10.63
Magnesium ammonium phosphate	$MgNH_4PO_4$	2.5×10^{-13}	12.60
Magnesium arsenate	$Mg_3(AsO_4)_2$	2.1×10^{-20}	19.68
Magnesium carbonate	$MgCO_3$	6.82×10^{-6}	5.17
Magnesium fluoride	MgF_2	5.16×10^{-11}	10.29

续表

英文名称	化学式	$K_{sp}^{\ominus}$	$pK_{sp}^{\ominus}$
Magnesium hydroxide	$Mg(OH)_2$	5.61×10^{-12}	11.25
Magnesium phosphate	$Mg_3(PO_4)_2$	1.04×10^{-24}	23.98
Manganese arsenat	$Mn_3(AsO_4)_2$	1.9×10^{-29}	28.72
Manganese carbonate	$MnCO_3$	2.34×10^{-11}	10.63
Manganese oxalate dihydrate	$MnC_2O_4\cdot2H_2O$	1.70×10^{-7}	6.77
Manganese ferroyanide	$Mn_2[Fe(CN)_6]$	8.0×10^{-13}	12.10
Manganese hydroxide	$Mn(OH)_2$	1.9×10^{-13}	12.72
Manganese iodate	$Mn(IO_3)_2$	4.37×10^{-7}	6.36
Manganese selenite	$MnSeO_3$	1.3×10^{-7}	6.90
Manganese sulfide	MnS(无定形)	2.5×10^{-10}	9.60
	MnS(晶体)	2.5×10^{-13}	12.60
Mercury(Ⅰ) azide	$Hg_2(N_3)_2$	7.1×10^{-10}	9.15
Mercury(Ⅰ) bromide	Hg_2Br_2	6.40×10^{-23}	22.19
Mercury(Ⅰ) carbonate	Hg_2CO_3	3.6×10^{-17}	16.44
Mercury(Ⅰ) chloride	Hg_2Cl_2	1.43×10^{-18}	17.84
Mercury(Ⅰ) cyanide	$Hg_2(CN)_2$	5×10^{-40}	39.3
Mercury(Ⅰ) chromate	Hg_2CrO_4	2.0×10^{-9}	8.70
Mercury(Ⅰ) fluoride	Hg_2F_2	3.10×10^{-6}	5.51
Mercury(Ⅰ) hydroxide	$Hg_2(OH)_2$	2.0×10^{-24}	23.70
Mercury(Ⅰ) iodide	Hg_2I_2	5.2×10^{-29}	28.72
Mercury(Ⅰ) sulfate	Hg_2SO_4	6.5×10^{-7}	6.19
Mercury(Ⅰ) sulfide	Hg_2S	1.0×10^{-47}	47.0
Mercury(Ⅱ) bromide	$HgBr_2$	6.2×10^{-20}	19.21
Mercury(Ⅱ) hydroxide	$Hg(OH)_2$	3.2×10^{-26}	25.52
Mercury(Ⅱ) iodate	$Hg(IO_3)_2$	3.2×10^{-13}	12.49
Mercury(Ⅱ) iodide	HgI_2	2.9×10^{-29}	28.54
Mercury(Ⅱ) sulfide	HgS(红)	4×10^{-53}	52.4
	HgS(黑)	1.6×10^{-52}	51.80
Neodymium hydroxide	$Nd(OH)_3$	3.2×10^{-22}	21.49
Nickel arsenate	$Ni_3(AsO_4)_2$	3.1×10^{-26}	25.51
Nickel carbonate	$NiCO_3$	1.42×10^{-7}	6.85
Nickel hydroxide	$Ni(OH)_2$(新生成)	5.48×10^{-16}	15.26
Nickel oxalate	NiC_2O_4	4×10^{-10}	9.4
Nickel phosphate	$Ni_3(PO_4)_2$	4.74×10^{-32}	31.32

续表

英文名称	化学式	$K_{sp}^{\ominus}$	$pK_{sp}^{\ominus}$
Nickel β-sulfide	β-NiS	1.0×10^{-24}	24.0
Palladium(Ⅱ) hydroxide	$Pd(OH)_2$	1.0×10^{-31}	31.0
Platinum(Ⅱ) hydroxide	$Pt(OH)_2$	1×10^{-35}	35
Potassium hexabromoplatinate	$K_2[PtBr_6]$	6.3×10^{-5}	4.20
Potassium hexachloropalladinate	$K_2[PdCl_6]$	6.0×10^{-6}	5.22
Potassium hexachloroplatinate	$K_2[PtCl_6]$	7.48×10^{-6}	5.13
Potassium hexafluoroplatinate	$K_2[PtF_6]$	2.9×10^{-5}	4.54
Potassium hexafluorosilicate	$K_2[SiF_6]$	8.7×10^{-7}	6.06
Potassium iodate	KIO_4	3.74×10^{-4}	3.43
Potassium perchlorate	$KClO_4$	1.05×10^{-2}	1.98
Potassium cobaltinitrite hydrate	$K_2Na[Co(NO_2)_6]\cdot H_2O$	2.2×10^{-11}	10.66
Praseodymium hydroxide	$Pr(OH)_3$	3.39×10^{-24}	23.45
Rhodium hydroxide	$Rh(OH)_3$	1×10^{-23}	23
Rubidium cobaltinitrite	$Rb_3[Co(NO_2)_6]$	1.5×10^{-15}	14.83
Rubidium hexachloroplatinate	$Rb_2[PtCl_6]$	6.3×10^{-8}	7.20
Rubidium hexafluoroplatinate	$Rb_2[PtF_6]$	7.7×10^{-7}	6.12
Rubidium hexafluorosilicate	$Rb_2[SiF_6]$	5.0×10^{-7}	6.30
Rubidium perchlorate	$RbClO_4$	3.0×10^{-3}	2.52
Rubidium periodate	$RbIO_4$	5.5×10^{-4}	3.26
Ruthenium hydroxide	$Ru(OH)_3$	1×10^{-36}	36
Silver arsenate	Ag_3AsO_4	1.03×10^{-22}	21.99
Silver azide	AgN_3	2.8×10^{-9}	8.54
Silver bromide	$AgBr$	5.35×10^{-13}	12.27
Silver carbonate	Ag_2CO_3	8.46×10^{-12}	11.07
Silver chloride	$AgCl$	1.77×10^{-10}	9.75
Silver chromate	Ag_2CrO_4	1.12×10^{-12}	11.95
Silver cyanide	$AgCN$	5.97×10^{-17}	16.22
Silver iodate	$AgIO_3$	3.17×10^{-8}	7.50
Silver iodide	AgI	8.52×10^{-17}	16.07
Silver nitrite	$AgNO_2$	6.0×10^{-4}	3.22
Silver oxalate	$Ag_2C_2O_4$	5.40×10^{-12}	11.27
Silver phosphate	Ag_3PO_4	8.89×10^{-17}	16.05
Silver sulfate	Ag_2SO_4	1.20×10^{-5}	4.92
Silver sulfite	Ag_2SO_3	1.50×10^{-14}	13.82

续表

英文名称	化学式	$K_{sp}^{\ominus}$	$pK_{sp}^{\ominus}$
Silver sulfide	Ag_2S	6.3×10^{-50}	49.20
Sodium antimonate	$Na[Sb(OH)_6]$	4×10^{-8}	7.4
Sodium hexafluoroa luminate	$Na_2[AlF_6]$	4.0×10^{-10}	9.39
Strontium carbonate	$SrCO_3$	5.60×10^{-10}	9.25
Strontium chromate	$SrCrO_4$	2.2×10^{-5}	4.65
Strontium fluoride	SrF_2	4.33×10^{-9}	8.36
Strontium phosphate	$Sr_3(PO_4)_2$	4.0×10^{-28}	27.39
Strontium sulfate	$SrSO_4$	3.44×10^{-7}	6.46
Thallium(Ⅰ) chloride	$TlCl$	1.86×10^{-4}	3.73
Thallium(Ⅰ) chromate	Tl_2CrO_4	8.67×10^{-13}	12.06
Thallium(Ⅰ) iodate	$TlIO_3$	3.12×10^{-6}	5.51
Thallium(Ⅰ) iodide	TlI	5.54×10^{-8}	7.26
Thallium(Ⅰ) sulfide	Tl_2S	5.0×10^{-21}	20.30
Thallium(Ⅲ) hydroxide	$Tl(OH)_3$	1.68×10^{-44}	43.77
Tin(Ⅱ) hydroxide	$Sn(OH)_2$	5.45×10^{-28}	27.26
Tin(Ⅱ) sulfide	SnS	1.0×10^{-25}	25.00
Tin(Ⅳ) hydroxide	$Sn(OH)_4$	1×10^{-56}	56
Titanium(Ⅲ) hydroxide	$Ti(OH)_3$	1×10^{-40}	40
Titanium(Ⅳ) oxide hydroxide	$TiO(OH)_2$	1×10^{-29}	29
Vanadium(Ⅳ) hydroxide	$VO(OH)_2$	5.9×10^{-23}	22.13
Zinc arsenate	$Zn_3(AsO_4)_2$	2.8×10^{-28}	27.55
Zinc carbonate	$ZnCO_3$	1.46×10^{-10}	9.94
Zinc fluoride	ZnF_2	3.04×10^{-2}	1.52
Zinc hydroxide	$Zn(OH)_2$	3×10^{-17}	16.5
Zinc phosphate	$Zn_3(PO_4)_2$	9.0×10^{-33}	32.04
Zinc sulfide	α-ZnS	1.6×10^{-24}	23.80
	β-ZnS	2.5×10^{-22}	21.60
Zirconium oxide hydroxide	$ZrO(OH)_2$	6.3×10^{-49}	48.20
Zirconium phosphate	$Zr_3(PO_4)_4$	1×10^{-132}	132

注：本表数据摘自 James G Speight. Lange's Handbook of Chemistry. 16th ed. New York: McGraw-Hill Companies Inc, 2005: Table 1.71.

附录 3　标准电极电势(298.15 K)

附表 3-1　酸性介质中

电对符号	电极反应 氧化型+ze^- ⇌ 还原型	$E^{\ominus}/V$
N_2/HN_3	$3N_2+2H^++2e^- \rightleftharpoons 2HN_3$	-3.09
Li^+/Li	$Li^++e^- \rightleftharpoons Li$	-3.040 1
Cs^+/Cs	$Cs^++e^- \rightleftharpoons Cs$	-3.026
Rb^+/Rb	$Rb^++e^- \rightleftharpoons Rb$	-2.98
K^+/K	$K^++e^- \rightleftharpoons K$	-2.931
Ba^{2+}/Ba	$Ba^{2+}+2e^- \rightleftharpoons Ba$	-2.912
Sr^{2+}/Sr	$Sr^{2+}+2e^- \rightleftharpoons Sr$	-2.899
Ca^{2+}/Ca	$Ca^{2+}+2e^- \rightleftharpoons Ca$	-2.868
Eu^{2+}/Eu	$Eu^{2+}+2e^- \rightleftharpoons Eu$	-2.812
Ra^{2+}/Ra	$Ra^{2+}+2e^- \rightleftharpoons Ra$	-2.8
Na^+/Na	$Na^++e^- \rightleftharpoons Na$	-2.71
Nd^{3+}/Nd^{2+}	$Nd^{3+}+e^- \rightleftharpoons Nd^{2+}$	-2.7
La^{3+}/La	$La^{3+}+3e^- \rightleftharpoons La$	-2.379
Mg^{2+}/Mg	$Mg^{2+}+2e^- \rightleftharpoons Mg$	-2.372
Y^{3+}/Y	$Y^{3+}+3e^- \rightleftharpoons Y$	-2.372
Pr^{3+}/Pr	$Pr^{3+}+3e^- \rightleftharpoons Pr$	-2.353
Ce^{3+}/Ce	$Ce^{3+}+3e^- \rightleftharpoons Ce$	-2.336
Sc^{3+}/Sc	$Sc^{3+}+3e^- \rightleftharpoons Sc$	-2.077
Pr^{2+}/Pr	$Pr^{2+}+2e^- \rightleftharpoons Pr$	-2.0
Eu^{3+}/Eu	$Eu^{3+}+3e^- \rightleftharpoons Eu$	-1.991
N_2/NH_3OH^+	$N_2+2H_2O+4H^++2e^- \rightleftharpoons 2NH_3OH^+$	-1.87*
Be^{2+}/Be	$Be^{2+}+2e^- \rightleftharpoons Be$	-1.847
Al^{3+}/Al	$Al^{3+}+3e^- \rightleftharpoons Al$	-1.676
U^{3+}/U	$U^{3+}+3e^- \rightleftharpoons U$	-1.66
Ti^{2+}/Ti	$Ti^{2+}+2e^- \rightleftharpoons Ti$	-1.628
ZrO_2/Zr	$ZrO_2+4H^++4e^- \rightleftharpoons Zr+2H_2O$	-1.553
Hf^{4+}/Hf	$Hf^{4+}+4e^- \rightleftharpoons Hf$	-1.55
Zr^{4+}/Zr	$Zr^{4+}+4e^- \rightleftharpoons Zr$	-1.45
Ti^{3+}/Ti	$Ti^{3+}+3e^- \rightleftharpoons Ti$	-1.209
Mn^{2+}/Mn	$Mn^{2+}+2e^- \rightleftharpoons Mn$	-1.185

续表

电对符号	电极反应 氧化型+ze⁻⇌还原型	$E^\ominus$/V
V^{2+}/V	$V^{2+}+2e^- \rightleftharpoons V$	-1.175
Nb^{3+}/Nb	$Nb^{3+}+3e^- \rightleftharpoons Nb$	-1.099
Cr^{2+}/Cr	$Cr^{2+}+2e^- \rightleftharpoons Cr$	-0.913
H_3BO_3/B	$H_3BO_3+3H^++3e^- \rightleftharpoons B+3H_2O$	-0.869 8
Bi/BiH_3	$Bi+3H^++3e^- \rightleftharpoons BiH_3$	-0.8
Te/H_2Te	$Te+2H^++2e^- \rightleftharpoons H_2Te$	-0.793
$Zn^{2+}/Zn(Hg)$	$Zn^{2+}+2e^- \rightleftharpoons Zn(Hg)$	-0.762 8
Zn^{2+}/Zn	$Zn^{2+}+2e^- \rightleftharpoons Zn$	-0.761 8
TlI/Tl	$TlI+e^- \rightleftharpoons Tl+I^-$	-0.752
Cr^{3+}/Cr	$Cr^{3+}+3e^- \rightleftharpoons Cr$	-0.744
$TlBr/Tl$	$TlBr+e^- \rightleftharpoons Tl+Br^-$	-0.658
Nb_2O_5/Nb	$Nb_2O_5+10H^++10e^- \rightleftharpoons 2Nb+5H_2O$	-0.644
As/AsH_3	$As+3H^++3e^- \rightleftharpoons AsH_3$	-0.608
Ta^{3+}/Ta	$Ta^{3+}+3e^- \rightleftharpoons Ta$	-0.6
$TlCl/Tl$	$TlCl+e^- \rightleftharpoons Tl+Cl^-$	-0.556 8
Ga^{3+}/Ga	$Ga^{3+}+3e^- \rightleftharpoons Ga$	-0.549
U^{4+}/U^{3+}	$U^{4+}+e^- \rightleftharpoons U^{3+}$	-0.52
Sb/SbH_3	$Sb+3H^++3e^- \rightleftharpoons SbH_3$	-0.510
H_3PO_2/P	$H_3PO_2+H^++e^- \rightleftharpoons P+2H_2O$	-0.508
TiO_2/Ti^{2+}	$TiO_2+4H^++2e^- \rightleftharpoons Ti^{2+}+2H_2O$	-0.502
H_3PO_3/H_3PO_2	$H_3PO_3+2H^++2e^- \rightleftharpoons H_3PO_2+H_2O$	-0.499
$PbHPO_4/Pb$	$PbHPO_4+2e^- \rightleftharpoons Pb+HPO_4^{2-}$	-0.465
H_3PO_3/P	$H_3PO_3+3H^++3e^- \rightleftharpoons P+3H_2O$	-0.454
Fe^{2+}/Fe	$Fe^{2+}+2e^- \rightleftharpoons Fe$	-0.447
Tl_2SO_4/Tl	$Tl_2SO_4+2e^- \rightleftharpoons Tl+SO_4^{2-}$	-0.436 0
Cr^{3+}/Cr^{2+}	$Cr^{3+}+e^- \rightleftharpoons Cr^{2+}$	-0.407
Cd^{2+}/Cd	$Cd^{2+}+2e^- \rightleftharpoons Cd$	-0.403 0
$Se/H_2Se(aq)$	$Se+2H^++2e^- \rightleftharpoons H_2Se(aq)$	-0.399
Ti^{3+}/Ti^{2+}	$Ti^{3+}+e^- \rightleftharpoons Ti^{2+}$	-0.369
PbI_2/Pb	$PbI_2+2e^- \rightleftharpoons Pb+2I^-$	-0.365
$PbSO_4/Pb$	$PbSO_4+2e^- \rightleftharpoons Pb+SO_4^{2-}$	-0.358 8
PbF_2/Pb	$PbF_2+2e^- \rightleftharpoons Pb+2F^-$	-0.344 4
In^{3+}/In	$In^{3+}+3e^- \rightleftharpoons In$	-0.338 2
Tl^+/Tl	$Tl^++e^- \rightleftharpoons Tl$	-0.336

续表

电对符号	电极反应 氧化型+ze^- ⇌ 还原型	$E^{\ominus}/V$
$PbBr_2/Pb$	$PbBr_2+2e^- \rightleftharpoons Pb+2Br^-$	-0.284
Co^{2+}/Co	$Co^{2+}+2e^- \rightleftharpoons Co$	-0.28
H_3PO_4/H_3PO_3	$H_3PO_4+2H^++2e^- \rightleftharpoons H_3PO_3+H_2O$	-0.276
$PbCl_2/Pb$	$PbCl_2+2e^- \rightleftharpoons Pb+2Cl^-$	-0.267 5
Ni^{2+}/Ni	$Ni^{2+}+2e^- \rightleftharpoons Ni$	-0.257
V^{3+}/V^{2+}	$V^{3+}+e^- \rightleftharpoons V^{2+}$	-0.255
V_2O_5/V	$V_2O_5+10H^++10e^- \rightleftharpoons 2V+5H_2O$	-0.242
$N_2/N_2H_5^+$	$N_2+5H^++4e^- \rightleftharpoons N_2H_5^+$	-0.23
$SO_4^{2-}/S_2O_6^{2-}$	$2SO_4^{2-}+4H^++2e^- \rightleftharpoons S_2O_6^{2-}+H_2O$	-0.22
Ga^+/Ga	$Ga^++e^- \rightleftharpoons Ga$	-0.2
Mo^{3+}/Mo	$Mo^{3+}+3e^- \rightleftharpoons Mo$	-0.200
$CO_2/HCOOH$	$CO_2+2H^++2e^- \rightleftharpoons HCOOH$	-0.199
H_2GeO_3/Ge	$H_2GeO_3+4H^++4e^- \rightleftharpoons Ge+3H_2O$	-0.182
AgI/Ag	$AgI+e^- \rightleftharpoons Ag+I^-$	-0.152 24
In^+/In	$In^++e^- \rightleftharpoons In$	-0.14
Sn^{2+}/Sn	$Sn^{2+}+2e^- \rightleftharpoons Sn$	-0.137 5
Pb^{2+}/Pb	$Pb^{2+}+2e^- \rightleftharpoons Pb$	-0.126 2
$Pb^{2+}/Pb(Hg)$	$Pb^{2+}+2e^- \rightleftharpoons Pb(Hg)$	-0.120 5
GeO_2/GeO	$GeO_2+2H^++2e^- \rightleftharpoons GeO+H_2O$	-0.118
SnO_2/Sn	$SnO_2+4H^++4e^- \rightleftharpoons Sn+2H_2O$	-0.117
$P/PH_3(g)$	$P(red)+3H^++3e^- \rightleftharpoons PH_3(g)$	-0.111
SnO_2/Sn^{2+}	$SnO_2+4H^++2e^- \rightleftharpoons Sn^{2+}+2H_2O$	-0.094
WO_3/W	$WO_3+6H^++6e^- \rightleftharpoons W+3H_2O$	-0.090
Se/H_2Se	$Se+2H^++2e^- \rightleftharpoons H_2Se$	-0.082
$P/PH_3(g)$	$P(white)+3H^++3e^- \rightleftharpoons PH_3(g)$	-0.063
$H_2SO_3/HS_2O_4^-$	$2H_2SO_3+H^++2e^- \rightleftharpoons HS_2O_4^-+2H_2O$	-0.056
Hg_2I_2/Hg	$Hg_2I_2+2e^- \rightleftharpoons 2Hg+2I^-$	-0.040 5
Fe^{3+}/Fe	$Fe^{3+}+3e^- \rightleftharpoons Fe$	-0.037
Ag_2S/Ag	$Ag_2S+2H^++2e^- \rightleftharpoons 2Ag+H_2S$	-0.036 6
$[CuI_2]^-/Cu$	$[CuI_2]^-+e^- \rightleftharpoons Cu+2I^-$	0.00
H^+/H_2	$2H^++2e^- \rightleftharpoons H_2$	0.000 00
$AgBr/Ag$	$AgBr+e^- \rightleftharpoons Ag+Br^-$	0.071 33
MoO_3/Mo	$MoO_3+6H^++6e^- \rightleftharpoons Mo+3H_2O$	0.075
W^{3+}/W	$W^{3+}+3e^- \rightleftharpoons W$	0.1

续表

电对符号	电极反应 氧化型+ze⁻⇌还原型	$E^{\ominus}$/V
TiO^{2+}/Ti^{3+}	$TiO^{2+}+2H^{+}+e^{-} \rightleftharpoons Ti^{3+}+H_2O$	0.100*
Ge^{4+}/Ge	$Ge^{4+}+4e^{-} \rightleftharpoons Ge$	0.124
Hg_2Br_2/Hg	$Hg_2Br_2+2e^{-} \rightleftharpoons 2Hg+2Br^{-}$	0.139 23
S/H_2S	$S+2H^{+}+2e^{-} \rightleftharpoons H_2S(aq)$	0.142
Sn^{4+}/Sn^{2+}	$Sn^{4+}+2e^{-} \rightleftharpoons Sn^{2+}$	0.151
Sb_2O_3/Sb	$Sb_2O_3+6H^{+}+6e^{-} \rightleftharpoons 2Sb+3H_2O$	0.152
Cu^{2+}/Cu^{+}	$Cu^{2+}+e^{-} \rightleftharpoons Cu^{+}$	0.153
$BiOCl/Bi$	$BiOCl+2H^{+}+3e^{-} \rightleftharpoons Bi+Cl^{-}+H_2O$	0.158 3
SO_4^{2-}/H_2SO_3	$SO_4^{2-}+4H^{+}+2e^{-} \rightleftharpoons H_2SO_3+H_2O$	0.172
Bi^{3+}/Bi^{+}	$Bi^{3+}+2e^{-} \rightleftharpoons Bi^{+}$	0.2
SbO^{+}/Sb	$SbO^{+}+2H^{+}+3e^{-} \rightleftharpoons Sb+2H_2O$	0.212
$AgCl/Ag$	$AgCl+e^{-} \rightleftharpoons Ag+Cl^{-}$	0.222 33
As_2O_3/As	$As_2O_3+6H^{+}+6e^{-} \rightleftharpoons 2As+3H_2O$	0.234
Ge^{2+}/Ge	$Ge^{2+}+2e^{-} \rightleftharpoons Ge$	0.24
$HAsO_2/As$	$HAsO_2+3H^{+}+3e^{-} \rightleftharpoons As+2H_2O$	0.248
Ru^{3+}/Ru^{2+}	$Ru^{3+}+e^{-} \rightleftharpoons Ru^{2+}$	0.248 7
Hg_2Cl_2/Hg	$Hg_2Cl_2+2e^{-} \rightleftharpoons 2Hg+2Cl^{-}$	0.268 08
Re^{3+}/Re	$Re^{3+}+3e^{-} \rightleftharpoons Re$	0.300
Tc^{3+}/Tc^{2+}	$Tc^{3+}+e^{-} \rightleftharpoons Tc^{2+}$	0.3
Bi^{3+}/Bi	$Bi^{3+}+3e^{-} \rightleftharpoons Bi$	0.308
BiO^{+}/Bi	$BiO^{+}+2H^{+}+3e^{-} \rightleftharpoons Bi+H_2O$	0.320
$HCNO/(CN)_2$	$2HCNO+2H^{+}+2e^{-} \rightleftharpoons (CN)_2+2H_2O$	0.330
VO^{2+}/V^{3+}	$VO^{2+}+2H^{+}+e^{-} \rightleftharpoons V^{3+}+H_2O$	0.337
Cu^{2+}/Cu	$Cu^{2+}+2e^{-} \rightleftharpoons Cu$	0.341 9
$AgIO_3/Ag$	$AgIO_3+e^{-} \rightleftharpoons Ag+IO_3^{-}$	0.354
$(CN)_2/HCN$	$(CN)_2+2H^{+}+2e^{-} \rightleftharpoons 2HCN$	0.373
Ag_2CrO_4/Ag	$Ag_2CrO_4+2e^{-} \rightleftharpoons 2Ag+CrO_4^{2-}$	0.447 0
H_2SO_3/S	$H_2SO_3+4H^{+}+4e^{-} \rightleftharpoons S+3H_2O$	0.449
Ru^{2+}/Ru	$Ru^{2+}+2e^{-} \rightleftharpoons Ru$	0.455
TcO_4^{-}/Tc	$TcO_4^{-}+8H^{+}+7e^{-} \rightleftharpoons Tc+4H_2O$	0.472
TeO_4^{-}/Te	$TeO_4^{-}+8H^{+}+7e^{-} \rightleftharpoons Te+4H_2O$	0.472
Bi^{+}/Bi	$Bi^{+}+e^{-} \rightleftharpoons Bi$	0.5
Cu^{+}/Cu	$Cu^{+}+e^{-} \rightleftharpoons Cu$	0.521
I_2/I^{-}	$I_2+2e^{-} \rightleftharpoons 2I^{-}$	0.535 5

续表

电对符号	电极反应 氧化型+ze^- $\rightleftharpoons$ 还原型	$E^\ominus$/V
I_3^-/I^-	$I_3^- + 2e^- \rightleftharpoons 3I^-$	0.536
$AgBrO_3/Ag$	$AgBrO_3 + e^- \rightleftharpoons Ag + BrO_3^-$	0.546
$H_3AsO_4/HAsO_2$	$H_3AsO_4 + 2H^+ + 2e^- \rightleftharpoons HAsO_2 + 2H_2O$	0.560
$S_2O_6^{2-}/H_2SO_3$	$S_2O_6^{2-} + 4H^+ + 2e^- \rightleftharpoons 2H_2SO_3$	0.564
Te^{4+}/Te	$Te^{4+} + 4e^- \rightleftharpoons Te$	0.568
Sb_2O_5/SbO^+	$Sb_2O_5 + 6H^+ + 4e^- \rightleftharpoons 2SbO^+ + 3H_2O$	0.581
$[PdCl_4]^{2-}/Pd$	$[PdCl_4]^{2-} + 2e^- \rightleftharpoons Pd + 4Cl^-$	0.591
TeO_2/Te	$TeO_2 + 4H^+ + 4e^- \rightleftharpoons Te + 2H_2O$	0.593
Hg_2SO_4/Hg	$Hg_2SO_4 + 2e^- \rightleftharpoons 2Hg + SO_4^{2-}$	0.612 5
Ag_2SO_4/Ag	$Ag_2SO_4 + 2e^- \rightleftharpoons 2Ag + SO_4^{2-}$	0.654
$Cu^{2+}/CuBr$	$Cu^{2+} + Br^- + e^- \rightleftharpoons CuBr(c)$	0.654*
$[PtCl_6]^{2-}/[PtCl_4]^{2-}$	$[PtCl_6]^{2-} + 2e^- \rightleftharpoons [PtCl_4]^{2-} + 2Cl^-$	0.68
O_2/H_2O_2	$O_2 + 2H^+ + 2e^- \rightleftharpoons H_2O_2$	0.695
H_2SeO_3/Se	$H_2SeO_3 + 4H^+ + 4e^- \rightleftharpoons Se + 3H_2O$	0.74
Tl^{3+}/Tl	$Tl^{3+} + 3e^- \rightleftharpoons Tl$	0.741
$[PtCl_4]^{2-}/Pt$	$[PtCl_4]^{2-} + 2e^- \rightleftharpoons Pt + 4Cl^-$	0.755
Rh^{3+}/Rh	$Rh^{3+} + 3e^- \rightleftharpoons Rh$	0.758
ReO_4^-/ReO_3	$ReO_4^- + 2H^+ + e^- \rightleftharpoons ReO_3 + H_2O$	0.768
Fe^{3+}/Fe^{2+}	$Fe^{3+} + e^- \rightleftharpoons Fe^{2+}$	0.771
Hg_2^{2+}/Hg	$Hg_2^{2+} + 2e^- \rightleftharpoons 2Hg$	0.797 3
Ag^+/Ag	$Ag^+ + e^- \rightleftharpoons Ag$	0.799 6
NO_3^-/N_2O_4	$2NO_3^- + 4H^+ + 2e^- \rightleftharpoons N_2O_4 + 2H_2O$	0.803
OsO_4/Os	$OsO_4 + 8H^+ + 8e^- \rightleftharpoons Os + 4H_2O$	0.838
Hg^{2+}/Hg	$Hg^{2+} + 2e^- \rightleftharpoons 2Hg$	0.851
SiO_2(quartz)/Si	SiO_2(quartz)$ + 4H^+ + 4e^- \rightleftharpoons Si + 2H_2O$	0.857
Hg^{2+}/Hg_2^{2+}	$2Hg^{2+} + 2e^- \rightleftharpoons Hg_2^{2+}$	0.920
NO_3^-/HNO_2	$NO_3^- + 3H^+ + 2e^- \rightleftharpoons HNO_2 + H_2O$	0.934
Pd^{2+}/Pd	$Pd^{2+} + 2e^- \rightleftharpoons Pd$	0.951
NO_3^-/NO	$NO_3^- + 4H^+ + 3e^- \rightleftharpoons NO + 2H_2O$	0.957
V_2O_5/VO^{2+}	$V_2O_5 + 6H^+ + 2e^- \rightleftharpoons 2VO^{2+} + 3H_2O$	0.957
HNO_2/NO	$HNO_2 + H^+ + e^- \rightleftharpoons NO + H_2O$	0.983
HIO/I^-	$HIO + H^+ + 2e^- \rightleftharpoons I^- + H_2O$	0.987

续表

电对符号	电极反应 氧化型+ze⁻⇌还原型	$E^{\ominus}/V$
VO_2^+/VO^{2+}	$VO_2^++2H^++e^- \rightleftharpoons VO^{2+}+H_2O$	0.991
PtO_2/Pt	$PtO_2+4H^++4e^- \rightleftharpoons Pt+2H_2O$	1.00
$[AuCl_4]^-/Au$	$[AuCl_4]^-+3e^- \rightleftharpoons Au+4Cl^-$	1.002
H_6TeO_6/TeO_2	$H_6TeO_6+2H^++2e^- \rightleftharpoons TeO_2+4H_2O$	1.02
OsO_4/OsO_2	$OsO_4+4H^++4e^- \rightleftharpoons OsO_2+2H_2O$	1.02
$Hg(OH)_2/Hg$	$Hg(OH)_2+2H^++2e^- \rightleftharpoons Hg+2H_2O$	1.034
N_2O_4/NO	$N_2O_4+4H^++4e^- \rightleftharpoons 2NO+2H_2O$	1.035
RuO_4/Ru	$RuO_4+8H^++8e^- \rightleftharpoons Ru+4H_2O$	1.038
N_2O_4/NHO_2	$N_2O_4+2H^++2e^- \rightleftharpoons 2NHO_2$	1.065
Br_2/Br^-	$Br_2(l)+2e^- \rightleftharpoons 2Br^-$	1.066
IO_3^-/I^-	$IO_3^-+6H^++6e^- \rightleftharpoons I^-+3H_2O$	1.085
$Br_2(aq)/Br^-$	$Br_2(aq)+2e^- \rightleftharpoons 2Br^-$	1.087 3
SeO_4^{2-}/H_2SeO_3	$SeO_4^{2-}+4H^++2e^- \rightleftharpoons H_2SeO_3+H_2O$	1.151
ClO_3^-/ClO_2	$ClO_3^-+2H^++e^- \rightleftharpoons ClO_2+H_2O$	1.152
Ir^{3+}/Ir	$Ir^{3+}+3e^- \rightleftharpoons Ir$	1.156
Pt^{2+}/Pt	$Pt^{2+}+2e^- \rightleftharpoons Pt$	1.18
ClO_4^-/ClO_3^-	$ClO_4^-+2H^++2e^- \rightleftharpoons ClO_3^-+H_2O$	1.189
IO_3^-/I_2	$2IO_3^-+12H^++10e^- \rightleftharpoons I_2+6H_2O$	1.195
$ClO_3^-/HClO_2$	$ClO_3^-+3H^++2e^- \rightleftharpoons HClO_2+H_2O$	1.214
MnO_2/Mn^{2+}	$MnO_2+4H^++2e^- \rightleftharpoons Mn^{2+}+2H_2O$	1.224
O_2/H_2O	$O_2+4H^++4e^- \rightleftharpoons 2H_2O$	1.229
Tl^{3+}/Tl^+	$Tl^{3+}+2e^- \rightleftharpoons Tl^+$	1.252
$N_2H_5^+/NH_4^+$	$N_2H_5^++3H^++2e^- \rightleftharpoons 2NH_4^+$	1.275
$ClO_2/HClO_2$	$ClO_2+H^++e^- \rightleftharpoons HClO_2$	1.277
$[PdCl_6]^{2-}/[PdCl_4]^{2-}$	$[PdCl_6]^{2-}+2e^- \rightleftharpoons [PdCl_4]^{2-}+2Cl^-$	1.288
HNO_2/N_2O	$2HNO_2+4H^++4e^- \rightleftharpoons N_2O+3H_2O$	1.297
$HBrO/Br^-$	$HBrO+H^++2e^- \rightleftharpoons Br^-+H_2O$	1.331
NH_3OH^+/NH_4^+	$NH_3OH^++2H^++2e^- \rightleftharpoons NH_4^++H_2O$	1.35*
Cl_2/Cl^-	$Cl_2+2e^- \rightleftharpoons 2Cl^-$	1.358 27
$Cr_2O_7^{2-}/Cr^{3+}$	$Cr_2O_7^{2-}+14H^++6e^- \rightleftharpoons 2Cr^{3+}+7H_2O$	1.36
ClO_4^-/Cl^-	$ClO_4^-+8H^++8e^- \rightleftharpoons Cl^-+4H_2O$	1.389
ClO_4^-/Cl_2	$ClO_4^-+8H^++7e^- \rightleftharpoons 1/2Cl_2+4H_2O$	1.39

续表

电对符号	电极反应 氧化型+ze⁻⇌还原型	$E^\ominus$/V
Au^{3+}/Au^+	$Au^{3+}+2e^- \rightleftharpoons Au^+$	1.401
$NH_3OH^+/N_2H_5^+$	$2NH_3OH^++H^++2e^- \rightleftharpoons N_2H_5^++2H_2O$	1.42
BrO_3^-/Br^-	$BrO_3^-+6H^++6e^- \rightleftharpoons Br^-+3H_2O$	1.423
HIO/I_2	$2HIO+H^++2e^- \rightleftharpoons I_2+H_2O$	1.439
ClO_3^-/Cl^-	$ClO_3^-+6H^++6e^- \rightleftharpoons Cl^-+3H_2O$	1.451
PbO_2/Pb^{2+}	$PbO_2+4H^++2e^- \rightleftharpoons Pb^{2+}+2H_2O$	1.455
ClO_3^-/Cl_2	$ClO_3^-+6H^++5e^- \rightleftharpoons 1/2Cl_2+3H_2O$	1.47
CrO_2/Cr^{3+}	$CrO_2+4H^++e^- \rightleftharpoons Cr^{3+}+2H_2O$	1.48
BrO_3^-/Br_2	$BrO_3^-+6H^++5e^- \rightleftharpoons 1/2Br_2+3H_2O$	1.482
$HClO/Cl^-$	$HClO+H^++2e^- \rightleftharpoons Cl^-+H_2O$	1.482
Mn_2O_3/Mn^{2+}	$Mn_2O_3+6H^++2e^- \rightleftharpoons 2Mn^{2+}+3H_2O$	1.485
Au^{3+}/Au	$Au^{3+}+3e^- \rightleftharpoons Au$	1.498
MnO_4^-/Mn^{2+}	$MnO_4^-+8H^++5e^- \rightleftharpoons Mn^{2+}+4H_2O$	1.507
Mn^{3+}/Mn^{2+}	$Mn^{3+}+e^- \rightleftharpoons Mn^{2+}$	1.541 5
$HClO_2/Cl^-$	$HClO_2+3H^++4e^- \rightleftharpoons Cl^-+2H_2O$	1.570
$HBrO/Br_2(aq)$	$HBrO+H^++e^- \rightleftharpoons 1/2Br_2(aq)+H_2O$	1.574
NO/N_2O	$2NO+2H^++2e^- \rightleftharpoons N_2O+H_2O$	1.591
Bi_2O_4/BiO^+	$Bi_2O_4+4H^++2e^- \rightleftharpoons 2BiO^++2H_2O$	1.593
$HBrO/Br_2(l)$	$HBrO+H^++e^- \rightleftharpoons 1/2Br_2(l)+H_2O$	1.596
H_5IO_6/IO_3^-	$H_5IO_6+H^++2e^- \rightleftharpoons IO_3^-+3H_2O$	1.601
$HClO/Cl_2$	$HClO+H^++e^- \rightleftharpoons 1/2Cl_2+H_2O$	1.611
$HClO_2/Cl_2$	$HClO_2+3H^++2e^- \rightleftharpoons 1/2Cl_2+2H_2O$	1.628
$HClO_2/HClO$	$HClO_2+2H^++2e^- \rightleftharpoons HClO+H_2O$	1.645
NiO_2/Ni^{2+}	$NiO_2+4H^++2e^- \rightleftharpoons Ni^{2+}+2H_2O$	1.678
MnO_4^-/MnO_2	$MnO_4^-+4H^++3e^- \rightleftharpoons MnO_2+2H_2O$	1.679
$PbO_2/PbSO_4$	$PbO_2+SO_4^{2-}+4H^++2e^- \rightleftharpoons PbSO_4+2H_2O$	1.691 3
Au^+/Au	$Au^++e^- \rightleftharpoons Au$	1.692
Ce^{4+}/Ce^{3+}	$Ce^{4+}+e^- \rightleftharpoons Ce^{3+}$	1.72
N_2O/N_2	$N_2O+2H^++2e^- \rightleftharpoons N_2+H_2O$	1.766
H_2O_2/H_2O	$H_2O_2+2H^++2e^- \rightleftharpoons 2H_2O$	1.776
Ag^{3+}/Ag^{2+}	$Ag^{3+}+e^- \rightleftharpoons Ag^{2+}$	1.8
Ag_2O_2/Ag	$Ag_2O_2+4H^++e^- \rightleftharpoons 2Ag+2H_2O$	1.802

续表

电对符号	电极反应 氧化型+ze⁻ ⇌ 还原型	$E^\ominus$/V
BrO_4^-/BrO_3^-	$BrO_4^- + 2H^+ + 2e^- \rightleftharpoons BrO_3^- + H_2O$	1.853*
Ag^{3+}/Ag^+	$Ag^{3+} + 2e^- \rightleftharpoons Ag^+$	1.9
Co^{3+}/Co^{2+}	$Co^{3+} + e^- \rightleftharpoons Co^{2+}$	1.92
Ag^{2+}/Ag^+	$Ag^{2+} + e^- \rightleftharpoons Ag^+$	1.980
$S_2O_8^{2-}/SO_4^{2-}$	$S_2O_8^{2-} + 2e^- \rightleftharpoons 2SO_4^{2-}$	2.010
$HFeO_4^-/Fe^{3+}$	$HFeO_4^- + 7H^+ + 3e^- \rightleftharpoons Fe^{3+} + 4H_2O$	2.07
O_3/O_2	$O_3 + 2H^+ + 2e^- \rightleftharpoons O_2 + H_2O$	2.076
$HFeO_4^-/FeOOH$	$HFeO_4^- + 4H^+ + 3e^- \rightleftharpoons FeOOH + 2H_2O$	2.08
XeO_3/Xe	$XeO_3 + 6H^+ + 6e^- \rightleftharpoons Xe + 3H_2O$	2.10
$S_2O_8^{2-}/HSO_4^-$	$S_2O_8^{2-} + 2H^+ + 2e^- \rightleftharpoons 2HSO_4^-$	2.123
Cu^{3+}/Cu^{2+}	$Cu^{3+} + e^- \rightleftharpoons Cu^{2+}$	2.4
H_4XeO_6/XeO_3	$H_4XeO_6 + 2H^+ + 2e^- \rightleftharpoons XeO_3 + 3H_2O$	2.42
$O(g)/H_2O$	$O(g) + 2H^+ + 2e^- \rightleftharpoons H_2O$	2.421
F_2/HF	$F_2 + 2H^+ + 2e^- \rightleftharpoons 2HF$	3.053

附表 3-2 碱性介质中

电对符号	电极反应 氧化型+ze⁻ ⇌ 还原型	$E^\ominus$/V
$Ca(OH)_2/Ca$	$Ca(OH)_2 + 2e^- \rightleftharpoons Ca + 2OH^-$	-3.02
$Ba(OH)_2/Ba$	$Ba(OH)_2 + 2e^- \rightleftharpoons Ba + 2OH^-$	-2.99
$La(OH)_3/La$	$La(OH)_3 + 3e^- \rightleftharpoons La + 3OH^-$	-2.90
$Sr(OH)_2/Sr$	$Sr(OH)_2 + 2e^- \rightleftharpoons Sr + 2OH^-$	-2.88
$Mg(OH)_2/Mg$	$Mg(OH)_2 + 2e^- \rightleftharpoons Mg + 2OH^-$	-2.69
$Al(OH)_3/Al$	$Al(OH)_3 + 3e^- \rightleftharpoons Al + 3OH^-$	-2.30
$H_2BO_3^-/B$	$H_2BO_3^- + H_2O + 3e^- \rightleftharpoons B + 4OH^-$	-1.79
HPO_3^{2-}/P	$HPO_3^{2-} + 2H_2O + 3e^- \rightleftharpoons P + 5OH^-$	-1.71
SiO_3^{2-}/Si	$SiO_3^{2-} + 3H_2O + 4e^- \rightleftharpoons Si + 6OH^-$	-1.697
$HPO_3^{2-}/H_2PO_2^-$	$HPO_3^{2-} + 2H_2O + 2e^- \rightleftharpoons H_2PO_2^- + 3OH^-$	-1.65
$Cr(OH)_3/Cr$	$Cr(OH)_3 + 3e^- \rightleftharpoons Cr + 3OH^-$	-1.48
ZnO/Zn	$ZnO + H_2O + 2e^- \rightleftharpoons Zn + 2OH^-$	-1.260
$Zn(OH)_2/Zn$	$Zn(OH)_2 + H_2O + 2e^- \rightleftharpoons Zn + 2OH^-$	-1.249
$[SiF_6]^{2-}/Si$	$[SiF_6]^{2-} + 4e^- \rightleftharpoons Si + 6F^-$	-1.24

续表

电对符号	电极反应 氧化型$+ze^-$ $\rightleftharpoons$ 还原型	$E^\ominus$/V
$H_2GaO_3^-/Ga$	$H_2GaO_3^- + H_2O + 3e^- \rightleftharpoons Ga + 4OH^-$	-1.219
ZnO_2^{2-}/Zn	$ZnO_2^{2-} + 2H_2O + 2e^- \rightleftharpoons Zn + 4OH^-$	-1.215
CrO_2^-/Cr	$CrO_2^- + 2H_2O + 3e^- \rightleftharpoons Cr + 4OH^-$	-1.2
$[Zn(OH)_4]^{2-}/Zn$	$[Zn(OH)_4]^{2-} + H_2O + 2e^- \rightleftharpoons Zn + 4OH^-$	-1.199
$SO_3^{2-}/S_2O_4^{2-}$	$2SO_3^{2-} + 2H_2O + 2e^- \rightleftharpoons S_2O_4^{2-} + 4OH^-$	-1.12
PO_4^{3-}/HPO_3^{2-}	$PO_4^{3-} + 2H_2O + 2e^- \rightleftharpoons HPO_3^{2-} + 3OH^-$	-1.05
In_2O_3/In	$In_2O_3 + 3H_2O + 6e^- \rightleftharpoons 2In + 6OH^-$	-1.034
$In(OH)_3/In$	$In(OH)_3 + 3e^- \rightleftharpoons In + 3OH^-$	-0.99
SnO_2/Sn	$SnO_2 + 2H_2O + 4e^- \rightleftharpoons Sn + 4OH^-$	-0.945
$[Sn(OH)_6]^{2-}/HSnO_2^-$	$[Sn(OH)_6]^{2-} + 2e^- \rightleftharpoons HSnO_2^- + 3OH^- + H_2O$	-0.93
SO_4^{2-}/SO_3^{2-}	$SO_4^{2-} + H_2O + 2e^- \rightleftharpoons SO_3^{2-} + 2OH^-$	-0.93
$HSnO_2^-/Sn$	$HSnO_2^- + H_2O + 2e^- \rightleftharpoons Sn + 3OH^-$	-0.909
P/PH_3	$P + 3H_2O + 3e^- \rightleftharpoons PH_3(g) + 3OH^-$	-0.87
NO_3^-/N_2O_4	$2NO_3^- + 2H_2O + 2e^- \rightleftharpoons N_2O_4 + 4OH^-$	-0.85
H_2O/H_2	$2H_2O + 2e^- \rightleftharpoons H_2 + 2OH^-$	-0.827 7
$Cd(OH)_2/Cd$	$Cd(OH)_2 + 2e^- \rightleftharpoons Cd(Hg) + 2OH^-$	-0.809
CdO/Cd	$CdO + H_2O + 2e^- \rightleftharpoons Cd + 2OH^-$	-0.783
$Co(OH)_2/Co$	$Co(OH)_2 + 2e^- \rightleftharpoons Co + 2OH^-$	-0.73
$Ni(OH)_2/Ni$	$Ni(OH)_2 + 2e^- \rightleftharpoons Ni + 2OH^-$	-0.72
AsO_4^{3-}/AsO_2^-	$AsO_4^{3-} + 2H_2O + 2e^- \rightleftharpoons AsO_2^- + 4OH^-$	-0.71
Ag_2S/Ag	$Ag_2S + 2e^- \rightleftharpoons 2Ag + S^{2-}$	-0.691
AsO_2^-/As	$AsO_2^- + 2H_2O + 3e^- \rightleftharpoons As + 4OH^-$	-0.68
Se/Se^{2-}	$Se + 2e^- \rightleftharpoons Se^{2-}$	-0.670
SbO_2^-/Sb	$SbO_2^- + 2H_2O + 3e^- \rightleftharpoons Sb + 4OH^-$	-0.66
$[Cd(OH)_4]^{2-}/Cd$	$[Cd(OH)_4]^{2-} + 2e^- \rightleftharpoons Cd + 4OH^-$	-0.658
SbO_3^-/SbO_2^-	$SbO_3^- + H_2O + 2e^- \rightleftharpoons SbO_2^- + 2OH^-$	-0.59
SO_3^{2-}/S	$SO_3^{2-} + 3H_2O + 4e^- \rightleftharpoons S + 6OH^-$	-0.59*
PbO/Pb	$PbO + H_2O + 2e^- \rightleftharpoons Pb + 2OH^-$	-0.580
$SO_3^{2-}/S_2O_3^{2-}$	$2SO_3^{2-} + 3H_2O + 4e^- \rightleftharpoons S_2O_3^{2-} + 6OH^-$	-0.571
TeO_3^{2-}/Te	$TeO_3^{2-} + 3H_2O + 4e^- \rightleftharpoons Te + 6OH^-$	-0.57
$Fe(OH)_3/Fe(OH)_2$	$Fe(OH)_3 + e^- \rightleftharpoons Fe(OH)_2 + OH^-$	-0.56
$HPbO_2^-/Pb$	$HPbO_2^- + H_2O + 2e^- \rightleftharpoons Pb + 3OH^-$	-0.537

续表

电对符号	电极反应 氧化型$+ze^- \rightleftharpoons$还原型	$E^\ominus$/V
$NiO_2/Ni(OH)_2$	$NiO_2+2H_2O+2e^- \rightleftharpoons Ni(OH)_2+2OH^-$	-0.490
S/HS^-	$S+H_2O+2e^- \rightleftharpoons HS^-+OH^-$	-0.478
S/S^{2-}	$S+2e^- \rightleftharpoons S^{2-}$	-0.476 27
Bi_2O_3/Bi	$Bi_2O_3+3H_2O+6e^- \rightleftharpoons 2Bi+6OH^-$	-0.46
NO_2^-/NO	$NO_2^-+H_2O+e^- \rightleftharpoons NO+2OH^-$	-0.46
S/S_2^{2-}	$2S+2e^- \rightleftharpoons S_2^{2-}$	-0.428 36
SeO_3^{2-}/Se	$SeO_3^{2-}+3H_2O+4e^- \rightleftharpoons Se+6OH^-$	-0.366
Cu_2O/Cu	$Cu_2O+H_2O+2e^- \rightleftharpoons 2Cu+2OH^-$	-0.360
$TlOH/Tl$	$TlOH+e^- \rightleftharpoons Tl+OH^-$	-0.34
$Cu(OH)_2/Cu$	$Cu(OH)_2+2e^- \rightleftharpoons Cu+2OH^-$	-0.222
O_2/H_2O_2	$O_2+2H_2O+2e^- \rightleftharpoons H_2O_2+2OH^-$	-0.146
$CrO_4^{2-}/Cr(OH)_3$	$CrO_4^{2-}+4H_2O+3e^- \rightleftharpoons Cr(OH)_3+5OH^-$	-0.13
$Cu(OH)_2/Cu_2O$	$2Cu(OH)_2+2e^- \rightleftharpoons Cu_2O+2OH^-+H_2O$	-0.080
O_2/HO_2^-	$O_2+H_2O+2e^- \rightleftharpoons HO_2^-+OH^-$	-0.076
$Tl(OH)_3/TlOH$	$Tl(OH)_3+2e^- \rightleftharpoons TlOH+2OH^-$	-0.05
$AgCN/Ag$	$AgCN+e^- \rightleftharpoons Ag+CN^-$	-0.017
NO_3^-/NO_2^-	$NO_3^-+H_2O+2e^- \rightleftharpoons NO_2^-+2OH^-$	0.01
Tl_2O_3/Tl^+	$Tl_2O_3+3H_2O+4e^- \rightleftharpoons 2Tl^++6OH^-$	0.02
SeO_4^{2-}/SeO_3^{2-}	$SeO_4^{2-}+H_2O+2e^- \rightleftharpoons SeO_3^{2-}+2OH^-$	0.05
$Pd(OH)_2/Pd$	$Pd(OH)_2+2e^- \rightleftharpoons Pd+2OH^-$	0.07
$S_4O_6^{2-}/S_2O_3^{2-}$	$S_4O_6^{2-}+2e^- \rightleftharpoons 2S_2O_3^{2-}$	0.08
HgO/Hg	$HgO+H_2O+2e^- \rightleftharpoons Hg+2OH^-$	0.097 7
Ir_2O_3/Ir	$Ir_2O_3+3H_2O+6e^- \rightleftharpoons 2Ir+6OH^-$	0.098
$[Co(NH_3)_6]^{3+}/[Co(NH_3)_6]^{2+}$	$[Co(NH_3)_6]^{3+}+e^- \rightleftharpoons [Co(NH_3)_6]^{2+}$	0.108
Hg_2O/Hg	$Hg_2O+H_2O+2e^- \rightleftharpoons 2Hg+2OH^-$	0.123
$Pt(OH)_2/Pt$	$Pt(OH)_2+2e^- \rightleftharpoons Pt+2OH^-$	0.14
NO_2^-/N_2O	$2NO_2^-+3H_2O+4e^- \rightleftharpoons N_2O+6OH^-$	0.15
IO_3^-/IO^-	$IO_3^-+2H_2O+4e^- \rightleftharpoons IO^-+4OH^-$	0.15
$Mn(OH)_3/Mn(OH)_2$	$Mn(OH)_3+e^- \rightleftharpoons Mn(OH)_2+OH^-$	0.15
$Co(OH)_3/Co(OH)_2$	$Co(OH)_3+e^- \rightleftharpoons Co(OH)_2+OH^-$	0.17
PbO_2/PbO	$PbO_2+H_2O+2e^- \rightleftharpoons PbO+2OH^-$	0.247

续表

电对符号	电极反应 氧化型+ze^- ⇌ 还原型	$E^\ominus$/V
IO_3^-/I^-	$IO_3^-+3H_2O+6e^- \rightleftharpoons I^-+6OH^-$	0.26
ClO_3^-/ClO_2^-	$ClO_3^-+H_2O+2e^- \rightleftharpoons ClO_2^-+2OH^-$	0.33
Ag_2O/Ag	$Ag_2O+H_2O+2e^- \rightleftharpoons 2Ag+2OH^-$	0.342
$[Fe(CN)_6]^{3-}/[Fe(CN)_6]^{4-}$	$[Fe(CN)_6]^{3-}+e^- \rightleftharpoons [Fe(CN)_6]^{4-}$	0.358
ClO_4^-/ClO_3^-	$ClO_4^-+H_2O+2e^- \rightleftharpoons ClO_3^-+2OH^-$	0.36
O_2/OH^-	$O_2+2H_2O+4e^- \rightleftharpoons 4OH^-$	0.401
$Ag_2C_2O_4/Ag$	$Ag_2C_2O_4+2e^- \rightleftharpoons 2Ag+C_2O_4^{2-}$	0.464 7
Ag_2CO_3/Ag	$Ag_2CO_3+2e^- \rightleftharpoons 2Ag+CO_3^{2-}$	0.47
IO^-/I^-	$IO^-+H_2O+2e^- \rightleftharpoons I^-+2OH^-$	0.485
MnO_4^-/MnO_4^{2-}	$MnO_4^-+e^- \rightleftharpoons MnO_4^{2-}$	0.558
MnO_4^-/MnO_2	$MnO_4^-+2H_2O+3e^- \rightleftharpoons MnO_2+4OH^-$	0.595
MnO_4^{2-}/MnO_2	$MnO_4^{2-}+2H_2O+2e^- \rightleftharpoons MnO_2+4OH^-$	0.60
BrO_3^-/Br^-	$BrO_3^-+3H_2O+6e^- \rightleftharpoons Br^-+6OH^-$	0.61
ClO_3^-/Cl^-	$ClO_3^-+3H_2O+6e^- \rightleftharpoons Cl^-+6OH^-$	0.62
ClO_2^-/ClO^-	$ClO_2^-+H_2O+2e^- \rightleftharpoons ClO^-+2OH^-$	0.66
$H_3IO_6^{2-}/IO_3^-$	$H_3IO_6^{2-}+2e^- \rightleftharpoons IO_3^-+3OH^-$	0.7
ClO_2^-/Cl^-	$ClO_2^-+2H_2O+4e^- \rightleftharpoons Cl^-+4OH^-$	0.76
NO/N_2O	$2NO+H_2O+2e^- \rightleftharpoons N_2O+2OH^-$	0.76
BrO^-/Br^-	$BrO^-+H_2O+2e^- \rightleftharpoons Br^-+2OH^-$	0.761
$(CNS)_2/CNS^-$	$(CNS)_2+2e^- \rightleftharpoons 2CNS^-$	0.77
AgF/Ag	$AgF+e^- \rightleftharpoons Ag+F^-$	0.779
ClO^-/Cl^-	$ClO^-+H_2O+2e^- \rightleftharpoons Cl^-+2OH^-$	0.841
N_2O_4/NO_2^-	$N_2O_4+2e^- \rightleftharpoons 2NO_2^-$	0.867
HO_2^-/OH^-	$HO_2^-+H_2O+2e^- \rightleftharpoons 3OH^-$	0.878
$ClO_2(aq)/ClO_2^-$	$ClO_2(aq)+e^- \rightleftharpoons ClO_2^-$	0.954
RuO_4/RuO_4^-	$RuO_4+e^- \rightleftharpoons RuO_4^-$	1.00
$Cu^{2+}/[Cu(CN)_2]^-$	$Cu^{2+}+2CN^-+e^- \rightleftharpoons [Cu(CN)_2]^-$	1.103
$[Fe(phen)_3]^{3+}/[Fe(phen)_3]^{2+}$	$[Fe(phen)_3]^{3+}+e^- \rightleftharpoons [Fe(phen)_3]^{2+}$	1.147
O_3/O_2	$O_3+H_2O+2e^- \rightleftharpoons O_2+2OH^-$	1.24
F_2/F^-	$F_2+2e^- \rightleftharpoons 2F^-$	2.866
XeF/Xe	$XeF+e^- \rightleftharpoons Xe+F^-$	3.4

注:本表数据摘自 J R Rumble. CRC Handbook of Chemistry and Physics. 101st ed. Boca Raton:CRC Press Inc,2020—2021:5-100~5-103.

* 数据摘自 James G Speight. Lange's Handbook of Chemistry. 16th ed. New York:McGraw-Hill Companies Inc,2005:Table 1.77.

附录 4 一些配位化合物的累积稳定常数

附表 4-1 一些配位化合物的累积稳定常数

配离子	β_1	β_2	β_3	β_4	β_5	β_6
$[Ag(NH_3)_2]^+$	1.7×10^3	1.1×10^7				
$[Cd(NH_3)_6]^{2+}$	4.5×10^2	5.6×10^4	1.6×10^6	1.3×10^7	6.3×10^6	1.4×10^5
$[Co(NH_3)_6]^{2+}$	1.3×10^2	5.5×10^3	6.2×10^4	3.5×10^5	5.4×10^5	1.3×10^5
$[Co(NH_3)_6]^{3+}$	5.0×10^6	1.0×10^{14}	1.3×10^{20}	5.0×10^{25}	6.3×10^{30}	1.6×10^{35}
$[Cu(NH_3)_2]^+$	8.5×10^5	7.2×10^{10}				
$[Cu(NH_3)_4]^{2+}$	2.0×10^4	9.5×10^7	1.0×10^{11}	2.1×10^{13}		
$[Fe(NH_3)_2]^{2+}$	2.5×10^1	1.6×10^2				
$[Hg(NH_3)_4]^{2+}$	6.3×10^8	3.2×10^{17}	3.2×10^{18}	1.9×10^{19}		
$[Mg(NH_3)_2]^{2+}$	6.3	2.0×10^1				
$[Ni(NH_3)_6]^{2+}$	6.3×10^2	1.1×10^5	5.9×10^6	9.1×10^7	5.1×10^8	5.5×10^8
$[Pt(NH_3)_6]^{2+}$						2.0×10^{35}
$[Zn(NH_3)_4]^{2+}$	2.3×10^2	6.5×10^4	2.0×10^7	2.9×10^9		
$[AgCl_2]^-$	1.1×10^3	1.1×10^5				
$[AuCl_2]^+$		6.3×10^9				
$[CdCl_4]^{2-}$	8.9×10^1	3.2×10^2	4.0×10^2	6.3×10^2		
$[CuCl_3]^{2-}$		3.2×10^5	5.0×10^5			
$[HgCl_4]^{2-}$	5.5×10^6	1.7×10^{13}	1.2×10^{14}	1.2×10^{15}		
$[PtCl_4]^{2-}$		3.2×10^{11}	3.2×10^{14}	1.0×10^{16}		
$[SnCl_4]^{2-}$	3.2	1.7×10^2	1.1×10^2	3.0×10^1		
$[Ag(CN)_2]^-$		1.3×10^{21}	5.0×10^{21}	4.0×10^{20}		
$[Au(CN)_2]^-$		2.0×10^{38}				
$[Cd(CN)_4]^{2-}$	3.0×10^5	4.0×10^{10}	1.7×10^{15}	6.0×10^{18}		
$[Cu(CN)_4]^-$		1.0×10^{24}	3.9×10^{28}	2.0×10^{30}		
$[Fe(CN)_6]^{4-}$						1.0×10^{35}
$[Fe(CN)_6]^{3-}$						1.0×10^{42}
$[Ni(CN)_4]^{2-}$				2.0×10^{31}		
$[Zn(CN)_4]^{2-}$				5.0×10^{16}		
$[AlF_6]^{3-}$	1.3×10^6	6.3×10^8	1.0×10^{15}	5.6×10^{17}	2.3×10^{19}	6.9×10^{19}
$[FeF]^{2+}$	1.9×10^5	2.0×10^9	1.1×10^{12}			
$[ScF_6]^{3-}$						2.0×10^{17}

续表

配离子	β_1	β_2	β_3	β_4	β_5	β_6
$[Al(OH)_4]^-$	1.9×10^{9}			1.1×10^{33}		
$[Cd(OH)_4]^{2-}$	1.5×10^{4}	2.1×10^{8}	1.0×10^{9}	4.2×10^{8}		
$[Fe(OH)_4]^{2-}$	3.6×10^{5}	5.9×10^{9}	4.7×10^{9}	3.8×10^{8}		
$[AgI_3]^{2-}$	3.8×10^{6}	5.5×10^{11}	4.8×10^{13}			
$[CdI_4]^{2-}$	1.3×10^{2}	2.7×10^{3}	3.1×10^{4}	2.6×10^{5}		
$[CuI_2]^-$		7.1×10^{8}				
$[PbI_4]^{2-}$	1.0×10^{2}	1.4×10^{3}	8.3×10^{3}	3.0×10^{4}		
$[HgI_4]^{2-}$	7.4×10^{12}	6.6×10^{23}	4.0×10^{27}	6.8×10^{29}		
$[Ag(SCN)_4]^{3-}$		3.7×10^{7}	1.2×10^{9}	1.2×10^{10}		
$[Fe(SCN)_2]^+$	8.9×10^{2}	2.3×10^{3}				
$[Cu(SCN)_2]^-$	1.3×10^{12}	1.5×10^{5}				
$[Hg(SCN)_4]^{2-}$		3.0×10^{17}		1.7×10^{21}		
$[Ag(S_2O_3)_2]^{3-}$	6.6×10^{8}	2.9×10^{13}				
$[Cd(S_2O_3)_2]^{2-}$	8.3×10^{3}	2.8×10^{6}				
$[Cu(S_2O_3)_3]^{5-}$	1.9×10^{10}	1.7×10^{12}	6.9×10^{13}			
$[Pb(S_2O_3)_3]^{4-}$		1.4×10^{5}	2.2×10^{6}			
$[Hg(S_2O_3)_4]^{6-}$		2.7×10^{29}	7.9×10^{31}	1.7×10^{33}		
$[Ag(en)_2]^+$		5.0×10^{7}				
$[Cd(en)_3]^{2+}$	3.0×10^{5}	1.2×10^{10}	1.2×10^{12}			
$[Co(en)_3]^{2+}$	8.1×10^{5}	4.4×10^{10}	8.7×10^{13}			
$[Co(en)_3]^{3+}$	5.0×10^{18}	7.9×10^{34}	4.9×10^{48}			
$[Cr(en)_2]^{2+}$	1.4×10^{5}	1.6×10^{9}				
$[Cu(en)_2]^+$		6.3×10^{10}				
$[Cu(en)_3]^{2+}$	4.6×10^{10}	1.0×10^{20}	1.0×10^{21}			
$[Fe(en)_3]^{2+}$	2.1×10^{4}	4.5×10^{7}	5.0×10^{9}			
$[Hg(en)_2]^{2+}$	1.0×10^{14}	2.0×10^{23}				
$[Mn(en)_3]^{2+}$	5.4×10^{2}	6.1×10^{4}	4.7×10^{5}			
$[Ni(en)_3]^{2+}$	3.3×10^{7}	6.9×10^{13}	2.1×10^{18}			
$[Zn(en)_3]^{2+}$	5.9×10^{5}	6.8×10^{10}	1.3×10^{14}			
$[Ag(edta)]^{3-}$	2.1×10^{7}					
$[Al(edta)]^-$	1.3×10^{16}					
$[Ca(edta)]^{2-}$	1.0×10^{11}					

续表

配离子	β_1	β_2	β_3	β_4	β_5	β_6
$[Co(edta)]^{2-}$	2.0×10^{16}					
$[Co(edta)]^{-}$	1.0×10^{36}					
$[Cu(edta)]^{2-}$	5.0×10^{18}					
$[Fe(edta)]^{2-}$	2.1×10^{14}					
$[Fe(edta)]^{-}$	1.7×10^{24}					
$[Hg(edta)]^{2-}$	6.3×10^{21}					
$[Mg(edta)]^{2-}$	4.4×10^{8}					
$[Mn(edta)]^{2-}$	6.3×10^{13}					
$[Ni(edta)]^{2-}$	3.6×10^{18}					
$[Al(C_2O_4)_3]^{3-}$	1.8×10^{7}	1.0×10^{13}	2.0×10^{16}			
$[Ce(C_2O_4)_3]^{3-}$	3.3×10^{6}	3.2×10^{10}	2.0×10^{11}			
$[Co(C_2O_4)_3]^{4-}$	6.2×10^{4}	5.0×10^{6}	5.0×10^{9}			
$[Co(C_2O_4)_3]^{3-}$			$\sim1.0\times10^{20}$			
$[Cu(C_2O_4)_2]^{2-}$	1.4×10^{6}	3.2×10^{8}				
$[Fe(C_2O_4)_3]^{4-}$	7.9×10^{2}	3.3×10^{4}	1.7×10^{5}			
$[Fe(C_2O_4)_3]^{3-}$	2.5×10^{9}	1.6×10^{16}	1.6×10^{20}			

注：本表数据摘自 James G Speight. Lange's Handbook of Chemistry. 16th ed. New York：McGraw-Hill Companies Inc，2005：Table 1.75，Table 1.76. 原表数据为对数形式，本表中换算为科学计数形式，并以 β 表示累积稳定常数，以保证与后续课程的一致性。

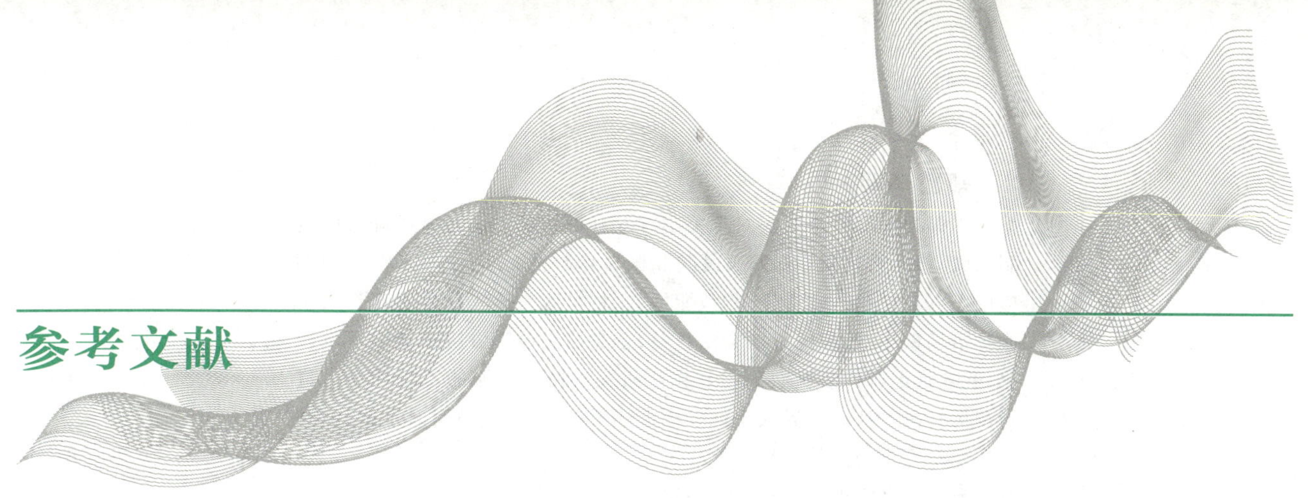

参考文献

[1] 高等职业教育化学教材编写组.无机化学[M].6版.北京:高等教育出版社,2022.

[2] 高等职业教育化学教材编写组.有机化学[M].7版.北京:高等教育出版社,2025.

[3] 高等职业教育化学教材编写组.分析化学[M].6版.北京:高等教育出版社,2022.

[4] 薛叙明.精细有机合成技术[M].3版.北京:化学工业出版社,2021.

[5] 张秀玲,邱玉娥.化学工艺学[M].北京:化学工业出版社,2018.

[6] 章红,严小丽,陈晓峰.化学工艺概论[M].3版.北京:化学工业出版社,2021.

[7] 赵温涛,郑艳,王光伟,等.有机化学[M].6版.北京:高等教育出版社,2019.

[8] 王萍.有机化学(含实验)[M].北京:化学工业出版社,2022.

[9] 王丽娟,刘芸,靳菊情,等.有机化合物系统命名 CCS 2017 规则的基础教学研究[J].大学化学,2022,37(07):246-255.

[10] 黄跟平,赵温涛.有机化合物命名原则(2017)的简化及在有机化学教材中的应用[J].化学教育(中英文),2020,41(24):20-24.

[11] 高琳.基础化学[M].5版.北京:高等教育出版社,2021.

[12] 路树萍,石建萍.基础化学[M].北京:化学工业出版社,2014.

[13] 范红俊.化学基础[M].徐州:中国矿业大学出版社,2017.

[14] 高等职业教育化学教材编写组.有机化学实验[M].6版.北京:高等教育出版社,2024.

[15] 高等职业教育化学教材编写组.无机化学实验[M].6版.北京:高等教育出版社,2024.

[16] 高等职业教育化学教材编写组.分析化学实验[M].6版.北京:高等教育出版社,2024.

[17] 吉林大学,武汉大学,南开大学.无机化学 上册[M].5版.北京:高等教育出版社,2024.

读者意见反馈

为收集对教材的意见建议，进一步完善教材编写并做好服务工作，读者可将对本教材的意见建议通过如下渠道反馈至我社。

咨询电话　400-810-0598

反馈邮箱　gjdzfwb@pub.hep.cn

通信地址　北京市朝阳区惠新东街4号富盛大厦1座

高等教育出版社总编辑办公室

邮政编码　100029

资源服务提示

授课教师如需获取本书配套教辅资源，请登录“高等教育出版社产品信息检索系统”(http://xuanshu.hep.com.cn/)搜索下载，首次使用本系统的用户，请先进行注册并完成教师资格认证。

高教社高职化学化工教师 QQ 群:149057920

彩图 1-1-1　铜锈

(a) 香蕉的褐变

(b) 苹果的褐变

彩图 1-3-1　水果的褐变

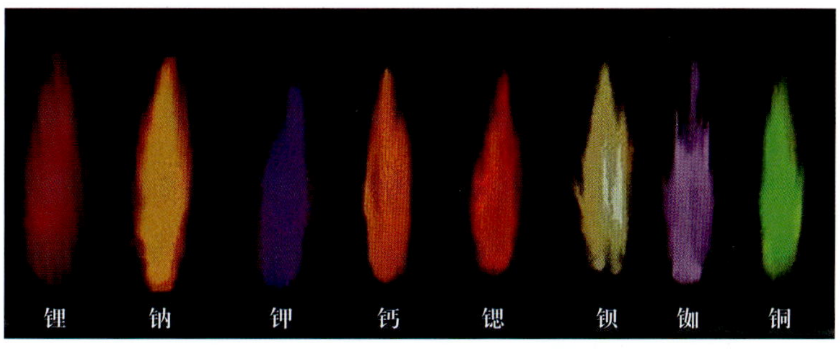

彩图 3-1-1　金属元素焰色反应的颜色

彩图 5-2-1　烟花

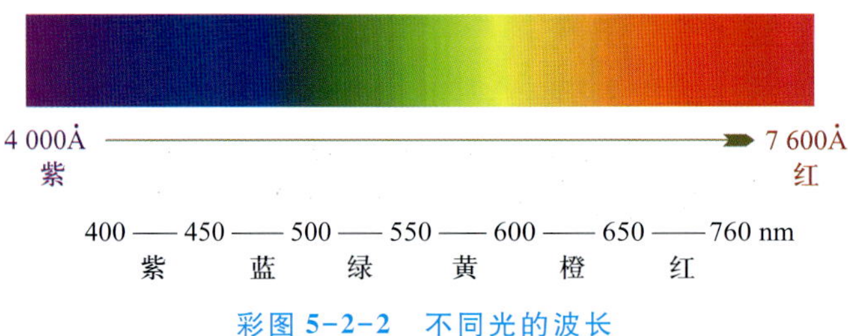

彩图 5-2-2　不同光的波长

彩图 5-3-1　活性染料